美国政治传统及其缔造者

The American Political Tradition
And the Men Who Made It

[美] 理查德·霍夫施塔特 著
Richard Hofstadter

王静 译

中国科学技术出版社
·北京·

图书在版编目（CIP）数据

美国政治传统及其缔造者 /（美）理查德·霍夫施塔特（Richard Hofstadter）著；王静译 . —北京：中国科学技术出版社，2024.6（2024.9重印）

书名原文：The American Political Tradition: And the Men Who Made It

ISBN 978-7-5236-0541-7

Ⅰ . ①美… Ⅱ . ①理… ②王… Ⅲ . ①政治—历史—研究—美国 Ⅳ . ① D771.29

中国国家版本馆 CIP 数据核字（2024）第 056987 号

策划编辑	方　理	执行编辑	邢萌萌
责任编辑	方　理	版式设计	蚂蚁设计
封面设计	东合社·安宁	责任印制	李晓霖
责任校对	张晓莉		

出　　版	中国科学技术出版社
发　　行	中国科学技术出版社有限公司
地　　址	北京市海淀区中关村南大街 16 号
邮　　编	100081
发行电话	010-62173865
传　　真	010-62173081
网　　址	http://www.cspbooks.com.cn

开　　本	710mm×1000mm　1/16
字　　数	362 千字
印　　张	25.75
版　　次	2024 年 6 月第 1 版
印　　次	2024 年 9 月第 2 次印刷
印　　刷	北京盛通印刷股份有限公司
书　　号	ISBN 978-7-5236-0541-7 / D·136
定　　价	88.00 元

（凡购买本社图书，如有缺页、倒页、脱页者，本社销售中心负责调换）

序 言
Preface

（应出版社要求，特为该书希伯来语版本作此序言）

很荣幸能为本书的希伯来语版本写这篇序言，既是为此书作简单介绍，也是将此书从开始酝酿到出版的真实历程第一次呈现在印刷本上。一个人的著作在某种程度上就好比是他自己的孩子。给予足够的时间，再加上一点点幸运，他就能成长为具有独立身份的个体。书终究属于作者，不可能与作者完全剥离，却又在一定程度上独立于作者之外。这本书在1943年我27岁时开始酝酿，于1947年成书，并在1948年出版。表面上看起来这部作品出自年轻作家之手，但在我看来，尽管此书于20世纪40年代末问世，但很大程度上是凝结了30年代社会智慧的成果。它凝结着30年代至40年代初我本硕求学期间所学到的美国历史的精华，涵盖那些年我学到的和尚未涉猎的政治知识。可以说，这本书是20世纪30年代社会批评的产物，它提供了一个有利视角来观察美国政治传统，而且还是从一个思想偏左，自身能力有限，尚不足以充分辨识权力游戏的年轻人的角度来观察。

我写这本书不是为了建立起对美国政治或美国政治领导一家独大的理论，而旨在对一些我做足功课或情有独钟的政治人物做批判性解读和评论。然而，出版社在付印前建议我做了一些修改，从而使得外部环境赋予了此书重大的意义。最初，我直接定名为《美国政治中的人物与思想》，符合书中随意而不成体系的风格，这也正是我的本意。但克诺夫公司的编辑部却认为这个书名没有市场号召力，不好销售，应当另取一个更加吸引眼球的书名。考虑了几个书名，都因为不太合适而淘汰后，我们决定使用现在的书名，似乎能够博人眼球，但我对此尚有两点遗憾：首先，用连词连接主书名和副书名，看起来冗长而又多此一举；其次，读者可能会误以为书中涵盖了美国政治传统中所有的重要人物，而这绝非我本意。甚至富有同情心的评论家也提出质询（他们完全有理由这么做）：缺少亚历山大·汉密尔顿（Alexander Hamilton）、丹尼尔·韦伯斯特（Daniel Webster）、亨利·克莱（Henry Clay）等人物介绍的书，怎么能完整描述美国的政治传统呢？除此之外，我的编辑还提出了一条非常有用的建议，大意是书中部分内容不够连贯，需要一篇简短的序言把各部分整合在一起。我也意识到了这一点，但实际上这正是我写作时极力避免的。因为虽然我当时学识渐长，但我清楚地知道，以我当时的学识和水平，尚不足以对美国政治传统做系统性论述。尽管如此，因为所有内容都出自我一人之手，所以编辑问我，书中是否存在一个系统而明确的叙述视角来观察所有人物，是否能把其简单概括成一篇序言，也就合情合理了。

因此我斗胆写的几页序言，可能会给我带来与正文一样多的麻烦。写这篇序言时，我问自己我在书中都写了什么。我似乎不只是从政治左派角度看待美国政治史上的一些人物，还跳出了传统视角，从外部视角进行观察。从外部视角观察时，传统视角下看到的人物的迥然差异开始淡化；和读者先前的理解不同，对同一问题持不同看法的人物之间似乎有了更多共同之处。事实上，这篇只是事后反思的序言，首次（至少是在我这一代）从一个引起争议的视角进行阐述。这个视角是近些年一大热门研究主题，现称为一致史观。

一致史观被视为是对自历史学家弗雷德里克·杰克逊·特纳（Frederick Jackson Turner）和查理斯·A.比尔德（Charles A. Beard）以来，美国历史学界盛行的过分强调冲突的历史观的一种回应。这种历史观强调，美国政治生活中最有影响力的群体普遍有着资产阶级、企业家的观念，而且在意识形态上倾向于汇聚在辉格党周围，而非在尖锐的意识形态斗争中两极分化。该学派关注的是深刻、持久且一致的阶级冲突的缺席，以及某些常见的政治和社会理念通常如何跨越并连接政治社会的大部分有效力量的过程。当一致史观学者注意到冲突时，他们倾向于将其简化为某种特定的情况，也就是说，他们假设冲突是由变动的群体和联盟引发的，而非基于持久的固定阶级的对立，比如农民和资本家，或工人和企业家。他们强调的是美国冲突的模糊多样性，而他们的前辈则致力于研究尖锐且持续的斗争，以及深刻的社会不和谐。两种不同的历史观形成了鲜明对比。

对我来说，这是非常尴尬的，因为它将我与那些有重大分歧的历史学家联系在一起，而且我对一致史观是有所质疑的。我认为一致史观有其正确性，因为社会正常运转的前提是拥有普遍的道德准则和宪法，以便绝大多数热心政治的市民在任何时刻都能在道德和宪法层面达成共识。对于持一致史观的史学家来说，关注这些前提和关注矛盾的来源同样重要。同样地，如果我们能经常透过表面，突破定式思维，看到真正起作用的共识因素，就能更好地理解历史变革。弗雷德里克·杰克逊·特纳和查理斯·A.比尔德同时代的历史学家坚定地将阶级矛盾置于历史架构的中心，这种观点走得太远，以至于20世纪40年代至50年代人们认识到必须对其进行纠正，结果只能是矫枉过正。就这一点而言，我认为在序言中提到杰斐逊和联邦党人是十分必要且意义深远的。这一观点同样适用于进步时代，具有启发意义，经得住时间的考验和进一步的研究。然而，一致史观的局限性在于它仅仅肯定历史的框架或结构，却并没有描述框架里的内容。一旦掌握了一致史观的精髓，它的局限性就会展露无遗。美国人可能不会对深刻的意识形态问题争执不下，因其在人们的政治思想中已成定型，但人们却对具有实质意义的重大问题争论不休。长期的冲突最终导致了1861年悲惨的美国内战。即便是在历史上较为平静的时期，对共识要素的执念也确实存在，从而抹去了故事的戏剧性和趣味性。威廉·詹姆斯（William James）曾说过，人与人之间的区别虽不大，但正是这点细微的区别意义重大。如今达成强烈共识的美国各州，历史上也曾发生过政治冲突，正说明了这一点。

我从未打算修改或扩展这本书的内容，即使有过这样的想法，也随着时间流逝而荡然无存了。我很难重拾在20世纪40年代曾使用过的参考文献知识的框架，而构建新的框架无异于从头写一本新书。不过我可以针对我曾有过的疑虑给出一些一般性建议，以及向你们展示这本书可能会呈现的不同面貌。某种程度上，这本书是一部关于美国政治背后假设的思想史。身处存在强烈的意识形态冲突和（对美国而言）异常的教条意识的时代背景下，当时我有意贬低笔下的政治人物，即使我清楚地知道美国政治家一般的指导思想并非他们最突出的一点。其次，比起执政的艺术，我那时对获取权力的艺术更感兴趣，这在某种程度上限制了我在描写某些人物时的发挥。比如，如果我今天重写杰斐逊，我不会再那么轻易地抛开拿破仑战争对杰斐逊主义的影响，以及杰斐逊的禁运政策带来的重重困难。如今看来，对杰斐逊曾试图实行禁运而遇到的外交困境、采取的举措的多变和专横行事问题，有必要做更多的反思和更深刻的评价，对杰斐逊摆脱教条、实用主义的定论需要做出修正，尽管我认为不该完全抛却这一点。

同样地，在介绍西奥多·罗斯福（Theodore Roosevelt）时，我过多关注自己在其进步主义中"发现"的伪善成分。如果能重写一次，我会把当时得出的结论作为描述他的起点。要是不把西奥多·罗斯福看作虚假的进步派，而是一开始就假设他本质上是一个十足的保守派，但是最灵活机敏的保守派呢？那我们对西奥多·罗斯福政府的一些问题就会有不同看法，许多政治传统的意义也会被重新定论。类似例子还有很多，如果要重写，对于书中所有人物，我都会至少在一个重要方面做出修改。

对于解释我为何要改动书中的很多内容和如何改动，我可以不假思索地谈及，却无法解释为何此书在美国拥有众多读者，并在过去二十年，尤其是在大中学校的学生之中持续受到青睐。或许最重要的原因是浸润在自我称颂的国家文化中的美国年轻一代，体会到打破偶像神话的乐趣，甚至因此第一次明白了美国的政治伟人不是石膏塑成的圣人，而是颇具争议的鲜活人物。

目 录
Contents

引言　001

第一章　开国元勋：现实主义时代　009

第二章　托马斯·杰斐逊：美国民主之父　023

第三章　安德鲁·杰克逊：自由资本主义的兴起　049

第四章　约翰·卡尔霍恩："主子阶级的马克思"　073

第五章　亚伯拉罕·林肯：自立自强的神话　099

第六章　温德尔·菲利普斯：出身名门的鼓动家　145

第七章　分肥者：犬儒时代　175

第八章　威廉·布赖恩：提倡信仰复兴的民主党人　199

第九章　西奥多·罗斯福：身披改革派外衣的保守派　221

第十章　伍德罗·威尔逊：崇尚自由主义的保守派　255

第十一章　赫伯特·胡佛：美国个人主义的危机　301

第十二章　富兰克林·罗斯福：器宇不凡的机会主义者　333

参考文献　369

The American Political
Tradition And the Men
Who Made It

引言

Introduction

> 在诡谲多变、危险丛生的时代，人们的理智深陷恐惧的流沙，对前几代人思想的薪火相传成为当今炎凉世态的生命线。
>
> ——约翰·多斯·帕索斯（John Dos Passos）

美国人最近发现，回顾过往的发展比展望未来的道路更称他们的心意，所以他们的心态也变得愈加不容乐观和哗众取宠起来。为了迎合读者们如饥似渴的美式口味，各种历史小说、传记小说、摄影集、漫画集，乃至关于美国地理的图书，如同雨后春笋，遍地丛生。这种对美国辉煌过往的狂热完全是出自一种感性的欣赏精神，而不是对历史的批判分析。对历史的感知始终是任何一个对文化保持敏感和警觉的国民生活的一部分；但我认为，在这种对过去深厚的怀旧之情背后，昭然若揭的是美国国民一种深切的不安全感。两次世界大战、昙花一现的繁荣景象以及我们这个时代的极度萧条，都深刻动摇了国民对未来的信心。在20世纪20年代初经济繁荣的时期，人们总是理所当然地认为幸福的生活会一直持续到无限的未来，但今天另一场严重的经济危机来临的时候，几乎没有人再如此肯定这一点了。如果未来看不到希望，相比之下，过去会比任何时刻都更加美好，但这个心理常常被人们用来聊以慰藉，而鲜少被他们用来定位和指导当今的社会发展。美国社会代表着一个有着丰硕成果的发展奇观，对国民一系列承诺在其中圆满实现，但同时它也催发了人们一种旁观和享乐的心理，使其失去了分析和行动的能力。最能窥视美国国民生活的，同时也是美国人最喜欢的回望看到的全景，一直都是观景车厢平台上的视角。

尽管在过去十年间，国民的怀旧情结不断加深，但这绝对不是什么新鲜事。这种怀旧情结，特别是在政治传统中，有其自身的历史脉络。实际上，渴望再次体验过去的辉煌，本身就是近代对美国历史认知的一个基本要素，以至于没有一种政治思想体系试着去解释这一点，这也是这些体系不完整的原因。在美国政治中，这种回溯和怀旧思维的发展是与传统信仰的每况愈下的过程并行不悖的。当竞争激烈、企业发展向好的时候，人们会展望未来；当企业蒸蒸日上、欣欣向荣的时候，人们会着眼当下；但在如今这个企业联手、合并甚至垄断的时代，竞争萧条，机遇寥寥，人们就开始忧虑并思忆过去的黄金时代。

在共和国成立初期，尽管开国元勋们对历史有着敏锐的见地，他们仍旧觉得他们是在建立一个全新的政府，并对他们的功业引以为荣。几十年过去了，这种洋洋得意的自得感便偃旗息鼓了。在开国元勋们梦想和规划长远未来的这片土地上，和韦伯斯特、克莱和卡尔霍恩（Calhoun）同时代的人们却忙于在当今有利可图的现实中渔利。他们的后人们，不管他们来自美国南部还是北部，都在自觉维持和捍卫他们的父辈们所建立的一切。举例来说，美国总统亚伯拉罕·林肯（Abraham Lincoln），他认为自己在努力地巩固美国的新生政权，并建立起一道道政策堡垒以防发生任何不好的变数。尽管在他的努力下，一个新的政党诞生了，美国南方的奴隶制度和贵族统治被永久根除，在全国范围内引领了一场国家权力的变革，为接下来出现的工业资本主义打下了坚实的基础，但他做的所有这些事情都是为了将政府权力重新交到人民手中，保护自由劳动群众的现有权利，从而恢复美国联邦原有的模样。

美国南北战争后的一代人见证了一轮井喷式的美国经济扩张，他们不仅活在当下的美好生活中，也对未来抱有乐观的愿景。自威廉·詹宁斯·布赖恩（William Jennings Bryan）的时代开始，主流的美国政治理想就一直聚焦在已经销声匿迹的过往政治制度和政治环境里。

在 20 世纪早期，落后保守的进步主义的发展触及了自身理论主要的矛盾缺陷，就连像布赖恩、罗伯特·M.拉福莱特（Robert M.La Follette）和威尔逊等进步主义复兴运动的领袖人物都开始宣称，他们正在竭尽所能消除并矫正过往四十年政治闹剧所带来的危害，并着手重新建立一个和过去一样权力下放的有限政府，促进真正公平的竞争，创造等量齐观的机遇，发展民主管理的企业。正如威尔逊所说，民主政府的体系"是为了让现在已经消失的多元、自由和促进个人发展的力量能够失而复得"而复兴的。西奥多·罗斯福也意识到了这一点，他有时候还会坦率地承认道，基于美国当今的经济结构，想要完成这项伟大的事业几乎是不可能的。甚至，连西奥多·罗斯福本人也不得不小心行事，因为他的政治改革已经使他被冠以"托拉斯杀手"的称号。

在第一次世界大战后的政治家中，赫伯特·胡佛（Herbert Hoover）的政治理念和人格性情与其他进步时代的政治家截然不同，尽管如此，他也对进步党人坚持的政治前提和伸张的政治目标欣然接受。和那些进步主义者一样的是，他也期望看到一个光明远大的未来，但不同的是，他想要通过传统的方式达到这一愿景。富兰克林·罗斯福（Franklin Roosevelt）深刻洞见了传统的路子在美国行不通，且积极推进创新和改革，从而自一众民主党人中脱颖而出，事实上，他是自汉密尔顿以来第一个从所有党派的竞争者中摘得桂冠的总统候选人。他在实际政策方面的创新能力令人赞叹不已，他颁布的罗斯福新政标志着美国当时的发展进程与传统道路已经发生了许多偏差，但是他在思想上的革新使他的竞争对手们难以望其项背，他的政治思想既不成体系而又灵活多变，他也没有明确表示与美国遗留下来的政治传统分道扬镳。尽管一直以来我们都在说我们需要一套新的看待世界的思想体系，来代替美国自建国以来就一直滋养着其国民的自助自立、自由企业、鼓励竞争和贪婪伪善的思想意识形态，但没有哪一种意识形态强大到可以根植于美国民众心中并与之抗衡，也没有任何一个政治家有足够广泛的群众基础去提出一套新的价值体系。由于缺乏一套统一连贯、现实可行的思想意识形态体系，美国民众比以往任何时候都更容易接受一个灵活多变、充满活力的个人领袖，而罗斯福新政，如果范围更广，挖得再深入一些，也许就能够破除美国老旧思想的根基。这是富兰克林·罗斯福为什么在群众中享有如此盛名和拥护的一个原因，这也解释了为什么自从富兰克林·罗斯福逝世后，美国的自由主义就进入了群龙无首的消沉状态。

以下对美国政治家意识形态的研究使我相信，重新解读我们强调社会共识的政治传统是相当有必要的。这样的共识的存在被一种将政治斗争放在历史突出位置的趋势给掩盖了。人们普遍认识到，美国政治除其他因素外，还涉及一系列特殊利益间的冲突——房地产资本和金融资本或者工业资本之间、新旧企业之间、大小产权之间的冲突；除此之外，人们也认识到，至少是直到最近资产阶级和无产阶级的斗争突显的时候，这些冲突才本相毕露。而还没有被人们充分认识到的，是政治思想所带来的后果。政治斗争的残酷总是具有欺骗性的，因为大党派的主要政治竞争者的政治格局总是会受到资本和企业视野的限制。无论在特定事件上的争执和冲突有多大，主要的政治传统都虔信财产权、经济个人主义理论和竞争的价值，都把资本主义文化中的经济道德当作人必需的品质来接受。即使有部分财产权被他人以人权和集体权的名义挑战，就像杰斐逊和杰克逊的追随者所做的那样，但其实这些质疑之声在转化成具体的政策时，也是在替一些其他资本发声。

私有财产的神圣性、个人处置和投资私有财产的权利、机会的重要价值以及自我利益和自我维权，从宽泛的法律条文自然演变成有益的社会秩序，一直都是美国政治意识形态中核心信仰的主要原则；这些观念在很大程度上被像杰斐逊、杰克逊、林肯、格罗弗·克利夫兰（Grover Cleveland）、布赖恩、威尔逊和胡佛这些来自多元背景的人们所公认。政治的事业不仅是为了保护这个竞争激烈的世界，也是为了在某些时候塑造它，并去修补它附带的弊端，而不是用共同的集体行动计划去削弱和打击它。美国的政治传统也展现了一种对于平等民主的强烈偏好，但这种民主是贪婪而非博爱的。

　　整个基于现存宪法的美国历史的时间跨度与现代工业资本主义的萌芽和发展的时间几乎是一致的。美国在物质财富和生产力层面一直是繁荣昌盛的成功代表。而处于如此良好工作秩序中的社会达成了一种无声的有机一致，人们不会培植与他们社会的基本工作机制相对立的思想体系，这种思想也许会出现，但它们会被缓慢又持续地与社会隔绝开来，就像牡蛎在刺激物周围沉积出珍珠一样。这样的异类思想被限制在少数反动的持异议者和被孤立的知识分子中，除了在改革时期，它们基本不会被务实的政治家们提及。因此，务实的政治家们会信仰的思想，都是被舆论环境所认可的，因为这些思想维持着他们文化的发展。这些政治家们在当前一些问题上的政治主张有时候大相径庭，但他们也共有一个大致相同的思想框架，这给了他们在竞选结束后继续合作的可能。上文中，我试图在不忽略任何重大政治分歧的情况下，集中分析我们的政治核心信仰，并追溯其在不同时代背景和不同利益驱使下的发展变化。

　　政治的本质使它把冲突摆在首要位置，而历史学家也常常教唆政治家这样做。两个特殊的利益集团，为了操控政府的政策走向，经常会调用与他们不同的观点来促使这一目的的达成。在经济秩序改变的时候，物质利益会适时被其他利益所取代，但他们被广为接受的思想，为了适应新的社会条件，会一次又一次地做出轻微的改变。而后世人们在发现他们遇到的许多问题和早期的问题如此相似时，会毫不犹豫地和先辈们站在一起；历史学家们难以完全摆脱他们自身的党派偏见，他们基于当前的生活体验和信仰体系，从既存思想中重建最初的冲突。因此，20世纪的美国问题仍然在用杰斐逊时代的话语来辩论，我们撰写的关于杰斐逊时代的历史也同样受到20世纪的先入为主的影响，这种影响连杰斐逊本人和他的竞争者们都会觉得奇怪。虽然杰斐逊时代就存在的冲突在今天依然不断上演，因而被反复提及，共同的信仰却被人们抛之脑后了。

这些信仰远非无关紧要。尽管杰斐逊派和联邦党人彼此仇视，水火不容，都将对方视为眼中钉，但他们间所有的政见分歧在杰斐逊执政期间降到了低值，不久之后，这两个派别已经不分彼此了。如果要在现实行动中检验他们的政治思想，我们就必须对他们各自扶持的政策上相对微小的差异给予足够的重视。对我来说，这似乎是做历史分析研究的一个关键所在，因为这一点引导我们去思考这两者共同的结局，无论你愿不愿意承认，杰斐逊派和联邦党人最终的结局都是相同的。同样的原理可以有益地延伸到美国其余的历史中，而且如果有些更严重的政治冲突是真实存在的，那么在数不清的总统竞选中，投赞成票的地区是如此多，而投反对票的地区又如此少，按照这个原理，总统竞选压根不算什么重大事件，这样想是多么合理啊！在这些暂时的和地区的冲突之上，超越它们的是一个构建统一的文化和政治传统的共识，这是美国文明的根基所在。美国的文化已经有极度的民族主义倾向，而且大部分美国文化甚至和孤立主义并行，不仅如此，它的个人主义和资本主义色彩也十分浓重。在一个亟须担起国际责任，急需团结、集权和计划的统一团体社会，我们的政治传统之基正在飞速变化着。在这个文化危机的时代，我们必须用崭新的视角去看待我们的历史。

　　这些章节的主题选择的是人们感兴趣的杰出人物，他们是美国政治观点里主要流派的重要代表人物。温德尔·菲利普斯（Wendell Phillips）是个例外，他是个政治鼓吹者，和其中务实的政治家们形成了鲜明的对比。而其余的人大部分都是主要政党的重要人物和政府的高级官员。本书中可能还会涉及一些其他人物，但至少，他们不是无关紧要的人。

　　对于书中人物的描绘并不全是溢美之词，因为我的目的是分析这些实干家领导大众政治思想的能力，而这并不是他们最令人印象深刻的功绩。此外，我试图再次强调他们职业生涯中我认为没有得到足够重视的方面，这必然会让我略过那些虔诚的传记作家会选择的积极视角来刻画这些人物。很多作品表达的东西可能比我选择的要多得多，例如，杰斐逊的民主，或杰克逊和林肯的民族主义。但所有的历史著作和传记，特别是短篇，都必须从大量的材料和宽泛的主题中进行筛选。即使一部长篇传记，也几乎不可能让我们全面了解一个公众人物，所以在我的作品中，我也不会好高骛远，企图去实现这个目标。最后，歌功颂德的作品已经够多，没必要再增加一本。对我来说，分析这些公众领袖的历史贡献比去评价他们如何伟大要重要得多。一个民主的社会，无论在任何情况下，看待公众领袖时，过分宽容的态度往往远比过分批判更危险。

第一章

开国元勋：

现实主义时代

> 凡政府实权之所在,必存压迫百姓之险。我们政府的实权存在于民众多数人的手中……
>
> ——詹姆斯·麦迪逊(James Madison)

> 权力,因人欲壑难平而本能地会不断膨胀。然而,唯有那些过于强大、泛滥成灾、势不可挡的权力才会继续膨胀。
>
> ——约翰·亚当斯

1

霍勒斯·怀特(Horace White)早年就指出,美国宪法"建立在霍布斯的哲学和加尔文的宗教之上。它假定战争状态是人类的一种自然状态,而肉体的欲念天然与上帝的意志为敌"。当然,宪法更多地建立在经验之上,而不是任何这样的抽象理论,但这也是西方文明思想史上的一件举足轻重的事。那些1787年之夏在费城起草宪法的人,以鲜明的加尔文主义意识来看待人类的邪恶与沉沦。他们与霍布斯一样相信人类是自私且争强好胜的。那些起草宪法的人中不乏大人物、商人、律师、种植园主、投机商和投资者。不论是在市场、法庭、立法会议厅里,还是隐秘的街头巷尾,人类都在追求着权力和财富,借此,人类的天性被淋漓尽致地显露出来。那些起草宪法的人把一切都看在眼里,深谙人类天性的脆弱。在他们看来,人类天生就是自私自利的产物。他们无法信任人类,但却坚信,一部强而有力的宪法足以管束人类。

这些理念对注重实际的人们来说也许过于抽象,但我们的先辈们就是用这样的话语来描述的。例如,将军诺克斯在谢斯起义后给华盛顿写的一封信中,用极端厌恶的语气表达道"美国人,终究也是实实在在的人,身上有着所有人类共有的惹是生非的天性"。制宪会议的几轮秘密讨论得出的显而易见的结论是,对人的不信任首先是对普通民众和民主制度的不信任。随着美国在独立战争后摆脱了英国(殖民)政府的桎梏,旧殖民地时期农民、负债人、私人拓荒者(私自占地者)与商人、投资者、大地主之间遗留的矛盾再次爆发。下层阶级利用几个州的新民主宪法来维护自己的利益,而占据财富的另一方则惶惶不安。参与制宪会议的成员致力于建立一个新政府,其职能包括监管商业行为、保障偿还债务、避免通货膨胀和保证法律执行,同时还要防止类似谢斯起义之类的暴动再度发生。

新宪法始终以平抑早在 1776 年美国独立战争期间就普遍存在的大众舆论为根本宗旨。埃德蒙·伦道夫在制宪会议上表示,当前美国的困境与"民主的动荡和荒谬"脱不开关系,巨大的危机往往潜藏在"我们宪法中的民主环节"。埃尔布里奇·格里也称民主为"最大的政治罪恶"。罗杰·谢尔曼暗讽道,希望"人民也可以像政府一样无所事事"。威廉·利文斯顿则表示,"在宪法的框架下,无论是过去还是将来,人民始终'缺乏'自己掌权的能力"。制宪会议主席乔治·华盛顿呼吁代表们不要为了"取悦人民"而制定一份连自己都不敢苟同的文件,自欺欺人。汉密尔顿指责那些"反复无常且躁动不安"的群众"甚少会冷静地判断是非善恶",并提议建立一个强大且能够常设的政府机构来"抑制民主的不智"。年轻而富有的种植园主查尔斯·平克尼主张身价超过十万美元的人才有资格当总统。以上这些都很能体现当时处理政府问题的思想基础。

民主思想更容易在心怀不满、遭受压迫的阶级和新兴的中产阶级中萌生，有时也会出现在思想保守、不受待见、被剥夺继承权的贵族中，但绝不会出现在手握特权的阶层中。

除去最多六个例外，费城制宪会议的成员几乎都来自家世显赫、富甲一方的家庭。他们作为一个群体，取得了比他们的父辈还显耀的成就。其中只有一个例外，就是来自佐治亚州的威廉·菲尤（William Few），可以说他是代表绝大多数自由人群的自耕农阶级。18 世纪后期，这些"优越的阶层"因为和普罗大众的穿衣打扮、言谈举止、受教育文化程度有着显而易见的差别，在人群中脱颖而出。

上层社会对民众的蔑视一脉相承。早在美国独立战争前，一位州长的女儿，托利党人佩吉·哈钦森（Peggy Hutchinson）就曾写道："我驱车到镇上时，到处都是那些龌龊的暴民。"甚至像汉密尔顿这样的联邦主义者也毫不掩饰地鄙视平民。在年轻的州长莫里斯（Morris）看来，民众的暴动可以解释为："暴民开始理性地思考。可怜的爬虫们！……他们沐浴在阳光下，在午前他们将得以靠着它进食、生存。上流社会人士对此开始感到恐慌。"不论是在美国还是欧洲，甚至是在启蒙运动时期最开明的思想家当中，民主思想都未曾在有教养的阶层中受到尊重。开国元勋们无论是把目光投向持犬儒主义思想的当代欧洲的知识分子，还是看向其宗教遗产中的原罪思想，都很快得出结论：人总是顽固不化、不知悔改，必须对其加以管控。

然而，事情也并非全然如此。开国元勋们都是 17 世纪英国共和主义思想的继承者，他们反对专制统治，相信主权在民。如果说他们担心民主主义的进步，那么他们对走向极右也心存顾虑。在与无法左右的外部力量进行了艰难的革命斗争后，他们没心思考虑霍布斯所说的：为了避免自然状态下的无秩序和恐怖主义，任何政府形式都应当被接受，最坏的政府也胜过没有政府。开国元勋们还意识到，军事独裁和恢复君主制都引起了一部分人的热烈讨论，前者主要被没有薪酬且心怀不满的军官热议，后者则被富有的北方上流圈层关注。约翰·杰伊（John Jay）十分了解纽约的商业贵族，他在 1786 年 6 月 27 日给华盛顿的信中写道，他担心那些生活得还不错的人（指的是遵守秩序且勤劳的人，他们满足于现状，不担忧自己的处境）会因为财产不安全、对统治者没有信心以及缺乏公信和公正，而认为自由是虚无缥缈的。在他看来，这些人可能会因为"任何可能向他们承诺安定和安全的说法"而发生改变。拒绝成为军事独裁者的华盛顿对约翰的说法表示赞同，他回应道："我们很容易从一个极端走向另一个极端。"

开国元勋们不愿背弃共和主义，但同时也希望不冒犯到人民的偏见。乔治·梅森（George Mason）说："尽管我们经历了民主导致的压迫和不公正，但聪明的人是赞成民主的，我们必须征求那些聪明人的意见。"梅森也承认曾经过度民主了，但他担心如果稍有不慎，就会走到另一个极端。被誉为宪法哲学家的詹姆斯·麦迪逊告诉代表们："不容置疑的一点是，在制定广大公民需要遵守的法律以及选举管理这些法律的长官时，民众不应该没有发言权。"被华盛顿任命为最高法院法官的杰出法学家詹姆斯·威尔逊（James Wilson）一再强调："政府的最终权力必须掌握在人民手中。"开国元勋们都认可这一点，因为政府如果不从人民中来，那么它还能从哪里产生合法性呢？其他的任何说法不仅与过去反对英国统治的言论不一致，而且会为之后极端的集权做铺垫。汉密尔顿在大会中看出了鲜明的差别，他说："最顽固的共和主义信仰者和其他人一样大肆宣扬民主的恶。"新英格兰地区牧师杰里米·贝尔克纳普（Jeremy Belknap）在给朋友的信中完美地诠释了一个对人民没有信心但又坚持政府要以人民为基础的人的两难处境："让政府从人民中来成为一项原则；但要教导人民却……因为他们无法管理自己。"

2

如果群众自相惊扰、顽固不化，建立政府又不得不经过群众选举和同意，那么制宪者能做什么呢？有一件事，开国元勋们没有提议去做，因为他们认为这是不可能的，那就是改变人的本性，使其符合更理想的制度。他们坚信自己知道人过去是什么样，也了解人将来会变成什么样。18世纪的思想家都对普遍性坚信不疑。正如卡尔·贝克尔（Carl Becker）所说："在历史的长河中上下求索，寻找普通的人，那种不受时间和地点影响的一般人。"麦迪逊宣称，政治分歧和不同派别的形成是"在人的本性中埋下的一粒种子，永远无法根除"。大卫·休谟写道："众所周知，不论在哪个国家或时代，人们的行为都有很大的一致性，因为人性在原则和运作方面是基本一致的。同样的动机引起了同样的行为，相同的事件有着相同的起因。"

既然无法改变人是一种利己的生物，那么通过人的自我约束力来限制一些事情显然是行不通的。我们无法通过美德来抑制罪恶，因此开国元勋们选择以恶治恶。麦迪逊曾在会议上反对古弗尼尔·莫里斯（Gouverneur Morris）"反复宣扬人们的政治堕落，以及将两种罪恶和利益对立起来的必要性"。然而，麦迪逊后来却在《联邦党人文集》第51篇中提出了类似的观点：①

> 必须让雄心壮志与野心抗衡。也许这是一种对人性的考验，但为了控制政府对权力的滥用，我们不得不采取这种手段。那政府本身又是什么呢？它是对人性最大的考验吗？如果人是天使，也许就不需要政府了……建立一个由人来管理人的政府时，最大的困难就在于：首先必须使政府能够控制被统治者，其次必须使政府能够控制自己。

自由放任派的政治经济学家说，个人的罪恶有可能成为公共的利

---

① 引自汉密尔顿在纽约批准宪法大会上的发言："为自己谋利是人的天性，因而要人们全力去抵制自私自利的想法如同要改变人的本性一样难以做到。睿智的立法者会以和缓的方式潜移默化地改变民众的思维方式，并尽可能地引导其转向公共利益。"

益，如果个人可以不受国家干预地追求自己的利益，那么自然而然就会在经济上取得一定成效。但开国元勋们对政治并不持乐观态度。他们认为，如果一个国家在宪法上不公正，那么一个阶级或一个利益集团为了获得主导权肯定会掠夺其他阶级或群体的一切利益。开国元勋们尤其担心穷人会掠夺富人，但他们中的大多数人可能也会承认，富人如果不受约束的话同样会去掠夺穷人。即使是在直言不讳和英明睿智这方面最接近极端贵族立场的古弗尼尔·莫里斯，也在会议上说："财富往往会腐蚀人的心灵，滋长其对权力的渴望，并刺激其压迫他人。历史证明，这就是所谓的富人精神。"

开国元勋们想建立一个"平衡的政府"，这个想法古已有之，古时的亚里士多德还有波里比阿（Polybius）就有过类似想法。这个古已有之的概念在18世纪被重新认可，而18世纪同时还是牛顿的科学思想主导的时代，机器隐喻的概念也同19世纪末达尔文主义下诞生的生物学隐喻一样，自然而然地涌现在人们的头脑中。人们在宇宙中发现了一种合理的秩序，并希望这种秩序可以运用在政治上。就如约翰·亚当斯所说，政府可以"建立在简单的自然原则之上"。麦迪逊用如牛顿一样表述精确的语言说道，要想构建一个"自然的"政府，"它的几个组成部分需要通过相互关联，使彼此保持在适当的位置"。开国元勋们认为，一个合理得当的国家需要以利益压制利益，以阶级制约阶级，以帮派约束帮派，以政府的一个部门监督另一个部门，形成一个相互制衡的和谐体系。

开国元勋们在实际形式上的探索，主要是探求能够迫使各种利益集团相互制衡的宪法。联邦宪法的三个优势脱颖而出。

第一个优势是联邦政府在维持秩序以对抗民众起义或多数人统治方面具有优势。一个单独的州，可能会被一个帮派通过武力控制；但如果各州在联邦体系中受到约束，中央政府就可以介入并阻止这种情况的发生。汉密尔顿引用了孟德斯鸠的话："如果一个州发生民变，其他州就能把它镇压下去。"此外，正如麦迪逊在《联邦党人文集》第

10篇中所论述的那样,在所有可能出现的派别中,多数派会是最危险的,因为他们最具有获得完全统治权的能力。然而,如果政治社会的范围非常广泛,并且包含了大量不同的地方利益,那么站在多数人利益一方的公民"因其数量和地方状况,无法协调并实施压制计划"。这样一来,主要的利益群体就不会产生"对获得更多金钱、废除债务、平等分割财产,或对任何不正当且邪恶的计划的狂热"。

第二个优势在于代表机制本身。在小规模的直接民主中,人民不稳定的情绪会主导立法;但正如麦迪逊所说,代议制政府"通过一个由公民选举组成的媒介来完善和听取公众意见"。在大规模集会中,人民选择的代表比人民自己表现得更明智、更慎重。汉密尔顿坦白自己预见到了一种家长制式的制度,在这种制度下,各行各业的富人和主导成员将在政治中主导其他人。例如,商人自然而然成为其雇员及与之打交道的技工和工匠的代表。汉密尔顿预计,国会"将由土地所有者、商人和学者组成,几乎不会有例外情况出现影响政府治理"。

约翰·亚当斯的《为宪法辩护》(*A Defence of Constitutions of Goverment of the United States of America*)一书在制宪会议上被一些代表称赞并引用[①],其中第一卷最详细地指出了开国元勋们建立的政府的第三个优势。亚当斯认为贵族制度和民主制度需要相互制衡。每一派都应该有自己的立法机构,在两院之上应该设有一个有能力的、强大的、公正的行政机构,并拥有否决权。这种分支众多的议会制度还应包括一个检查的系统,并能够在行政部门的管理下自我约束、自我检查。整个系统将由一个独立的司法机构来控制。这样,富人和穷人之间难以避免的相互掠夺就能被制止。

---

① 本杰明·拉什(Benjamin Rush)的评论经常在代表们之间广泛流传:"约翰·亚当斯先生的著作影响广泛,为我们建立一个结构复杂却运行有序的联邦立法机构提供了卓越的治理方针,其价值之大,无可置喙。我们伟大的总统送给国民的这份厚礼,远比他为我们争取到欧洲所有国家的联盟有价值得多。"

3

讽刺的是，如此受美国人推崇的宪法，其所依据的政治理论，在一个关键问题上与美国民主信仰的主流简直背道而驰。现代美国民俗学认为，民主和自由几乎是相同的。而民主理论家还不厌其烦地对其进行区分，他们认为民主是自由的必要条件。但开国元勋们认为他们最关心的自由受到了民主的威胁。在他们看来，自由与民主无关，而是与财富有关。

开国元勋们所说的自由是什么呢？当杰伊说"自由的魅力"时，他是什么意思？当麦迪逊宣称，为了消灭派别而摧毁自由的补救措施比疾病更糟糕时，他又是什么意思？当然，那些在费城开制宪会议的人并不在意自由的范围是否扩大到美国最需要自由的那些阶层，即黑人奴隶和契约佣工，因为奴隶制已经得到宪法的认可，而契约佣工也不是参会成员所关注的。由此看来，代表们对公民自由的考虑也并非细致入微，面面俱到。反而是宪法的反对者们积极地要求宗教自由、言论和新闻自由、陪审团审判、正当法律程序和免受"不合理的搜查和羁押"。这些自由保障必须被纳入前十项修正案，因为大会忽视了它们，没有将其纳入原始文件。谈到经济问题，开国元勋们所争取的并不是现代意义上的贸易自由。虽然他们并不认为应该无必要地阻碍贸易，但他们认为，未能对贸易进行监管是《邦联条例》的主要弱点之一。他们的观点更像是重商主义者，而不是亚当·斯密的观点。同样，自由对他们来说并不意味着可以自由获取国家未被征用的财富。他们中至少有14人是土地投机商。他们不相信擅自占地者有权利占用未使用的土地，他们相信未来的业主或投机者才有权利占用土地。

立宪派所希望的自由大部分都是消极的。他们希望获得的自由是能够摆脱财政不稳定和货币不规范的影响，脱离各州之间贸易战的影响，不受更强大的外国政府的经济歧视，不受对债权人阶级或财产的攻击，不受人民暴动的影响。他们的目的是建立一个政府，一个能够在各种经济利益阶层之间充当公正的中间人,保护他们免受共同敌人的伤害,并防止其中任何一方变得过于强大的政府。大会是所有不在场的利益集团的代表的集合。所有阶层都应被允许在政府中拥有相应的发言权。为了集体利益,有时不得不牺牲个人利益。财产的自由带来人的自由——也许不是所有的人,但至少是所有有价值的人。[①] 开国元勋们认为,由于每个人的能力不同,获得财产的多少自然也不同。保护财产只是为了保护人们行使其能力。因此,在众多关于自由的需求中,持有和处置财产的自由是最重要的。民主,不受约束的民主政治,必定会带来财产的任意再分配,这破坏了自由的本质。

开国元勋们的民主概念是在与各州激进的农民和革命时期的城市暴民打交道的实际经验中形成的,他们在历史和政治学方面的认知助力其成型。麦迪逊所说的对于"有利害关系和专横的多数人的优越力量"的恐惧,是研究历史实例后产生的情绪。共和国的主要例子是古代及中世纪欧洲和现代早期的城邦。而现在,这些共和国的历史实例令人担忧,正如汉密尔顿所说,"在暴政和无政府状态的两个极端之间来回摇摆"。此外,大多数推翻共和国自由的人都是"通过奉承人民开始他们的计划;以蛊惑人心开始,以暴政结束"。

开国元勋们在其著作中称赞过的所有宪法条例,都是为了保证美国的未来不受以往共和国"动荡的"政治的影响。他们所说的民主是一种直接表达大多数人意愿的政治制度,通常是城邦内小范围的人

---

① 开国元勋们或许认可《独立宣言》中"人人生而平等"的论点,但仅仅停留在法律层面,而非一个可行的政治或心理主张。杰斐逊本人也承认"后天形成的贵族"不在少数,但他们可能来自社会的任何阶层。然而,比起杰斐逊的态度,有些人对自然权利思想的诠释则更为保守,他们认为,人人平等并不意味着未受教化的农民或满手污泥的船夫在各方面都能与斯凯勒、华盛顿或平克尼拥有完全平等的地位。这仅仅意味着,英国殖民者们与英国国民拥有平等的自治权利,美国民众与英国民众享有同等的法律地位。值得注意的是,在众多宪法签署者中,同时签署了《独立宣言》的人仅占 6 位。

民集会。

　　制宪者的一个基本信念是：民主永远只是政府的一个过渡，它最终要么演变成暴政（资助暴民的那些富有的煽动者的统治），要么变成贵族统治（民主最原始的领导人）。教条的约翰·亚当斯在给约翰·泰勒（John Taylor）的一封信中写道："要知道，民主从来都不持久。它总是很快就消耗殆尽，最终走向灭亡。民主绝不可能天长地久。"①他还写道：

> 如果把超额的主权交给民主派，也就是说，如果把指挥权或是……在立法机构中的优势交给他们，他们就会投票把你们贵族的所有财产都转移走，如果你们有幸逃过一劫，那么这比创世以来的任何民主制度都更具人性，考虑更周到，更加慷慨。接下来你们面对的会是什么呢？民主派中的贵族将取代你们的位置，并像你们对待他们那样，严厉地对待他们的同伴。

　　开国元勋们认为，政府是以财产为基础的。没有财产的人无法成为一个稳定可靠的公民，因为他在有秩序的社会中却无法拥有必需的利益。人们普遍对城镇中没有财产的人群有一定的恐惧。乔治·华盛顿、古弗尼尔·莫里斯、约翰·狄金森（John Dickinson）和詹姆斯·麦迪逊都表达了对未来可能出现城市工人阶级的担忧，就如狄金森描述的，他们是"既没财产也没原则的人"，就连宣扬民主的杰斐逊都存在这种偏见。麦迪逊在陈述这个问题时，已经基本上预见到了当代的共产主义和法西斯主义对保守共和主义的威胁：

---

① 泰勒试图反对亚当斯的观点，但在美国政治饱经沧桑后，1814 年，他对亚当斯的大部分观点表示认同："所有政党，无论一开始多么恪守原则，最终都会沦为利益的驱使者；除非一个国家能够坚守诚信，拒绝欺诈，不忘初心，否则受欢迎的政党才是最有可能产生贵族阶层的土壤。"

> 在将来，绝大多数人不仅没有土地，也没有任何其他财产。这些人要么在共同处境的影响下结合起来——在这种情况下，财产权和公共自由无法得到保障——更大的隐患是，这些人会变成某些人拥有财富和满足野心的工具，在这种情况下，社会同样处处存在危险和变数。

然而，让开国元勋们对自己所处的时代感到欣慰的是土地财产的分散状态。近年来，拥有小规模土地的农户一直麻烦不断，但人们相信，在适当的宪法的治理下，能够与他们达成和解。拥有适量的土地使他们在社会中拥有足够的权益，因此在平衡的政府的约束下，他们会成为安定且有责任心的公民。对政府的影响力大小与财富多少成正比：商人和大地主将占主导地位，但小地主也有独立的、不容忽视的地位。麦迪逊说，"每个阶层的利益和权利都应该在公共议会中得到代表并能够被理解，这不仅是明智的，也是公正的"。约翰·亚当斯声称，"如果宪法中没有一个民主的部门，就不可能有自由的政府"。

大多数州的农业人口已经满足了选举权的财产要求，因此开国元勋们对这些人的选举权没有异议。但是，当他们谈到必须征得"人民"的同意才能建立政府时，他们想到的只是这些"小地主"。例如，在乔治·梅森撰写的有名的《弗吉尼亚权利法案》中，明确将有资格获得选举权的人定义为所有"有充分证据证明与社会有永久共同利益且依附于社会"的人，简而言之，就是有足够的财产的人。

开国元勋们的初衷是让自耕农以一个重要但权力极为有限的合作者身份参与到国家事务中来，但这一初衷并未完全达成。宪法初定之时，内忧外患，南方的种植园主和北方的工商业者放下分歧，同仇敌忾。宪法通过后，汉密尔顿对北方商业利益的政策倾斜损害了南方种植园主的权益，统治阶级之间的矛盾再度升级。南方种植园主们团结农民的力量，形成了一个农业联盟。在长达半个多世纪的历史中，这个强大的联盟维护了大部分国家明文规定的农民权益。随着时间的推移，美国主流政治信念逐渐与制宪者的反民主立场背道而驰。奇怪的是，制宪者们对宪法普遍持满意态度，民族主义情绪也日益高涨，美国人民继而对开国元勋们致以崇高的敬意。随着开国元勋们势力壮大，宪法初衷不再。

宪法争论是少有的以知识为准则进行的政治活动，宪法本身也是世界上治国理政的可行杰作之一。现代评论家们在这两点上达成共识，其他层面则仍存争议。一开始，宪法的反对者就预见到地方政府和民间组织大厦将倾，而保守的欧洲旧政权则认为新生的共和国仅仅是一个极端的左翼实验品。查尔斯·A. 比尔德的《美国宪法的经济解释》（*An Economic Interpretation of the Constitution of the United States*）的出版，标志着现代批评学术进入了一个新的阶段。美国宪法思想与民主思想之间长期潜在的矛盾再次公开化。比尔德教授的著作出版于1913年，当时正值进步主义盛行时期，社会热衷于揭发丑闻，民众也乐此不疲；一些别有用心的读者往往从他的作品中得出这样的结论：美国开国元勋们是自私的反动派，德不配位，不值得美国民众对他们崇敬膜拜。最近，更是有一些作家颠倒黑白，借用比尔德的研究事实对开国元勋们"反对民主"极尽溢美之词，并将其用作他们重提"共和国"理念的论据。

实际上，开国元勋们将自己塑造成调和尖锐政治矛盾的温和共和主义者形象，这种定位是非常准确的。比起虚伪作家们的难以启齿，开国元勋们的确受到阶级利益的驱使，但正如近期比尔德教授所强调的那样，他们还同时受到政治家式的中庸思想以及严谨规矩的共和思想的影响。而任何试图把他们的思想从18世纪的传统中剥离出来的行为，必然会导致其显得极端且反动。例如，约翰·杰伊最满意的格言"国家的主人理应治理国家"就是最好的证明。对开国元勋们来说，这不过是关于政治权利的"社会利益论"（stake-in-society theory）的简洁陈述，体现了18世纪美国财产分配背景下一种温和的保守立场。在现代财产关系下，这一准则规定严格限制政治权力基础。大部分现代中产阶级处于无产状态，而恰恰是该阶级的力量决定了政治稳定性。与此同时，最让开国元勋们苦恼的城市无产阶级几乎占了总人口的一半。此外，随着公司的产生，所有权与控制权分离，杰伊这句出自上个世纪的格言不攻自破，许多有产阶级也不得不面对两权分离的历史趋势。例如，美国电话电报公司（American Telephone & Telegraph Company）的60万股票持有者不仅没有凭借手中的股权获得政治权力，甚至与经济权力也失之交臂，而这意味着他们无法着手管理自己的公司。

从人文主义观点出发，美国开国元勋们的思想是极度自相矛盾的，主要体现在他们对于"人类"的观念理解上。一方面，他们认为人类是贪婪自私的生物；另一方面，他们认为人类本质上是自由的，希望人类可以无所拘束地参与正当竞争，用财富赢得财富。他们默认了生活的商业性，认为生活就像是一个永恒的战场，每天都在上演霍布斯式的战争，各执己见，水火不容；而他们并不打算终结这场战争，只想维持现状，减少血腥。他们万念俱灰，毫不期待人类处身持己的方式会发生一丝转变。因此，尽管开国元勋们认为利己主义是人类最危险、最顽固不化的品质，但为了控制其为我所用，他们不得不对其产生的危害视而不见。在19世纪竞争激烈的资本主义背景下，他们在两个领域都大有所为。一方面，美国成功据守攫取利益的竞技场；另一方面，联邦政府继续提供稳定可行的环境，为竞争创造有利条件。此外，这种成功往往反映出开国元勋们对获得财富的乐观偏见。今天的美国人即便如18世纪的开国元勋们一样深谙当下的科学，也不会认为人性是永恒不变的。现代人文主义思想家们正试图寻求这样一种方法，来消解人类社会无休止的冲突和对产权的执着，而他们不应指望能在1787年宪法制定者们创立的平衡政府理念中找到答案。

第二章

托马斯·杰斐逊：

美国民主之父

Passage 2

比起受狼群的辖制，自治更能使羊群自洽。

——托马斯·杰斐逊

1

托马斯·杰斐逊的传奇故事气势之磅礴恢宏，毫不逊色于美国历史上任何一个神话故事。尽管联邦主义历史学家对杰斐逊的尖锐批判未流于世，但杰斐逊思想的追随者，如克劳德·鲍尔斯（Claude Bowers）和已故的 V.L. 帕灵顿（V.L.Parrington）助长的刻板印象却备受推崇。杰斐逊被描绘成一个激进的民主主义改革家，一个反对资本主义经济的重农主义者，一个在 1776 年瓦解弗吉尼亚社会结构的革命家，一个成功粉碎联邦体制的"1800 年革命"的领导者。尽管有大量事实足以丰盈这些故事，使它们看起来逼真可信，但终究会被查尔斯·A. 比尔德、吉尔伯特·奇纳德（Gilbert Chinard）和艾尔伯特·J. 诺克（Albert J.Nock）等敏锐能干的杰斐逊学者们无情拆穿。当然，杰斐逊的传奇故事之所以能广为流传，绝非因为缺乏切实中肯的批判。只是当时的人们夸大了时代的社会问题，也将杰斐逊神化了。

如果杰斐逊成为那些极端反叛者的一员，整日通过破坏既定秩序以威胁政府解决社会问题，那才是奇事一桩。他出身弗吉尼亚的贵族阶层，地位显赫。父亲彼得·杰斐逊（Peter Jefferson）白手起家，自立自强，而出身名门的母亲简·伦道夫（Jane Randolph）则为他提供了殷实高贵的社会地位。彼得·杰斐逊于1757年去世,留给当时年仅14岁的小杰斐逊的是2700多英亩[①]土地和大批的奴隶。成年的托马斯·杰斐逊在很长一段时间里坐拥大约一万英亩土地,拥有一两百个黑人奴隶。富足优渥的生活为他创作出以人类自由为主题的伟大作品提供了极大的物质支持,而这一切离不开三代奴隶的辛勤劳作。

杰斐逊是一个仁慈的奴隶主,而这无疑与他根深蒂固的习惯有关,他总是对那些无所依靠的支持者奉以无微不至的关怀。他为自己没有过分溺爱人民而感到自豪,他曾写信给杜邦说,他们对人民的爱的不同之处在于,杜邦像对待婴儿一样抚育他们,而他像对待成年人一样关怀他们,他相信人民有自主自治的能力。然而,在一个贫富差距悬殊、教育分化严重的社会中长大的贵族,不可能成长为杰斐逊理想中的民主主义者。正如查尔斯·M.威尔茨(Charles M.Wiltse)所说:"杰斐逊总是脱离人民群众,如果他声称人人平等,那并非出于事实,而是出于他脑海中的构想。"杰斐逊建立的民主制度中清晰展现出一种谦和的优越感,这一点在他写给拉法耶特(Lafayette)的一封信里尤为显现:

> 你如果能亲自实地考察自己国家各地区的发展状况,一定会受益匪浅,而能够与你结识,对于人民来说也会是一段有趣的经历。这也许是你一生中唯一能够获得知识的时刻。而最高效的方法是,你必须隐姓埋名,像我一样,亲身住进人们住的茅屋,窥视瓶瓶罐罐,食用他们的面包,懒洋洋地躺在床上假寐,实则感受被褥的柔软度。当有一天你能够运用所学让他们的被褥变得柔软,或者为他们满是素菜的汤里增添荤腥的时候,你会为这次实地考察感到一种崇高的快乐,而这种快乐经久不衰,愈品愈浓。

[①] 英制单位,1英亩≈4046.8平方米。——编者注

杰斐逊毕业于威廉斯堡的威廉与玛丽学院，尽管他当时年纪尚小，但很快便融入这个人才荟萃、思想开明的精英社会。毕业后，他过着人人艳羡的弗吉尼亚绅士生活，而光鲜亮丽的政治领袖背后是不得不肩负的社会责任。24岁时，他取得律师资格。26岁时，他当选众议院议员，并连任6年。29岁，他已是一位成功的咨询律师，却兴致缺缺。这一年他与一位年轻的寡妇结合，并定居在蒙蒂塞洛。婚姻使他的家产平添大片土地，同时而来的还有一笔4000英镑的债务。像大多数弗吉尼亚的种植园主一样，杰斐逊也从与英国债主的交际中萌生出反对英格兰管辖弗吉尼亚经济的想法，并加入了议会成员中的反英团体。他从英国共和主义哲学家那里汲取的铿锵词句，在他内心焕发出更鲜活的力量。1774年，他写了一篇辛辣大胆的文章，将自然权利学说迁移到殖民地的争议问题中，此举立即引起了整个殖民地的关注，他也因此获得了文学巧匠的美誉，以致后来又结缘肩负了《独立宣言》的起草工作。

改革运动兴起时杰斐逊正值壮年，他将自己所有的热情与精力倾注于此，不遗余力；在最初的几年里，他完成了一生中最具创造性的工作。在他的领导下，弗吉尼亚的改革者们废除了长子继承权及限定继承权，并通过解散英国国教，禁止对宗教异见者施加法律或政治歧视，为思想和宗教信仰自由奠定了基础。改革者们还试图建立一个良好有序的公立学校体系，但收效甚微。杰斐逊起草了废除长子继承制和限定继承制的法案，并起草了文学史上最精湛、最犀利的自由思想宣传册，宗教自由法案便是其中最鲜明的代表。

这场改革运动取得的成就是毋庸置疑的，但这些成就却被历史学家和传记作家们夸大其词，他们把杰斐逊及其同僚推崇为革命者，认为他们推行了一系列彻底的社会改革，摧毁了弗吉尼亚的贵族制度，为民主政府的建立奠定了基础。即使是一向谦虚谨慎的杰斐逊，也声称这一系列改革"落下斧头"，彻底铲除了老自治领州的贵族统治，这实在不免有些言过其实。如果这场改革真如他们所言那般翻天覆地，那么一定会遭到人们的负隅抵抗。事实上，除过宗教自由法案（杰斐逊证言，该法案引发了"我参与过的最激烈的争论"），这一系列旧秩序的覆灭几乎未借助任何外力，轻易便自我瓦解。杰斐逊在写给富兰克林的信中说，"这一重大转变"是以最平和的方式实现的；只有"六七个为失去显赫地位而苦恼的贵族绅士"，反对过改革，而他们"值得同情，而非酷刑"。

"和平改革"的原因很简单：根本就不存在改革。在弗吉尼亚州，完全意义上的长子继承制并不存在。对于地主们来说，这一制度从来都不是强制性的，无足轻重，只有在他们死后没有立下任何分配土地的遗嘱时才适用。老自治领州的地主家庭很少用到这一制度，因为弗吉尼亚人通常会立下遗嘱，将土地分配给儿子，有时甚至分配给女儿。对贵族来说，限定继承制实际上是一种烦琐的牵制，它妨碍了他们对一些无房屋产权证房屋的交易。在1776年之前的几年里，弗吉尼亚州议会收到了一份又一份世家大族的请愿书，要求废除土地限定继承制。

很多传记作家都对杰斐逊当时沉迷于废除奴隶制的想法感到新奇。作为修改法典委员会的一员，杰斐逊的确起草了一部关于逐步解放奴隶的法案，但从来没有设想过切实推行。他解释说："研究发现，公众并不会接受这个提议。然而，离人们必须接受它的那一天已经不远了，否则将会有更糟糕的矛盾爆发。"即使"不合民意"也要强行通过法律达成目的，无论这一政策多么可行，这一做法也与杰斐逊务实的政治人设相去甚远。[①]

战争年代担任弗吉尼亚州州长是杰斐逊一生中最痛苦的经历，年仅38岁的他因此迫切希望自己永远退出政界，但妻子的去世迫使他离

[①] 杰斐逊在批评本州的奴隶制问题上表现出了一贯的谨慎态度，但在处理殖民地之间的事务时却十分大胆，因为他知道自己会得到北方地区的支持。因此，他对《独立宣言》中对奴隶贸易的许可进行了猛烈抨击，此条款后来被废除。此外，他还试图在1784年提交法令申请，希望在西北地区禁止奴隶制。

开蒙蒂塞洛，尽管内心愤懑不平，却不得不重新积极投身于国会事务。从1785年到1789年，他担任美国驻法国公使，而这一经历可能对他的政治立场起到决定性影响。在他的朋友们还在家里坐视《邦联条例》失败，眼看着贫苦农民在政治上取得进步，并将政治思想向左倾靠拢时，杰斐逊已经在周游欧洲，考察封建和君主制度，了解英国工人和法国农民遭受的痛苦剥削，最终更加坚定自己的共和主义思想。杰斐逊震惊于欧洲国家贫富差距悬殊的同时，还发现国王、贵族和祭司是"一个以损害大众幸福为目标的腐朽联盟，"放眼望去，欧洲皇室内充斥着一群"傻瓜"和"白痴"，他还以尖锐辛辣的语言描绘了英国劳动阶级的遭遇。欧洲之行更加坚定了他的信念，即美国是世界的天选之地，共和制度、广阔的沃土、农业经济以及封闭的海域，无一不彰显着美国的优势。尽管杰斐逊在欧洲的普通民众身上发现了很多值得钦佩的地方，但这些都最终回归到美国的政治优越感。他在给拉法耶特的一封信中写道："巴黎的贱民与美国的自耕农不可同日而语"，寥寥几笔，概括了他一生的偏见。

在法国大革命初期，杰斐逊顺理成章地成为第一批温和派领导人的顾问。有一次，因为疏忽，他让拉法耶特和几个朋友在他家会面。之后他立即向法国外交部长蒙莫林（Montmorin）道歉；但蒙莫林很了解杰斐逊，说道，他希望杰斐逊"能一直在这样的会议上提供帮助，并且确保能够缓解情绪，实行有益的、切实可行的改革"。当国王头戴颇受欢迎的帽徽出现在公众面前，并且初步流露出和解的迹象时，杰斐逊意识到，是时候与国王妥协了。然而当他把起草的文件拿给自己昔日的革命战友们时，却遭到了回绝，因为他的态度太过于温和。

有人认为杰斐逊是一个不切实际的空想家，就像查尔斯·卡罗尔（Charles Carroll）说的那样，他是一个"沉迷理论、痴迷幻想的人"。在某种程度上来说，的确是如此，但这与他的公众活动或思维模式没有什么关系。他的确非常慷慨，自己借钱然后给乞丐，慷慨到甚至超出了自己能承受的范围，在他生命的最后几年，他给一个陷入困境的邻居的便条上签名，使他自己每况愈下的财产状况遭到致命一击。

但是，他的思想会自然而然地走向高度抽象的程度吗？他的空闲时间也都花在这些上面了吗？事实上恰恰相反，即使是有更多时间完善文件，他也会把精力放在诸如阅读弗吉尼亚百科全书的注释，研究参议院使用的议会手册，学习印第安语言，撰写他的自传等事情上。他从未想过写一本比较系统的关于政治理论的书——这倒是个明智的选择，因为他并没有形成系统的观念，也缺乏教条主义者一成不变的极端忠诚。他更愿意把自己的时间和精力投入认识论和机械艺术这类事情上，并且发现自己还是对机械艺术更感兴趣。他对计数、观察和测量有着近乎狂热的爱。（他曾在给女儿的信中写道："一草一木都可以激发我的兴趣。"）并且他的价值标准非常实用。（"对任何国家来说，能提供的最大奉献就是精心培育、发展本国的文化。"）他是自己家的建筑师，家里的各种物件几乎都是自己亲手设计制作的；他还对奴隶的工作效率进行了相当详尽的研究，发明了一种打麻器，计算出了一种阻力最小的犁的公式，塞纳-瓦兹省的法国农业研究所为此还给他颁发了一个奖。他还设计了一种皮革四轮马车，一把转椅和一台升降机。他对农场、花园、社会状况以及自己旅行时的所见所闻都做了十分详尽的记录。艾尔伯特·J.诺克（Albert J.Nock）总结道，他"观察西欧所有有价值的树木和植物，并仔细研究它们如何栽培"。长期以来，他每天都保持记录体温和气压读数。他致力于研究新型犁、蒸汽机、节拍器、温度计、电梯等，学习黄油和奶酪的加工。他为国会撰写了一篇关于美国度量衡标准的长篇论文，并对人口普查报告做出了十分深刻的批评，提出了应当收集更多详细信息等建议。在旅行途中，他规划了12个欧洲大城市的旅游，还帮助皮埃尔·殷范提（Pierre L'Enfant）完成他对华盛顿制度的改革。他构想了美国十进制铸币体系，事实证明这一点上他比金融家罗伯特·莫里斯（Robert Morris）做得还好。以上这些就是这样一位所谓"沉迷理论、痴迷幻想的人"所做出的巨大贡献。

杰斐逊说，自由之树必须定期用暴君的鲜血浇灌，他认为每二十年一次的叛乱是件好事，他一生都在敦促宪法应该每隔二十五年或三十年彻底修改一次。杰斐逊被许多同时代的保守主义者视为极具威胁性的人物，在任何地方他都被认为是一个固执的教条主义者。

杰斐逊是一个思想复杂的人，必须整体把握他的所作所为和他的所思所想，而不能孤立看待。他的思想模糊性极强，这导致他无法朝着一个方向努力。尽管联邦党人的历史学家曾将这些模糊的思想作为道德污点、不断修正宪法的证据，但事实上，这和杰斐逊个人的家庭背景和政治背景是密切相关的。相比于他母亲显赫的社会地位，他更钦佩父亲的成就，也拒不承认母亲对他的影响；但从一开始，他不仅了解贵族阶层，还能看到那些来自寒门的人的真正优点和才能。在他的自传中，他简单评论了伦道夫家族的家谱："他们的家谱可以追溯到遥远的英格兰和苏格兰，让每个人都将自己选择的信仰和功绩归于此。"成年之后，杰斐逊成为一个奴隶主，但同时也是一个革命家，当他掌控着十多个人的命运时，他说人的权利是"不可剥夺的"。他一生中都围绕着那些富有的人，向他们学习，变得与众不同，即使并不喜欢他们的恶语相向，他还是学着去适应。与此同时他也学习最自由的思想，甚至学习那些在那个时代会被质疑的思想，并且与托马斯·潘恩（Thomas Paine）和乔尔·巴洛（Joel Barlow）等人意气相投。在美国政坛，他是自耕农的领袖，也是伟大的庄园主的领袖。他是一个反对商业利益的大众派系的领袖，但该派系对自己所持的财富也有着强烈的占有欲。他阅读他那个世纪最好的哲学文献，吸收各种不同的思想，但他同时又是一个热忱的爱国主义者。从他个人来看，他是一个和平主义者，一个受过训练的民族主义者，但同时又是一个弗吉尼亚人，怀有对这个地区极度的忠诚。他一心强调农业社会的价值，同时也相信社会的进步性。除此之外，他的人生之路很长，也因此得以见证许多变化，并努力让自己的观点适应不断变化的环境。

杰斐逊有时也会比较冲动。他见多识广，在他的思想中可以反观他所处时代最先进、最解放的思想。他相信这些观点,并用自己的话重新组织并不断重申这些观点,这些内容也已经成为经典;他为人所称道的那种宽宏大量、解放的思想,几乎完全呈现在他的私人信件中;在撰写了《独立宣言》和《弗吉尼亚宗教自由法令》之后,他避免在公共场合表达那些令人们难以接受的观点。但是他十分清楚,在日常生活中,他的大多数理想观念对指明社会发展方向是十分重要的。他从没有指望过这些理念能在他所处的时代实现,而是把希望寄托在取得进步上,寄托在人类会在某个辉煌的未来实现他的理念的决心上。(约翰·亚当斯曾嘲讽他:"你的想法很明智。比起过去的历史,你更喜欢未来的梦想。")

杰斐逊的实践活动通常从小项目出发,不会产生激烈的冲突,也不需要过多的精力消耗。他讨厌激烈的争论,如果自己的观点会引起同事们的愤怒,他宁可保留自己的想法。他尽力避免他的著作《弗吉尼亚笔记》广泛传播,因为他不想让弗吉尼亚人读到他对奴隶制的尖锐评论和对该州宪法的尖锐评论。杰斐逊推行的禁运政策(虽然是徒劳的),就是在全国各地的强烈抗议下实施,这证明了他并不缺乏勇气——这样反倒让战争变得更易容忍。尽管他有强烈的政治偏见,有时还怀有强烈的仇恨,但他并不享受这种权力,也不太能忍受过多的公众关注。他对批评极其敏感,1789 年向弗朗西斯·霍普金森(Francis Hopkinson)坦白说:"我发现,即使是毫无依据的一点点批评带来的痛苦,都比众多褒扬带来的快乐更强烈。"他异常害羞,而且有轻微的语言缺陷,他发现自己无法像华盛顿和亚当斯那样,亲口向国会传达自己的主张。他并不擅长凝聚民心,甚至缺乏现代民主制度下需要的领导才能,他甚至没有发表过一次激动人心的演讲;但是私下里他的生活多姿多彩,饶有趣味,有很多时候,他更愿意将公共事业搁置一边,只是静静享受他的农场、家庭,或者阅读书籍。

2

杰斐逊的联邦党反对者最担心的是权力掌握在多数人手中,杰斐逊则担心权力流散于其他地方。在他的首次就职演说中,他就"人不能把自己托付给政府"这一普遍现象提出了疑问,说道:"那么,他能让别人把自己托付给他吗?"他同意麦迪逊的观点,认为权力"本身就具有易腐败的性质",他确信拥有权力的人会滥用权力进而导致腐败。他在巴黎给爱德华·卡灵顿写信说:"一旦人们对公共事务漠不关心,你、我、国会、议会、法官和州长都将变成狼。这似乎是我们本性的普遍规律,即使有个例的存在。"

杰斐逊承认,大多数人往往无法做出正确的决定,他认为,"人民所犯的错误"比国王、牧师和贵族自私自利的政策造成的危害要小。他并不害怕像谢斯起义这样的民众起义。在他的私人信件中,他可以放心地说,"诚实的共和政府"应该"对叛乱进行较轻微的惩罚,不要让他们太过气馁"。"偶尔来点小小的叛逆是件好事,在政治活动中这些是不可避免的,和自然界的大风大浪没什么两样。"有时候人民无法做到对事事都消息灵通,看透真相,与其让他们昏昏沉沉,倒不如让哪怕错误的观念激起他们的躁动——因为人民的沉默就意味着国家的灭亡。杰斐逊多次强调人民应当通过广泛的公共学校体系接受教育,通过自由的新闻媒体获取信息。虽然他对共和国抵抗腐败和腐化的力量不大相信,但他仍希望教育能抵制腐败这种导致社会退化的过程。①

教育不仅兴邦慧民,还可以激发大众无尽的天赋和才华,可以创造更多的机会。杰斐逊一生都注重人文关怀,关注大众对"幸福的追求"以及不受阶级限制的个人发展。

---

① 1779 年,杰斐逊在提出的《关于进一步普及知识的法案》中宣称:"经验表明,即使采用了最先进的政府形式,那些被赋予权力的人也会随着时间的推移在实践中渐渐把它变成暴政……"

杰斐逊对"人民"的美德与能力赞不绝口,然而他口中的"人民"所指其实是"农民"。因为杰斐逊将近十八岁才见识到城镇的存在,因而他坚信农村生活与农村人民是公民美德与个体活力的丰富源泉,农民是民主共和国最牢固的社会基础。他在《弗吉尼亚笔记》一书中宣称:"如果有天选之子,那便是那些在地里辛勤劳作的农民。""任何一个时代、任何一个国家都不可能出现大多数农民道德败坏的现象。"①

>……总体而言,在任何一个州,其农民总数与其他阶级的公民总数之比和这个社会的好坏程度成正比,同时这也足以作为一个衡量其腐败程度的晴雨表。我们永远不希望看到在有地可耕的情况下,我们的公民却坐在工作台上或是把动着捻线竿……让我们把工厂留在欧洲大陆。

因此,美国应该在制造商、城市、市民阶层占少数的情况下继续大力发展农业经济。杰斐逊对这一理念坚信不疑,直到他就任美国总统,实施外交政策后,才有所改观。他曾经在谈到欧洲时甚至说,他希望美国能保留和中国一样的经济基础。他会鼓励满足农业需求的商

---

① 1787年,他写道:"我认为我们的政府可以在未来几个世纪内保持清正廉洁。只要这个联邦还是一个农业国家,只要美国还有土地可以开垦,这个现状就会一直保持。直到美国政府像欧洲那样在大城市里冗积时,政府官员就会同欧洲官员一样腐败。"
在他觉察到联邦党的阴谋之后,杰斐逊更加坚信只有农民才是完全遵守公民美德的群体,他的信中有一句响亮的宣言:"农民,这些完全把农业当作核心利益的人……是伟大美国利益的真正代表,他们是唯一可靠的可以正确表达美国立场和观点的人。"
杰斐逊认为,拥有土地所有权的农场主这一经济阶层,比其他社会阶层更具有政治美德,这对人性本质相同的抽象概念而言是一个重大的突破,但他似乎并没有继续阐释这种见解对我们而言意味着什么。

业——而这也是他早期对市民阶层做出的最大让步。

当然,杰斐逊接受了制衡政府的原则和制约人民的思想。他在自传中写道:"建立一个好政府并非通过权力的巩固或集中,而是通过权力的分配。"1776年,他为弗吉尼亚州制定了一部宪法,该宪法体现了三权分立原则,并要求选民具有一定的财产资格。① 在由参、众议院组成的立法机构中,只有众议院由人民选举产生,参议院和州长由众议院选出,这样一来,立法机构三部分中有两部分与人民是无关的。五年后,他对弗吉尼亚州采用的宪法提出批评,该宪法并非他起草的那一部,他最为不满的是这部宪法缺少制约:参议院与众议院都由选民以相同方式产生,因而有太多相似之处。"建立不同的立法机构是为了对不同利益群体或不同原则产生影响。"他继续说道:

> 政府的一切权力,包括立法权,行政权及司法权在内,构成了立法机构。将这些权力独揽于同一伙人的手中就是对暴政最精辟的释义。多人揽权与独揽大权并无两样,一百七十三个暴君必同一个暴君一样暴桀……他们是我们亲手选择的,却对我们百无一用。我们所奋力追求的并不是一个民选专制的政府,我们所追求的是一个建立在自由原则的基础之上的政府,且其权力应分配给若干个机构以相互制衡,这样一来任何人在他人的有效制约下都无法逾越法律界限。

这段话可以视为1787年费城制宪会议的纯正教义。一个不在制约体制之下分权制衡的政府正是杰斐逊所指的暴政,他不满足于管理机构由人民选举产生的这一事实,这样一个不受制约的政府充其量只是

---

① 然而他在《弗吉尼亚笔记》中表达了对该州选举制度局限性的不满:"该州大多数出资出力支持本州发展的人,在立法机构中没有代表,近一半的民兵和收税人不在有选举权的地产所有者的名单上。"

"一种民选的专制"。因此，杰斐逊并不接受简单多数原则，而是采纳了"不同利益群体或不同原则"的代表应在政府主体中得到体现的观点。

这些观点听起来和麦迪逊与亚当斯的理论很接近。事实上，杰斐逊与二者还没有到针锋相对的地步，对他们宪政时期的保守派著作并无质疑。1788年他致信麦迪逊，赞誉《联邦党人文集》是"有史以来关于政府原则的最佳评论"。两年后，杰斐逊在给侄子托马斯·曼·伦道夫（Thomas Mann Randolph）提供阅读课程建议时，大赞洛克的作品"就目前为止无可挑剔"，随后他又补充道，"从理论到实践，没有任何一本书比得上《联邦党人文集》"。1787年，他对约翰·亚当斯表示，他在阅读完后者的《为宪法辩护》后"感到无比满足，获益匪浅"。他认为，"这本书对美国大有裨益，希望新老政客能好好研究此书的学问及其决策力"。[①] 杰斐逊在法国收到1787年联邦宪法的文稿后，向亚当斯坦承道他对所尝试的一切大吃一惊，但随即又恢复了镇定。他告诉麦迪逊，这部宪法文稿有许多的优点，但有两点是他持强烈反对的态度：一是权利法案的缺席（随后列入宪法修正案中），二是总统有资格任职超过一届。最后他给予这部宪法极大的认可："这是一幅优秀的油画作品，只需寥寥几笔润色即可。"时过境迁，他越来越看重这部宪法。

杰斐逊与麦迪逊或莫里斯一样厌恶那些乌合之众的想法——"国家的自由通常是邪恶的煽动者与火中取栗者破坏的"。——但他相信这些人在可知的未来里不会出现了，因为这片土地会包容这批不满的贫农。在他的第一次就职典礼上，杰斐逊称美利坚民族将依靠这片土地"生生不息"！美利坚合众国将成为一个农业大国，耕者有其田的政策

[①] 后来，他还强力支持约翰·泰勒的《美国政府原则和政策研究》（An Inquiry into the Principles and policy of the Goverment of the United States, 1814），这在很大程度上是对亚当斯理论的猛烈冲击。当然，这是在联邦党与共和党的对抗局面形成之后才发生的。

将惠及每一个独立且明智，安分且廉洁的人民。他一定认为这个国家的命运会在路易斯安那购地案后得到保障。

那么这个有产国家的未来将会建立在有产阶级基础之上。杰斐逊强烈倾向于一种观点，即社会中的有产阶级利益是政治心态稳定的必要条件。1800年，他写信给一位朋友称自己一直都支持男性普选权，但这也是他无法坚持的理论概念之一。他又继续道："我发现有些天真的人们，依然认为拥有财富就可以保证思想的独立，因而他们主张以财产资格来限制选举权（有产者享有选举权）。"他在1776年起草的弗吉尼亚宪法中要求选举人须拥有二十五英亩农村土地或者四分之一英亩城市土地的完全所有权，或者在参与投票后的两年内纳税。同时杰斐逊也从未在任何地方尝试引入男性普选权。①

杰斐逊式民主的突出特点是它与那个时代的农业秩序有着密切的有机联系。如果说他的民主理念是一个农民有教养又有见地且享有自由制度的国家是最适合民主共和制的，这是远远不够的，还有一个附加条件，即除此之外，没有任何类型的社会可以确保维持共和。一个国家如果拥有众多大城市，发达的制造业与商业，以及绝大多数的工人阶级，那么民众共和主义是不可能存在的或者充其量只能说是荒唐的存在。

当然，杰斐逊用以维持美好社会的天平并不牢固，在他看来，除可靠温良的农民阶级外，工商阶级和投机商都是腐败堕落的，市民阶层也是社会危害。他坚信人性无法脱离其天然享有的耕地资源或不动产所有权的滋养。对于民主脱离田园的这一说法，他又比约翰·亚当斯坚定多少呢？而这一切在现代工业资本主义的无情推进下都做到了：

---

① 然而，值得一提的是，1776年杰斐逊提议弗吉尼亚州向每一个没有五十英亩土地的成年白人授予五十英亩土地。这项政策实际上是普及了选举权。这表明他不但相信给予人们土地所有权能带来新的经济增长机遇，而且在他心目中土地财产是和民主制度之间紧密联系的。那时他对政府经济基础的民主意识比对政府结构的民主意识更加强烈。

现代工业资本主义将五分之四的社会人口从土地当中剥离，让民众同财产分离，并将大众生活逐渐打造在杰斐逊所称的非自然的基础之上——总之，它已逐渐架空了杰斐逊民主农业版图的实际内容。而杰斐逊在有生之年见证了这一过程的开始，正如我们将看到的那样，他在不牺牲自己民主偏好的情况下放下了大量的农业偏见（就像他务实却不教条的思想一样）。然而，他虽然坚持自己的人道主义民主愿景，却没有给它留下新颖且必不可缺的经济基本原理。

3

往后，杰斐逊宣称其政党与联邦党人之间的斗争是对人民热爱与否的斗争。然而大众已经将他与丝毫不爱护人民的一伙人联想到一起了，如埃尔布里奇·格里（Elbridge Gerry）、皮尔斯·巴特勒（Pierce Butler）、查尔斯·平克尼，以及埃德蒙·伦道夫（Edmund Randolph）。抽象原则上的差异很难一针见血地解释他们激烈的冲突又或是该原则所界定的特殊分界线。虽然具备民主思想的美国人民确实与杰斐逊站在一边，但这条分界线本质上是存在于两种财产之间而并非于两种哲学之间。

在汉密尔顿担任财政部部长期间，联邦党采取了相关政策为政府奠定了基础，使其无所顾忌地为商人阶层及投资阶层效劳。汉密尔顿采用国债融资，建立国家银行及借助各种政府辅助手段的方法资助了制造业投资者、商业投资者及公共证券投资人，尽量将税收重担甩给种植园主和农民。然而，在地主利益群体占多数的情况下，自成一党抱团取暖对他们来说只是时间问题。杰斐逊党派的成立就是为了捍卫特定的有产者利益，而非民主的抽象假设，杰斐逊一代期望有产者在进入政治舞台后能保持温和稳重，他的政策也本着这一精神得以构思执行。

杰斐逊在1801年当选美国总统后，一些无知的联邦党人轻信了自家宣传而感到毛骨悚然，认为世界末日已经来临。费希尔·埃姆斯（Fisher Ames）几乎预感到自己很快就会嗅到那以活人献祭而产生的令人厌恶的气味。然而，那些了解当选总统的人并没有如此谈虎色变——尤其是那些内部知情人十分淡定。

1800年的总统大选在美国历史上是很特殊的。因为那时的宪法尚未对正副总统候选人的选票加以区分，杰斐逊与其竞选伙伴，阿伦·伯尔（Aaron Burr）在选举人团中获得了相同票数。

这场盘根错节的角逐最终由众议院接手，联邦党议员担任评委，在两名共和党议员中做出选择。对一些人来说，这不过是在两个刽子手中任选其一罢了；还有一些人则视杰斐逊为死敌，自然转投伯尔。但亚历山大·汉密尔顿却并未随波逐流，他多年来一直是伯尔在纽约的政治对手。汉密尔顿在一封写给联邦党人代表的信中，对杰斐逊的品性做了非常精准的评价。他承认老对头的观点"极富狂热色彩；对自己构想的民主制度过于较真"。然而他又说，以下观点并非事实，其措辞有多尖锐，评价便有多不公：

> 有人说杰斐逊狂悖无道，为达目的不择手段，最后一定会遭到人民的反对，损害自己的声誉和利益。但他和我认识的所有人一样，审时度势、曲意逢迎，时刻盘算着提高声誉、抢占优势；也许这样狂悖的秉性很可能言而无信，最终导致汉密尔顿体系一仍旧贯，而该体系已然建立，想要推翻必然要以牺牲推翻者为代价。依我对杰斐逊先生的了解，有望期待他顺应时势，试以权宜之策，而非暴政。此外，没有迹象表明他会自甘堕落，这也说明他不会轻易越界。

联邦党人认为汉密尔顿的评价差强人意，他们单刀直入，希望得到杰斐逊本人的承诺。而这位弗吉尼亚人并未直接表态。庆幸的是，一位友人旁敲侧击，最终向联邦党人透露，杰斐逊计划实施稳健政策。

杰斐逊放弃了他的一切初衷,从这个意义上说,为了谋得总统之职而放弃一切原则,这几乎是天方夜谭;然而他的确是在获得了联邦党人的支持之后,双方达成某种共识,才顺利入驻白宫。

稍微考虑一下杰斐逊现在所处的困境,我们不难发现,像他这样性情温和的人,几乎很难转圜基本方针的走势。运行了12年的汉密尔顿体系早已与美国经济水乳交融,国家形势一片大好。如果强行重建汉密尔顿的资金、银行和税收体系,必然会引发一场激烈的斗争,加剧各阶层之间的矛盾,将温和派割离在共和党阵营之外;同时也可能导致经济萧条,甚至国家分裂。而这场混战尘埃落定后,政府与商业、银行和制造业阶层达成妥协终究是大势所趋,必然结果。此外,在汉密尔顿体系运转顺利的情况下,即使土地利益集团被指控拖欠债务,他们要受的处罚也比在全面重建体系后轻得多,这种现象屡见不鲜。简言之,杰斐逊清楚自己与现代社会民主党政治家的处境非常相似,后者一旦获得权力,就不得不管理他们不敢干涉的企业。正如他们无法消灭资本主义一样,杰斐逊明白自己也无法阻止资本主义的发展及其向农民群众渗透的趋势。他没有选择硬碰硬,而是选择游走在汉密尔顿体系的边缘,谨慎改写,游刃有余。

杰斐逊首任就职演说采用了安抚调解的方式,旨在抚平国民心中1798年至1800年那段艰难岁月的创伤,赢得温和派联邦党人的支持。他宣称:"我们都是共和党人——我们也都是联邦主义者。"演说后不久,他便写信给杜邦·德·内穆尔(Dupont de Nemours),言辞间与汉密尔顿对他的评价高度吻合:

> 政权初建之时,我们或许还有机会引导国家走上正轨,但是汉密尔顿那些源自英国、契约式的、一知半解的思想把希望扼杀在摇篮中。我们有能力在15年内偿清他欠下的债务,但永远无法挣脱他所建立的金融体系的束缚。让我吹捧我本鄙视之罪恶,对我而言简直是一种羞辱,更讽刺的是,前人犯下的罪恶却要

我们承担。我希望我们能够在政府的其他部门逐步引入正确的原则，并使之成为习惯。纸上得来终觉浅，实践才是检验真理的唯一标准。

杰斐逊信守了对朋友和敌人的承诺。他通过削减开支成功地削弱了联邦党势力，从而顺利废除引发"威士忌暴乱"的棘手消费税，同时还在公共债务方面取得重大进展。他多次尝试将联邦司法系统——受辖于联邦党的最后一个国家政府部门——纳入麾下，但收效甚微。1811年，即他任期结束的两年后，共和党还允许美国第一银行在其特许期满后再宣告破产。

然而，杰斐逊并未抨击汉密尔顿体系其余的致命盲点。政府没有采取措施遏制公共土地投机等滥用权力的行为；组织有序的共和党派也未奋力推动各州乃至整个国家的政府机构民主化进程。例如，对选举权的限制没有受到丝毫影响。比尔德教授指出，共和党辖区各州并不像联邦党辖区各州那样，"追捧以平均主义为内核的政治民主，如痴如醉"。如果杰斐逊提出大改选举制度，那么他麾下的众多州领导人，那些对民主理论毫无用处的人，将会对他持怀疑态度；而若杰斐逊选择做时代的民主斗士，就不可能成为如此成功的政治领袖。

凭借与联邦党人政策上的相对一致性，杰斐逊希望赢得他们阵营中温和派的支持，并计划通过对其提供赞助达成目的。上任后不久他便致信霍雷肖·盖茨（Horatio Gates），"如果我们能坚守正义，坚持公平的原则，那么就有望安抚那些联邦党派中最正直的人士，也有望使那些长期被排挤在赞助之外的人受到平等对待。我希望能消除分歧，或者说，我希望联邦党人和共和党人携手与共、水乳交融"。

政治上的和解则意味着经济上的妥协。很快，共和党开始与他们曾扬言要誓死抵抗的金融利益集团关系暧昧。共和党辖区的州立法机构向地方银行发放大量特许状，相应地，这些银行也在政治上支持共和党。杰斐逊也为促进双方达成一致做出贡献。巴尔的摩银行向政府申

请援助时,他写信给财政部部长阿尔伯特·加勒廷(Albert Gallatin):

> ……我决意把所有银行都纳入共和党麾下,根据经营状况按比例分成。将商业利益从敌军中剥离出来,并加入友军,事关共和主义的存亡。商人生来便应该成为共和党,否则只会沦为枯朽。

面对掌控财政的新贵跻身共和党领导层,在昆西享受平静退休生活的约翰·亚当斯可能觉得这是趣事一桩,但激进地站在农民一边的约翰·泰勒却气馁不已。1811年,他写道:

> ……那些人是不会拒绝这类清闲差事的,即使他们深知拨公费给银行或债务股来壮大联邦党的不公不义。简而言之,立法机关系统内的工作人员拥有利用职务之便从人民手中捞取财富的权力……无论何种制度,这种权力都会腐化立法、行政体系和司法公务员。

共和党人没有能力全面落实民主农业政策,正如没有能力建立一个明确可行的农业经济学理论一样。他们经济思想的主要痛点在于自由放任政策,他们的主要目标——摧毁联邦政府和投资阶层之间的联系——基本上是不可能实现的。他们敏锐的观察力使其经济著作极富批判性,但对具体的农业计划毫无指导意义。他们没有计划;事实上,他们奉行无计划的原则。

包括帕灵顿在内,许多作家都曾把杰斐逊描绘成一个重农主义者,但这种说法的可信度还不如那些认为他深受法国思想影响的荒谬观点。杰斐逊天生对经济理论上的中庸之道深感满意。1815年,他在给J.B.萨伊(J.B.Say)的信中写道:"没有哪个公理能适用于所有时代、所有场合。"重农主义者对自由贸易的捍卫在任何时候对杰斐逊都是一种吸引;但杰斐逊在读了《国富论》(The Wealth of Nations)之后,又成了亚当·斯密的忠实粉丝。①

杰斐逊与"自然法则"时代的其他理论家一样,十分乐意相信谋取私利的私营企业所谓的"自然"运作本质有益于企业发展,正常情况下政府不应干预。他在首次就职演说中宣扬,"一个明智而节俭的政府,应该是制止人们互相伤害的政府,应该是给予人们自由地追求勤勉和进步的政府,应该是从不抢占人民劳动果实的政府"。②在1816年4月6日写给约瑟夫·米利根(Joseph Milligan)的一封信中,他谈到适当限制税收的问题,得出国家不应在财产再分配方面过于激进的结论:③

> 如果因为一个人及其父辈硕果累累就剥夺他们的劳动果实,而让那些自己或其父辈未付出同等勤勉和技能的人得益,这便严重践踏了合作的首要原则,即"保证每个人都有权付出劳动并劳有所获。"

约翰·泰勒也许是最富智慧的农民至上作家,他亦坚信"把财产分配给勤勉之人和有才之士才是明智、公允之举"。

这种国家政策并非针对资本主义,而旨在反对重商主义。杰斐逊及其追随者已目睹英国政府干涉美国经济事务造成的不良后果,他们认为汉密尔顿制定的国家经济体系("汉密尔顿这种契约式的、英国

---

① 实际上,他更喜欢J.B.萨伊对亚当·斯密原作的改写版,因为更加条理清晰,朗朗上口,同时他也对德斯塔德·德·特雷西(Destutt de Tracy)的作品情有独钟。
② 在他的第二次就职演说中,他列举出政府应尽的各项职责,并声称政府应当维持"(每个人)现有的财产状况,不论是否均等或公平,应保护每个人辛勤劳作或其父辈辛勤劳作的成果"。
③ 他补充说,如果个人财富过度膨胀,威胁到国家安全,最好的纠正方法不是实行差别化征税政策,而是通过制定法律,强制所有继承人依据同等标准平等继承遗产。

式的、一知半解的思想"）只是英国经济思想在美国的延续。汉密尔顿建立的政府是以牺牲农业为代价来促进资本发展的政府。针对此问题，杰斐逊并未主张建立一个以牺牲资本为代价来促进农业发展的政府，而是呼吁建立一个农商分别管理、互不牵制的政府。现代自由主义者认为政府干预是一种扶助穷人的方式，而杰斐逊同其他18世纪的自由主义者则认为政府干预主要是通过制定附息债务、税收、关税、银行、特权和补助上的优惠政策来壮大富人阶级的一种有失公允的手段。杰斐逊的结论是，在共和政府下，唯一的补救措施就是剥夺富人的这些特权，通过"自然"的经济力量恢复自由和平等。他向来不认为经济关系本质上带有剥削色彩，因此政府没有必要施以打压。改变经济秩序不是政府的首要任务：富人无权这样做，穷人也不会多此一举。

杰斐逊曾在他的政治思想中否认这样一种观点：总有人生来优越；然而，当他接受自由放任经济理论的设想，他所谓的否认便隐秘而静默地不攻自破了。因为这种设想是，只要人们在法律地位上是平等的，同时政府保持公允，人们就能根据"勤勉和技能"分配财富。在美国农民和种植园主看来，有这种思想是人之常情，因为他们还有其他身份，即企业家、商人、出口商，通常还有一些是对地产价值高度敏锐的投机商，而这些人往往对自立自强习以为常。

当然，在有些时期，杰斐逊式的自由放任主义也成为这个国家最保守的政治经济思想主张。杰斐逊死后50年里，威廉·格雷厄姆·萨姆纳（William Graham Sumner）等人又再次于书中提出了与杰斐逊和约翰·泰勒如出一辙的主张，旨在维护那些富有创业精神的工业资本家和铁路大亨的利益，使之免受政府监管和改革的约束。约翰·亚当斯根据民意调查结果对杰斐逊的自由放任思想提出质疑，在一百年后，布赖恩这位最后作为独立政治力量替美国唯农论发声的领袖，也仍然竭力维护这一思想的体面，他给的解释是：无论如何，农民也同时是一个商人！

4

对外关系实践中的困境再次使杰斐逊和他的支持者产生了一种与不得不维护汉密尔顿建立的国内机制相同的挫败感。在东部地区，他们发现这里的人几乎和新英格兰地区的海上商人一样依赖国际贸易，人们从海外购买低廉的工业制成品，再将自家盈余的产品销往海外，以获得收入；在西部地区，当地人想尽办法四处寻找新土地，对印第安人的忌惮和对新奥尔良港口出口贸易遭到西班牙封锁的担忧使得这一扩张欲望再度升级。为了增加陆地市场出口和保持海上市场出口量，杰斐逊派最终草率地选择放弃自己之前提出的一系列主张。

杰斐逊本人既是忠诚的爱国者，也是真诚的和平主义者。拿破仑战争期间，当英国和法国争相掠夺美国商业利益时，他试图采用经济胁迫这样一种和平方式进行回击。1807年12月，国会通过了严苛的《禁运法》，将所有美国境内的本国和外国船只扣留在港口。杰斐逊的本意是想通过扣留食物和补给的方式向两方施压，结束这场经济掠夺。但事实证明，颁布这个法令是杰斐逊从政以来一次教条而又不切实际的举措，美国也因此付出了惨痛代价。禁运不仅没能迫使英国和法国重新尊重美国在公海上的权利，而且还让美国东北部的贸易城市、西部和南部农场以及种植园的经济陷入瘫痪。杰斐逊最终不得不承认，法令出台后15个月给美国带来的损失甚至超过一场战争带来的影响。在他第二个任期届满时，《断绝贸易法》取代了《禁运法》，该法案恢复了美国与欧洲其他国家的贸易，但继续对英国和法国实施禁令，违者将会受到严厉惩罚。

尽管杰斐逊的继任者詹姆斯·麦迪逊继续为海上贸易争端所困扰，但1812年英美战争①爆发的主要原因并不是自由贸易中的冲突，而是美国的对外扩张主义，即约翰·伦道夫（John Randolph）所称的

---

① 又称"美国第二次独立战争"。——译者注

"对土地的贪欲"。南方的种植园主想要佛罗里达那片土地，北方的农场主想要的则是加拿大。杰斐逊一直是一个积极的扩张主义者，他对这两个扩张的目标均表示赞同，并接受了当时十分流行的普遍观点，认为对外扩张行为是合情合理的。（1812年夏天，他在给亚当斯的信中写道："只要拥有加拿大，我们的妇孺就不会为印第安战斧和剥皮刀所害，那些拿着武器的恶徒将就此消失在我们的土地上。"）朱利叶斯·W. 普拉特（Julius W. Pratt）阐述道，美国广阔的弧形边境线上，鼓励对英战争的声音愈演愈烈；旧联邦党人和商人的反战情绪也在此时达到顶峰。

但是，为防再次出现杰斐逊时期在经济上脱离欧洲市场，或者是麦迪逊时期那样因战争失去最大市场的情况，美国必须想办法利用其本土能源生产工业制成品，以保证国民生产生活的需要。因此，在海外贸易中碰壁，失去日常投资渠道的资本开始进入国内制造业。《禁运法》实施期间和1812年英美战争可以说是美国工业化的萌芽阶段；亨利·亚当斯（Henry Adams）点出了一个极具讽刺意味的事实："美国制造业的发展应该归功于杰斐逊而不是北方的政治家，他们只是在工业建立后才开始鼓励发展。"

当然，杰斐逊也意识到了自己追求国家经济独立发展这一愿景产生的直接影响，早在1805年他就把目光放在了发展制造业上。"工业化精神已深深植根于我们心中，"1809年，他在给杜邦公司的信中写道："它如今的成就建立在巨大的代价之上（是我们付出了很大的代价换来的），决不能轻易摒弃。"1814年，他给威廉·肖特（William Short）写信叹息说："敌人把我们的第一代祖先赶出天堂时，确实得到了撒旦的安慰。他们迫使我们从一个爱好和平的农业国家成长为一个军事和制造业大国。"对另一位友人，杰斐逊写道："我们现在必须把制造业放在和农业同等的地位，推动两个产业共同发展。"如果美国想要拥抱和平，就必须保证自给自足，必须结束对外国商品和海外贸易的依赖。拿破仑战争摧毁了杰斐逊建立一个农业化联邦国家的梦想。由于杰斐逊式民主下的政府政策完全依赖于当时的农业经济秩序,两次战争也消除了共和党和联邦党之间实际上的分歧。

要保证国内制造业的持续发展,就需要发挥关税的作用,这一点在战后英国资本家向美国市场大量倾销商品,力图击垮新的竞争对手时,体现得淋漓尽致。1816年,共和党政府出台了比汉密尔顿时期更高税率的关税政策。他们,而非联邦党人,开启了美国贸易保护主义制度的先河。

发动战争必须得有资金支持。军事行动流水一样的经济损耗和东北地区的金融破坏,使得国民经济遭受重创,共和党人面临着痛苦的两难境地:要么去乞讨以财政支持,要么批准成立一个新的国家银行来填补这一亏空——要归功于他们取缔了汉密尔顿银行。共和党选择了第二条路,很快,共和党就开始在报纸上重新宣传亚历山大·汉密尔顿支持美国第一银行符合宪法的论点!杰斐逊大发雷霆,在信件中大力批判银行系统的不合理性,但收效甚微。1816年,共和党特许成立了第二家银行,其结构与汉密尔顿银行类似。同年年底,杰斐逊所在的政党接管了联邦党制定的一系列政策规划——制造业、银行、关税、陆军、海军等——这些都在杰斐逊的朋友、邻居和政治继承人詹姆斯·麦迪逊的治理下得到落实。乔赛亚·昆西(Josiah Quincy)抱怨说,共和党"比联邦党还像联邦党"。到1820年,共和党把对手完全驱逐出战场,而代价仅仅是接管对手管理的项目工程。1823年,杰斐逊写信对阿尔伯特·加勒廷说,联邦制"已经改名换姓,并潜藏在我们之中……自1800年以来它一直都那样强大"。纳撒尼尔·梅肯(Nathaniel Macon)是最后一批不妥协的重农主义者,他惋惜道:"杰斐逊和他的追随者所推崇的理念已经被遗忘了。"

至于杰斐逊本人,他生命的最后时光并没有充斥着抑郁或愤怒,当然也没有挫败感。他所爱的国家,尽管经历过短暂的萧条,但却是一幅蓬勃发展、欣欣向荣之象。自家乡山顶俯瞰这大好河山,他曾满怀希望地预言,人类文明的进程将继续自东而西"像一片汇集光明的云彩"席卷整个大陆。晚年的杰斐逊忙着回复大量的信件，为写信者解释他所处的那个时代的历史，与科学家和发明家交换意见，努力维护日渐零落的财产，并为弗吉尼亚大学的成立奠定基础。大学的成立是很令他自豪的一项成就。他恢复了与约翰·亚当斯的旧时友谊，并再次就民主问题与他争论不休。杰斐逊78岁那年给来自昆西的一位老人写信说："我死去的时候一定是满怀希望的，我希望人类历史上正在迎来前所未有的光明和自由。"当亚当斯问他，如果有机会，是否会选择再这样活一次时，杰斐逊给予了肯定的回答，至少是对大部分人生给予了肯定。"对于我25岁到60岁这个阶段，我会毫不犹豫地回答，是；我希望我的人生能倒退回那些时光，但走来的时候可不要再是下坡路了。我身体很好，"他继续说，"我对周围的一切都很满意，但我向你保证，我已经准备好离开这个世界了，哪怕离别就在今年、今天、今时。这是体现主宰世界的人类仁慈本质的最好例证。"

这里不得不谈谈杰斐逊悲剧气质的另一面。在杰斐逊的所有著作中，都体现着一种坚定而深刻的信念，那就是：一切都会好起来的，生命会以某种方式证明自己。在生命最后的几年里，他从来没觉得自己有必要去离蒙蒂塞洛几英里以外的地方。生活总是主动来迎接他，就像现在西方世界各地的游客来到蒙蒂塞洛的山上寻找他的故居一样。于杰斐逊而言，任何失败都不过是暂时打断事物渐渐走向成功的一个小插曲。毕竟，他要告别的不是一个经济或政治体系，更不是一个政党，而是用隽永的词句表达的永恒信仰。尽管他的重农主义思想渐渐为人所忽视，尽管他的特殊主义思想渐渐为他憎恨的奴隶制拥护者所利用，尽管他的个人主义思想变成了财阀和垄断大亨的信条，这些都无关紧要——他崇高的价值观依然存在于人们心中。像汉密尔顿这样的人可能会说，我们应该促进制造业的进一步发展，这样国家就可以充分利用妇女和儿童作为劳动力；但杰斐逊从人道主义的角度出发，怒批了这种观点："他们中的许多人还未成年。"汉密尔顿计划让孩子们进入工厂，杰斐逊则规划让孩子们进入学校。汉密尔顿重视制度和抽象概念，而杰斐逊重视人本身，认为没有什么财富比人的生命更宝贵。即使杰斐逊在实践中误入歧途，他至少还不忘初心——为国民谋求幸福。

作为开国元勋中最后在世的几位之一，杰斐逊有幸在晚年看到自己成为备受尊敬的楷模。当生命走向终点时，他大概很容易就能体会到罗马皇帝临终时的感受："我感觉自己在蜕变成神。"但杰斐逊并不希望自己和同时代的人被后世奉上神坛。他更喜欢说："世间属于当今之人。"世界不可恒久远，真理亦如是。

> 有些人怀着圣洁的敬畏之心看待宪法，认为它就像圣约之匣一样，神圣而遥不可及。他们认为先前制定宪法的时代比人类本身更具智慧，并认为先辈的所作所为是无可修正的。但我很了解那个时代；我是它的一分子，并为之服务。那个时代同这个国家十分相称，它与今时并无大的差别，只是没有今时的更多经验；四十年的政府工作经验抵得上百年的博览群书；先辈若能死而复生，他们自己也必这样说。我当然不提倡对法律和制度进行频繁而不经试验的改革……但我也深知，法律和体制必须与人类思想一同携手并进。当人类思想变得更先进、更开明时，当新的发现层出不穷、新的真理句句涌现时，当行为和观点随着环境的变化而更替时，制度也必须与时俱进。我们不应该要求一个人仍然穿着他孩提时代穿的那件衣服，就像不应该要求文明社会永远处于野蛮祖先的统治之下一样。

杰斐逊曾在他去世前两年写过这样一句话："除人类固有的、不可剥夺的权利之外，一切皆可改变。"

第三章

安德鲁·杰克逊:
自由资本主义的兴起

> 是否真的可以期待宪法制定者将我们的政府构建成一个经纪人政府？如果是这样，那么这个全国交易所的利益一定会惠及所有人，而不是为少数享有特权、财运亨通的资本家占为己有，而完全置多数人的利益于不顾。
>
> ——安德鲁·杰克逊

1

要想选举出一位民主领袖绝非是一蹴而就的事情。由于安德鲁·杰克逊最初在田纳西州边境地区的崭露头角，他通常被视为是典型的民主党派的拓荒者；但他的人生轨迹显然与这种刻板印象完全不符。他的职业生涯始于田纳西州，那时他就自视并被公认为是一名贵族，他的品位、风度和生活方式也因之发生转变。诚然，他不会拼写，缺乏教育和文化修养，但在18世纪90年代和之后很长一段时间里在老西南地区的大多数贵族也是如此；甚至包括乔治·华盛顿在内的许多弗吉尼亚州上一辈人的拼写能力也不甚理想。由于弗吉尼亚州和卡罗来纳州的上流社会人士很少迁移，西南部的贵族主要来自中产阶级或下层阶级移民，他们富裕起来之后，也学到了一些似是非是的贵族的优雅举止。而杰克逊，这位田纳西州中部的贵族，不是西南部典型的身着浣熊皮的民主党人，在他身上，体现了拓荒先锋和贵族的绝佳融合。

1767年，父亲过世数月后，杰克逊出生在北卡罗来纳州和南卡罗来纳州交界地的一个小农场。他13岁时参加独立战争，14岁时被英国军队俘虏并被砍伤。他在战争中失去了所有家人：一个兄弟被杀，另一个在狱中死于天花，他的母亲在照顾被俘的美国民兵时因"斑疹伤寒"过世。从家人那里，他继承了北卡罗来纳州一块农场大小的土地。而从独立战争中，他激发出一种强烈且无可动摇的爱国主义。杰克逊曾在一个马具匠手下当过6个月的学徒。后来，尽管没有受过充分的正规教育，他曾短暂地在学校任教。拿到爱尔兰的一位亲戚给他留下的300多英镑的遗产后，他搬到了查尔斯顿。在那里，时年十几岁的他学着沿海绅士的风度，养成了赌博、骑马和斗鸡的嗜好。为了付房租，杰克逊陪房东打牌或赌博，在空余的时间里学习法律。二十岁时，他学到的法律知识甚少，却对自己未来的发展胸有成竹，而后被北卡罗来纳州的律师协会录取。据说，一年后当他出现在田纳西州的琼斯伯勒时，带着两匹马、一群猎狐犬和一个黑奴女孩。

不久后，杰克逊走访了一下人口规模不断扩大的纳什维尔（Nashville）。一个债务人组织在附近聘请了一位知名律师，债权人在法律方面孤立无援、势单力薄。于是杰克逊就为债权人服务。事后，他不仅收获了可观的报酬，还赢得了当地商人和放债人的感激和友谊。他还从北卡罗来纳州一名法律系同学那里得到一份政府律师的工作。他与威廉·布朗特（William Blount）的集团志同道合，很快熟悉起来。布朗特是领地的土地投机商和政治后盾，很有权势，那时杰克逊已开始巩固自己在各阶层中的地位，这些阶层里包括初露头角的贵族、奴隶主，养马人、官员和显要人物等。有了工资和报酬，杰克逊开始购买土地和黑奴。

到目前为止，杰克逊的故事并不稀奇，因为这一代贵族的出现，在新兴南部是常见的事。[①] 在棉花经济向高地扩张的几十年里，精明

---

① W.J.卡什（W.J.Cash）所著《南部的思想》（*The Mind of the South*）中第14—17页对这种新兴显贵有极精彩的论述。

而有进取心的农场主可以一跃成为社区的领导者,从而成为绅士。因此,西南部的上层阶级开始兼有边境粗人和乡绅的品质。前者的运动精神、目无法纪、个人主义、暴躁脾气、好斗的本性很快就升华为后者的谦恭有礼、多愁善感、随心所欲、敏感的品性。蓄奴、马术、父权威严、金钱和社区服从加深了这位曾是拓荒者的自豪感,积累了指挥管理的经验,完成了个人的转变。准备战斗的拓荒者与准备捍卫"荣誉"的种植园主之间的区别与其说是气质上的差异,不如说是手段上存在差异,杰克逊就是最好的例证。历史记载中,这位庵室的主人、州法院的法官和民兵少将,不曾参与过一次斗殴——只有一次与本顿斯(Bentons)的冲突被认为是争执——也未曾进行过像亚伯拉罕·林肯那样的平民在伊利诺伊州边境上曾享受过的摔跤比赛。杰克逊也从未想过用拳头解决问题,尽管他确实至少有一次用鞭子威胁过社会地位较低的人。要是受到任何一个真正绅士的侮辱,他会依据"决斗守则"提出决斗。他争吵的方式是南部习惯法中的经典。1806 年,查尔斯·迪金森(Charles Dickinson)在一场赛马中羞辱了杰克逊,并因此丧命,而杰克逊也在那场冲突中在靠近心脏的位置中弹。作为公众人物,他的行为中也透露出与决斗者同样暴力、声张自我的主观主义。他在 1821 年写道:"我对所有问题都有自己的看法。我会公开将自己的想法付诸实践,无论谁与我同行。"历史学家从来不能确定他出台的政策在多大程度上是出于公众利益的考虑,又在多大程度上是来自个人恩怨的缘故。

然而,当杰克逊平静下来后,很快他又变得彬彬有礼,庄重严肃。在南北战争前的美国南方,正如奥姆斯特德所说,"庸俗富人的闹剧"一遍又一遍地上演。与许多同情南方的观察家们所描绘的"粗俗的势利小人"形象相比,杰克逊是一个正直有教养的人。1824 年,丹尼尔·韦伯斯特这样评价他:"杰克逊将军的言行举止比任何一个候选人都更具总统气质。"特罗洛普夫人认为,在美国几乎找不到几个绅士。1829 年,特罗洛普夫人在路上遇见了正前往华盛顿的杰克逊。

据特罗洛普夫人说,他"发型随意却不凌乱,虽然皮肤粗糙、面容憔悴,但看起来像个绅士和军人"。对待普通公民,他也耐心十足、和蔼可亲。

新开拓区(边疆地区)虽然在精神和政体上是民主平等的,但实际上当地民众并没有被赋予平等的权利。正如弗雷德里克·杰克逊·特纳所说,新开拓区社会最看好的是白手起家、自力更生的人。白手起家、自力更生者通常会在一定程度上受到乡巴佬的尊重,而后者中也不断有新人进入贵族阶级。紧张的阶级对立不是新开拓区政治的典型特征,直到开拓阶段结束,阶级斗争才在诸如田纳西州这样的州中蓬勃发展。① 与印第安人的斗争像一条无形的纽带,将所有阶级联系在一起,在上层阶级中还涌现出了很多深受爱戴的英雄。棉花经济的发展也缓和了激烈的阶级对抗,因为被压迫的奴隶阶级的出现给地位较低的白人带来了一种危机感,白人意识到他们是一个利益共同体。像杰克逊本人一样,开拓者们(边疆地区的人民)厌恶异己的东部贵族,但对于那些在本地成长起来的贵族却并不讨厌,因为他们认为,这些人是凭借自身的竞争优势而非特权成为贵族。即使在那些广泛行使选举权的州和地区,通常也是拥有地产、做地产投机生意和在银行有存款的人被视为领袖的最佳人选,政治职位就像成熟的果实一样自然而然地落在他们的头上。这些民众信任的受益者对当地民众决策的智慧和公正性产生了一种比以往东部沿海州绅士更强烈的信念,因为在东部沿海州,社会斗争历史悠久,阶级已经固化。像杰克逊这样在田纳西州的经济问题上一直站在保守派一方的人,可以成为全国民主运动的领袖,无须为前后态度矛盾而感到内疚。当我

---

① 托马斯·帕尔金斯·阿伯内西(Thomas Perkins Abernethy)指出:"18世纪90年代的田纳西,富人与穷人之间……并不存在强烈的、普遍的对抗。事实上,在边疆地区,除社会领袖外,一般人很少去谋求政治方面的职位,前者因自身声望就可获得邻近人们的推选,无须依靠进行竞选活动的手段。"

们发现这类种植园主对民众意见深信不疑时，将其贬低为政治煽动者是不公平的。他深受民众喜爱，自然容易轻信民众的选择是正确的。

田纳西建州后不久，杰克逊就很快被委派了职务。他22岁时成为一名初级律师，23岁时成为美国辩护律师，29岁时当选国会议员，30岁时当选美国参议院议员，31岁时获聘为田纳西州最高法院法官。这些职务都没有显现出他远大的政治抱负。因为除了法官外，他对其他所有职务都很淡然，短暂任职后很快便请辞了。显然，他接受这些职务更多的是把它们作为地位的象征，而不是晋升的手段。杰克逊持续不断的土地投机、商业冒险和军事行动表明，比起政治权力，他更渴望获得财富和军事荣誉。

事实上，正是在与印第安人和英国人的战斗中取得的成就，使杰克逊在全国声名鹊起。

1815年1月，杰克逊力挫英军的捷报传遍了新奥尔良，这是他军事生涯里取得的最大胜利，几乎一夜之间，他成为美国全民族的英雄。美国人早已形成了对获胜军队领袖的崇拜之情。顷刻间，这位新奥尔良的英雄被誉为第二个华盛顿。1817年，他的第一本竞选自传问世。但杰克逊很快就因为在佛罗里达州的战后竞选而遭受了严厉的政治批判，他担心政治地位的变动会影响他的家庭幸福。起初，他没有什么当总统的雄心和抱负。1821年，他在给门罗总统的信中写道："我厌倦了公众人物生活。我被指控做了我从未做过的坏事，犯了我从未想过的罪行。"当纽约一家报社的编辑谈到他的朋友们想让他入主白宫的抱负时，这位将军变得不耐烦了。"不，先生，"他大声说道，"我知道我适合做什么，我能够指挥一群英勇的战士，但我不适合当总统。"

2

安德鲁·杰克逊的崛起标志着美国政治制度发展进入了一个新的

转折点。1812年至1828年，两党制结束，个人、地方和部门冲突取代了公共政策上的广泛分歧，成为美国政治焦点。随着总统的地位由华盛顿和杰斐逊领导时期的巅峰不断下滑，总统席位的争夺演变为地方和地区"太子党"对法定继承人位置的争夺。弗吉尼亚小圈子提拔副总统或内阁人员为总统的做法似乎已成为一种定式。由议会党团进行的总统提名与民意相差甚远，由于1816年和1820年的选举几乎没有受到争议，因此获得"总统议会党团"的提名相当于当选总统。自杰斐逊时代以来，政府官员就没有发生过重大的人事变动，他们的地位根深蒂固。

然而，无产阶级群众开始悄无声息地登上政治舞台。1812年至1821年，有六个西部州加入联邦，宪法赋予了所有或者说几乎所有白人成年男性选举权。1810年至1821年，四个较古老的州大幅降低了选民的财产资格限制。① 随着贫苦农民和工人获得选举权，一种在杰斐逊时期仅处于萌芽阶段的新型政治家开始发展起来，他们是群众领导者，是大众情绪的迎合者。在1815年到1824年，全国各地的这样一群人聚焦于杰克逊这个杰出的人物身上。这些领导者在政治团体中居于从属地位，远离上等的战利品，他们鼓励民意应该在公职人员的抉择和国家政策的制定中处于支配地位。他们将民众对封闭政治团体的愤恨指向党团会议制度，给党团会议贴上公然篡夺人民权利的标签，并传播这样一种观念，即必须从社会精英或官僚专家团体手中夺取政治和行政权，使其面向人民大众开放。这意味着民众在政治上取得成功必须成为一

---

① 我掌握的统计资料中的第一次选举是1824年的选举，仅有35.5万投票者，其主要原因是大多数州内的选民认为某一候选人——例如，杰克逊在田纳西州和宾夕法尼亚州、亚当斯在马萨诸塞州、威廉·H.克劳福德（William H. Crawford）在弗吉尼亚州——必定获胜，因而失去了兴趣。到1828年，选民的兴趣大大提高，有115.5万人参加了投票。1828年至1848年，虽然人口增长不足1倍，选票却增长了2倍。

种合法诉求。①1829 年 12 月，杰克逊在向国会发表的第一次年度讲话中传达了这一民众运动的理念，他自信地断言：

> 所有官员的职责都是简单明了的，任何有知识的人都能很快掌握它。我不得不相信，长期担任公职所失去的东西远比任职期间获得的经验要多得多……在一个官职完全为人民利益而设的国家里，没有一个人享有任何比另一个人更多的当选权利。②

他总结道，轮流任官职是"共和党信条遵循的首要原则"。

1819 年的大恐慌促进了民众对政治活动的参与，这是自杰斐逊时代以来第一次出现阶级对立的局面。由于阶级斗争的迅速扩张、投机买卖和非法银行业务盛行，全国各地无一幸免都陷入了恐慌之中，经济更是一片萧条，尤其是南部和西部地区，那里的人们把所有财力和资源都盲目投入了买田置地中。银行开支过大，无奈之下被迫将债务人逼到绝境，取消债务人的抵押品赎回权，国家银行实际上成为南部和西部地区财产的未在场所有者。托马斯·哈特·本顿（Thomas Hart Benton）抱怨道："所有西部繁荣的城市都被抵押给了金钱的力量。这些城市随时可能被它吞噬。它们落入了这个怪物的口中！"在西方，外来势力遭到了西部地区强烈抵制，正如这位纽约的美国人所说，"一个与杰克逊在一起的田纳西州野蛮小子很难容忍他的小片土地或者步枪被邻近者夺走，因为他的收益可能会流向东方，在那里金钱的'权杖'已经固定了"。这场恐慌警醒了成千上万渴望发家致富的人。1820 年春，约翰·卡德威尔·卡尔霍恩（John Caldwell Calhoun）与约

---

① 1829 年，杰克逊在致里士满《探索者报》（Enquirer）一位编辑的信中写道："如果任职晋升之途不分贫富，无论农民或印刷工都一视同仁，唯诚信正直以及个人能力是考查标准，我相信定会有一种最令人欣喜的倾向，那就是维护完完全全的不受妨碍的行动自由。"

② 1829 年，杰克逊上台后提倡"轮流任官职"。——译者注

翰·昆西·亚当斯交谈时指出，过去两年"在联邦的各个地区都经历了一场巨大的财富变革，大批民众深陷困境，他们对政府方方面面都感到不满，随时准备寻找一位新的领袖"。

在反对党缺席的情况下，卡尔霍恩提到的"大众不满情绪"没有有效集中，没能阻止1820年无对手的门罗总统再次当选；但大众不满很快改变了许多州的政治。债务人涌入政界为自己辩护，并从几个西部州的立法机构那里获得了延期偿付和法律赔偿。州立法机构在当地银行业利益的压力下，向美国银行发起了税收战。人们普遍要求制定相关法律防止因债务而被监禁，要求在国内制定破产法，制定新的关税和公共用地政策。这是第一次，许多美国人认为政治与他们的生活福祉密切相关。在这一背景下，杰克逊的支持者像满天繁星冉冉升起。但奇怪的是，作为这场运动的受益者，他非但没有鼓励，甚至对这场运动持反对态度。这也是他作为国家民主党领袖期间让人感到奇怪不解的一点。

北卡罗来纳州是杰克逊的童年所在地，这里也曾是杰斐逊生活的地方，杰克逊是在杰斐逊思想熏陶下成长起来的。1796年和1800年，田纳西州的年轻人投票选举蒙蒂塞洛的圣贤。除民族主义特征外，杰克逊的政治思想主要类似于旧式的土地共和主义，提倡反对银行、公共债务、纸币、高关税和联邦内部改革。当伯尔叛国案和杰斐逊的和平主义打破了他对杰斐逊的幻想时，杰克逊并没有皈依联邦制，而是拥护由顽固派共和党人组成的伦道夫·梅肯学派。

杰克逊的经历很大程度上能够解释他从1796年到1828年的政治思想演变。1796年发生了一件事使他的财产受到重创，这在他心中播下了对东方金融商和"纸币体系"反感的种子，于他担任总统期间开花结果。杰克逊去费城把几千英亩的土地卖给了富商兼投机商戴维·埃里森（David Allison），换回了埃里森开出的票据，背书后用来购买准备在纳什维尔开一家百货商店所需的物资。但不幸的是，埃里森投机失败，票据无法兑现，导致杰克逊欠下供应商一屁股债。为了偿还到期的票据，他不得不缩减开支，卖掉自己居住的庄园，搬进一个小木屋里，随后还卖掉许多奴隶。他的商店生意也日渐萧条，不得已将商店卖给了他的合伙人。尽管在这些阴影下生活了 19 年，杰克逊却从未抱怨过这些不幸，从 1796 年到 1815 年他一直负债累累，直到最后靠着军饷和津贴才摆脱了困境。1815 年秋，他在纳什维尔银行的现金结余超过 2.2 万美元，于是他又在土地投机上花费重金，并建造了著名的庄园"庵室"。然而就在他的财政状况如此脆弱的时候，1819 年大恐慌席卷而来。

同许多地方一样，处在困境中的田纳西州债务人掀起了一场救济运动。费利克斯·格伦迪（Felix Grundy）因为提出了关于救济的建议而当选为州参议员，他提出建立一个州贷款办公室，通过州财政帮助那些债务人。[①] 债权人一旦拒绝接受贷款银行的票据以偿还债务，就会被暂停托收两年。杰克逊迫于债务的压力，对 129 位债务人提起了诉讼。作为田纳西州中部为数不多的反对格伦迪救济计划的人之一，他向州立法机构提出异议，但被否决了，原因是他的言语不够尊重人。从埃里森事件中，杰克逊学会了同情不幸的企业家们，这件事又让他学会了站在有钱人的立场上看问题。当田纳西州出现阶级冲突时，他完完全全站在了富人的一边。1821 年，威廉·卡罗尔（William Carroll）将军以民主经济计划竞选州长，杰克逊却支持卡罗尔的对手爱德华·沃德（Edward Ward）上校，后者是一个富有的种植园主，曾与杰克逊共同反对格伦迪救济计划。卡罗尔在当选州长后，却着手推行修订税收制度、宪法，以及实施人道主义改革计划，其中有许多方面都包含着被历史学家称为"杰克逊式"民主的因素。就在杰克逊在田纳西州与卡罗尔竞争之时，他的支持者们把他举荐为总统候选人。这一切都未曾妨碍之后格伦迪和卡罗尔二人加入杰克逊的阵营。

[①] 格伦迪的经历表明他代表了一种企业家式的激进主义，而不是下层的激进主义。1818 年，他领导了一场运动，要求第二合众国银行在纳什维尔建立一所分行。

如果杰克逊提出的经济改革方案是否受人青睐是一个重要的获选前提的话,他可能永远不会成为总统。直到1824年,他第一次接受总统提名时,经济已经恢复了繁荣,他对银行和债权人不再像之前那样排斥。在那时,对新兴政客和普通公民来说更重要的是推翻长期以来执政的"政治机器"。作为竞选的"关键",被国会核心小组提名与保卫新奥尔良都至关重要,不分伯仲。[①] 作为一个出身低微,不从属于国会的人,他靠军事成就建立声望。他对经济问题的看法鲜为人知,而且普通选民对此也漠不关心,这使杰克逊在竞选中具有相当大的优势。

1824年竞选的结果使杰克逊对总统职位的所有疑问都有了答案。在民众投票中,他的人气远远高于他的三个竞争对手约翰·昆西·亚当斯、克莱和克劳福德,但他的得票仍没有超过半数,因此选举的困局抛给了参议院。克莱在参议院很有话语权,他选择支持和自己政治理想相近的亚当斯。亚当斯担任总统后任命克莱为国务卿,杰克逊的支持者们痛心疾首。杰克逊随即轻易地认定此次选举为贿选,克莱和亚当斯进行了"腐败的交易",于是他下定决心要从亚当斯那里夺回本该属于他的东西。1828年的竞选活动几乎是在亚当斯任期即将结束时立即开始的。4年来,这位有着极其正直的品格,但同时也不合时宜的出类拔萃的政客,始终被贿选的指控所困扰,并被杰克逊的手下狡黠地诋毁,在1828年的选举中更是达到顶点。杰克逊在第二次总统竞选中几乎没有提及银行问题,对于关税也只涉及民众关心的方面。杰克逊的支持者们煽动民众指控亚当斯所谓的君主主义、贵族主义和官僚主义。结果是杰克逊得到64.7万选票,而亚当斯得到50.8万选票。

1828年的选举既不是西方对东方的起义,也不是边疆地区的胜利:在新英格兰及其西部的殖民地区、联邦主义盛行的特拉华州、新泽西

[①] 实际上,4位候选人中只有威廉·H.克劳福德一人是遵循传统,由总统议会党团提名的;其余3人均为州议会提名。

州和马里兰州之外，杰克逊红遍全国。他的当选不意味着要对经济改革负责；他也没有承诺要进行金融改革或讨伐国家银行。迄今为止，杰克逊式民主的主旨仍是激进的民族主义和平等的任职机会。就民主的崛起而言，杰克逊的当选与其说是起因，倒不如说是结果，"1828年革命"与其说是思想或纲领的变革，倒不如说是政界人员的变更。直至就职之时，杰克逊对民主运动既无想法也无行动，他是在没有提出纲领的情况下当选的。如果非要说他是被民众委任的，那就是力求与人民印象中的亚当斯有所不同，表达民众未曾系统提出的意愿和期望。杰克逊早已做好准备承担这一任务。他既是民主党人又跻身于贵族阶层，既体会过失败也品尝过成功，既当过债务人又做过债权人，他有着曲折跌宕的过往，这使他能够从不同的角度看待社会问题。他单纯、情绪化又草率，对朋友和支持者有着强烈的忠诚。当民主阵营对他敞开怀抱时，他毅然决然选择加入。

3

对于那些经历过富兰克林·罗斯福时代的人来说，他们自然而然会将杰克逊式民主视为新政的雏形，因为从表面看，这两个时期有许多共同点。杰克逊领导的运动和新政都是社会中大部分人与商业精英及其同盟的斗争。尼古拉斯·比德尔（Nicholas Biddle）的政治盟友不仅同自由同盟的"经济保皇派"有异曲同工之处，还与在两个时期领导民众政党的土地贵族之间也有相似之处。富兰克林·罗斯福本人也注意到了这些相似性，并对此加以利用。

但两场运动在一个关键方面有所不同：新政基于的前提是经济扩张已经结束，经济机会逐渐减少，于是富兰克林·罗斯福试图通过确立政府对商业事务的统治地位来应对。而杰克逊运动源于与日俱增的经济机会，以及通过消除政府的限制和特权来进一步扩大这些经济机会的共同愿望；因此，尽管仍存在一些限制条件，但这基本上可以称得上是一场自由放任的运动，一场试图将政府和企业分离的运动。美国民间历史普遍认为杰克逊运动是民主扩张的一个阶段，但人们鲜少意识到它也是自由资本主义扩张的一个阶段。在新政时期，民主改革者被驱使去挑战美国传统资本主义的许多理论前提，但在杰克逊时期，民主的热潮与小资本家阶层的野心紧密相连。

要想更全面地理解杰克逊式民主，就有必要回顾19世纪30年代美国的社会面貌。那时尽管工业化已经开始生根，但美国仍是一个由农场和小城镇组成的国家。在1830年，每15个美国公民中只有一个人居住在人口超过8000人的城市。在南部以外的地区，绝大多数人都是独立产权所有者。工厂已经在某些地区初步建立起来，但尚未集中存在于系统的工厂体系中；生产活动大部分仍在小作坊中进行，在这些作坊中，雇主类似于监督学徒的工匠。运输业的发展使贸易逐渐扩张，但这也导致了收款延迟，促使企业对银行信贷服务的依赖程度也得以提升。虽然那时商业资本家更容易获得信贷，但小工匠和小企业家仍对经济繁荣发展满怀希望。

东部制造业的蓬勃发展以及西部迅速的移民定居都极大程度地体现了创业精神。典型的美国人是胸怀大志的资本家，是勤奋上进、雄心勃勃的人，创业就是他们的信仰，对他们来说，处处都是不停激励他们不断提升自我的条件。1836年，一位名叫弗朗西斯·J.格朗德（Francis J. Grund）的移民这样描述当时美国社会的状况：

> 商业是美国人的头等大事：他追求的不是让自己和家人过上舒适的生活，而是将其视作人类一切幸福的源泉……整个美国就像是一个巨大的工场，其入口镌刻着几个大字，"非商莫入"。

不止怀有雄心大志的美国人对美国银行感到不满。一些农场主比起农业产量，更关心其土地的投机价值。南部和西部的投机银行经营者，以及依靠这种银行贷款的投机者与农民同样对比德尔所建的银行抑制信贷膨胀的做法有意见。东部一些有实力且经营完善的州立银行负责人不满国有银行的特权地位——尤其是纽约市的银行家，他们对国有银行给费城带来的金融霸权地位愤愤不平。[1] 在东部城市，工人、手工业者、店主和小企业家对银行也满腹抱怨。生活费上涨沉重打击了劳动者，多数情况下的工人的骚动与其说是针对雇主，不如说是针对信贷和货币体系。小企业家和劳动者普遍认为，银行限制了竞争，阻碍了创业。[2]

被各州采用的颁发公司许可证的制度同样引起了人们极度的不满。各州缺少管理公司的普遍法律。[3] 银行和其他意图组建公司的营利性企业必须向州立法机构提出申请，以取得批准注册公司的法令，这就使得徇私舞弊、贪污腐败有机可乘。州立法机构颁发公司许可证具有垄断性质，或者说被他人看作有垄断性。

受限于资本少或影响力小的人们，无法从立法者那里获得特许执照，因此他们基本无缘从事诸如银行、桥梁、铁路、收费公路和渡轮等公司里高盈利的战略性业务。这种现实处境被视作是人为地关闭机

---

[1] 州银行界的人在杰克逊的班子里居显要地位。罗杰·布鲁克·塔尼（Roger Brooke Taney）是马里兰联合银行的律师和股东。"厨房内阁"中的两位重要人物，阿莫斯·肯德尔（Amos Kendall）和弗朗西斯·普雷斯顿·布莱尔（Francis Preston Blair），都参加过肯塔基州那场有名的债务减免战，前者还做过肯塔基州银行总裁。

[2] 劳动者对银行有特殊的不满。雇主常用外地银行或信用不佳的银行的钞票支付工资，其实际价值在流通中低于票面价值。这样，劳动者工资中就有一部分被骗去了。虽然这种做法不能归罪于合众国银行，但公众对银行的憎恨也落在它头上。辉格党政治活动家瑟洛·威德（Thurlow Weed）回忆说，"我很快就发现，发动劳动阶级反对大银行或富豪很容易。……银行发行的货币就像挂在我们的脖子上的磨盘，压得我们喘不过气"。

[3] 也有例外。纽约和康涅狄格两州分别于1811年和1817年通过了法律，允许某些类型的制造企业进行一般注册。

会之门，劳动者经常将其归咎于生活必需品的漫天要价。① 这种授予经济特权的做法也被认为是对人民政府的威胁。杰克逊在他总统致辞的其中一部分解释道，为什么"种植园主、农民、机械师和工人"都"一直处于一种危险状态，他们对政府漠不关心"，对于这个问题，他给出了一个标准答案："这种危害来自权力能使纸质货币催生出金钱利益，在众多于不同州都能获得经济特权的公司中，这些权利都能被轻易操控。"

在美国所有具有垄断独家特权的企业中，美国银行是其中规模最大、最知名且最强有力的企业。它成为垄断企业的标志，众多不满的声音也落在了它身上，尽管它并不真的应该为此负责。作为一个国家机构，它其实是加倍脆弱的：因为通货紧缩，它被西部的通货膨胀主义者指责；因为通货膨胀，它又被东部支持硬通货的人士所诟病。杰克逊对银行的改革和整顿颇有成效，胜利果实之一就是消除了因经济特权而感到自己是受害者的公民们身上的攻击性。

杰克逊本人对企业推动力并不陌生，这种推动力给杰克逊式民主带来了许多它自身的新鲜感和生命力。作为一个还算成功的企业家出身的总统，杰克逊能自发地站在一个典型的美国人的角度看待事物，在民主竞争中渴望进步——就像技艺精湛的工匠立志开一家自己的店铺，种植园主或农场主用他们的土地进行投机活动，律师想要成为一名法官，地方议员想要跻身国会议员，食品杂货铺的小商贩想要成为大商人一样。杰克逊以不同的身份加入这场竞争，他同时是一名专家、一名土地投机者、一位种植园主、一名公职人员和一位军事首领。他

---

① 纽约的一位杰克逊派左翼领导人曾抱怨说，"不向垄断公司纳贡就无法通过城市的一些区域；我们的面包、肉类、蔬菜、燃料，一切的一切，都得向垄断者纳贡"。《纽约邮报》(*New York Post*)的威廉·莱格特 (William Leggett) 宣称："无论筑路、建桥还是开凿运河，如未为此目的取得专有特权许可证就什么也办不成。……我们的立法者的全部事务就是为特许特权而讨价还价，做交易。"

明白老旧保守的杰斐逊派人对政府机构臃肿的偏见，明白西部人民对东部根深蒂固的憎恶，明白新兴政治家对旧官僚体制的不满，也明白胸怀大志的人民对特权的敌意。在他就任总统的前几年，他回忆道，1817年田纳西州人提议在纳什维尔建立一个美国银行的分行，这个提议被他驳回了，理由是银行"会为了地方发展，以及持有大头股票的外国贵族、公爵和夫人的支持而抽干国家的收益去维持自身的盈利，这样一来，整个国家除了银行外就不会再有其他任何个人拥有股票了"。在1827年，当这家美国银行的分行最终在纳什维尔落地建成时，其代理人委婉地向杰克逊暗示，他们可以为杰克逊的党派提供赞助，这被杰克逊断然回绝了。

在白宫远眺美国银行，杰克逊看到的是一个拥有无上特权和权力的傀儡机构，它被具有非凡魄力和智慧的人所管理。作为一个国家财政机构，它的重要性几乎可以和美国政府相提并论。美国银行发行了全国四分之一的银行承兑票据（钞票），由于它对其他无数小型银行具有极大影响力，尤其是那些在西部和南部的银行都在它的控制之中，所以它是美国唯一能够影响信贷量的中央机关。一个私人代理机构发挥着巨大的公共职能却在本质上不受政府制约和管控。①正如希西嘉·奈尔斯（Hezekiah Niles）所说，除了那些对人民负责的领导集团，美国银行拥有比我们赋予任何人都要多的权力。尼古拉斯·比德尔一直以来都吹嘘他运营美国银行的宽容政策，在一次国会调查中他陈述道，只有"极少数的银行没有被美国银行的影响势力所摧垮"。在1837年，他在写给托马斯·库珀（Thomas Cooper）的信中说："说到绝对的权力，多年来，我每天都在行使比任何一任总统惯常享有的更多的个人权力。"所以这也能理解，美国银行为什么会饱受批判，评论

---

① 美国银行的25位董事中，仅有5位是联邦政府任命的。尼古拉斯·比德尔是政府任命的董事之一，他不受干涉地主持银行业务，在有关银行的争执开始前，杰克逊本人已再次任命了比德尔。

家们认为美国银行是对民主体制的一个潜在威胁。

作为一个经济机构，美国银行可圈可点的事情太多了。在比德尔的管理下，美国银行在稳定货币和抑制投机分子引起的通货膨胀压力方面都有不俗表现。在杰克逊当选总统前，比德尔关注于使美国银行远离党派之争的政治，就像写给韦伯斯特的那样，"让它回归它作为国家账房的本职工作"。但是美国银行因为四面树敌而无法真的逃脱政治。在1829年之后，它已经累计向许多著名的政治家和有影响力的报纸编辑提供了大量贷款，与此同时，比德尔也很清楚意识到，如果银行参与到贪腐行为里，其权力将有多大。1833年，比德尔自大地告诉一名记者："我在华盛顿哥伦比亚特区动动手指就能使所有宪法的约束力都失效，还能使6名行长、12名出纳员、50名银行书记、100名董事都变成籍籍无名、身无分文的昔日老友。"

由于银行的特许执照将于1836年到期，杰克逊也极有可能连任总统，因此似乎有必要在杰克逊的领导下确保特许执照的续办。比德尔最开始尝试走和解路线，主动向杰克逊示好，尽一切努力安抚杰克逊对美国银行的不满，他任命杰克逊派的人担任几所分行的执行董事，为了续办特许执照，他还向总统提出帮助政府偿还债务这一相当慷慨的提议。但在同年秋季或1829年至1820年间的冬天，当比德尔和杰克逊友好地共同出席一次采访时，总统坦白说："我并不是在那么多银行中单独针对你的银行，只是自从我读了南海泡沫的相关历史后，我对银行就生出了一种莫名的恐惧。"截至1830年12月，当杰克逊质疑银行是否玩弄权术及其合法性时，就摆明了他不同意银行续办特许执照。比德尔，受到共和党人的教唆，犹豫又有些不情愿地决定在总统大选前向国会申请续办特许执照。杰克逊就此事向马丁·范布伦（Martin Van Buren）说："美国银行想要搞垮我，但我最终一定会让他们吃不了兜着走！"对于杰克逊和比德尔两人来说，这件事立马变成了他们的私人恩怨。

杰克逊当即否决了银行想要续办特许执照的法案，并将其打回国会，① 比德尔将杰克逊的否决书描述为"就像马拉和罗伯斯庇尔会向群众宣读的那样，这是一份无政府宣言"。否决书的正文部分都在论证银行不符合宪法规定。社会层面对银行的控告涉及甚广，例如，它是一种垄断，它享有合法授予的专属特权；而所有美国人民却无法参与这种特权交易，这导致政府所得远少于其应得；银行四分之一的股票都掌握在外国资本手中，剩下的股票"主要由我们国家少数的富人阶级持有"；它使国家的自由和独立受到威胁等。在否决书的最后，就杰克逊思想运动的社会哲学，总统直接发表了一段感言：

> 令人遗憾的是，那些腰缠万贯、权势滔天的人总能为了自己的一己私欲让政府法令为其折腰。在每一个公正的政府的治理下，社会分化还是会存在。人创建的制度没办法保证人才、教育和财富实现真正的平等。每个人在充分享受上天的馈赠和优越的工业、经济和高尚的人类美德带来的果实时，都平等地享有法律的保护；但是，当法律被用来在这些天然公正的优势上加上人为的区分时，当它被用来授予头衔、拨付酬金、赐予特权，让富人变得更富、权贵变得更强时，那些社会上的劳苦大众——农民、工匠和劳动者们，他们既没有时间也没有方法为他们自己争取到同样的优待，所以他们有权抱怨政府的不公。政府中不存在绝对的恶，它的恶只存在于它对权力的滥用中。如果它能制约自身，平等地保护它的人民，就如天降甘霖，对高原低地都雨露均沾，那么富有与贫穷的界限自然毫无立足之地。

当然，这不是激进的平等运动的内在哲学，它并不提议要消灭大

---

① 这一咨文由阿莫斯·肯德尔、安德鲁·J. 多奈尔森（Andrew J. Donelson）、罗杰·布鲁克·塔尼和利瓦伊·伍德伯里（Levi Woodbury）协助拟就。

资产阶级或者以截然不同的路线重建社会。它不是行进在乌托邦式的社会前提下，毕竟绝对的平等是不可能的，"社会分化会一直存在，丰厚的发展成果也肯定会归优越的工业、经济和具有高尚美德的人"所享有。我们真正需要的只是经典的资产阶级政治理想、法律面前人人平等、对政府权力的制约以确保其人民受到平等的保护。这是逐渐壮大的中产阶级内在哲学，它的目的不是为了遏制商业而是解放它，为极具创造力的企业开辟所有可能的道路。尽管杰克逊一派的领袖们比杰斐逊派的人在打击垄断和"纸币体系"方面都更加激进，但是很明显的是，他们的内在哲学是一样的：他们都旨在铲除自然的经济秩序中政府授予的特权。① 像威廉·莱格特和托马斯·哈特·本顿这样的杰克逊派人仍然崇拜约翰·泰勒，这并非巧合，杰克逊亲切地将他称为"老派共和主义思想家"。

4

在这场与银行的斗争接近尾声的时候，杰克逊发现了胜利的反

---

① 不仅杰克逊派人士持这一立场，较"激进"的纽约民主党激进派也持这一立场。例如，纽约保守派心目中的无政府主义者威廉·莱格特就暗暗信奉自由贸易，并对与特权分离的财产权极为关注。他把关于组建公司的普通法看作"唯一能使穷人与富人竞争的办法"。艾萨克·史密斯（Isaac Smith）这位激进派的重要候选人说："我的信条是，商人的事要让商人自己处理。"马丁·范布伦说："我一向主张……限制政府对人民企业的干预，除非确有必要，并且我一向反对任何形式的垄断。"纽约劳工领袖伊莱·摩尔（Ely Moore）断言，"人民、民主政治所争取的，应是为各个企业提供施展才干的正当动机的措施"。当时最有声望的经济学家威廉·古奇（William Gouge）宣称，他主张的硬通货政策将造就一种社会，"财富与贫穷的自然而公正的起因的作用将不再被本末倒置，而……每一起因都将按其自然而公正的秩序起作用，并产生自然而公正的结果——财富将成为对勤劳、节俭、有技能、精明和具有创业精神的人的奖赏，而贫穷将成为对少数懒惰、挥霍之徒的惩罚。"

面。1832年,他在银行事件中以压倒性优势再次当选,之后很快将所有美国资金从银行中撤出。比德尔在争取收回联邦存款的斗争过程中,通过限制信贷带来了短暂但严重的经济危机,这次危机直到商界反抗后才结束。这次人为造成的经济危机刚结束,就出现了通货膨胀。杰克逊将从比德尔那里收回的联邦存款供十来个州银行使用;这些银行迅速使用这些新的资金开启了一次信贷浪潮,但却在1837年惨淡收场。这不是杰克逊的意图,也不是那些掌握硬通货的追随者想要看到的。"我没有参与打压美国银行,而导致地方银行乱象丛生。"托马斯·哈特·本顿抱怨道。杰克逊摧毁比德尔的银行,相当于解除了对投机商唯一的有效约束,而分拨联邦存款其实也增加了通货膨胀主义者手上的资本。他既敌视特权又反对通货膨胀,但在与其中一个作战的时候,却释放了另一个。在摧毁美国银行时,他也许将一个民主政府的潜在威胁扼杀于摇篮之中,但也为此付出了不必要的惨痛代价。他使比德尔催生了一次经济危机,他手下的银行又使局面雪上加霜,他将国家置于一个比他就职时更加不健全的货币和信用体系中。

比德尔1823年接手美国银行后,一直到1833年联邦资金的撤出刺激他开始一场疯狂的报复前,他一直奉行一种渐进、克制的信用扩张政策,这很好地适应了美国蒸蒸日上的经济发展。如果杰克逊没有一方面接受过时的硬通货理论,[1]另一方面又屈服于通货膨胀集团的压力,那他有可能做的,也是更明智的做法,是和比德尔做个交易,用

---

[1] 支持与银行斗争的人有各种不同的目的。主张硬通货理论的人想将银行的职能局限为贴现和存款业务,并剥夺它发行纸币的权利;他们认为,钞票发行过多是物价猛涨和经济萧条的主要原因之一。而主张通货膨胀的集团,包括许多州的银行,则反对美国银行,因其限制钞票的发行。在这两股势力的影响下,杰克逊推行了一种前后不一的政策。联邦资金存入州立银行,这使通货膨胀的支持者感到满意。杰克逊的继任者范布伦掌权时通过的"铸币通告"和"独立国库"政策则更倾向于硬通货派的观点。

银行的特许执照换来政府对其更有力的掌控，这也使保护民主体制的同时规避如此惨重的金融浩劫变得可能。但杰克逊派的人对银行的敌意蒙蔽了他们的双眼，导致他们甚至不愿用联邦控制的健全的信用体系来做交换。人民对特权的普遍憎恶和自由放任的意识形态盛行，造成了这样一种令人不快的两败状况。

这场银行战争骤燃、消逝然后被遗忘，它的结局是消极而非积极的，但它标志着反对企业特权的斗争开始在更广泛的战线上进行。在美国各州，这场斗争在一系列一般企业法案中取得成效并开花结果，从1837年康涅狄格州率先开始，在内战前的二十多年逐渐扩散至美国的其他州。

通过向所有能够满足州规定的参与者开放公司注册流程，立法者逐渐能够将公司形式的商业概念与垄断特权区分开来，并在数十年中使其成为自由企业发展的一个要素，这对美国商业发展的贡献不容小觑。银行业也是如此。1838年，作为民主党激进派反银行垄断运动的中心，纽约通过了一项自由银行法，允许银行业协会按照一般规章运作，无须额外申请具体的组建法令。这为其他州订立类似法律开创了先例，权威人士布雷·哈蒙德（Bray Hammond）称其为"美国银行业历史上最重要的事件"。

当州立法机构将杰克逊的理念撰写成公司法时，首席大法官塔尼主持下的、倾向于杰克逊派的最高法院则正在宪法中寻找可为这些理念作解释的条款。塔尼于1836年被杰克逊任命，直到1864年去世前一直在法院任职，在他任职的漫长岁月里，法院一直贯彻了杰克逊关于工商业无特权的观点。本杰明·F.赖特（Benjamin F. Wright）教授在他对宪法契约条款的研究中指出，经过塔尼领导最高法院的工作，契约法条款"在1864年比1835年为产权辩护提供了更安全、更广泛的基础"。塔尼经手的最引人注目的案件是查尔斯河大桥（Charles River Bridge）案，它象征着在司法领域的反特权斗争，就像政界的反银行斗争一样。塔尼拟就的多数裁决书是对杰克逊信念的经典阐述，在清除公司的垄断污名方面迈出了意义深远的一步。

查尔斯河大桥由哈佛学院和波士顿名流出资，马萨诸塞州批准于 18 世纪 80 年代修建。随着波士顿和剑桥地区的人口不断增长，工商业日益繁荣，交通日趋繁忙，大桥的股票价值飙升。1805 年每股为 444 美元，到 1814 年每股价值达 2080 美元。由于急需一座新桥，州议会于 1828 年特许在原有桥梁附近再建一座新桥，沃伦桥（Warren Bridge），并在收取足够的过桥费以支付其建设费用后才让车辆免费通行。旧桥的公司股东试图阻止新建筑商修建沃伦桥，因为这会拉低旧桥的股票价格。1837 年，塔尼就任首席大法官时，该问题仍在最高法院悬而未决。查尔斯河桥的出资者请了马萨诸塞州的 4 位杰出律师出庭，其中包括丹尼尔·韦伯斯特。他们争辩说，州议会给予老桥梁公司的许可证是一项合同，而此类渡口或桥梁的特许经营权默示州政府保证不撕毁合同，不给予另一个竞争者特许经营权，因为这会降低老桥的价值。

在 5∶2 的投票结果下，最高法院做出裁决，允许建造新桥。2 位持异议的法官斯托里（Story）和汤普森（Thompson）都是杰克逊上台前就已任职的老法官，而构成多数的 5 位法官都是杰克逊上台后任命的，因此这项裁决书堪称是杰克逊派的文件。斯托里在提出反对意见时表达了对"投机细节或新奇事物"的担忧，并援引了"全国所有此类公共企业的每位股东"的利益，其推论所用语言代表了站稳脚跟的资本和害怕风险的垄断投资者的立场。而塔尼的多数裁决则是为了维护公共利益、技术进步和新兴事业发展的诉求。①

塔尼断言，一切政府都应以促进社会幸福繁荣为己任，决不能认

---

① 关于针对公司的州政策，塔尼的观点温和而稳定，并在他对"奥古斯塔银行控告厄尔案（1839 年）"所做的精彩裁决中得到了最清楚的体现。关于这一点以及他以后一直对非垄断性公司所持的包容态度，可参阅卡尔·布伦特·斯威舍（Carl Brent Swisher）所著《罗杰·布鲁克·塔尼》（*Roger Brooke Taney*）一书第 18 章。

为在这一方面政府有限制自己的权力的意向。"在我们这样一个自由、积极、进取的国家，人数和财富都在不断增长"，不断发现新的交流和旅行渠道是非常必要的。我们不应该在未明确陈述这一点的合同里得出州政府应该放弃促进新的开发和发展的权利的错误观点。

塔尼问道，如果法院支持默示垄断章程的想法，会发生什么？与老收费公路公司在同一条线路上的众多铁路会怎么样？他认为答案是：如果这些老公司在"交通线上的所有权不明确"，它们就会从睡梦中醒来，并呼吁法院做出新的改变，以保护他们的既得利益。曾经被收费公路公司占用的交通线路上投资于铁路和运河的"数百万财产"就可能会血本无归。在已过时的土地所有权问题得到解决之前，当地社会无法像文明世界其他地方那样享受新发明的好处。塔尼承认，财产权应该受到"神圣的捍卫，但我们不能忘记，社会也有权利，每个公民的幸福和福祉有赖于这些权利能得到忠实维护"。

对于辉格党媒体以及肯特（Kent）和斯托里等保守派律师来说，这一观点似乎又是一种"无政府状态宣言"，类似于杰克逊否决银行的咨文。事实上，正如查尔斯·沃伦（Charles Warren）在他关于最高法院历史的著作中所说，这种观点鼓励了那些"所有考虑将资本投资于新兴的公司企业，且不再受旧许可证中含混条款中隐藏的垄断权的约束的工商人士"。

1823年至1824年的国会会议正值杰克逊时代的开端，丹尼尔·韦伯斯特指出："社会充满了兴奋，竞争取代了垄断；智慧和勤奋但求公平竞赛，赛场开放。"杰克逊式民主的拥护者中，没有谁能比这位反对者更准确地表达出杰克逊运动的历史意义。因为他的当选，流动变化的经济及社会制度冲破了固定不变的、狭隘的政治秩序的束缚。杰克逊运动最初是一场反对政治特权的斗争，后来不断扩大，形成了一场反对经济特权的战斗，聚集了一大批"农村资本家和乡村企业家"。杰克逊离任时，他已成为美国社会中下阶层的英雄，他们的信念是以平等权利求取发展的机会；1845年杰克逊去世时，韦伯斯特指出的那种

"兴奋"已经给全国留下了深刻而持久的印记。卡尔文·科尔顿（Calvin Colton）欢呼道："这是一个白手起家的国度，任何社会状态都不会比这更好了。"

第四章

约翰·卡尔霍恩：
"主子阶级的马克思"

> 感兴趣的人最好反思一下，从古至今是否存在完全不依靠劳动人民便实现富裕和文明的社会，南方奴隶制的存在难道只是对这一普遍现象的粉饰吗？须谨记，劳动才是财富的唯一来源。就世界上所有历史悠久的文明国度来说，即使拥有最完美的治理体系，那些靠劳动创造财富的人也只能得之一二。
>
> ——约翰·卡尔霍恩

1

与其说凭借才能或者智慧，不如说杰斐逊是凭借个人魅力来领导整个国家的。在他之后的总统，无论在哪一方面都资质平庸；但是这一点在一些国会成员的身上却得到了充分的体现。其中就有三位十分著名的人物：克莱、韦伯斯特和卡尔霍恩，尤其是卡尔霍恩，有着十分敏锐的见地。他提出的在一个民主社会维护少数人利益的问题，为新生思想带来了最为严峻的挑战。

由于民族主义者往往都和资本利益有着十分密切的联系，克莱和韦伯斯特两者在转向支持联邦传统时都采取了先前开国元勋们的思想。克莱将自己的"美国制度"在理论层面的分析都交给了像马修·凯里（Mathew Carey）和希泽凯·奈尔斯（Hezekiah Niles）这样的专业经济学家，对此他十分满意。人们从来没有认为他是一个思想家，要说他在政治方面做出的最大贡献，那应该就是他展示了如何将杰斐逊精神注入汉密尔顿式的计划，从而使后者重获新生。而韦伯斯特囿于走前人的老路，满足现状，因此作为忠诚的美国民主主义者而被人们所铭记。他认为自己所处的那个时代，没有必要尝试新的制度或政策。

作为一个少数团体的利益代表，卡尔霍恩给美国的政治思想带来了很多新的变化。虽然他提出的"无效化"概念对20世纪的人来说，只不过是对旧思想的迷恋，但他提出的社会分析体系，是发人深省、值得尊敬的。在他那个时代，对社会结构和阶级权力高度敏锐的人寥寥无几，卡尔霍恩是其中之一，还包括理查德·希尔德烈斯（Richard Hildreth）和奥雷斯蒂斯·布朗森（Orestes Brownson）等人。在马克思发表《共产党宣言》之前，卡尔霍恩就已经发表过对美国政治和阶级斗争相关的分析，为马克思体系中一些重要的原创思想基础埋下了伏笔。他是一位才华横溢的辩论家，虽然有时思想狭隘，但至少他很可能是最后一位真正关心美国政治的政治家。他将"科学"社会主义的中心思想置于一个逆向的道德价值观框架中，并在公众对此举的激烈反应中又顺势制造了一种引人注目的辩护来应对，堪称是一种知识分子的黑色"弥撒"。

1787年，卡尔霍恩出生于一个苏格兰和爱尔兰人组成的家庭，最早他居住在宾夕法尼亚州殖民地，后来在18世纪中叶移居到南部的偏远地区。1760年，他的祖母在边境处被印第安人杀害，他的舅舅约翰·卡德威尔（John Caldwell）——他的全名约翰·卡德威尔·卡尔霍恩就是来自此——在独立战争期间被托利党人杀害。他的父亲，帕特里克·卡尔霍恩，在当时掌握着30多个奴隶（那时的奴隶十分稀缺），后来成为南卡罗来纳州腹地的杰出公民，并成为州议会成员，他极力反对联邦宪法。在卡尔霍恩14岁的时候，父亲去世了。有一段时间，是他的哥哥摩西·瓦尔德（Moses Waddel）资助他的学费，帮助其完成学业，后来他成为南方很有名的一名教育家，1804年毕业于耶鲁大学，在里奇菲尔德一所著名的学校学习法律，之后加入了卡罗来纳州律师协会。

弗洛丽德·博诺·卡尔霍恩（Floride Bonneau Calhoun），一位年长的女性，也是他父亲的姻亲堂妹，可以说是他这些年来，甚至他一生中最亲密的人。两人一直以来保持着密友关系，其间通信往来不断，后来卡尔霍恩娶了她18岁的女儿，也叫弗洛丽德。按照传统，新娘有权掌管自己的财产，但年轻的种植园主一味坚持让新娘把自己的财产交给他来管理，新娘也妥协了。除了大量财产，两人的婚姻更是巩固了卡尔霍恩在沿海上流社会中的地位。

1808年（在他成婚前三年），也就是他成为律师后不久，卡尔霍恩被选为了南卡罗来纳州的州议会成员；1810年，他被选为国会议员，并迅速成为"鹰派"的领袖。当与英国的战争开始时，他大力支持为战争拨款。15年来也一直投身于国家统一和国家权力的斗争中。他支持发展军队，增加资金，支持制造业发展，道路建设，提高关税，建立新的国家银行，对改良后的宪法十分不满，并对其中反对的观点置若罔闻。1817年，他成为詹姆斯·门罗（James Monroe）内阁的战争部部长，并实施了一项雄心勃勃的防御和行政改进计划。他的内阁同事约翰·昆西·亚当斯在日记中这样写道：

卡尔霍恩公平公正，直言不讳，坚持原则，思维清晰，反应敏捷，遇到问题能够沉着冷静，有着较为全面的哲学观，是一个热忱的爱国主义者，但同时也是我所共事过的所有政治家中最有阶级偏见的一位。

对于阶级斗争问题，卡尔霍恩主张通过协商解决。当奴隶制的问题首次出现在密苏里妥协案中时，他希望和平解决问题。"我们南方不应该同意任何有损我们利益，动摇我们在联邦地位的观点。"他给一位朋友写信如是说，并且补充说道，"他自己也坚持这种观点，并且认为那些没有阶级斗争观念的人能更好地权衡大众利益。"人们很难不同意威廉·E.多德（William E. Dodd）对卡尔霍恩的评价：在他早期的政治生活中,是他的民族主义造就了他,但是他内心深处,他不仅支持国家统一,同时他又是典型的一个南方人。他想要的不是让南部脱离联邦,而是主导联邦。直到1838年,他都告诫女儿不要接触反对派的思想。他认为:"那些试图分裂国家的人,不知道分裂的刀剑下会夺去多少人的生命。我们必须牢记,统一永远是最大的难题。"

家庭变故使卡尔霍恩从一个民族主义者变成了一个阶级斗争主义者。随着棉花工业不断发展扩张,南卡罗来纳州已经成为一个主要的种植地。这些种植园主们在贫瘠的土地上辛勤劳作,努力翻新着土壤,发现不可能继续忍气吞声地活在以保护关税为名义的剥削压榨下。不久,一批激进的政治家就将所有那些反对阶级斗争的人排除在商界之外。

卡尔霍恩的抱负远不止是成为一个地区的领导人,多年来,他逐步使自己成为一个阶级斗争的领导人。他最初的计划是与杰克逊的支持者联盟,希望杰克逊作为一个南方种植园主,同时又是一个老派的共和党人,能够大力支持有利南方发展的政策,并且最终把总统的职位转交给他。然后,他就能将以农业为主的南部和西部联合起来以此对抗资本主义为主的东部。在1824年,杰克逊在与克莱-亚当斯的交易中失败。在1828年杰克逊当选时,卡尔霍恩是他的副总统竞选伙伴。[1]

在1828年的战争期间,高额的关税制度被写入法律,卡尔霍恩就这个阶级问题撰写了一份伟大的文件——《评论与抗议》(The Exposition and Protest),由于政治原因,[2]该文件的作者在一段时间内一直保密。卡尔霍恩痛斥关税,宣称:"我们是这个制度的奴隶。"在对关税对种植园经济造成的损失进行了深刻的分析后,他提出了政治

---

[1] 由于1824年大选的特殊性,卡尔霍恩在杰克逊落选的情况下,仍成功当选副总统。

[2] 官方未正式采纳卡尔霍恩的报告,但由于南卡罗来纳州议会众议院下令印刷5000份,我们通常视其为官方声明。

补救措施。"没有一个政府沉迷于多数人应该执政"这一唯一的原则，无论这一格言多么正确，在适当的限制下，它都不可能维护哪怕一代人的自由。"只有那些对权力进行制衡并将多数人的权力限制在适当的范围内"的政府，才能长久地存在。

为了从宪法中寻求到某种既不脱离联邦又能抵制多数的途径，卡尔霍恩采用了州主权论，即联邦法令废止权。他认为国家主权本应完全归于美国各州，只是部分权力划分给了联邦政府。因此，各州享有审判权，即判定相关政策措施是否侵犯宪法所赋予的权利。某州若以此目的召开会议，裁决任一法规侵犯了宪法赋予的权利时，该州有权宣布该法律在其州界内无效，并且拒绝执行该法律。各州公民与联邦政府都会受到联邦法令废止权的约束。《评论与抗议》这一文件在结尾处表示希望杰克逊能当选总统，而联邦法令废止权也就无须付诸实践。

杰克逊很快就令卡尔霍恩与南方各州心灰意冷。出于个人不满——其中包括杰克逊发现卡尔霍恩作为美国战争部部长时曾想批判自己在塞米诺尔战争的草率行事——杰克逊任职将军时就与这位南卡罗来纳州人划清界限。而最终的决裂爆发于1832年的废止权危机，当时杰克逊迁怒于南卡罗来纳州，甚至失言威胁要绞杀卡尔霍恩。最后，卡尔霍恩在辞去副总统职务后代表本州入职参议院，并计划加入反杰克逊联盟，与此同时南方的激进分子也在积极寻求遏制北方资本的新途径。卡尔霍恩的总统竞选之路也被迫转移了。从那以后，他一生都在打一场持久的论战，为保卫南方与入主白宫出谋划策。在勃勃野心与敌对情绪的滋养下，他变得更加坚忍克己、坚定不移与足智多谋。

2

查尔斯顿是南北战争前南部著名的历史悠久的文化中心，这座城市有着独特的风格，散发着都市的优雅气息。但它也正是卡尔霍恩在北卡罗来纳州所不喜欢的一个地方。他看不惯那些不事劳作却悠然自得享受生活的土地所有者，而这样的人却能成为社会与文化差异的中流砥柱。1807 年，疟疾肆虐这座城市，卡尔霍恩写信给弗洛丽德·博诺·卡尔霍恩，不加掩饰地幸灾乐祸地谈及每家报纸上一长串的死亡名单。他认为这场灾难与其说是当地气候造成的，不如说是因为当地居民的不端行为；他们的生活充斥着纸醉金迷与声色犬马，因而招致了这场瘟疫的诅咒。

从未有人指控过卡尔霍恩生活中有过任何不检点。据记载，他从未读过诗歌，也不曾尝试作诗，而在他身上也流传过一个笑话，大意是他曾以"然而"为开头作诗，却再也写不出一字来，江郎才尽了。在他的一生中，他只读过一本小说——这还是一位女士要求他对此书做书评的情况下。他的一个朋友，玛丽·贝茨（Mary Bates）说，"从未见过他开玩笑"。丹尼尔·韦伯斯在悼词中提到自己从未遇到像卡尔霍恩这样的人，"他吝于将生命浪费在所谓的娱乐之上，换句话说，他不屑于追求自己履行职责范围之外的事物"。责任高于一切，因为卡尔霍恩的责任感是超乎常人的。他曾写道："我认为生活的责任重于生活本身""……我认为人生大部分是在与邪恶做斗争，而对于那些恪守原则的人来说，即使胜利可以带来满满收获，却不及斗争中的硕果累累。"成年人平时的放松娱乐一定意义上是为了回到童年时的无拘无束。我们有理由相信卡尔霍恩是没有童年回忆的那类人。这也许就是哈里特·玛蒂诺（Harriet Martineau）有感而发所说的，他似乎一出生就是一副少年老成的模样，没有孩童的天真。卡尔霍恩的政治副手詹姆斯·H. 哈蒙德（James H. Hammond）在他去世后评价道："据我们所知，卡尔霍恩先生没有青春可言。他如同智慧女神密涅瓦从朱庇特脑中跃起重生一般，登上了政治舞台，羽翼丰满，全副武装，他孑然一身便可以一敌百。"

那些他重视的人难以承受其白热化的工作强度。亚拉巴马州参议员迪克森·刘易斯（Dixon Lewis）体重约 195 千克，放松对他来说是再自然不过且必不可少的事情。而他曾在某一选举年写信给卡尔霍恩的朋友理查德·K. 克拉勒（Richard K. Crallé）称：

> 卡尔霍恩现在是我最重要的同事，但他太精明强干，孜孜不倦，太过热衷于政治斗争，于我而言与他只能偶尔相处一下，不能深交啊！同他在一起根本没有放松可言，我想拉着他一块放松时，他反过来用他的工作激情让我更加紧张。

普里奥洛法官告诉一位调查者，称自己第一次遇见卡尔霍恩后就再也不想见到他。他花了三个小时努力理解卡尔霍恩所滔滔不绝的"天地乾坤"对立辩证法，最后听得他筋疲力尽。"我讨厌那种让我用脑过度的人……也不能接受那种让我自惭形秽的人。"由此可看出，很少有人与卡尔霍恩志趣相投。他本人也承认过离家方圆五英里之外，谁也不认识他，因此我们可以肯定声名远播、大受欢迎的并非是他本人，而是他抽象的政治理念。除了他的家人，我们外人无从得知他是否会时常感到孤独这件事。在工作中他享受观众在旁倾听，而在生活中他并不在意有无陪伴。他喜欢独自一人花上几个小时安静思考。

卡尔霍恩又高又瘦，看起来体弱多病，说起话来却慷慨激昂，参议院的同事们对他的高谈阔论早已司空见惯。有人说他的嘴太能说，谁也辩不过他，加之沙哑的嗓音凛然一副数学教授的模样。同时同事们对他的非凡智慧与无可争议的忠诚正直深表钦佩，但有时又觉得他有点荒唐可笑。克莱将他的形象画成漫画，令人难忘——画中的卡尔霍恩看起来"身材高瘦，面容憔悴，炯炯目光之上却又眉头紧锁，显得忧心忡忡，看上去仿佛正在剖析形而上学家脑海里冒出来的最后一条抽象概念，口中念念有词，喃喃自语道'真正的危机来临了'"。

而卡尔霍恩的温柔与魅力以及偶尔正襟危坐的可爱一面也是有目共睹的。一位其崇拜者如是说道："他常常以孩子气般天真无邪的口吻讨论着最深奥的话题。"就连他难缠的政敌，本杰明·F. 佩里（Benjamin F.Perry）也证实了卡尔霍恩待人友善，随后又说："他非常喜欢谈论自己。"他将自己的魅力与宽容的一面特别展现给了妇女儿童，因为他认为他们的世界就像人们想象的那样，应远离一切严肃的事物。一则有关卡尔霍恩的暖心小事如下：他在女儿的婚礼上特地取下了蛋糕上的装饰品留给了一个小孩。我们可以相信卡尔霍恩对待家人很有耐心，因为他完全可以将怒火发泄在参议员身上。而两位女性对他给予了恰如其分的描述：一位是哈里特·玛蒂诺，称他"仿佛从未出生，也不会消亡的钢铁人一般"。另一位是瓦里娜·豪厄尔·戴维斯（Varuna Howell Davis），形容他是"一个精神与道德结合的抽象体"。

如果了解一下卡尔霍恩夫人眼中的卡尔霍恩一定会很有趣。不难想象卡尔霍恩对其夫人的一片忠心，但他对卡尔霍恩夫人的爱绝不是一般的爱。在考虑与她结婚后，卡尔霍恩写信给她妈妈："经过慎重考虑，我认为没有比她更适合我的人了。"而后在这对模范夫妻恩爱的婚姻生活里，卡尔霍恩夫人为他养育了九个孩子，他也给了孩子们温柔的父爱。然而，他们的第一个女儿在两岁时夭折了，卡尔霍恩给他敬爱的岳母写了一封奇怪的信，部分内容如下：

> 孩子妈妈实在太伤心了，肝肠寸断！我再怎么安慰她，也只会让她更加悲痛欲绝。我告诉她这就是人的命运，天底下几乎所有父母都遭受过这样的不幸，但她根本听不进去。或许上帝是想向我们和孩子表达善意，因为没有人知道她如果活下来，究竟会过得幸福还是悲惨。毕竟我们还可以安慰自己，想想孩子如今会比和我们在一起时更幸福。而她只是一味地追忆那可怜的孩子，回忆与孩子相处时的有趣时光，而这只会让她徒增悲伤。

这个男人肯定活得相当理想化。这太让人难以置信了，但同时也让人感到惋惜，因为他试图把处理人的七情六欲也当作自己的职责。

卡尔霍恩对自己借助逻辑来理解生活的能力十分自信。他的政治推理是一系列三段论，就如同他个人生活的许多阶段一样。给定一个前提，他可以创造奇迹；但有时在选择前提时，他却表现出判断力的极度缺乏，而且动不动就强词夺理，目中无人。① 他对逻辑的过度信任，致使他陷入了一种近乎疯狂的自信当中。他曾写道："我不能说我对自己的观点是否太过自信，但我认为我所看到的，是十分清楚的，我甚至没有选择走其他道路的余地。这总是让我感觉到，我是在命运的指引下行事。"在去世的六年前，他写信给达夫·格林（Duff Green）："回首往事，我认为我这一生没有什么可遗憾的，也没有什么可纠正的。"

卡尔霍恩把自己所有能力和精力都集中在让自己成为总统上，这是他的同代人、朋友和对手的公认观点，就连与他最要好的传记作者也没有对此表示否认，但他本人却从未承认或认识到这一点。1847年，他态度强硬地向参议院宣称："我不是个有抱负的人，从来都不是，我才不会为总统职位而折腰。"在这一点上，他认为自己是"世界上被误解得最深的那一个"。然而，他的动机还是相对纯洁的。从本质上来讲，他并非机会主义者。通常情况下，他试图通过他所坚信的一些连贯且明确的原则体系来提升自己。就像他多年来对待杰克逊的态度一样，他有时候会对个别人十分拐弯抹角，但在对事物的看法上，这一点却是恰恰相反的。这些都与他的习惯不谋而合。他对金钱的在意只有亚当斯能与之匹敌。靠着自己日渐衰落的种植园，他养活了一个大家庭，九个孩子之中有七个都已长大成人。卡尔霍恩诚挚地表明，自己对赚钱并不是太感兴趣。1845年，他向韦伯斯特富有的波士顿赞助人艾伯特·劳伦斯（Abbott Lawrence）申请了三万美元的贷款。当劳伦

---

① 卡尔霍恩最差劲的莫过于对《独立宣言》的抨击，他把《独立宣言》解读为"成年人生而自由平等""从字面上理解这个命题……没有一句真理。它以'人人生来为成年人'为前提，毫无道理。成年人并非天生，天生的是婴儿，再成长为成年人；成年人并非生来自由，婴孩时代的他们毫无自由……"所有因此论述而认识他的人都很难相信卡尔霍恩能对自然权利哲学做出合理而尖锐的批判，然而他确实这么干了。

斯回答说，对于卡尔霍恩这样一个声名显赫的人而言，他可以免去商业税贷款给他时，卡尔霍恩寄给他一封信，义正词严地回绝了他，并在信中高傲地撤回了自己的贷款申请。

由于卡尔霍恩未能理解政治源自人民，并且需要坚定不移的个人忠诚以及对思想的忠诚来加以稳固这个道理，从而引起了他的追随者和拥护者的强烈不满。詹姆斯·H. 哈蒙德抱怨说，这位领导人"总是贿赂敌人，却从不照料朋友"。不仅如此，"直到与大部分追随者决裂后，他才停止胁迫和反对他的追随者。他与朋友们一一决裂，并利用他们来击垮已故的伙伴，一切的一切，最终都以毁灭告终。"瑞德（Rhett）和哈蒙德都觉得他太固执，太没有人情味了，因此不会成为一个伟大的政党领袖。正如瑞德所说："他懂道理……但却不懂如何最优化地用人。"

当然，卡尔霍恩是一个奴隶主，他如何以这种身份来看待自己，想必各位是心知肚明的："我相信，我作为主人这一点，是毋庸置疑的，正如我所期望的在所有其他生活关系中的那样。"他认为自己与奴隶的关系是"作为主人和监护人的双重身份"。他的邻居作证说他对他们很好，从他所出身的阶层来看，似乎没有理由怀疑这一点。然而有关他与奴隶关系的唯一记载表明，在南方，对奴隶仁慈是一件十分棘手的事情。1831年，一个名叫亚历克（Aleck）的家仆对卡尔霍恩夫人做出了一些冒犯之举，夫人威吓说他会因此受到严厉的鞭打作为惩罚，于是亚历克逃走了。几天后，当他在阿布维尔（Abbeville）被捕时，卡尔霍恩留给朋友如下指示：

> 我希望你把他在监狱里关上一个星期，只喂他面包和水。同时你要为我雇一个人，在关禁闭结束时给我好好把他抽上30鞭。……我认为，防止逃跑习惯的养成，对我们适当安全措施的制定而言十分有必要。而且依我来看，在他回家之前惩罚他比在回家之后效果要好得多。

与卡尔霍恩关于国会法令废止权和一致多数的辩证法相比，亚历克案和"好好抽上个 30 鞭"反倒更能帮助我们理解多数和少数的问题。

3

1788 年，帕特里克·亨利（Patrick Henry）对联邦宪法提出异议，他提出这样一个问题："由于北方各州占多数，南方成员该如何阻止在南方各州采用最具压迫性的税收模式呢？"这种对北方人口占大多数的焦虑就如同南方沼泽地里的植物一样在南方政客心里生根发芽，日渐膨胀。时光飞逝，南方人口增长了，但北方人口增长得更快。1790 年，卡尔霍恩 8 岁，此时南北方人口相差无几。到 1850 年，也就是他去世的那一年，北方总人口为 1352.7 万人，而南方却只有 961.2 万人。这种人口的优势在国会中也有所体现。尽管南方政客拥有相当多的行政职位，但联邦政策却始终向北方资本倾斜，南方的财富也因此流入北方托运商、银行家和制造商的口袋。诚然，南方资源的流失，绝大部分是资本主义社会与农业社会之间关系的必然结果，而且当时南方几乎没有自己的航运业、银行业或制造业。但也有相当一部分原因是来自南方人所认为的"人为"政府干预——保护性关税。最初使南方变得好战的，不是奴隶制，而是关税。种植园主们的不满是可以理解的，因为在南方田地上，通过他们所拥有的男人、女人和儿童的辛勤劳动创造出的财富，似乎正在从他们身边悄悄溜走。"我们想要致富的唯一目的，就是让我们拥有自己的财富。"卡尔霍恩说。

南方领导人开始琢磨这一切将会在何处停止。鉴于北方从一开始就占了优势，那么该如何阻止其利用联邦政府进一步扩大两方之间的政治权力差距，然后利用南方日益显露的弱点，将剥削推向无法忍受的极端和令人发指的地步呢？因经济相对落后而颜面尽失，因政治牵连而恐惧不已，因世界谴责他们的"特殊制度"而惶恐不安，南方领导人们对两方权力平衡的每一次波动所表现出的焦虑都是强烈的、夸张的。如何保持这种平衡是卡尔霍恩所关注的核心问题，22 年来，他一直坚定不移地探寻着它。他早在 1831 年就哀叹道："南方……是一个因循守旧、前景黯淡的少数群体。"五年后，他在参议院发言时夸张地宣称："我们在这里不过是压倒性多数中的少数罢了。"1833 年，在谈及强制法案时，他看到南方面临着"一个敌对立法体系……充满压迫和不平等的苛捐杂税……不平等和大量的拨款……使弱势利益群体的全部劳动力和资本从属于强势利益群体"。

1830 年之后，废奴主义逐渐引起人们的关注，南方的起义开始越来越多地针对起这种所谓的威胁来。在刺激南方的好战性和将南方的思想转向分裂这两个方面，究竟是对废除奴隶制的恐惧更多，还是对进一步经济剥削的恐惧更多，要是争论起来，实在是没有什么意义。如果权力平衡完全朝着有利于北方的方向发展，那么北方不但可以将种植园主阶级置于经济奴役之下，还能解放奴隶。因此，南方领导人专注于为南北区域平衡而战，并没有人为地区分各自的理由究竟是什么。

卡尔霍恩在 1844 年曾说过，"经济掠夺和煽动废奴"是"同类的敌对措施"，"虽然税收从我们手中夺走了部分劳动收益，但更为重要的是废奴对劳动投入本身产生了冲击。"

当然，寄希望于南方自愿解放黑奴是无稽之谈。要理解旧南方的思想，就必须认识到解放黑奴不仅意味着用雇佣劳动取代奴隶劳动，还意味着丧失白人至上的优越性以及颠覆社会等级制度——简单来说，这将导致一种文明的终结。尽管卡尔霍恩曾谴责奴隶贸易是一种"可憎的交易"，但未曾有证据表明他认同杰斐逊对于奴隶制的观点，即奴隶制是一种必要而短暂的罪恶，这种观点在他年轻时在南方广为流传。1820 年，在与约翰·亚当斯的一次谈话中，他透露了自己是如何含蓄地认可社会等级制度作为奴隶制的前提。亚当斯与他谈及了平等以及人类生命的尊严和价值。卡尔霍恩承认亚当斯的想法是"正义且高尚的"，但他从事实出发补充说，在南方，亚当斯的信仰只适用于白人。他表示，奴隶制是"白人之间平等的最佳保障，它使得白人处于社会的同一等级……甚至不容许不平等的存在，一个白人绝不能凌驾于另一个白人之上"。

在国会上，卡尔霍恩是第一位公开表达几乎所有南方白人真实感受的赫赫有名的政治家。1837年，他在参议院会议上声称奴隶制"并非罪恶，而是善行——一种积极的善行"。他这样说并非主张奴隶制总是优于自由劳动关系，而仅仅想表达它是黑人和白人之间最优的关系。他认为奴隶制给黑人带来了很多好处。"几乎没有任何一个国家可以让劳动者受益这么多，而从他们身上索取的却很少，或者……甚至在他生病或年老体弱时，还给予他更多的善意和关心。"他们的处境远远优于欧洲较文明地区的济贫院里的穷人。对于奴隶制对政治的影响，"我敢断言，在南方，两个种族之间当下的关系……正在为建立自由和稳定的社会制度打下最坚实和持久的基础"。

南方认为解放奴隶将会带来毁灭性的灾难。在1849年起草的一份宣言中，卡尔霍恩表示废奴主义者会通过一系列手段逐渐瓦解奴隶制，使北方最终得以"控制所有国土"，将许多州划入北方的势力范围，使其占有四分之三的土地，然后通过一项解放奴隶修正案。但是灾难绝不会就此结束。由于这两个种族"除非处在目前的关系状态中，否则便不能相安无事，也不能实现彼此的互利互惠"，因此其中一方必须占据主导地位。解放奴隶后，从前的奴隶将"享有选举权和在联邦政府中担任公职的权利，实现与从前的奴隶主在政治和社会上享有的平等"，他们将成为北方的政治伙伴，与之处于统一战线，"迫使南方的白人完全屈从"。黑人和可能与之联合起来的那些恣意享乐的白人将落座于联邦政府大部分职位并取得大部分官职的任命权，并将"在政治和社会势力上占据南方白人的上风"，而昔日的奴隶主唯一的出路便是把国家让与黑人。①

---

① 抛开哗众取宠的窥测和蛊惑人心的言辞不谈，卡尔霍恩就重建预判的应急方案与激进共和党人实际执行的措施异曲同工。

面临这样危险的处境，南方唯一的选择应该是武装起来，斗志昂扬，坚定立场，在边境上与敌人英勇作战，而不是等待，眼看着自身实力逐渐削弱。要是没能取得决定性胜利，后果不堪设想。"什么？当众示弱？即使献出生命也不能沦为公众眼中的阶下囚！"

卡尔霍恩的一个优点是，尽管他对宪法论证的知识了如指掌，但他并不满足于对地区争端仅仅在形式上和宪法层面做出解读，而是超越了这一点，将地区之间的平衡解读为阶级之间的平衡。虽然他没有形成完整的历史理论，但他在人类发展的每个时代都看到了阶级斗争和剥削。他确信"从来没有一个富裕文明的社会，生活在其中的一部分人可以不依靠另一部分人的劳动生活"。不难"在回顾历史时发现，所有文明社会都存在各种不公平分配社会财富的手段，创造财富的劳动者只能分得极小一部分财富，而不参与劳动的阶级却分得极大一部分财富"。对于使用这种手段的目的，他没有异议：税收就是为了使"穷人更穷，富人更富"。早在1828年，他就在《评论与抗议》中谈到了其对税收制度的一些见解：

> 当我们（种植园主）筋疲力尽，退出争斗之后，竞争将在资本家和工人之间展开；因为社会最终必定会划分为这两个阶层。发生在这里的斗争问题与曾发生在欧洲的斗争问题并无二致。在这种社会制度的运作下，工资的下降速度一定比生活必需品价格的下降速度更为迅速，直到工人的工资降到最低点为止，那时他们能够获得的通过自己的劳动生产的产品也将几乎不足以维持生计。

卡尔霍恩在《论政府》(*Disquisition on Government*)中预言，随着社区财富的积累和人口的增多，"富人和穷人之间的差别将日益凸显"，而"无知的人和依附他人生活者"的人口比例将会上升。接着，"他们之间发生冲突的趋势将愈加明显；而且，随着穷人和依附他人生活者所占人口比例越来越大，在多数人领导的政府之中不乏富有和野心勃勃的领袖，企图煽动和引导他们以取得控制权。"

这些论点不仅仅是为了吸引公众的注意。1831年，一位朋友录制了卡尔霍恩的一段对话，他"谈到了资本具有破坏和吸收社会财富的趋势，资本自身和工人之间将引发冲突。""资本家将劳动力作为劳动工具，"卡尔霍恩曾告诉阿尔伯特·布里斯班（Albert Brisbane），"他们试图从工人身上榨取所有价值，而不为年老或患病的工人提供任何保障。"1837年，他写信给哈蒙德，说他"不知道下层阶级在促进社会平等和倡导经济独立方面取得了哈蒙德所报道的巨大进步""在我看来，现代社会似乎发展迅速，正在打开某种前所未有的新局面。"1846年，他向女儿安娜（Anna）坦言，"我害怕的是，政治科学的进步追赶不上物质方面的进步，从而可能导致社会动荡和革命，阻碍甚至中止前者的进步。"在杰克逊银行之战的高潮时期，他给儿子詹姆斯（James）写的信中说到，许多北方人的观点逐渐接近于南方人的观念。他们不仅畏惧杰克逊的权力，而且害怕"北方的穷人和堕落分子。他们开始觉察到我早就预见到的，他们对自己的人民比我们对奴隶的恐惧感更深。"

在这些具有特色的话语中，可以看出与马克思后来阐述和提炼的几点思想大致相似：历史上普遍存在剥削和阶级斗争的思想；劳动价值论和资本家剥削的剩余价值理论；资本主义生产下资本的集中；工人阶级生活状况下降到生存水平；工人阶级对资本家的反抗日益加剧；对今后发生社会革命的预测。不同的是，卡尔霍恩提出不能允许革命的发生。为了防止发生革命，他多年来一直主张理查德·柯伦特（Richard Current）所说的"种植园主和资本家联合对付敌对阶层"。在这种合作中，享有优越的社会稳定性的南方作为一支保守势力能够提供很多帮助。因此，北方的保守分子应当主动压制废除奴隶制的鼓动势力；他们应当认识到，南方奴隶制的推翻将为北方的社会革命打下基础。卡尔霍恩在参议院说：

  当财富积累和文明进程都发展到高级阶段时，劳动力和资本之间就会一直存在冲突。南方当下的社会条件使我们不必遭受这种冲突带来的混乱和危险；同时也解释了为什么蓄奴州的政治环境比北方更加稳定、平静……我们下一代的经验将充分证明，如果我们当下的制度不受干扰，或者可以把这种干扰成功扼杀在摇篮里，那么我们南方的社会环境就会比其他极力追求自由和稳定制度的地区环境还要优越得多。

  1838年1月9日，卡尔霍恩进一步解释了为什么在南方不可能发生"劳资"冲突，"这两者的矛盾使得所有富裕而具有高度文明的国家在建立和维持自由体制时困难重重，但这一矛盾在我们这样的制度下是不存在的"。这是因为南方各州的组成部分是一个个社区，而不是单独的个体。"每一个种植园都是一个小社区。作为社区首领，奴隶主注重维护资本和劳动力的共同利益，担任资本和劳动力的共同代表。"在南方各州，劳动力和资本代表的两个阶级"利益一致、相处融洽"。因此，在美国这个大集体中，南方自然就成为

  体制制衡的关键；强大的保守力量，保护体制中其他不幸的部分不被卷入冲突的激流。当北方劳资矛盾日益尖锐时，南方始终，乃至未来，都会把宝押在支持保守政策的一方；南方致力于遏制劳资任何一方的激进行为，不管是哪方涉嫌打破国家政治体制的平衡，都会受到来自南方的打击。

  1836年，卡尔霍恩向"冷静而顾全大局的"北方人指出：

  那些人的命运与国家现有体制休戚相关，所以，现在针对南方各州制度的攻击者难保不会把矛头对准维护他们自身财产和安全的制度。只要将反对（南方）制度的论点稍加修改，就能使其

作为反对北方制度的有力武器。制度中的银行业也不能幸免，毕竟北方地区大量财产和资本都投入了银行。

1847年，他再次提醒北方保守派人士，他们对"坚定维护蓄奴州的平衡"应当有多大的"兴趣"。"那么，我要请诸位先生注意，他们在同我们做斗争的同时，也在同他们自己作对。"两年后，他再次对北方保守派补充道，如果没有南方，"北方就失去了凝聚的中心，就无法牵制、笼络相互冲突的各个利益方；继而……承受贫富分化所产生的一切骚乱和冲突"。所有这些警示都源于卡尔霍恩长期以来对自己政治理论的深信不疑，即他曾对乔赛亚·昆西说的"北方绅士和南方绅士的利益是一致的"。这位卡罗来纳人并不指望他的呼告和预言能改变北方已经形成的公众舆论，但他心底仍怀抱一丝希望，希望事情能有转机。民众日益增长的不满情绪可能会使北方保守派转而投向南方种植园主的怀抱，但正如他在1835年向达夫·格林袒露的那样，无论北方的智囊团能否看清当下的形势，"能不能及时挽救他们自己和国家制度，只有上帝知道"。

为解决地区矛盾，卡尔霍恩想出了一个绝佳的办法：南方可以在反对劳工抗议问题上发挥调解、制衡作用；作为回报，北方的中坚力量应该与南方站在同一战线上，反对所有抨击奴隶制的抗议。他关于关税问题的方案在1845年写给艾伯特·劳伦斯的信中表述得相当清楚：北方的资本家应该同种植园主合作，生产商品出口海外。即使在经济最好的情况下，仅靠国内市场，制造商也不可能推动产业繁荣，"占领国外市场才是重中之重"。因此，高关税只能是发展的阻碍。北方应该效仿英国，降低关税，进口廉价原材料，积极开展对外贸易竞争。"等这项问题解决了，种植园主和制造商之间的一切矛盾自会迎刃而解。"

4

在卡尔霍恩生命的最后七年里，地区冲突逐渐体现在南北方瓜分新土地以及在新土地上实行奴隶制还是自由制度的分歧上。由于南方内部缺乏团结，各州废止联邦法令自此成为有名无实的权利。南方与西部的联盟充满了不稳定性和不确定性，卡尔霍恩提议的与北方资本家结盟的计划也没有实现。因此，南方当时的防守策略更多是尽力在得克萨斯地区、墨西哥以及美墨战争中掠夺的广大土地上建立新的奴隶制，同时提防北方从西部获得自由劳动力。

卡尔霍恩对得克萨斯地区的战略规划是防御性的，但在形式上过于激进。出于对一个新市场和独立棉花产地的迫切需要，当时的英国对得克萨斯进行财政援助和直接保护来维持其独立主权。1843年，布鲁厄姆（Brougham）勋爵和阿伯登（Aberdeen）勋爵公开承认，英国有意在维持得克萨斯主权独立的同时推动奴隶制的废除。此时，任国务卿的卡尔霍恩警觉地站出来，提醒大家将吞并计划与坚决捍卫奴隶制联系起来。南方人担心，得克萨斯会成为下一个逃奴的庇护所，且作为与自己毗邻的独立的、由自由劳动力生产棉花的国家，这样的先例会对南方的社会结构造成严重威胁。卡尔霍恩坦率地告诉英国大臣，英国在得克萨斯的行为正在摧毁一个"对美国的和平、安全与繁荣至关重要"的制度！1844年，他发表了一篇文章来解释英国行为的动机。他声讨说，英国解放了自己殖民帝国的奴隶，因此失去了自己在世界上包括棉花在内的热带农产品产地，这一行为导致了英国的投资危机，其境况远不如美国南部和巴西这些奴隶制仍存在的地区。英国如今在努力"重获并保持其在热带种植、商业和影响力方面的优势地位"，同时又拼命试图通过破坏其优秀竞争对手优越的劳动力制度来"削弱或摧毁对手的生产"。

尽管卡尔霍恩对吞并得克萨斯怀有很大的热情，但对美墨战争期间南方试图征服和吞并整个墨西哥的企图感到忧心忡忡。如果拿下了墨西哥，他担心加强对墨西哥统治的必要性会给政府借口攫取更大行政权力和更多利益交换，形成中央集权的联邦政府，最终会摧毁依靠宪法建立的政治体系。据他推断，南北双方在处理新土地问题上的冲突可能会为联邦分裂埋下伏笔。"墨西哥对我们来说是禁果；吃下禁果的代价就是让我们的制度走向灭亡。"

1846年，《威尔莫特附文》出台，禁止在从墨西哥夺来的任何土地上实行奴隶制。它在南方引起轩然大波。卡尔霍恩认为，实行奴隶制涉及抽象的权利问题，不应考虑任何妥协，即使奴隶制不太可能出现在争议领土上。同年12月，他告诉波尔克（Polk）总统，他"无意扩大奴隶制的范围"，加利福尼亚州和新墨西哥州"可能永远不会实行奴隶制"。不过，他还是会投票反对任何包含《威尔莫特附文》的法案，因为"这涉及一个原则问题"。①

卡尔霍恩越来越担忧北方为了自由劳动力而将"独占"新土地的趋势。1847年，艾奥瓦成为美国的一部分，威斯康星也准备申请加入联邦，卡尔霍恩十分担心这些新土地上会诞生12个到15个新的自由州。南方地区在参议院中原本平等的地位每况愈下，而这里已经是南方在联邦政府中维持平等的最后堡垒了。同年3月，卡尔霍恩呼吁南方建立一个团结统一的政党，以便在维护南方权利上做最后一搏。在他弥留之际，参议院代表替他进行了最后一次伟大演讲。在演讲结尾，他断言，国家就此失去了制衡的主力。美国南部不再有"任何有效的手段来保护自身免受北部的侵袭和镇压"。想到北部日渐壮大的优势、对南方日益加深的剥削和联邦道德纽带的逐渐瓦解，卡尔霍恩告诫说，

---

① 并非他一人做如是想。1849年1月22日，罗伯特·图姆斯（Robert Toombs）在给J.J.克里滕登（J.J.Crittenden）的信中写道："我们不能眼看着它（美国）变成一个奴隶制国家。""我们唯一能做的就是战斗，为荣誉而战，为身陷囹圄的祖国而战。"

只有做出让步，让美国南部在新获得的西部领土上[1]享有平等权利，修改宪法以恢复其在地域平衡被打破之前所拥有的自我保护能力，国家才能得到拯救。

修宪是对美国南部平等权利的保障，卡尔霍恩要求这种保障应该采取"一致多数"的原则。这是他政治体系中的王牌，不管他去哪个地方任职，他都一直在宣传"一致多数"原则。早在1833年，他就在关于"军力动员法"的演讲上表达过这种观点；在他死后出版的《论政府》中，他最后一次对该观点进行了系统阐述。他经常强调，代表多数群体利益的政府本质上是不稳定的。他提议用他所谓的代表全体人民的政府来取代它，也就是说，政府应该是多数群体和少数群体的有机代表。社会不应该通过数人头来管理，而应该考虑到国家巨大的经济利益，以及地理和职能单位。为了阻止多数群体对少数群体利益的剥夺，宪法和体制需要给予每个人一席之地，这样才可以使这个体制内的人得以在立法和执法中发声，或者有权否决某项法律的执行。只有通过这样的方式，"才能避免群体内部的冲突和斗争，从而使不同的利益、秩序、阶级和团体得到保护"。[2]

时间让卡尔霍恩相信，双重行政体系是在美国实施"一致多数"原则最好的方法。国家需要两个总统，两个人分别代表美国的北部和

---

[1] 卡尔霍恩曾对波尔克透露自己对领土内仍存留奴隶制的抵制，此时他是改弦易辙，抑或是仍执着于理论上的万事亨通，我们不得而知。

[2] 自卡尔霍恩进入政界以来，南卡罗来纳州实则奉行"一致多数"原则，当时州议会两院分工明确，一院由沿海种植园主掌权，另一院则交给了内陆农场主。然而，威廉·A. 沙佩尔（William A. Schaper）指出，"一致多数"原则能够发挥作用，是因为少数派，即种植园主，一直手握大权，"直到赢得多数派对自己利益和制度的支持"。

南方派在两党中皆有所成，一些南方人希望可以独立于宪法之外，私下沟通"一致多数"原则与两党体系达成一致。这个计划奏效了一段时间，但卡尔霍恩并不看好这种做法。他认为两党必须"或多或少地具有派系特性"，这种趋势会愈演愈烈。此外，如果两党都变成了派系政党，那么只有在官方的宪法修正案中才有望协调一致。

南部，而且两个人都对美国国会通过的法案具有否决权。如果没有同时得到南北两方政治机构的批准，任何法案都无法被通过。这样才能恢复在政府成立初始，美国南北部间的平等地位。

　　卡尔霍恩对美国紧张的政治局势分析无疑是美国所有政治家的思想成果中最令人印象深刻的。早在美国南北战争前，他就预见了美国北部保守派和南部保守派的结盟，这一联盟后来成为美国政治中最强大的一派。因为美国南部本质上完整地保留着阶级制度，所以历史也证明了它在整整一个世纪，都比美国北部更抵制变革，它在镇压重大革命和抑制北部的兵力上都逐渐发挥出了它的影响力。阶级歧视和政治的保守主义使美国南部成为美国资本主义发展的大本营。

　　然而，尽管精明老练的卡尔霍恩如此有先见之明，他还是严重误判了那时的美国南北斗争形势。他对当时美国社会发展的方向有极其敏锐的判断，但却无法预料到其发展速度之快。他推断，资本和工人间的冲突会比资本和南部种植园主的矛盾来得更早，这是他的致命失误。他高估了工人阶级的革命力量。让美国北部群众与利益集团和解要比卡尔霍恩之前设想的容易得多。他没有看到，通过为中下层阶级提供大量的机会，美国北部不断壮大的自由社会为自身创造了一个疏解民众不满情绪的难得的安全阀。他也没有看到，他所认为是弱点的焦躁不安的氛围反而成为美国北部的一个秘密优势。他意识到，个人对改善生活条件的渴望才是最重要的进步源泉，但他始终不愿相信的是，社会的高度自由是如此强烈地激发了工人阶级心中的这种愿望，这比在他珍视的奴隶制度上"抽打三十鞭"更行之有效。

　　简而言之，卡尔霍恩没能意识到资本主义的持久生命力。在它正要进入快速增长的阶段时，他的言论却好像资本主义已经在走下坡路了一般。特别是在杰克逊时代，资本主义的萌芽极大地误导了他；他把人民群众的不满误解成了革命高涨的开端，而这种不满的情绪进一步为政治家和商人们提供了机遇，因此，他们也终究壮大了资本主义。毕竟，卡尔霍恩是一个激进的保守分子，而对于保守派来说，耳边每一句对精英阶级的批判都像是在打响起义的第一枪。

卡尔霍恩的社会分析缺乏一种与当时的社会现实大体相符的实用主义相似性,而任何社会分析如果想要转化为成功的政治策略,都必须具备这种相似性。他没有在美国北部找到任何跟他对局势抱有相同看法的资本集体。尽管在他与杰克逊总统关系破裂后的几年,他加入了美国的共和党派,但他和克莱、韦伯斯特这样忠实的资本主义关税经济的代言人能组成长期的联盟实在是令人难以置信。在范布伦政府的领导下,他在次级财政问题上回归了民主党的阵营,之后也一直留在了民主党。在19世纪30年代末期,当他还在游说北方的保守党人士与南方的种植园主联手时,他承认共和党在关税和奴隶制的废除上都比民主党更难以应付,而共和党却是对北部资本家最具有吸引力的党派。

讽刺的是,很长一段时间以来,美国北部的工人阶级比北部资本家在意识形态上更接近南部种植园主。工人们对废奴主义几乎没有多少共情,但当美国南部的政治家对北部"工资奴隶"制度定期发起抨击时,他们却表现出了极大的兴趣。1837年秋天,卡尔霍恩的一个副手弗朗西斯·W.皮肯斯(Francis W. Pickens)在众议院站起来,指出南部种植园主与北部资本家的关系和"北部工人阶级与资本家的关系类似",他们是"唯一的资产阶级,而作为一个阶级,却被认为等同于国家的劳动者们",工人阶级代表伊莱·摩尔十分赞同他的立场。在卡尔霍恩逝世八年后,当詹姆斯·H.哈蒙德在一次著名演讲中抨击"工资奴隶"制度时,他收到了北部工人们的许多感谢信,感谢他揭露了工人们的实际生存境况。卡尔霍恩在1842年至1844年为总统竞选蓄势时,在北部民主党的许多前左翼成员中得到了强有力的支持。一名热心的民主党人,历史学家菲茨威廉·伯德索尔(Fitzwilliam Byrdsall),从纽约市写信给卡尔霍恩说:"对这里的民主党激进分子来说,选票是珍贵且神圣的,而他们却是最支持你当选的那部分人。"卡尔霍恩不久前还希望这些人能镇住那些资本家,让他们投入南部种植园主的怀抱!

卡尔霍恩作为一名务实的政治家,他所犯的错误中最核心的问题就是他想要为一个动态多变的局势找到一个静态固定的解决方法。美国北部人口在不断增加,财富也不断累积,这得益于最初的发明创造和工业进步的刺激以及后来移民浪潮对其发展的巩固,因而它为美国西部带去了大量的资金和人才,并修建了铁路联通了美国的东西部。没有任何"一致多数"或者其他书写在羊皮纸上的原则,可以阻止人口普查报告中每十年统计一次的人口上涨的浪潮。威廉·亨利·西沃德(William Henry Seward)于1850年3月11日的一次演讲中,提及了美国南部的致命弱点,据他观察,南方人想要的只是"南北部的政治平衡。而理想中的政治平衡都需要依靠在现实中实实在在的政治体制来实现,如果没有一个真实存在的体制,那这种理想就一文不值"。即使面对现实条件的重重困难,南方人依然还是在不断要求维持南北部相同的领土面积和近似的人口数量。"而这一点,"西沃德讥讽道,"还必须得是永久不变的!"

此外,卡尔霍恩辩证逻辑的反动含义是如此昭然若揭,以至于它最终适得其反。甚至对美国南部地区来说,如果前提是每个文明社会都必须建立在被湮没和被剥削的劳动力之上,那么灾难是一定会发生的——而这样的劳动阶级被哈蒙德称为"草根泥土阶级"。

如果社会中必须要存在一个被漠视、受剥削的底层阶级,如果南方奴隶阶级拥有比北方自由工人更好的生活,如果奴隶制才是建立政治制度最坚实稳固的基础,那么所有劳动者,无论是白皮肤还是黑皮肤,无论是工人还是农民,都毫无任何道理去选择追求自由而非奴役。这是卡尔霍恩的结论,但是一部分南方人并不苟同。19世纪50年代,乔治·菲茨休(George Fitzhugh)就以上观点一一辩驳,声誉鹊起。一些南方人对菲茨休的观点表示认同,尽管人数寥寥无几,但这足以让北方政治家用来唤醒自由人,尤其是那些对奴隶制涉及的道德问题漠不关心的人,呼吁他们抵制奴隶制的进一步蔓延。

卡尔霍恩对北方社会的每一处看似合理的所谓"不足"了然于胸,但立场所迫,他只能对南方社会几乎不攻自破的错误观点视而不见。他逻辑上条理清晰,道义上却连最基本的表里如一都做不到。就凭这一点,我们就很难像威尔茨(Wiltse)教授等人一样,拥护他为"世界各地少数权利和利益的坚定捍卫者"。诚然,卡尔霍恩就多数和少数的关系问题做了精湛的阐述,就这一点而言,他的贡献或许对政治理论影响深远。实际上,政治理论的形成发展往往追溯到此。然而,他研究出的实际解决方案远远不抵理论。他毫不关心少数派的权利,而现代自由主义思想对维护这些权利青睐有加——持不同政见者提出异议的权利、个人意志与国家目标相悖的权利,尤其是少数派的权利。归根结底,他对所有无产少数持漠视态度。"一致多数"原则本就不是为了保护异见而设,而旨在维护绝对权力者的既得利益。即使在南方,卡尔霍恩也丝毫不愿维护少数派知识分子、批评家和持不同政见者的权利。克莱门特·伊顿(Clement Eaton)教授在《旧南方的思想自由》一书中,评价他是首屈一指的在"南方人民心中制造偏见、刻板印象"的政治家。最后,他真正要保护的是少数派的特权而非权利。在公共政策表决方面,他想赋予少数派超出常规的发言权,使其与多数派平起平坐。弗吉尼亚州的威廉·H. 罗恩(William H. Roane)说,"少数派除随时以自由、和平、合法的方式转变为多数派外,别无他权",卡尔霍恩听了定会费解不已。无论南北,只要少数派在重大问题上与他意见相左,卡尔霍恩便有绝对的否定权。事实上,他关于奴隶制问题的第一次伟大演讲就是源于他剥夺少数派请愿权的企图。

卡尔霍恩是民主国家的少数派代言人,民族主义时代的特殊主义者,进步时代的奴隶主,是资本主义盛行的国家的重农主义者。他一反常态其实是在情理之中。以他人望尘莫及的高度看待世界,公然否决他人,精敏预测未来大势却无视当下现实,这一切使他自成一格,颖悟绝伦,却臆想非常,曲高和寡。他的弱点在于其思维逻辑毫无人情味,特指他按照自己的意志思考万物。从某种意义上说,他的思维总是喧宾夺主、先入为主——强行凌驾于现实之上。人性、情感以及道德的复杂性，这些世界上伟大而又美妙的情感他都没有。他甚至对友情一窍不通，这些本应在学校就学会的人之常情他全然不晓。比如，他更易得出"南方奴隶文化比北方更好"的结论，只因他自身缺乏深厚的文化底蕴，空有一颗运转快速、"肌肉发达"的脑袋。他发掘查尔斯顿文化后竟然希望该地遭受瘟疫，这可能也是他在南方历史上有一席之地的缘由。

第五章

亚伯拉罕·林肯：

自立自强的神话

> 我只是暂时占据了这座白宫。你们中的任何一个孩子都有可能像我父亲的孩子一样期待来到这里,我就是一个活生生的见证人。
>
> ——亚伯拉罕·林肯致俄亥俄州第 166 团

> 他的雄心像是一台小发动机,永不停歇。
>
> ——威廉·H. 赫恩登(William H.Herndon)

1

　　林肯的传奇故事已经开始占据了美国人的想象力,其他任何政治神话都无法与其相比。这就像是一出戏剧,剧中有一位伟人为犯错和有罪的人承担痛苦和道德负担,替他们遭受苦难,并救赎他们——"勿以恶待人,应善待众生",并在其功成名就的关键时刻遭受迫害。久经世故的约翰·海伊(John Hay)很了解林肯,知道一切他愿意让人了解的部分,称他为"最伟大的人物"。人们无法想象在现代能有哪位政治人物能与之相比。

　　如果说林肯的传奇故事具有影响力是因其与救赎类主题传说有相似之处,那么它也同样能充分代表美国人经验中的另一种特性。虽然林肯的职业是政治家而非商人,但他一直是美国人十分钦佩的自助精神的杰出典范。当然,他不是声称出身卑微的第一位美国杰出政治家,也不是利用这种出身的第一人。但很少有人能像他那样从相对默默无闻突然跃到名声显赫;没有人像他那样在攀登高峰时还能完完全全保持极其淳朴的一面;也没有人能像他那样把成功和权力的获得与如此强烈的人道主义意识和道德责任感结合。林肯认为自己与众不同之处正是在于他作为一个普通人而获得的成就,并以此向全世界诠释了他的事业的意义所在。他敏锐地意识到自己是靠自我奋斗而成功的典范,因而带着高度且持之以恒的热情扮演这一角色,这使他的表演展现了高度的艺术性。林肯传奇故事的第一作者和"林肯戏剧"最伟大的作家就是他本人。

林肯的淳朴是出自天性的。他称妻子为"妈妈",穿着衬衫就去接待贵宾。在担任总统期间,还曾向一名出列的士兵喊道:"小兄弟!小兄弟!"但他也是一个复杂的人,复杂到足以知悉自己淳朴的价值。他极度想让自己保持坦诚,为人很是谦虚,不像亨利·克莱或詹姆斯·詹宁斯布赖恩那样可能会公然摆出十分粗鲁的姿态。1860年有一份竞选公文宣称他爱读普鲁塔克的著作,为了证实这一说法,他当即坐下来阅读《希腊罗马名人传》。但他确实通过强化自己实际具备的品质培养了自己的政治人设。

即使是在林肯从政初期,他的演说充满了传统宣言式的夸张言论的时候,他也经常表现出他特有的谦恭态度。他在进行首次长篇竞选演说时说道:"我从出生就一直生活在最卑微的阶层,没有那种有名望的亲戚或朋友来举荐我。"在那之后,他总是说起这个。"我想你们都知道我是谁——我就是出身低微的亚伯拉罕·林肯……如果我能当选,我会心存感激;如果我没有当选,对我来说一切也都如常。"反对者有时对林肯的自我贬低感到不耐烦("我可怜的、瘦削的脸庞"),还有一家民主党刊物也曾称他为乌里亚·希普(Uriah Heep)。尽管这一做法是有意为之,甚至带有一种刻意隐藏的自信心,海将其称为"知识分子的傲慢",但这其中并没有虚假的成分。这与林肯本人的形象相吻合,他将自己归到穷人、老人和被遗忘的人之中。林肯在一封写给赫恩登的信中提到"我那衰老憔悴的眼睛",那时他才将近39岁,毫无疑问,这封信不是为了博取所有选民的关注。

林肯朴素而又不注重外表的形象始终具有这种感染力。林肯夫人的一位朋友说道:"他是人们见过的最不信仰上帝的人。"然而,他的同事们却认为这是一种潜在的政治资产,并将其转变为所有政治象征中最成功的一种——铁腕劈围栏横杆者。在1860年的一次共和党会议上,约翰·汉克斯(John Hanks)和一位老先驱者抬着两根围栏横杆出席会议,横杆上写着:"这两根围栏横杆由亚伯拉罕·林肯和约翰·汉克斯于1830年在桑加蒙县的谷底砍制而成。"一贯坦诚的林肯承认他不知道这两根横杆是否跟以前一样,但他确信过去实际劈的横杆跟这两根品质一样好。之后小塔德(little Tad)便可以说:"全世界都知道爸爸过去常劈围栏横杆。"

成功神话和靠自我奋斗而成功的人生活的竞争性社会,原则上可能会接受谦恭的美德,但在实践中却很难践行。成功神话的动力是野心。在一个通过野心和自助而运转的世界里,同时灌输一种对结果不屑一顾的道德观念,一个真诚的人,一个生活在危机时期的公众人物如何既满足自己的抱负,又同时完全保持道德品性?如果他像林肯一样,是一个内心极为笃信自身原则的人,那么就注定要发生一场大悲剧。

2

林肯的思想和性格中极为重要的一点在于他是一个彻头彻尾的政治家,无论是他自己的偏好还是他所接受的培养都可以看出。很难想象与他地位相当的人中,有谁能做到如此全情投入自己的政治生活中。林肯几乎刚成年就投身于政界,除短暂的政治形势不利迫使他重新从事法律工作外,他从未从事过任何其他职业。他的生活就是参加政党的各种会议,制定通告,发表讲话,提出要求和建议,实施战略和计划,并实现自己的抱负。赫恩登在他去世后曾写道:"他生活在政治世界中,以政治为生,以报纸为食,以自己的雄心为动力。"

林肯年轻时看起来很懒散,这点像他父亲;但他思维活跃,能言善辩,这又不像他父亲。林肯15岁时就经常站在树桩和围栏上发表政治演讲,这时父亲会把他拉回去做家务。他喜欢听律师们开展辩论,甚至满脑子都想这些。赫恩登做证说,"林肯会为了一个具体事物进行专门阅读,并且他认为一切事物除非具有实用性,能使用,且能投入实践,否则就是无用之物"。[①] 林肯阅读时更喜欢大声朗读的方式。有一次,赫恩登问他原因,他回答道:"我用两种感官去掌握文章大意,因为我大声朗读时,不仅听到了所读的内容,也看到了它……即使我不能更好地理解内容,我也会牢牢记住它。"这些正是一位准备登台演讲的人所具备的阅读习惯。

对于一个拥有如此思维习惯并且没有狭义的经商天赋的年轻人来说,在伊利诺伊大草原上,最大的机遇是从事牧师、法律或与政治相关的职业。因为读过潘恩和沃尔内(Volney)的著作,所以林肯在神学方面学习不够正统,不适合从事牧师行业,结果就只剩法律和政治了。但政治优先,23岁时,他来到了伊利诺伊州的小镇新塞勒姆,仅7个月后,他就开始竞选公职。此前,他只做过零工,如摆渡工、测量员、邮政局长、店主、铁路分道工、农场工人等;而如今,在没有任何其他准备的情况下,他参加了州议会的选举。虽然他没有被选中,但在两年后的1834年,桑加蒙县把他送到了众议院。直到他的首届任期即将结束,他才取得必要的律师资格,因而才有资格进入州律师协会。

---

① 多年来,赫恩登一直在办公桌上放着《威斯敏斯特评论》(*Westminster Review*)、《爱丁堡评论》(*Edinburgh Review*)和其他英国期刊,以及达尔文、斯宾塞和其他英国作家的作品,想以此来引起林肯的兴趣,但几乎没有任何效果。"偶尔他会抓起一本,细读一会儿,但很快他就扔掉了,意思是对于他这个普通人来说,这书读起来太深奥难懂了。"

从这时起到他生命结束——除 1849 年至 1854 年的政治前景昏暗期之外——林肯要么忙于公务，要么忙于寻求公职。1860 年夏，他的一位朋友想要准备竞选传记，他就用第三人称写了一篇关于他当时政治生活的简介：

> 1832 年——他在试图竞选议员时失败；
>
> 1834 年——"以候选人可得的最高票数"当选为议员；
>
> 1836 年、1838 年、1840 年——持续获得连任；
>
> 1838 年、1840 年——被他的政党选为伊利诺伊州众议院议长候选人，但并未当选；
>
> 1840 年、1844 年——被列为哈里森（Harrison）和克莱的选举人，"并为竞选花费了大量时间和精力"；
>
> 1846 年——当选国会议员；
>
> 1848 年——作为扎卡里·泰勒（Zachary Taylor）的竞选工作人员，在马里兰州和马萨诸塞州发表讲话，"在自己所在区伊利诺伊州进行了充分的拉票，随后该区的大多数人，有 1500 多人都选择支持泰勒将军"；
>
> 1852 年——被列为温菲尔德·斯科特（Winfield Scott）的选举人，"但由于伊利诺伊州毫无希望，他这次为总统竞选所做的努力要比以前要少"；
>
> 1854 年——"……密苏里妥协案的废除激起他的兴趣，他从来没有这么狂热过，狂热到职业理想几乎取代了他心中的政治思想"；
>
> 1856 年——在帮弗里蒙特（Frémont）进行的竞选活动中"发表了 50 多次演讲"；在共和党全国代表大会上获得副总统提名，引起人们注意……

接下来的故事就十分耳熟能详了。

作为一名政治家，林肯并不特立独行。无论在银行问题、内部改善、墨西哥战争（甚至以他自己的政治前途为代价），还是关税问题上，他始终是一个坚定的、正统的辉格党人。他很早就成为一名忠实的党内工作者，是伊利诺伊州辉格党委员会成员，同时也是辉格党在州议会议员中的一名领袖。正如查恩伍德（Charnwood）勋爵所说，"党内管理这件有点讨厌的事情起初对他很有吸引力"。正是在这一时期，他学会了深思熟虑和负责任地随机应变，这后来也成为他治国方略的典型特征。

1848年，当林肯还在国会任职时，他与精明的辉格党领导人站在一起，这些辉格党领导人更愿意支持能力不足但有望当选的扎卡里·泰勒成为总统候选人，而不是党内的老政治家亨利·克莱。在竞选期间，林肯为泰勒模棱两可的态度辩护说，泰勒并不是没有原则，而是主张最高原则——"允许人民按照自己的意愿自由行事"。由于同意议员候选资格的轮流制，林肯本人没有竞选国会连任；就算参与竞选，他也一定会失败。当试图在土地总局谋职时，他遭到了拒绝；当时提供给他一个俄勒冈州区部长的职位，但他不太感兴趣，拒绝了。有一段时间，他的政治生涯近乎结束。在国会令人沮丧的默默无闻令林肯感到自卑，所以他不情愿地转向法律行业，阿伯特·J.贝弗里奇（Albert J.Beveridge）说，他深陷于忧郁之中，"这种影响的深刻程度是普通人无法估测的。他政治上的失望必然与他的沮丧相关"。尽管他做律师有利可图，但他志不在此，他的志向在于从政。几年后，当赫恩登和杰西·魏克（Jesse Weik）准备对林肯进行评价时，杰西·魏克想要强调林肯的法律地位，赫恩登对此表示反对："你怎么能把林肯写成一名伟大的律师呢？他的灵魂燃烧着自己的雄心壮志，但这不是关于法律的。"

1854年，密苏里妥协案的废除导致两大政党分裂，并造成了动荡的政治局面，这再次唤起了林肯的希望。一段时间以来，他似乎一直认为奴隶制扩张问题是振兴辉格党的一种手段，但他发现很难对辉格党弃之不顾。共和党在西北部成立地方和州组织后的两年里，林肯都拒绝加入，甚至在 1856 年支持他们的候选人弗里蒙特时，他也小心翼翼地避免把自己或同事说成是共和党人。1854 年秋，由于渴望获得参议员提名，又害怕得罪伊利诺伊州众多的老派辉格党人，林肯听从了赫恩登的建议，逃离了斯普林菲尔德以避免参加那里的共和党州大会。第二年，当他未能获得提名时，他又感受到了十分严重的忧郁。赫恩登（他非常崇拜林肯，所以我们确信他对林肯的批评没有怀有任何敌意）说，"如果谁认为林肯只是衣冠楚楚地等着人们召唤，那就是对他非常错误的认识。林肯总是未雨绸缪。他的雄心壮志就像发动机一样永不停歇"。怀着一腔热忱，林肯在生活中寻求提升，他想要通过自己的切实努力来成就一番事业。在他注意到奴隶制问题之前，正是这种美国人所具有的典型冲动支配了他漫长的职业生涯，也是他对这种冲动的理解指导了他的政治思想。

3

如果根据是否为有才能的人提供提升地位、财富、权力和威望的机会来判断历史时期的话，那么林肯成长的时期就是美国历史上最伟大的时期之一，在所有地方中，俄亥俄河以北和以西的新领地——民主之谷，是最有可能提供这样的机会的地方。

当安德鲁·杰克逊当选总统时，亚伯拉罕·林肯 19 岁。他的父亲托马斯·林肯（Thomas Lincoln）和他所在地区的大多数穷人一样，在杰克逊时期是一名民主党人，亚伯拉罕最初也接受了他的政治主张。但在十八九岁时，亚伯拉罕经历了一次政治立场的转变，成为一名国家共和党人，并于 1832 年首次投票给亨利·克莱。

国家共和党（即后来的辉格党）是一个进行内部改进、稳定货币和坚持银行业保守的政党；林肯生活的国家对这三者都有强烈需求。毫无疑问，他的决定也有个人因素。如果民主党更强调人的平等，那么在辉格党中，即使是在美国西部，也会追捧最威风、最富有的人。

一个胸怀雄心壮志的年轻人应该向社区中更可靠的公民寻求政治指导，这是自然且适宜的；林肯儿时在印第安纳州小镇最钦佩的是国家共和党人，他们都很崇拜亨利·克莱；丹尼斯·汉克斯（Dennis Hanks）悲伤地回忆道，林肯本人"一向喜欢亨利·克莱的演讲"。除了1860年转为共和党人的约翰·汉克斯之外，亚伯拉罕是林肯或汉克斯家族中唯一一个抛弃民主党身份的成员。

经过几年的停滞不前，林肯终于在二十五六岁的时候以最快的速度向前发展。虽然林肯的个人传记中关于他青年时代艰辛历程的许多故事都是真实的，但值得一提的是，他在相当年轻的时候就获得了成功。他在二十四岁的时候还籍籍无名，二十八岁则成为伊利诺伊州众议院本党的领袖，因赢得将州政府迁至斯普林菲尔德的斗争而出了名，在桑加蒙县和本州声望极高，他还是本州一位最有才干的律所合伙人。赫恩登在谈论他在斯普林菲尔德的初期活动时写道："林肯早期活动的顺利，无人可比。他有……有钱有势的朋友们帮助他；这些人为了获得帮助林肯的殊荣几乎要打起来……林肯……是这座城市的宠儿……"他还补充说："而这是他当之无愧的。"这种成功会使常人松劲、发福，而对于不安分的人来说，这就是一剂毒药。

像他那些"有权有势的朋友"一样，林肯也是上层特权阶层；这令他付出一定的代价。他在经过一段时间后，通过婚姻跻身于尼尼安·爱德华兹的家族，有人曾说，爱德华兹"天生就是贵族，而且……痛恨民主……就像魔鬼痛恨圣水一样"。林肯是在民主的环境中成长起来的，他与这种家族的联姻只会激起他对民主的忠诚，他对那个圈子确实没有"归属感"。而玛丽·托德在出身方面也始终瞧不起他。

1858年，在一封讨论共和党发展的信中，他写道："大多数朴素的老民主党人都站在我们这边，而几乎所有的足裹丝袜、孤傲的老辉格党人都在反对我们。我不是指所有老辉格党人，而是指极其高傲的那类人。"林肯敏锐地意识到自己是不属于"极其高傲的那类人"的，这显然是一笔政治资本。毫无疑问，正是这种意识使他能够在早期的职业生涯中既真诚地谈论杰斐逊的原则，又支持汉密尔顿的措施。无论是于公还是于私，他都对那些因他是辉格党人而把他与贵族联系起来的人们非常恼火，并曾经愤愤地抱怨说，人们把他"归入追求豪华、财富和贵族世家的显赫的那类人"是不恰当的。

然而，年轻的林肯的确不是一个直言不讳的民主派。在伊利诺伊州的社会风气下，他站在温和的稳健派一边。1836年，他再次参加州议员竞选。当时他给一家报纸送去了一份陈述了他的观点的声明，其中说道："我主张，所有白人只要缴税或参军（并不排斥女性）都有选举权。"1818年的伊利诺伊州宪法就已经明确规定所有21岁及以上的男性白人居民都有选举权，并无其他条件要求，因此，林肯的主张实际上意味着倒退了一步。①

林肯的民主精神还是不够广泛，没有超越肤色界限，但这种民主也因此比他周围很多同时代人主张的民主有更大的自由度。在政治实践中，只要涉及黑人问题他就十分谨慎，而且他还十分了解维护奴隶制的论点的逻辑，并以非凡的见识对这些论点做了回答，两者鲜明的对比正是他奇特而复杂的个性中最不寻常的特点。事实上，他任总统后对奴隶制度的猛烈抨击令人信服，表明他具有强大的道义信念，而这远大于他在行动中表现的力量。1845年之后，林肯开始重新研究奴隶制问题，他特别尖锐地指出，奴隶制维护者的逻辑是非常不民主的，不仅就南方的情况来说是这样，而且对无论各地的人与人之间的关系来说也是这样。他的立场的要点是，不相容原理没有内在的制约力量；随意禁止某一少数行使自己的权利，这会成为一种先例和道义上的认

---

① 然而，假使林肯说这番话是希望受到重视，那么括号里把女性包含在内也够大胆了。这些话写于塞内卡福尔斯美国第一届妇女权利大会召开前12年，即使到大会召开，当伊丽莎白·卡迪·斯坦顿（Elizabeth Cady Stanton）提议将选举权也作为一项要求纳入时，她的同事卢克丽霞·莫特（Lucretia Mott）曾斥责道："伊丽莎白，你会让我们沦为笑柄的。"

可，可被人用来禁止其他少数，并成为一种思想框架，致使无人能指望从中得到正义和安全。他给斯皮德的信中写道：

> 我不是一无所知的人，我怎么会是这种人呢？一个痛恨压迫黑奴的人怎么可能会支持白种人的堕落阶层？在我看来，我们退步非常快。国家建立之初，我们曾宣称"人人生而平等"。而现在，我们实际上在说的是"人人生而平等，黑人除外"。如果"一无所知的人"掌权，那这句话就会变成"人人生而平等，黑人、外国人除外"。假如真的到了这一天，我宁愿移居到不用假装热爱自由的国家——例如俄国，在这里，专制就是纯粹的专制，丝毫没有虚伪的成分。

因此，在林肯眼里，《独立宣言》的意义再次成为杰斐逊所认为的那样——不仅仅是书面形式上的权利理论，而是一种实行民主的工具。林肯把杰斐逊看作自己政治灵感的源泉，他说杰斐逊是"美国历史上最杰出的政治家"。他在1859年宣称："杰斐逊的原则就是自由社会的定义和准则。"大约在同一时间，他私下里写道："杰斐逊派是建立在一心维护人的权利之上的，他们认为人的权利是至高无上的，并主张财产权只能居于次要地位且大大低于前者。"他谴责民主党抛弃了杰斐逊的传统，因为其认为当一个人的自由与另一人的财产相冲突时，自由是无关紧要的。他还说道："共和党人既重视人，又重视钱，如果两者发生冲突，则是人优先于金钱。"这句话非常典型，应该牢记。这句话是他的自我写照：他看到了人类在道德上的理想主义；毫无疑问它是存在的，但他也希望外部世界永远不要把它强加于人。

《独立宣言》不仅是林肯的基本信条，还是他最强大的政治武器库。然而到头来，他在实践中无法做到前后一致的也正是对于《独立宣言》的态度。《独立宣言》是一份革命性质的文件，林肯也接受这一点。他在早期的一份公开声明中宣称：

任何地方的人民，只要有意愿和力量，都有权起义来推翻现政府并组建更适合他们的新政府。这是最宝贵、最神圣的权利——我们希望并相信这项权利能够使全世界获得解放。

说了这些话，他还意犹未尽：

这些人中，只要有能力都可以革新他们所居住的土地并占为己有。不仅如此，这些人中任何一部分的大多数人都可以进行革命，镇压对混在一起的或周围的可能反对革命运动的少数人。我国的独立革命运动中的托利党就是这样的少数。革命的特点之一就是不遵循旧规陈章，而是予以摧毁并重新立法。

他在首次就职演说中就坚定地重申了这一原则。

这是革命理论家林肯。然而还有另一个林肯，他对既定的规章细节有着律师般的专业敏锐，像国家主义者那样谨守宪法的约束。这个林肯总是公开谴责以宪法之外的手段来反对奴隶制的废奴主义者，也谴责那些剥夺废奴主义者言论自由和新闻自由权利的暴民。甚至在三十岁之前，这个林肯就劝诫斯普林菲尔德的青年，不遵守法律可能会毁掉美国的自由体制，并要求他们让遵纪守法"成为这个国家的政治信仰"。这个林肯镇压分离主义，并拒绝承认南部也有革命的权利，而这是他之前十分大胆地加以接受的。也正如我们所看到的，还是这个林肯，甚至到最后一刻都不肯用革命手段去镇压叛乱。这种矛盾现象也并非林肯特有，在盎格鲁－撒克逊的历史中，这种现象比比皆是。

作为一名经济学家，林肯热爱中产阶级大众。他完全为中产阶级考虑，为数百万美国人说话。这些人最初是雇工——比如农场工人、书记员、教师、机械师、船夫和劈围栏横木者——后来他们成为拥有土地的农民、富裕的杂货商、律师、商人、医生和政治家。他们所信奉的传统思想是：勤劳、节俭、节欲和坚持不懈地发挥才能，相信总有一天能跻身有产或职业阶层，就算不能获得财富和威望，也能获得独立和尊重。一般来说，收入或财富没有增长会被认为是个人的过错，而不是社会的过错。这是个人缺乏内在美德的外在表现——懒惰、放纵、浪费或无能。

这种竞争世界的观念不像以前林肯时代那样准确，也不像时代赋予它的那样保守了。这是对杰克逊式民主的合法继承。这不仅是那些成功人士的信念，也是那些努力向上奋斗的人的信念。如果说它的个人主义十分强烈，有时是不人道的个人主义，但它也蔑视贵族和阶级区分。林肯的生活在政治领域是戏剧化的，就像安德鲁·卡内基（Andrew Carnegie）在商业领域的表现一样。1851年，他在写给自己无能的继兄约翰·D.约翰斯顿（John D.Johnston）的信中，意味深长地表达了自己相当传统的自助思想[1]：

> 你想向我借80美元，我认为现在我最好不要答应。有几次，我帮了你一点忙，你对我说："我现在可以过得很好了。"但是过不了多久我发现你又遇到了同样的困难。现在看来只有当你在行为方面有问题时才会发生这种事。至于这个问题是什么，我想我是知道的。你不懒，但你还是游手好闲。自从我见到你以来，我怀疑你是否在一天之内真正完成过整整一天的工作。你并不是很不喜欢工作，但你仍然干得不多，只是因为你觉得工作挣不到多少钱。这种无益的浪费时间的习惯就是你最大的问题。

---

[1] 小说家豪威尔斯的父亲威廉·C.豪威尔斯（William C. Howells），在林肯就职总统前不久在俄亥俄州的一家报纸上写道，他们夫妻代表了"西部类型的美国人"。他说："下月4号之后，有史以来最好的中产阶级和公民阶级代表将入主白宫。只要这些人的代表思想能在这届政府中推行起来，一切都会好起来的。在这样的治理下，尊重自己同时又尊重他人权利的务实的个人也将适当增多。"

林肯建议约翰斯顿把农场交给家里人管理，自己出去工作挣钱。

> 我现在向你保证，从现在到 5 月 1 日，只要你靠自己工作挣到 1 元，我就会再给你 1 元。……如果你现在这样做，你很快就会还清债务，而且更重要的是，你会养成一个好习惯，不会再次陷入债务危机。……你对我一直很好，我并不想对你有亏欠。相反，如果你愿意听从我的建议，你会发现它对你的价值比 80 元的 80 倍还多。

如果有机会让节俭、勤劳并且有能力的人——不像约翰·D. 约翰斯顿，而像林肯那样——坚持自己的主张，社会就永远不会按照固定的界线划分，也就不会有永恒的下层阶级。林肯在一次演讲中宣称："我们中间没有永远的雇佣工人阶级。""25 年前，我是一名雇工。昔日雇佣的劳动者今天在为自己工作，明天还会雇佣别人为自己工作。进步——条件的改善——是社会的必然结果。"对林肯来说，民主制度的关键考验在于经济——它能否为出身较低阶层的人提供提升社会地位的机会。他认为应该给自我奋斗者提供机会，这种信念是他整个职业生涯的关键；这就是为什么他对公众有着吸引力；这也是他批判奴隶制的核心。

终其职业生涯，林肯的所有言论中都有一种强烈的亲劳工倾向。他在 1847 年写的这段话也许是他最全面、最明确的观点：

> 由于大多数美好东西都是劳动产生的，所有这些东西都理应属于那些用劳动生产它们的人。但是，在世界各个时代都发生过这样的情况：有些人劳动，但有些人没有劳动就享受了很大一部分的劳动成果。这是不公平的，不应该继续下去。任何一个好政府有价值的目标，都应该是确保或尽可能保证每一个劳动者得到其全部劳动成果。

这段话读起来像是一段社会主义的论点。但它的上下文很重要；这一声明既不是攻击私有财产的序曲，也不是主张重新分配世界商品的论据——它是坚定捍卫保护性关税的一部分！

在林肯时代，尤其是在他性格形成期生活在不发达地区，劳动者还没有完全与劳动工具脱离。在洛克和杰斐逊看来，劳动的权利仍然与劳动者保有自己产品的权利紧密联系在一起；人们谈论劳动的神圣性时，往往是在含蓄地谈论自己拥有的权利。这些思想，属于手工业时代而非大工业时代，林肯把它们带入了现代产业环境中。结果产生了一种古怪且模棱两可的说法，因为它描绘了一个一半生活在一种经济体系中，另一半却生活在另一种经济体系中，并希望公平对待每一方利益的人的心理状态，这值得我们仔细观察。1860年，在共和党全国代表大会召开之前，林肯正在全国进行巡回演说，他到达纽黑文时，那里的鞋匠正在罢工。民主党人指责共和党的煽动者要为这次罢工负责，林肯与他们进行了正面交锋：

> ……我很高兴看到新英格兰地区盛行这种劳动制度，劳动者可以随时罢工，他们没有义务在任何情况下都必须工作，不管你付不付他们工资，也没有被束缚和被迫劳动！我喜欢这种退出自由的制度，希望它能在所有地方推行。我反对奴隶制的原因之一就在这里。劳动者的真实状况是什么？我认为最好是让每个人都能以自由且最快的速度获得财产，其中一些人会变得富有。我不相信有什么法律能阻止一个人致富，这样做弊大于利。因此，虽然我们不主张对资本发动战争，但我们确实希望让最贫贱的人有和其他人一样的致富机会。当一个人出身贫穷时，就像大多数人在人生历程中所做的那样，自由社会让他知道他可以改善自己的状况；他知道他的一生中劳动条件不会固定不变……这才是真正好的制度。

如果说这一切有什么缺陷的话，那就是林肯从来没有被强迫去面对理想主义的缺陷。如果他能活到 70 岁，他就会看到这一代人在自力更生的基础上成长起来，建立起具有压迫性的实业公司，并开始阻止小人物获得这种宝贵机会。此外，他还会看到自己的政党成为既得利益的走狗，将金钱远远置于个人权力之上。他本人主持了一场社会革命，摧毁了 19 世纪 40 年代简单的平均主义秩序，败坏了其剩余的价值体系，并讽刺了其理想。布斯的子弹救了他，让他免于卷入与激进派在重建计划中的纠纷。它将他的生活限制在林肯所理解的那个幸福的时代中——他无意中帮助摧毁了这个时代——这个时代允许他的思想做出真诚的妥协。

4

在林肯的传奇故事中，他 21 岁时第二次前往新奥尔良这件事占有重要地位。据约翰·汉克斯所说，林肯和他的同伴去奴隶市场时，看到街区上在出售一个端庄健美的黑白混血女孩，那一刻他感觉"钢铁刺入了他的灵魂"；他发誓，如果有机会，他将打击奴隶制，而且要"狠狠地打击"。这句话的含意很明显：林肯算是半个废奴主义者，《解放黑人奴隶宣言》兑现了他年轻时的承诺。但是研究林肯的学者对这个故事的真实性感到怀疑。35 年后，约翰·汉克斯以亲身见证的身份回忆起这段旅程，然而，林肯说，与汉克斯的旅程并没有到达圣路易斯之后的地方。贝弗里奇发现，林肯本人显然从来没有在公开场合或私下谈论过这件事，[①]而且在此后的 20 年里，他对奴隶制几乎不关心。

---

① 然而，赫恩登证实，他曾听林肯提到过其亲眼看到过奴隶买卖。见赫恩登所著《林肯传》(*Life of Lincoln*, Angle ed.,1930)。1860 年 1 月 19 日，林肯在给亚历山大·H. 斯蒂芬斯（Alexander H. Stephens）的一封信中写道："当还是个孩子的时候，我曾坐船去新奥尔良，在那我见到了在肯塔基州从未见过的奴隶制和奴隶市场，而且我还听说在红河种植园那里的情况更糟糕。"

我们知道，即使逃奴追缉法极不公正，但他却拒绝谴责，也拒绝释放被指控为逃亡者的黑人。（他给斯毕德写道："我承认，我讨厌看到这些可怜的人被追捕，但我咬着嘴唇，保持沉默。"）

研究他后来反对奴隶制扩张的职业生涯，必须注意到他早些时候在公众面前对这个问题漠不关心的态度。他总是温和地敌视南方的"特殊"制度，他平静下来，放松，心里想，这个制度注定要逐渐消失。直到《堪萨斯-内布拉斯加法案》为奴隶制问题注入了政治活力之后，他才抓住这个问题作为煽动的话题；直到那时，他才公开抨击。林肯的态度建立在正义和权宜之计的基础上——或者更准确地说，是权宜之计和正义的结合。

林肯出生在肯塔基州，是南方人；他的父母都是弗吉尼亚州人。他的父亲曾在哈丁县的奴隶巡逻队服役过。19世纪早期，成千上万个家庭从南方的弗吉尼亚州、肯塔基州和田纳西州搬进"民主之谷"，并且定居在俄亥俄州、印第安纳州和伊利诺伊州南部，林肯一家就是其中之一。

林肯的童年在印第安纳州和伊利诺伊州度过，这两个地方奴隶稀少或不为人知，奴隶问题没有在他面前出现过。在伊利诺伊州，人们对黑人普遍持有敌对态度。当林肯前往斯普林菲尔德参加州议会时，针对自由黑人和逃跑奴隶的严厉法律已经生效，也没有任何证据表明当地有任何以解放黑奴为宗旨的民众运动。1828年和1831年，林肯在前往新奥尔良的旅途中经历的奴隶买卖似乎并没有给他留下深刻的印象，也不足以改变他的行为。私下里，他总是富有同情心，在他的政治生涯和法律实践中，他从未让自己成为不受欢迎的改革运动的倡导者。

林肯在伊利诺伊州议会的第二届任期间，全国都在讨论奴隶制问题。威廉·劳埃德·加里森（William Lloyd Garrison）[①]已经开始了

[①] 加里森是美国19世纪中叶著名的废奴主义者和社会改革家。——译者注

鼓动，要求在哥伦比亚特区废除奴隶制的请愿书开始向国会涌来。各州议会开始在这个问题上发表意见。伊利诺伊州议会把这个问题交给了一个联合委员会，其中成员有林肯和他在桑加蒙县的同事丹·斯通（Dan Stone）。28岁的林肯因此有机会从两个方面系统回顾奴隶制问题。该委员会报告了目前通过的支持奴隶制的决议，这些决议赞扬了白人文化对黑人的有益影响，并且引用解放后的黑人的悲惨境遇，以此作为争取自由很愚蠢的证据，还谴责了废奴主义者。

林肯投票反对这些决议。六周后，他和斯通在一项决议中表达了自己的观点，这项决议被收进了《下院议事录》，但很快就被公众遗忘了。当时，他最关心的问题是把州首府从万达利亚迁到斯普林菲尔德，之所以拖延了六周，是因为不想让任何人与他疏远。决议中写道："他们（林肯和斯通）认为，奴隶制是建立在不公正和非常糟糕的政策基础上的，但废除奴隶制的主张往往会增加而非减少它的罪恶。"（后来的林肯可能会说，这意味着奴隶制是错误的，但废除它的主张也是错误的，因为它让奴隶制变得更糟了）他们接着说，虽然宪法不允许国会在各州废除奴隶制，但国会可以废除在哥伦比亚特区的奴隶制——但是除非"特区人民提出这种要求了"否则不得行使这种权力。这一声明能看出他对此坚定且温和的态度。然而，要注意的是，它确实代表了一种比主流观点略微偏左的观点。林肯曾公开表示，奴隶制不仅是"糟糕的政策"，甚至是不公平的；但他这样做并没有危及他把州首府迁到斯普林菲尔德的这一重要计划。

1845年，林肯进入国会前不久，他再次有机会表达对奴隶制的看法，这一次是在一封措辞谨慎的私人信件中，这是他写给一位政治支持者的信，而这位支持者恰好是一位废奴主义者。

> 我认为，对于我们这些自由的州来说，出于美国本身，也许也出于自由本身的缘故（虽然这听起来似乎有些自相矛盾），我们有一项最高的责任，就是不去干涉其他州的奴隶制问题；然而，

我认为同样清楚的是，我们永远不应该明知故犯，直接或间接地阻止奴隶制自然消亡——当它在老地方不能生存的时候，为它找新的地方。

在他的整个政治生涯中，他始终坚持这一立场。

林肯在他国会议员任期将满之时，于1849年1月向国会提交了一项决议案，指示哥伦比亚特区委员会报告一项在特区废除奴隶制的法案。该法案规定，1850年1月1日以后，奴隶母亲所生的孩子应该获得自由，并由其母亲的主人抚养至一定年龄。愿意解放奴隶的奴隶主，将获得联邦国库的补偿。林肯本人也增加了一个章节，要求华盛顿和乔治敦的市政当局提供"积极有效的手段"，逮捕所有逃到特区的奴隶并归还给他们的主人（六年后，他承认他讨厌"看到这些可怜的人被追捕"）。多年后，温德尔·菲利普斯回忆起这一关于逃走奴隶的条款时，有些不公正地称林肯为"来自伊利诺伊州的奴隶追捕者"。这项法案虽然没有通过，但引起了激烈的辩论，而林肯并没有参与其中。

林肯重返政坛时，奴隶制问题已经占据了美国政治舞台的中心位置。斯蒂芬·道格拉斯（Stephen Douglas）和他在国会的一些同事争取通过了《堪萨斯－内布拉斯加法案》，通过开辟一些新的地区，至少正式地向奴隶制开放了一些新领地，废除了三十四年的《密苏里妥协法案》中禁止奴隶制在北纬36°30′以北的地区存在的部分条款。这项措施在北部引起了强烈的反对，道格拉斯的政党也因此分裂。以反对奴隶制扩张为基础的共和党开始在西北地区的小地方出现。奴隶制问题激起了林肯的野心和兴趣，他决定重振他在政治方面的旗鼓。

他的策略简单有力。他小心翼翼地回避了关税、国内交通运输改善问题、"一无所知党"人狂热或禁酒主义等问题，这些问题都会疏远重要的选民群体。他在所有的演讲中都煞费苦心地强调他不是一个废奴主义者，同时又坚持反对奴隶制扩张的唯一纲领。1854年10月4日，

45岁的林肯生平第一次对奴隶制进行了公开谴责。他在斯普林菲尔德众议院发表的演讲中（后来在皮奥里亚又重复了一次），他宣称他憎恨当前对奴隶制进行扩张的狂热："我憎恨它是因为奴隶制本身就是极不正义的。"他接着说，他对南方人民没有偏见。他理解他们的观点，即很难"以任何令人满意的方式"废除这一制度。"我当然不会因为他们没有做我自己都不知道该怎么做的事情而责备他们。如果把世间的一切权力都交给我，我就不知道如何处理现有的制度了。我的第一个冲动是解放所有的奴隶，把他们送到利比里亚，送回他们自己的祖国。"但他补充说，立即这么做显然是不可能的。奴隶们可能会获得自由，但仍然是"作为我们的下属留在我们中间"。这真的能改善他们的状况吗？

> 下一步是什么？解放他们，让他们在政治和社会地位上获得平等。我在感情层面上也许不会承认这一点，即使我承认，我们也很清楚，大部分的白人不会承认这一点。这种感情是否符合正义和合理的判断，这不是唯一的问题，如果它确实是其中的一部分的话。一种普遍存在的感情，无论是否有根据，都不能完全无视。①

然而，林肯强调，没有任何东西可以证明把奴隶制带到现在的自由州是正当的，因为奴隶制毫无疑问是不公正的。他在皮奥里亚说，"人们大多都认为奴隶制是一个严重的道德错误，（这种感情）是他们正义感的基础，不能被轻视。……任何政治家都不能忽视它"。最后一句话是林肯越来越激进的关键。作为一个务实的政治家，他自

---

① 后来，在伊利诺伊州渥太华市的辩论中，林肯又进行了长篇重复，其中包含这段，又补充道："这就是我所说的关于奴隶制问题和黑人问题的真实情况。"

然非常关心公众的情绪,而这些情绪是任何政治家都不能轻易忽视的。他了解到,不可能安全地忽略奴隶制是一种道德错误的感觉,也不可能安全地忽略更大部分公众持有的观点——黑人不应被赋予政治和社会平等。

现在,他已经直击共和党在西北地区面临的核心问题:如何找到一种办法来调和北方白人的两种对立观点。林肯在 1860 年的成功在很大程度上归功于他弥合差距的能力,这一表现使他成为世界上最伟大的政治宣传家之一。

要理解林肯的战略,我们必须记住一个明显的事实:在全国范围内废奴主义者和人道主义同情者,特别是在西北地区——林肯的力量中心,尽管人数众多,足以保持权力的平衡,但还不能形成一个成熟的政党。而且,西北地区的大部分白人事实上不仅不是废奴主义者,而且——问题的核心是——他们敌视黑人。他们一想到在自己的州里要与大量黑人并肩生活,就既害怕又厌恶,更不用说黑人还会与他们进行劳动力竞争了。因此,林肯在伊利诺伊州出台了严厉的反黑人自由的法律[①]。在堪萨斯州所有关于让该地区成为一个自由州的鼓动宣传中,那里大多数共和党人的行为更多的是出于自身利益,而非道德原则。在他们所谓的《托皮卡宪法》中,堪萨斯州的共和党人甚至禁止自由黑人进入该州,只给白人和印第安人投票的权利。困扰他们的不是奴役,而是黑人本身,无论是自由的还是奴隶。西北部的共和党媒体一次又一次地把共和党称为"白人党"。密苏里州主要的共和党报

[①] 1847 年举行的伊利诺伊州制宪会议进行全民公投通过了一项条款,条款指示立法机构通过禁止有色人种移民的法律。该条款以 50261 票对 21297 票的表决结果获得批准。如果将这一投票结果作为标准,那么厌恶黑人者要远远多于其反对者,比例超过 2∶1。1853 年,该州的法律实际上禁止黑人移民,无论是自由黑人还是黑人奴隶。违反法律入境的黑人将被处以高额罚款,如果支付不起罚款的,将被出售为奴。西北各州都不允许黑人拥有选举权。

刊，弗兰克·布莱尔的《密苏里民主日报》的座右铭是"白人为密苏里，密苏里为白人"。没有什么比西北地区的早期共和党是建立在道德原则之上的这一论点更具毁灭性了。在1860年的党代会上，支持《独立宣言》的一块木板几乎在唏嘘声中被撤去，只有在反对奴隶制的因素这一威胁下才得以保住。

如果共和党人要在具有战略意义的西北部取得成功，他们怎样才能同时赢得憎恶黑人和反对奴隶制的人的支持呢？仅仅坚持认为奴隶制是邪恶的，听起来就像是废奴主义者，而且冒犯了敌视黑人者；然而，把他们反对奴隶制扩张的立场放在过低的道德水平上，又可能会失去人道主义者的宝贵支持。林肯也许是借鉴了旧的自由土地意识形态，并对其加以了正确的利用。他在皮奥里亚的演讲中首次暗示：

> 全国人民都希望这些领地得到最好的利用，我们想让这些领地成为自由白人的家园。如果奴隶制在他们心中扎根，那么就做不到这一点了。蓄奴州是贫穷的白人迁出的地方，而不是迁入的地方。穷人可以去新的自由州，这可以改善他们的条件。为此，国家需要这些领地。

这席话的全部潜台词在林肯于1856年5月在共和党代表大会上发表的"失传的"布卢明顿演讲中首次变得清晰起来。在那里，根据他在伊利诺伊州酒吧的一位同事的报告，林肯警告道格拉斯和他的追随者会用他们喋喋不休的"废奴主义者"这个不相干的称号把人们吓跑，以至于让人们根本不敢想自由这个概念。据报道，他曾说过："如果这个把戏得逞了，如果自由的黑人被物化对待，你想，贫穷的白人被物化对待之日还会远吗？"[①]

[①] 该演讲唯一现存的文字报告并不是逐字记录的。

这就是共和党问题的答案。敌视黑人者和废奴主义者都能理解这种威胁；如果自由被打破，他们自己可能就不得不与自由州的奴隶劳工进行竞争，或者甚至可能与黑人一起沦为奴隶！这是一个能在每个北方人的神经系统中引起共鸣的论点，无论他们是农民还是工人，是废奴主义者还是种族主义者。如果不在个别地方阻止奴隶制的蔓延，这个制度就会在全国范围内蔓延[1]。林肯在这个时期多次发表支持劳工的声明，其实际意义就在于此。林肯把奴隶制问题带出了道德和法律争议的领域，并着重强调它与自由劳工的自身利益相关，赋予这个问题普遍的吸引力。为了取悦废奴主义者，他一直说奴隶制是邪恶的；但为了所有北方白人的物质利益，他反对奴隶制进一步扩张。

当人们意识到，从1854年到林肯成为当选总统，在每一个有记录

---

[1] 斯蒂芬·道格拉斯也像林肯那样抓住了这种恐惧并进行强烈呼吁："你们是否愿意让这个美丽的州变成一个自由的黑人殖民地，以便在密苏里州废除奴隶制后，把10万名解放的奴隶送到伊利诺伊州，让他们和你们一样平等地成为公民和选民？"但道格拉斯没有利用好反奴隶制的情绪，而林肯却能够利用这一情绪。

奴隶制是全国自由劳工的威胁，这绝非一个新概念，也绝不只林肯一人这么认为。在墨西哥战争期间，詹姆士·拉塞尔·洛威尔（James Russell lowell）借何西阿·比格罗（Hosea Biglow）之口说道：
　　哎，这就像算术一样清楚，
　　像一加一等于二一样简单，
　　那些让黑人成为奴隶的家伙，
　　也想让你成为白人奴隶。
在林肯发表"众议院之分裂"演讲后四个月，西沃德在其"无法抑制的冲突"的演讲中宣称："美国必定迟早会成为一个完全的奴隶制国家或者完全的自由劳工国家。要么南卡罗来纳州的棉花、稻田和路易斯安那州的甘蔗种植园最终将由自由劳工耕种，查尔斯顿和新奥尔良港口将成为仅供合法商品贸易的市场；要么马萨诸塞州和纽约州的麦田将交于奴隶耕种和生产，波士顿和纽约将再度成为人类肉体和灵魂交易的市场。"但林肯在奴隶制问题上比西沃德更保守，很大程度上是因为这个原因，林肯才在1860年被提名为党内的总统候选人。

的演讲中，他在都使用这个论点时，它的重要性变得越来越明显。他曾在堪萨斯州宣称，防止奴隶制成为全国性的制度"是这个组织（共和党）的宗旨"。这个论点对大量涌入西北部的移民也有很大的吸引力。奥尔顿是一个县的中心，那里有超过50%的人口是在外国出生的，林肯在这里发表讲话，他特意明确表示，他喜欢保持这些领土的开放，不仅对印第安人开放，"而且作为世界各地自由白人的出口，让来自世界各地的人，可以在这里建立新的家园，改善他们的生活条件"。

在与道格拉斯的辩论中，林肯一次又一次地谈论了这个话题，并指控道格拉斯本人参与了民主党的"阴谋……其唯一的目的就是在全国实行奴隶制"①。道格拉斯和最高法院（最高法院在一年前做出了德雷德·斯科特案的判决）很快就会让美国人民"在倾向于使这个国家成为一个普遍奴隶制国家的道路上努力"。首席大法官塔尼曾宣布，根据宪法，国会没有权力在这些领地上禁止实行奴隶制。林肯说，下一步将是：

> 最高法院的另一个决定，宣布美国宪法不允许一个州在其范围内排除奴隶制……我们将舒舒服服地睡下，梦想密苏里州的人民即将获得自由；而当我们醒来时，却意识到最高法院已经把伊利诺伊州变成了一个蓄奴州。

这也是"自相分裂的家庭"演讲的主题：

> 我不指望美国解体，也不指望众议院会垮台，但我确实希望它不再分裂。结局肯定是以下这两个的其中一个：奴隶制的反对者要么阻止奴隶制的进一步扩大化，让公众相信奴隶制正在最终消亡；要么，它的提倡者将推动它向前发展，直到它在所有新

---

① 历史学家认为这些指控不真实。林肯本人也承认这些话并无直接证据。

老、南北各州扩散开来，成为一项合法的制度。

难道我们没有倾向后者吗？[①]

人们引用这段话时，总是会省略最后一句，也许是因为从文学角度，它看起来虎头蛇尾、前后不一。但在林肯心目中——人们可能会猜测，在那些听说过他的人的心目中——这些话并非虎头蛇尾、前后不一，而是极其重要的。林肯并没有强调近期要废除奴隶制的必要性；他强调的是眼下面临的"危险"，即如果不立即严格限制奴隶制的地域扩散，它可能会成为美国全国性的制度。

一旦进行了这场"自相分裂的家庭"的演讲，林肯就必须花大量时间解释它，证明自己不是一个废奴主义者。林肯所做的这些努力，以及同时他为弥合废奴主义者和仇视黑人者而采取的策略，这些使他陷入了自相矛盾的窘境。在伊利诺伊州北部，他在有废奴思想的观众面前用一种方式做演讲，而在更远的南方，那里南方血统的定居者占主导地位，他则用另一种方式做演讲。我们把他在芝加哥与在查尔斯顿对黑人所说的话进行比较，就会有所启发。

1858年7月10日，在芝加哥：

[①] 据报道，林肯曾就"众议院之分裂"演讲对政治盟友们说道："我坚持要在人前讨论这些话，我宁愿因为说了这些话而竞选失败，也不愿为了取得胜利而不说这些话。"（赫恩登认为这些话在政治上对他没有坏处，并确切说道："它会让你当上总统的。"）与其说林肯为了一个原则而牺牲掉了自己的政治前途，倒不如说他把自己的政治前途全赌在这上面了。在国会任期期间，他曾尝试过畏首畏尾地在政治问题上吹毛求疵，但这样只会导致灾难。

1862年，约瑟夫·梅迪尔（Joseph Medill）问林肯为什么要发表那篇激进的演讲，林肯回答说："嗯，你们让我卷进来，用总统职位引诱我之后，我就开始思考了，我觉得下一任美国总统一定要是个比我更坚持反奴隶制的人。所以我最后决定要说点什么。"然后林肯要求梅迪尔保证，不要将他的话告诉别人。

>让我们摒弃所有的争论，比如，这个人和那个人不同，这个种族和那个种族不同，另一个种族低人一等，因此他们必须处于劣势地位这样的言论。让我们抛弃这一切，在这片土地上团结成一体，直到我们再次站起来宣布人人生而平等。

1858年9月18日，在查尔斯顿：

>那么，我要说的是，无论过去还是现在，我都不赞成以任何方式实现白人和黑人种族的社会和政治平等；无论过去还是现在，我都不赞成让黑人成为选民或陪审员，也不赞成使他们有资格担任公职，亦不赞成他们与白人通婚。……
>
>虽然他们不能如此生活，但又确实在一起生活，那么必定有地位优劣之分，我和其他任何人一样都赞成白人居于优越地位。

若要判断在芝加哥和查尔斯顿作演说的林肯哪一个是真诚的，这并不容易。可能这个人在发表讲话时都虔诚地相信自己所说的每一句话；可能他的思想也像是一个自相分裂的家庭。无论如何，从这一切不难看出一个职业政治家是如何卖力去争取选票的。[1]

---

[1] 林肯老爱说《独立宣言》中的人人生而平等也包括黑人。他一再重申，也许黑人不如白人，但黑人不需任何人的许可，他们有权像白人一样去获得自己的劳动所得。尽管如此，他仍然反对黑人成为公民。在没有投票权的情况下，一个人要怎样才能捍卫自己享受劳动成果的权利，这点林肯并未提及。他自己曾在皮奥里亚演讲中说过："未经他人同意，谁都没权力去统治他人。"在一份关于奴隶制的私密报告中，林肯辩称，任何在道义上为奴隶制进行辩护的人都会创造一种道德标准，这种标准会让他自己受奴役也成为一种正当行为。("Fragment on Slavery"，1854）但同样的道理也适用于任何反对黑人成为公民的人。不可避免会得出这样一个结论：就黑人问题而言，林肯无法摆脱美国白人普遍都有的道德冷漠的特点。

道格拉斯尽可能地利用林肯自相矛盾的话来反对他。在盖尔斯堡（Galesburg）进行演说时，对手正坐在他身后的讲台上，林肯宣称："如果我想通过隐瞒自己的观点，在一个地区宣称一套原则，在另一个地区又宣称另一套原则，以此争取选票，那我会鄙视自己。"对于道格拉斯提到他在芝加哥和查尔斯顿演讲中的这些自相矛盾的话，林肯答道："我以前不认为，且现在也不认为，它们之间有任何矛盾冲突。"

但这就是政治，重要的是战略，而不是思想一致性。林肯竞选活动的效果是毋庸置疑的。在随后的选举中，共和党的一些候选人获得了多数选票，并首次选出了他们的州官员。道格拉斯回到了参议院，这仅是因为民主党人为获优势，巧妙改划了选区，他们仍然在州议会中占多数。林肯为把老资格的辉格党人和反奴隶制的人联合成一个有效的政党做出了巨大贡献，他也因此名声大噪。他所做的就是挑出一个议题——所谓的奴隶制扩大计划，所谓的奴隶制将扩张至全国的危险——这将把注意力从共和党内部的分裂力量转向了强大的整合力量上。他敏锐地意识到，该党的组成成分极为复杂，在他"自相分裂的家庭"演讲中，他坦率说道，该党由"陌生的、不协调的甚至是敌对的成分"组成。除了废奴主义者和仇视黑人者，该党还联结了支持高关税和低关税的人、支持使用硬钱和软钱的人、饱受旧政治斗争之苦的前辉格党人和前民主党人、缅因州法律禁止主义者、德国酒鬼、"一无所知党"人以及移民。林肯凭借外交手段巧妙地将这样一个联盟团结在一起，使其掌权并由此赢得了战争的胜利。

林肯在奴隶制和黑人问题上的说辞可能前后极其矛盾，但与他主要关心的问题相比，这都是次要的。他极少为黑人问题操心，一直最关心的是自由共和主义的命运及它对普通白人福祉的影响，因为他把自己也归结为这一类人。在这一点来看，他的政治职业生涯隐含逻辑连贯性。他认为奴隶制可能会扩展到全国范围内，尽管可能没有事实依据①，但这巧妙辩证地反转了南方奴隶制的极端倡导者提出的对普通白人自由的质疑。1854年，来自弗吉尼亚州的律师乔治·菲茨休撰写并出版了一本名为《南方社会学》(Sociology for the South)的著作，他在书中就卡尔霍恩等人提出的倡导奴隶制的论点得出了合乎逻辑的结论。这些人曾说，北方工业主义对待自由劳动力很是残酷，而南方奴隶制对黑人则相对友善。菲茨休坚持认为，既然奴隶制对劳动者来说是最佳条件，那么所有劳动者，无论黑人还是白人，都应该归资本所有。他预言，"奴隶制或许会在各个地方废除，也或许会在各个地方重新确立"。赫恩登把这本书拿给林肯看，而林肯越读越感气愤和憎恶。虽然南方有六家报纸对菲茨休的论文进行了讨论，但他在南方并没有受到太多重视，而林肯却抓住了他这一极端反动的思想，将这种

---

① 历史学家普遍同意与林肯同时代的克莱、韦伯斯特、道格拉斯和哈蒙德的观点，即奴隶制扩张在美国大陆已经达到了自然极限。但即便是奴隶制已经扩展到了新的准州，也几乎不可能会扩展到北部的自由州。
  至于那些准州，如果自然因素不足以阻止奴隶制扩展到那里，道格拉斯的人民主权论也许能够起到阻止作用。北部自由人口的增长速度远比南方的快得多，而且流动性更大。道格拉斯担保说光是当地居民的行动就会阻止奴隶制的扩展，许多共和党人都信服了。在道格拉斯与民主党中以布坎南总统为首的南方派系分裂后，共和党内甚至发起了一场运动，想要与他联合起来，并提出要在1860年的人民主权纲领上选他作为总统候选人。理由是，如果地理环境和人民主权也能达到同样的目的，那么那些反对奴隶制扩张的人为什么还要试图采取一个会给南方带来无端羞辱的国会法案来阻止奴隶制扩展到准州呢？在与道格拉斯的辩论中，林肯取得的一个成就就是，通过嘲讽道格拉斯让他说了一些令自由地区共和党人绝对无法接受的话。但最具讽刺意味的是，1861年初，国会共和党人投票支持了在不禁止奴隶制的情况下组建科罗拉多州、内华达州和达科他州等准州这一措施。1860年击败道格拉斯后，共和党人按照道格拉斯的而不是林肯的政策模式来组建准州。

思想视为一种典型来抓。①

甚至早在1856年，共和党人就一直在利用奴隶制对自由劳动力有所威胁这一论点。该党推出了一本竞选小册子，题为《民主党的新论点：奴隶制不应局限于黑人，而应成为全社会劳动阶级的普遍状况。这一论点的支持者投票支持布坎南》(*The New Democratic Doctrine: Slavery not to be confined to the Negro race, but to be made the universal condition of the laboring classes of society. The supporters of this doctrine vote for Buchanan*)。随后一家南方报纸发表了一篇社论，林肯小心翼翼地将其剪下，并贴在他的竞选剪贴簿里：

> 自由社会！我们讨厌这个名字！自由社会是什么？它难道不是满是油污的机械师、满身铜臭的技术人员、小气的农场主、精神错乱的理论家这些人汇集而成的集合体吗？所有北方各州，尤其是新英格兰地区，都没有适合有教养的绅士生活的社会。你会经常遇见努力想要成为有教养的人的机械师和只有自己干苦力活的小农场主；然而，他们几乎无法与一个南部绅士的贴身仆人来往。这正是北方势力正在努力扩展到堪萨斯州的自由社会。

这席话直接与林肯所接受的全部信仰——人人平等，劳动尊严，以及提升社会等级的权利——背道而驰。它蔑视了北方数百万自由人的信仰，他们像林肯一样雄心勃勃地向前迈进，并相信自由社会中最

---

① 林肯的一些手段会有点猛烈。斯普林菲尔德的一家报纸《保守主义》(*Couservative*)反对林肯，并以温和的笔调表示对奴隶制扩张的默许。赫恩登认识《保守主义》的编辑，有一次在里士满《询问报》(*Enquirer*)上看到一篇文章，该文认为奴隶制无论是对黑人还是白人劳工都是合理的，这和菲茨休的观点一致。林肯说，如果伊利诺伊州支持奴隶制的报纸也能处于如此极端和易受攻击的阵地，那将会十分有益。得到林肯的许可后，赫恩登诱使《保守主义》的编辑同意重印《询问报》的这篇文章。编辑受了赫恩登的骗，照做了，结果这家报社"几乎因此倒闭"了。

神圣的地方就是给予普通人自由和机会，让他们自力更生。当林肯在盖尔茨堡和道格拉斯进行辩论时，共和党的支持者举着一张巨大的横幅，上面写着："小气的农场主、社会中底层阶级的人、满是油污的机械师都支持林肯。"

南方的人因藐视自由劳动者而付出了巨大的代价。亲奴隶制的反动浪潮已经走向消亡，林肯这样的人应该利用菲茨休这类人的想法来摧毁旧南方各州，这种做法在某种程度上是合适的。

5

在林肯上台之前，使他当选的议题已经过时了。南方腹地的7个州已经脱离联邦。最大的问题不再是哪个地区实行奴隶制还是倡导自由，而是国家本身。作为一名狂热的国家主义者，林肯认为，如果要维持联邦，就只能通过发动战争来捍卫联邦，而只有少数北方人愿意这么做。北方在心理上处于防御状态，而在战略上却必须采取进攻状态。林肯最引人注目的成就之一是他在战术和理论上解决了这一难题。

经过各方面合理推算，南部邦联在战争中必定损失惨重，一无所获。它的战略目标仅是为了维护自己作为一个独立国家的主权，而这一目标可能最终会在和平中实现而不是在战争中。然而，一旦妥协、和解失败，北部就必须打赢一场胁迫性战争，以此恢复联邦。北部公众舆论强烈一致同意维持联邦，不愿考虑挽救联邦可能要付出什么代价。北部一致同意发动战争以维持联邦，同样，南部也一致要求脱离联邦以摧毁它。一直有一种危险：若对南部邦联无端发动一次攻击，会因此失去整个联邦和全世界大多数人的支持，这会使战争的目的受到无法弥补的损害。这场战争必定会失去仍未退出联邦的边境各州的支持，而林肯迫切希望把它们留在联邦内。他在自己的就职演说中遵从了这种观点，对南部说："政府不会对你们发动攻击。只要你们不进行侵略，就不会产生冲突。"

还有要塞问题,有一些要塞受美利坚合众国掌管,但却位于南部邦联的领土上。其中萨姆特堡(Fort Sumter)的问题特别紧迫,该要塞位于查尔斯顿港入口,联邦军舰必须得承受住南部邦联炮火的袭击,才能前去支援。而安德森少校的军队目前物资短缺,正在寻求支援。

这种情况让双方进退两难。但是,为使处于要塞的士兵免于饿死,林肯必须首先采取行动,因此他的问题是首要难题。他承诺会维护联邦,并捍卫宪法。现在通过妥协来恢复联邦为时已晚,因为在他的建议和同意下,共和党领导人在12月已表示拒绝妥协。[1] 林肯实际上考虑过应南部邦联的要求,命令安德森撤出在萨姆特堡的驻军,这是一个巨大的让步,但最终他还是拒绝了。这将会是对分裂合法性的一个默认,而因他的这一默认,联邦也将走到尽头;而南方邦联的道德声望却将迅速提升。然而,为解救该要塞而发动军事进攻是个危险的权宜之计。如果失败了,它将会摧毁他的政府已经日渐削弱的威望;无论成败,和平主义者和边境各州都会认为这是肆意侵略。然而,这也有一条出路:在安德森因物资短缺而被迫撤离之前,南部邦联自己可能会进攻萨姆特堡,从而将问题推向转折的紧要关头。

如林肯想的一样,南部邦联果然发起了这样的进攻。1861年3月29日,陆军部长和海军部长奉命合作,于4月6日去海上开展救援。南卡罗来纳州州长皮肯斯(Pickens)接到通知:此次救援试图向萨姆特堡"仅"提供"物资供应",而不提供武器供应,林肯建议,"如果此举未受到阻挠,除非有进一步通知,或该要塞遇袭,则不会再试图补充军事人员、武器或弹药"。

在北部看来,这样一场救援行动似乎并无恶意——只是送食物给饥肠辘辘的士兵。但对南部邦联来说,这构成了双重威胁:如果给该

---

[1] 林肯一直是一个能干的党员,他担心,如果共和党舍弃掉所有人共同支持的一项原则,那么共和党就会解体。1860年12月17日,他写信给瑟洛·威德道:"妥协将会使我们失去在选举中取得的一切成果……妥协将是我们的末日。"

要塞提供食物补给遭到阻挠,将使用武力;如果不加以阻挠,预计联邦军队会无限期占领要塞而不撤军,这将削弱南部邦联在国内事业的发展,也会削弱其在国外的威望,而国外外交上的承认是十分重要的。林肯现在已经卸下了自己肩上进退两难的重担,把它强加给南部。现在,他们要么进攻要塞并承担首先发动进攻的责任,要么面临安德森军队无限期地占领萨姆特堡。任何一个所谓的主权政府难道能任由外国军队占据一个要塞,主宰其少数几个大港口之一的贸易吗?正如詹姆斯·G.兰德尔(James G. Randall)教授所说,联邦分裂的逻辑要求是联邦攻占要塞,或者联邦放弃要塞。

安德森少校拒绝了立即撤离的要求。4月12日上午,南部邦联知道联邦救援舰队正在逼近,便开始向萨姆特堡开火,此举因此以侵略行为定性。他们不仅解散了联邦,还对联邦发动了攻击;北部的行动正如林肯所愿。

林肯的秘书尼古拉(Nicolay)和海在其重要传记中写道:

> 一般来说,只要政府所做是对的就已足够。但为了确保这一点,他(林肯)决定还应该把叛军归为过错的一方。……当他最终命令舰队起航时,他就掌握了局势……有两个原因:如果叛乱者有所犹豫或悔改,他们会因此丧失在南方的声望;如果叛乱者坚持进攻,他就会指挥北部统一。

尼古拉在《叛乱爆发》(Outbreak of Rebellion)中坚称,这是林肯精心策划的,目的是通过攻击萨姆特堡来迫使叛军公然走向错误之路。但还有更为确凿的证据表明林肯的意图。7月3日,新上任的伊利诺伊州参议员奥维尔·布朗宁(Orville Browning)(接替刚刚去世的道格拉斯)拜访了林肯并与他进行了交谈。幸好布朗宁写了日记,那天晚上的记录写道:

他（林肯）告诉我，在他就职后，交给他的第一件事就是处理一封安德森少校写的信，信中宣称无法防守或解放萨姆特堡。他召集内阁开会并咨询了斯科特（Scott）将军——斯科特同意安德森的观点，而内阁除军需部长布莱尔（Blair）外，都支持撤离该要塞。他一生中经历的所有麻烦和焦虑都比不上从这段时间到萨姆特堡失守期间遇到的。他自己想出了这个主意，并提议试图在没有增援的情况下，向南卡罗来纳州州长皮肯斯发通知要求运送物资。该计划成功了。他们攻击了萨姆特堡，而后萨姆特堡失守，为此它起到了比以前更大的用处。

布朗宁是林肯的朋友，如果我们可以相信布朗宁，那么最重要的是让南部邦联发动进攻，而不是成功实行救援行动。林肯写了一封信给领导此次救援行动的杰出海军军官古斯塔夫斯·瓦萨·福克斯（Gustavus Vasa Fox），信中总结道："你和我都预料到，即便尝试给萨姆特堡提供物资的行动失败了，它也会推进国家的事业发展；现在结果证实了我们的预期，这是一个不小的收获。"

人们不能因为这种务实的治国方略来贬低林肯，尤其是那些认为林肯有法律义务和道德责任用最有效的方式捍卫联邦的完整性的人。[①] 南部邦联的进攻有可能会使人们把这场战争说成是一场防御性

[①] 肯尼斯·斯坦普（Kenneth Stampp）教授在对萨姆特事件的回顾中，满是钦佩地总结道："虽然林肯认为可能会发生战争，但至少回想起来，战争是他防御战略的必然结果……战争的责任不只在林肯一人，也在于政治家的普遍标准和整个'国家利益'这一概念……事实仍然是，所有南方领导人与林肯共同承担诉诸武力的责任。他们也是宁愿交战也不愿投降。"

战争；① 在这一段时间内，这场战争统一了北方的情绪。谁能肯定地说，凭其他方式也可以赢得这场战争？

尽管如此，林肯作为这场战争的一名领袖，却也抱着极其矛盾的态度。他不想发动战争；他想要联邦，只有为了维持联邦必须发动战争时，他才接受战争。他非常爱好和平。在从政初期，可能林肯唯一一次严肃表达自己在重要问题上采取一种不受人欢迎的立场，那就是反对墨西哥战争。1848 年，他在国会发表演讲，嘲笑自己参与了黑鹰战争（the Black Hawk War），这是美国边疆的经典幽默之一。

显然，他没有料到这是一场持久战。刚开始，他提出招募 7.5 万名志愿者，入伍期限为 3 个月（这些数字之后必定会让他心有余悸：4 年间，战争夺走了双方约 61.8 万人的生命）。但很快，人们就会清楚地知道，这场战争并非短暂而轻松。短时间内，这场战争将会成为现代历史上的一场重大危机。向美国人民和全世界解释的任务就交给林肯了。

无须怀疑林肯对这次冲突的看法；他无数次向国会、全国甚至外国劳工阐明他的观点。当然，这场战争的目的是要维护联邦；而联邦本身又是一种达到某一目的的手段。联邦意味着自由的民众的政府，"民有，民治，民享的政府"。② 但民众的政府的意义不只是一种简单的政治组织体制：它是一种普通人都有机会参与的社会生活体制。这里，林肯再一次回到他喜欢的话题——自由劳动制度对人类的巨大价值。他在首次致国会的长篇信件中断言：

---

① 7 月，林肯在给国会的信中谈到了南部联邦，"他们很清楚要塞的守军不可能对他们进行侵略。他们知道——被明确告知——在这种情况下，只能给守军中的少数勇敢和饥饿的人提供食物，除非他们自己通过诸多反抗挑起更多的争端"。
② 林肯在与约翰·海伊的谈话中曾说："对我来说，我认为我们首先需要做的就是证明人民政府并不是荒谬的存在。"

（这）实际上是一场人民之争。就联邦方面而言，这场战争的目的是在世界上维护一种政府的形式，这种政府的首要目标是改善人们的生活条件——卸下压在所有人身上的重负，为所有人的可贵追求扫清道路，为所有人开创自由的开端，为人生的竞赛提供公平的机会……这就是我们为之奋斗的政府的首要目标。

他接着说，人们常将这种政府当作是一次实验，但这场实验的前两个阶段已经顺利完成：建立和管理。还剩下最后一项考验——"成功地维护它，使它不被内部的强大力量所击垮"。如今，人民必须向全世界证明，能够以公正的方式赢得选举的人也能够击败反叛，在公正的选举中失去的政府权力无法用子弹夺回。"这是和平的深刻一课，教导人们，在选举中得不到的东西，发动战争同样无法得到；教导人们发动战争是多么愚蠢的事。"

然后，他对共和政治的永恒问题提出了精彩的论点："这是不是不可避免的：一个政府不是过于强大以至于影响到人民的自由，就是过于软弱而无力自持？"

这样，林肯便十分巧妙地颠倒了战争的主要问题来达成他的目的。当然，北部进行战争是为了拯救联邦，否定南部白人多数的自决权。但是，得助于南部邦联先动手这一有利事实，林肯将这场战争不仅说成是为了捍卫联邦，而且是为了维护民众统治和普通人的机会等神圣原则。

这是林肯用他自己的语言来表述战争的目标，完全符合他原有的理想，也正是这样的语言帮他当上了总统。请注意，虽然从政治上看这种语言倾向于斗争中激进的一方或"民众"一方，但从历史上看它是保守的：它的目标是维护一种早已确立的秩序，这种秩序在过去曾很好地帮助了普通人。联邦是防御的一方，正在抵抗"一场针对所有劳动人民权利的战争"。林肯有时会坦率地用保守的语言说话。他坚称，当今世界"最值得信赖的人是那些在贫穷中苦斗出来的人……让他们谨防交出自己已经拥有的政治权利，如果交出这种权利，必将被用来关上他们的发迹之门，让他们再次失去能力并悲伤负担，直至失去所有自由"。他又说："这场斗争涉及一个问题，即你、我的后代能否享有我们所享有的特权。"

这就是他对这场斗争意义的认识，他想让过去的一切归真返璞这一点难道不是可以理解的吗？他并没有为了自己确定摧毁南方社会结构这样的革命性目标难道不是可以理解的吗？南部回归联邦，挽救联邦，使政府重新井然有序，确立武力无法反对政府的原则，并尽量减少伤亡和痛苦——这就是林肯的纲领。社会革命的巨大力量在他脑海中冲击着，最终使他低下了头，但他并非没有疑问和犹豫。他之所以成为自由的象征，也是与自己命运抗争的结果。

6

因此，从一开始，一切都服从于联邦这一事业。林肯在就职演说中再次强调了他之前的一些保证：奴隶制在各州不会受到冲击。在行动上，他迈出了更大的一步。当时国会刚通过了一项宪法修正案，保证联邦政府永不干涉奴隶制。如果这项修正案得到各州的批准，通过使奴隶制牢牢地植根于国家的宪制中，它将使奴役关系得到长期扶持。除非各州各自采取自愿行动，否则奴隶解放将永无可能。林肯尽其所能地促使这项修正案尽快获得批准，虽然宪法并未赋予他这种职能；他宣称修正案只是明确诠释了宪法中已隐含的意思——"我不反对使之明了且不可更改"。

战争爆发时，北部几乎一致认为其目标就是林肯所宣称的那样——使南部回归而不触动奴隶制。这种想法极为普遍，以至于当肯塔基州老议员约翰·J.克里坦登在布尔河战役结束的次日在国会提出一项决议时，就连有激进民主主义倾向的共和党人也不敢投反对票；这项决议称，这场战争绝不是为了镇压或征服脱离联邦的各州，也不是为了干涉这些州的"既定制度"。林肯曾向国会宣称,他绝不会让这场战争"蜕变为残暴无情的革命战争",这只是表达了初期北部绝大多数人的意见。但是,战争进行不到八个月后,出现了重大的转变:众议院拒绝推进《克里坦登决议案》。至于林肯,他的思想转变得却没那么快。

随着冲突的持续,人们痛苦地意识到,如果不打击奴隶制,打一场反对蓄奴势力的战争会是多么困难。逃奴开始进入联邦的防线。将军们会如何对付他们?1861 年 8 月,主张废奴的弗里蒙特将军,在密苏里州饱受游击战的折磨后,宣布了军事管制法,并宣布,当地反对联邦的奴隶主手下的奴隶一律为自由民。林肯原本想让弗里蒙特收回成命,但并没能说服他,于是宣布予以撤销。后来,他还撤销了戴维·亨特将军关于解放佐治亚州、佛罗里达州和南卡罗来纳州奴隶的命令。

各地反对奴隶制的人都对这种指挥战争的方式越来越不耐烦了。他们的对手以奴隶劳动为力量基础,而这正是南部联邦最大的战争资源。政府不仅不肯发布命令,让奴隶解放自己并停止为脱离联邦的一方工作,甚至还剥夺处于被政府军突破了的南部防线区域内的黑人的自由。宪法正在受到打击,反击却要事事依照宪法,这已经变得荒谬可笑。

林肯对宪法的顾虑是发自真心的,但他在涉及奴隶制相关的一切问题所持的保守态度也出于政治和战略上的考虑。他决心把马里兰、肯塔基、密苏里和特拉华这四个边界州保持在联邦内,而这四个州都不愿意参加反奴隶制运动。从地图上就可以看出,其中三个较大的州对于联邦的战略安排以及首都的安全极为重要,并且还在为这一事业安排兵员。林肯报告说,弗里蒙特的措施在肯塔基州议会中产生了极其不利的影响,在战场上,一大批志愿兵听说这件事后就扔下武器解散了。此外,很大一部分北部保守派虽然愿为联邦而战,但可能不愿意支持一场解放黑人的战争,而且他们坚称,如果南部知道这是一场公开的废奴主义战争，那么这场战争会变得更激烈。林肯的一举一动都必须考虑到这种情绪的政治潜势，他也十分清楚其巨大力量，因为这种情绪和他过去一向了解的伊利诺伊州政界的反黑人情绪完全一致。

为了当上总统，林肯的言论不得不比他的实际想法更激进；为了当好总统，他的实际行动又不得不比实际想法更保守。激进派对他的不满愈演愈烈，并且，正如他们的一位代表同他会见后报告的那样，断言他"没有反对奴隶制的本能"。随着战争的延长，激进派的情绪越发强烈。林肯无法对这些人的要求置之不理，因为正是这些人对战争的支持最为全心全意。在南部脱离联邦之前从未想过要攻击南部奴隶制度的人，现在已经准备无情地将其摧毁，只要这样能够加速战争的结束。他们认为，既要打这场战争，又不想摧毁奴隶制以及南部的整个社会结构，这是自相矛盾的。精明的共和党领袖们指出，在不摧毁奴隶主阶级的情况下赢得战争，只会：

> 使反叛的各州重新以正式成员的身份回归联邦，其代表将全员重返国会两院。他们将会同各边界州支持奴隶制的保守派和北部各州的民主党人一起控制国会。共和党人及其原则在法律上将处于少数地位，这种形势将比前一种形势更不利——比战争本身更为不利。

因此，必然要开展林肯试图推翻的社会革命。他的主张是行不通的，正如哈利·威廉斯所说："为了维持原状而战，而战争恰是因为这种状况而引起的。"

林肯以他非凡超脱的态度考虑着全局，他在等待时机。小查尔斯·弗朗西斯·亚当斯说，他"目光温和，梦幻般的，像在沉思，很难想象当今共和国如此成功的首脑竟会有他这样的眼睛"。他听了激进派及其在全国各地代表的抗议、谴责，并在白宫客气地听取各废奴主义代表团的主张。他像精密的气压计一样记录着压力的起伏，随着激进派一方的压力增加，他逐渐向左倾斜。不了解他的人认为他这样做是迫于无奈。激进派关注着他的进步，严厉而又满意，正如温德尔·菲利普斯所说，如果林肯能够成长，"那是我们给他浇水灌溉的缘故"。但重要的是，连参议员查尔斯·萨姆纳这样傲慢急躁的废奴主义者也对林肯产生了深深的敬意和感情。据说，有一天林肯对萨姆纳说："我们会制服他们，只要再给我们一点时间。……如果人民当时认为我应该用否决权去推翻奴隶制，我绝不会获得足够的选票而进入白宫。"他曾对两位著名的上帝一位论教派牧师威廉·埃勒里·钱宁和蒙丘尔·D.康韦说道，大众只关注军事上的胜利，而对黑人漠不关心。他补充说："全国的反奴隶制情绪对我们都有用，并且还需要更多；二位回去后可以尽量尝试让人民接受你们的观点；只要对事情有所帮助，你们可以对我做任何评价，不用留余地！"

这完全符合他思想深处的宿命论的观点。他一直相信——在斯普林菲尔德他常常和赫恩登谈论自己的信仰——支配事情的必定是（引自赫恩登的话）"某些不可否认和不可抗拒的规律，我们无论如何祈祷都无法停止其运作……未来要发生的事情是无法避免的"。这是矜重的仁人的信念，而不是改革者的哲学。在伊利诺伊州时，道格拉斯了解且尊重林肯，有人问他林肯是不是一个软弱的人。这位"矮小的巨人"回答说，不，"他是一个非常会适应周围环境的人。"1864年，当林肯回顾这些事件时，他可以非常谦虚地说："我并没有左右事态，但我坦率承认，是事态操控着我。"随着激进派的势力增强，他明智地向自由政策做了战略性撤退。

虽然林肯对于奴隶制问题的态度是受其命定哲学的影响，但这绝不意味着他没有自己的政策。他认为自己的角色是公众极端情绪的调和者，他的纲领便是源自这个想法。这一纲领要求通过联邦基金来实现有补偿的奴隶解放（最初在效忠的边界州实行），之后再将获得自由的黑人输送出境并向外国移民。1862年，他给一位参议员的信中写道，如果在四个边境州和哥伦比亚特区有补偿地解放全部奴隶，费用按平均每名奴隶400美元的价格计算，还不到87天的作战费用。此外，他还相信，采取这一行动将使战争缩短不止87天，"因此实际上还节省了开支"。尽管最后表明这一估算略显粗略（从奴隶制下解救了43.2万人，实际上也节省了开支），但这个主张还是合理且富有政治家风度的。让人吃惊的是，由于除一个州以外的相关各州都不肯妥协，这一建议未能实现。

安排黑人殖民国外，这种想法无论在当时还是在过去都是可悲的。把黑奴移植海外的运动已经活跃了一代人之久，但与每年新增加的奴隶人口相比，被送往国外黑人的数量微不足道。到1860年，每个不想自欺欺人的美国人必定都清楚这一运动纯属异想天开。然而，当一个黑人代表团在1862年夏天去见林肯时，他却试图说服他们在中美洲建立一个殖民地，他说，中美洲位于世界交通线之上，该地"自然资源十分丰富，条件非常有利"。他还极为天真地补充说："假如我能找到25个壮实的男子，再有一些妇女儿童……我就有一个成功的开端了。"

显然，林肯一如既往地，首先考虑的还是自由的白人劳动者：黑人是次要的。南部底层的白人和北部雇佣工人担心获得解放的黑人会同他们抢工作。在竞争激烈的劳动市场，等级心理自然会滋生将解放奴隶驱逐出境的想法，尽管这种想法非常荒唐。林肯向国会保证，即使不把获得自由的黑人输送出境，解放奴隶也不会降低白人劳工的工资标准。但如果将其输送出境，"白人劳工的工资一定会得到提高。……把黑人劳动者向国外移民，会减少黑人劳动力的供应，因而白人劳动力的需求便得到提高，其工资也就相应提高。"

1862年，国会通过了一项《没收法》，规定所有资助叛乱的人，其奴隶获得永久自由。激进派还提议使这项措施具有追溯效力，并规定永远剥夺叛乱者的不动产。林肯对此丝毫不肯让步，但就整体而言，他对这项法令并没有什么热情，但最终还是签署了一项根据他的要求做了修改的法案。即使做出了这些妥协，激进派还是取得了胜利，并部分地迫使林肯走上了解放奴隶的道路。林肯曾组织他们摧毁南部贵族的土地基础，但是，虽然是迫于无奈，他还是签署了解放一切经查明有反叛罪的人的奴隶的法案，至少，他在纸面上解放了他们，因为该法案在战争期间根本无法实施。法令还保证逃奴不会再被送回为其参加叛乱的主人那里工作，因此实际上也解放了一些奴隶。

1862年7月，林肯终于下定决心要实施奴隶解放，唯一原因是他的其他政策都失败了。《克里坦登决议案》被否决，边境各州否定了他的有补偿的奴隶解放计划，他手下的将领们仍在苦苦挣扎，他也几乎失去了众多保守派的支持。如果要留住剩下的支持者并防止——他认为有可能——英国承认南部联邦，发布《解放黑人奴隶宣言》已是必行之事。他在回复霍勒斯·格里利关于解放奴隶的呼吁时写道："我会拯救联邦……如果不解放任何奴隶就可以做到，我会努力做到；如果解放奴隶才能做到，我亦会努力做到。"结果证明还是必须解放所有奴隶。

显而易见，林肯不得不借助于《解放黑人奴隶宣言》来解决问题时是很不愉快的。一年后，他对艺术家F.B.卡彭特（F. B. Carpenter）说道："情况越来越糟，目前为止，我们一直执行的行动计划已经到了尽头，也几乎已经打出了最后一张牌。如果不改变战略的话我们就要输了。所以我决定采取解放奴隶政策……"这番话的语气听起来相当悲惨：因为情况变得越来越糟，所以才宣布让奴隶获得自由！

1863年1月1日公布的《解放黑人奴隶宣言》并不具备崇高的道德精神。它并未对奴隶制进行控诉，解放黑奴只是基于"军事需要"。它的各项条款都刻意将那些忠诚的奴隶制州排除在外。到最后，它实际上并没有解放任何奴隶。因为该宣言详细列举了适用名单，将弗吉尼亚州各县和路易斯安那州的各教区都排除在了适用范围之外，而当时这些地区正处于联邦军队占领下，实际上政府最有能力推行自由制的就是这些地区。该宣言只宣布解放正在发生叛乱的"各州和各州的部分地区"的所有奴隶——也就是说，它适用于无法取得实际效果的地区。① 除了宣传价值，它对国会在《没收法》中已经规定的内容并未进行任何补充。

西沃德谈到宣言时说："我们对奴隶制表示同情，所以我们解放无法触及地区的奴隶，奴役可以实行自由制地区的奴隶。"伦敦《旁观者》（The Spectator）杂志嘲讽道："原则不是指一个人不能正当地拥有他人，而是指不忠于联邦的人不能拥有他人。"

但宣言之所以如此，是因为1862年美国联邦主义者的普遍看法就是这样。要是当时的政治战略要求制定一份如同《独立宣言》那般重要且具有人道主义性质的文件，林肯也一定会做到的。也许对林肯最合理的指控是，在这些事情上，他只是公共舆论的追随者，而不是领导者。这可能是因为林肯身上具有肯塔基州穷苦白人的特点，他对奴隶的尊重更像是对受虐动物的情感，而非对北方普通白人的情感。但他反奴隶制的情绪是真实的，能够质疑的只是其强烈程度而已。他的保守态度部分源于他对历史变革速度的正确认识。他知道，对于黑人来说，突如其来、毫无准备就正式获得的自由并不是真正的自由，在这点上，他比大多数激进派更了解奴隶制问题，正如他们比他更了解战争的革命动力一样。

尽管有其局限性，但《解放黑人奴隶宣言》可能也促使真正的解放变得不可避免了。事实上，除了五个州，所有州的自由制都是通过宪法第13条修正案实现的。林肯本人在这项修正案的通过中起到了关键作用。他利用自己的全部影响力，使该法案在众议院获得了必要的2/3的票数，最终该法案以超出3票的优势获得通过。如果没有他的影响，该修正案可能会被长期推迟下去，虽然被无限期推迟也不太可能。有人认为他会作为一名解放者而被人们所铭记，这种说法主要取决于

---

① 针对"已经解放了"的奴隶，有一条严格的禁令"除非有必要自卫，否则不得采取任何暴力行为"，另外一条是"为合理的工资而忠实地劳动"。后面这条极具讽刺意味。

他为第 13 条修正案所做的幕后活动，而不是因为《解放黑人奴隶宣言》。然而，在心理层面上使其作为解放者被铭记的正是《解放黑人奴隶宣言》。而且在修正案通过之前，林肯就已经成为自由的个人象征。他认为自己受到召唤只是为了保护联邦，但他最后却成为一名解放者：

"我没有掌控形势，但我坦率承认，是形势掌控了我。"

7

总统的职务让林肯感到恐惧。过去在斯普林菲尔德时，政治就像一场令人振奋的游戏；但在白宫，政治就是权力，权力就是责任。林肯以前从未担任过行政职务。在公共事务中，他一直是一个无足轻重的议员，和其他人一起投票、做决定，但他们所做的决定都起不到决定性作用，也没有重要意义。作为总统，他可以征求其他人的意见，但很多重大决定最终都需要他自己拿主意，而且他要为每个决定负责，责任大到令人恐惧。

入驻白宫后，林肯对个人成功的狂热和对外在世俗的雄心逐渐平息下来，他终于可以独自思考一番了。面对胜利的结果，他却发现这意味着要为他人的生死做出抉择，这让人一下就清醒了。林肯应该承受着战争的道德负担，这是他自 1854 年起就变得非常严肃的原因；也许正如查尔斯·W.拉姆斯代尔（Charles W. Ramsdell）教授所说，林肯意识到自己在挑起危机方面发挥了作用后深受打击。这足以解释他在战争结束后不顾一切地发布赦免令，以及想为被征服的南方提供慈善援助的原因。他很少自我表露，但据报道，他有次曾说："我现在不知道灵魂是什么，但不管它是什么，我知道它会是谦卑的。"总统生涯里最大的平淡无奇就来源于他谦卑的灵魂。这些年来，林肯完全没有私人恩怨，他仁慈超脱以及对生命的悲剧感，在政治史上是无与伦比的。

赫恩登说："林肯是一个有爱心的人——唉，就像女人一样温柔、和善……"林肯会为伤者和垂死之人动情，任何一个有权势的人都无法做到这般动情。他有时会通过艰难的手段谋得要职，但一旦成功后，他就发现自己不能再那么做了。对他来说，他不可能随波逐流，陷入那种惯常冷酷的官场，那种官场只会把人当作棋子，操纵来操纵去，随意"牺牲"。一件具有象征性的平常事就是，他办公室的门总是敞开的，所以他比美国历史上的任何一位总统都平易近人。他告诉卡彭特："只在官场走动的人思想上会变得越来越官方，更不用说武断了，而且渐渐地他们容易忘记，自己只是以代表的身份在掌权。"近代史上哪有人像林肯一样，位高权重却仍然清廉自守，这奠定了林肯在人类历史上的卓越地位——他受到了权力的磨炼，并且不会为之倾倒。在连任后白宫举行的演奏会中，他几乎是带着歉意说道："只要我还在这，我就不会在任何人的胸口上扎刺。"

但人们却往他的胸口上扎了好多刺。批评尖锐到让人难以忍受（也许最尖锐的要数废奴主义者的批评，但他知道这些批评背后蕴含真理）。历经多年的政治斗争，他仍然保持着一种高度敏感，在反对派报纸一次无情的攻击爆发中，一句随意的话突然激活了他的这种敏感。演员詹姆斯·哈克特（James Hackett）无意中发布了一封密信，引发了一场充满敌意的笑声。林肯安慰他说，他已经习惯了："我受到过很多嘲笑，但并未带有很大恶意；我也接受过很多善意，但并非完全没有嘲笑。"

当总统并非易事。想到林肯总统生活中的一些不充实，就可以相信，林肯的灵魂生活几乎完全没有获得圆满。桑德伯格（Sandburg）曾说，白宫有31个房间，没有哪个房间能让林肯感觉到舒适自在。为了这个房子，他牺牲太多了！

过了几个月，他感到极度疲惫。有一次，当诺亚·布鲁克斯（Noah Brooks）建议他休息时，他回答道："我想休息会对身体有益。但让我感到疲惫的是触及不到的内心深处。"在触及不到的内心深处，他总是以超然的态度看待自己的雄心壮志，并且总是怀疑这样做是否值得。现在，他终于看清自己早已隐约知道、可能也拼命想要压制的真相——对于一个敏感且具有同情心的人来说,在危机时刻掌握大权是一件可怕又痛苦的事情。他曾说,权力带给他的不是荣耀,他只看到"骨灰和鲜血"。对他来说,这就是成功的神话的最终结果。这一神话成就了他,也让他成为一个极具说服力的代言人。他实现了自己的抱负,但胜利却让他感到痛心疾首。

第六章

温德尔·菲利普斯：

出身名门的鼓动家

> 受过高等教育的人应该成为鼓动家,去找到问题,去阐述问题,从而培育大众的道德观念。
>
> ——温德尔·菲利普斯

1

温德尔·菲利普斯在历史上名誉扫地。四十多年来,除了帕灵顿,权威的作家们在提到他时都是粗略地一笔带过。历史学家认为他的首要作用是为了衬托亚伯拉罕·林肯,因而将他归为内战危机中顽固的激进分子,认为他是一个喜怒无常的人,毫无担当,却又喜欢无端指责那些富有责任感的人,并总是拥护与民意对立的极端思想,为人鲁莽,好招惹是非,睚眦必报。

但是传统历史学家在谴责菲利普斯这类人物时采用了双重的政治道德标准。学者们知道,政治运动的过程通常都是敌意满满,并且会夸大事实,编造神话。废奴主义者为达目的在这些方面所犯下的罪并不比那些传统的政客多。不知何故,同一批历史学家对那些为了当选而夸大其词的人十分纵容,对于那些为解放奴隶而夸大其词的人却极其苛刻。

而菲利普斯首当其冲。他是一名政治鼓动家,而鼓动家往往容易遭受攻击。霍勒斯·格里利巧妙地,但又不如实地称他太过目光短浅,以至于"难以想象茶壶外的世界有多么腥风血雨"。从他的演讲中可以找出许多不负责任的言论。他说过:"南方就是一个大妓院,在那里有五十万妇女被逼为娼。"这句话被载入无数有关奴隶制争论的历史中,用以阐明废奴主义者的思想。① 一代历史学家谴责此番言论是歪曲事实,但同时又选择对种族通婚这一至关重要的问题置之不理,对由此揭露的奴隶制度以及种姓思想也视而不见。很难厘清哪一方的歪曲更为严重,但学术型历史学者在争议中往往占据优势,因为他们可以凭借学者身份的公正姿态来证实自己的说法。

在某些方面,菲利普斯比那些指责他的人更为老练。在知识分子的自我意识方面,他无疑已经达到了更高水平。菲利普斯也深深意识到了历史学家与鼓动家是神话创作者这一事实。有关奴隶制争论方面的历史学家很少有缜密的历史哲学理论,菲利普斯却有一套合乎逻辑的鼓动者理论。他认为鼓动者的职责主要是演讲。他们的工作不是制定法律或政策,而是为了促成某种重大的社会变革在思想上影响大众。他在社会上所扮演的角色与负责任的政客大相径庭,理应如此:

> 改革家并不在乎数字的多少,不在意有无声望,一心与思想、良心和常识打交道。他和哥白尼一样,认为正如上帝久久等待一位阐述者那般,他也可以等到自己的追随者。对于近在眼前的成功,他既不心怀期待也不急于求成。政治家却始终沉溺于眼前的一切。他的座右铭是"成功",他的目标是选票。他的目标不是绝对正确,而是像梭伦的法律那样,是人民所能认可的尽量多的正确。他的职责不是引导舆论,而是作为公众舆论的代表。因此在英格兰,改革家科布登(Cobden)提出观点,而政治家皮尔(Peel)将其定为法规。

---

① 菲利普斯的这句话结尾的限定句是:"或者,更糟糕的是,被贬低的才确信是光荣的",在引用他的话时,这句通常会被省略。

鼓动者是共和联邦制度中必不可少的人物，扮演着与懒惰和冷漠抗衡的角色。

> 共和国只有在不断的煽动下才能得以生存。那些反对奴隶制的鼓动家扮演着非常重要的角色，而且是国家机构得以运行的重要组成部分……任何政府都会滋生腐败。每一位国务卿……必然会成为人民的公敌，因为自他加入政府的那一刻起他就倾向于反对民众的政治鼓吹，而这种鼓吹却是共和国的生存之道。共和国正如一股源源不断溢出的熔岩……沉睡的共和国若是为了保障自由而指望宪法和机构，指望政治家与政客的话，那最终结果将是一无所获。

菲利普斯与同时期的许多美国人一样，坚信道德进步坚不可摧。他坚信自己生于一个各路思想百花齐放的时代——一个民主的时代，在这个时代之下大众的思想乃重中之重。他认为最高职责莫过于锻炼必要的道德想象力，以此来陶冶大众情操，为下一次历史进步做好充分适应的准备。"人民向来都是正确的，并终将享有权利。"长远看来，为正义事业发声的人注定是赢家。"当前我们所面临的困难在于为制度所压迫……立足于个体独立的地位之上，将这些制度召集于左右，对其做出评判。"

菲利普斯的职业生涯阐明了一个原则，即鼓动家很有可能是一个有忧患意识的思想家。在社会相对和平的时期，鼓动家常受困于理论与实践的约束，其原因是他们惯常以社会冲突的极限潜力出发来思考问题，而非通过即刻妥协来缓解冲突。他从绝对价值的立场出发来判定道德，而大多数人对此无法欣然接受。但在社会危机或革命走向成熟之时，支配鼓动家的逻辑与教条思想便会产生显著的差异，并与现实合而为一，而他一夜之间在人民面前摇身一变，成为一个言语可靠且有说服力的思想家。在阶级合作之时，有人坚称所有的历史是由阶级斗争组成的，这显然是不着边际的，这些人在社会阶级冲突猖獗至不可调和之际，往往能成为一个强有力的领导者；在解放黑奴成为当时最紧迫的政治议题后，那些三十多年来要求废除奴隶制而徒然无果的人也可能会成为重要人物。这就是温德尔·菲利普斯的经历：虽然从未担任公职，却也在萨姆特要塞陷落后的几年里成为美国最具影响力的人物之一。

菲尔普斯是当今最了不起的废奴主义者。虽然他在废奴运动中也暴露了许多无伤大雅的小缺点，但作为一个观察者，比起大多数同僚来说，他眼光更为犀利，思想更为敏捷，并最终狠狠冲破了加里森主义的思想束缚。而在阅历方面他也是一位独一无二的人物，在其职业生涯中，他同时经历了战前的废奴动乱与战后工业时代的工人运动。在其开始鼓动工作时，他沉浸于爱默生、帕克和梭罗时代的超验主义当中；1884年去世时，他已然是一个激进的劳工党派，张口便是经济现实主义的话语——虽然他未能够理解透彻。他常常犯错，但在别人大错特错之时他又往往是完全正确的。作为一个富有良知、洞察敏锐的人，他代表了极为珍贵的来自首都圈以外的政客的正直与诚信。

菲利普斯的始祖于1630年来到美国。自此以后，家族世代繁荣，为社会输送大量商人与国会牧师。温德尔的父亲是一位富有的律师，在商界广结善缘，根据1820年的城市宪章，他成为波士顿的第一任市长。因而菲利普斯过上了应有尽有的生活——显赫的家族、姣好的容貌、令人羡慕的财富、过人的智慧，以及波士顿拉丁学校和哈佛大学的学历。大学时期，他是社交达人，贵族圈里的大红人；多年后，托马斯·温特沃斯·希金森（Thomas Wentworth Higginson）回忆说，菲利普斯在读本科期间，每周六上午家里都照常派马车来剑桥市接他回波士顿过周末，而他是唯一一个享受此等待遇的大学生。灯塔街的波士顿上层因他加入废奴运动而背弃他，菲利普斯便可尽情摆出他的绅士架子，称这些诋毁者为"穷酸子弟"。

1835年，在哈佛大学法学院学习完法官约瑟夫·斯托里教授的课程后，菲利普斯在法庭街开了一家律师事务所，这时距离威廉·劳埃德·加里森的《解放者》(The Liberator)出版面世才过去仅仅四年。一些德高望重者虽然可能会出于教养表达对奴隶制的厌恶（当时奴隶制主要存在于美国南部地区，很久以前就在马萨诸塞州被废除了），但他们并不支持加里森。像爱德华·埃弗里特（Edward Everett）等良好公民可以公开表达捕获逃亡奴隶的喜悦。南部奴隶贸易充斥着州街和牛奶街。

一天下午，菲利普斯开始办理法律业务没多久，一群暴徒用绳子拖着加里森冲进法院街。当律师菲利普斯到达法院街并询问为什么没有叫波士顿军团来保护受害者时，一个旁观者指出，大部分波士顿军团的人都在暴徒人群之中。菲利普斯出生在邦克山附近，受革命传统的熏染，是一个强烈的波士顿爱国者，旧城区对公民自由权利的侵犯使他反感。他很快便加入了废奴运动，仅一年多后，他娶了安妮·特里·格林（Anne Terry Greene），其父亲是一个富有的波士顿托运商，是早期废奴主义者中严厉的激进分子。他在晚年时说道："我的妻子使我成为一个彻底的废奴主义者，她总是先于我采纳我拥护的各种思想。"他在废奴运动中只在一个很短暂的时间段里起了很小的作用，但这足以阻断他与灯塔街的联系。他成了波士顿贵族阶级的弃儿，丧失了当律师的前途。他的家人认为他疯了，一门心思想要把他送进精神病院。

1837年，26岁的菲利普斯找到了真正能够实现他自我价值的事业。一家报社编辑伊利亚·洛夫乔伊（Elijah Lovejoy）因为坚决反对奴隶制，在伊利诺伊州的奥尔顿被一群暴徒杀害。威廉·埃勒里·钱宁在法纳尔厅召集了一场抗议集会，司法部部长威廉·奥斯汀（William Austin）站起来为杀害洛夫乔伊的凶手辩护，将他们比作波士顿倾茶事件①的暴徒，当时菲利普斯就站在人群中。没有什么比这更能激怒菲利普斯这种地方爱国者了。他立即站上讲台，发表了一场精彩的即兴演说，公开谴责奥斯汀，获得了民众热烈的欢呼。他感受到了自己的公众影响力，认为自己现在应该顺应时代潮流，全身心投入废奴运动中去。

菲利普斯是新英格兰废奴主义者中不可多得的人才。他将这场运动变成了一场正义、民众拥护的暴乱运动，最重要的是，他为这场运动注入了新的思想。可以说，菲利普斯是那个时代最有影响力的演说家。昌西·德普（Chauncey Depew）年过九旬时曾称，他能回想起从克莱、韦伯斯特到伍德罗·威尔逊等所有主要演讲者的演说，其中菲利普斯是最杰出的。但在日常的交际中，并不是所有人都认为他是一个令人钦佩的人。爱默生甚至说他只是一个"扁平人物"。②但如果这种说法正确，那么他的扁平性格至少是无比真实的。他轻松友好、开门见山的演讲风格与常见的高高在上、华而不实的演讲形成鲜明对比，他的演说非常暖心。听者，凡有悲悯之心，都能与他产生共鸣，这是韦伯斯特和爱德华·埃弗里特等传统演说家所不能做到的。正如菲利普斯本人谈到丹尼尔·奥康奈尔（Daniel O'Connell）时所说的那样，他的演讲毫不费力——"就像捡起薯片一样简单"。当其他演讲者沉溺于长篇大论和明嘲暗讽时，他懂得把握演讲的节奏，在最恰当的时候激发群众热情。他的谈话很随和，常常说一些大白话，但他激励人心

---

① 波士顿倾茶事件是美洲人民专门针对《茶税法》进行的政治示威，是因为他们坚信这项法案侵犯了他们作为英国臣民"无代表不纳税"的权利。在某种程度上说，这一事件是情有可原的，奥斯汀把暴徒的行为比作为了获得自己正当权利而进行的波士顿倾茶事件，很明显有包庇嫌疑。——译者注

② 扁平人物和圆形人物这两个概念，是爱德华·摩根·福斯特在《小说面面观》一书中提出的。与性格多变的圆形人物相比，扁平人物是可以用一个句子表达出来的漫画式人物，在性格上缺乏复杂性，容易显得单一。——译者注

的话语中却蕴含着超验主义强有力的道德说教，在慷慨激昂的演讲高潮阶段，他的话语变得紧促而有节奏，连续不断的道德说教如头脑风暴般让人印象深刻，直击心灵。爱默生作证说，他说话时，"整个空气都是清新的"。"菲力普斯去群众集会，就像其他人去图书馆一样。当他说话时，他的思想也在进食。他精力充沛、满怀热情、善于观察、决策果断。"演讲者们都不愿在他之后上台演讲，如果他不是最后一个出场，整个演讲将变得虎头蛇尾。

菲利普斯本人和他妻子的财产本可以使他从枯燥的工作中解放出来，但他却将自己的才能转变成金钱。加入废奴主义者团体后不久，菲利普斯便关闭了他的律师事务所，全身心投入演说之中。他靠演说获得的年收入从 1 万美元到 1.5 万美元不等。他有一场常规演讲，叫作《失落的艺术》，从波特兰到圣路易斯重复演讲了 2000 多次，在 45 年的时间里为他赚得了约 15 万美元。但是他自己认为这场演讲看来相当蹩脚，甚至"不值一听"。

在洛夫乔伊被谋杀后的动荡岁月里，菲利普斯在马萨诸塞州及其边界的邻近城镇进行了数十次"废奴"之旅。他每次回来都要向他的妻子汇报情况，他的妻子是个神经衰弱的病人，几乎常年卧病在榻。他妻子的著名训诫"温德尔，不要犹豫不决！"在朋友们的记忆中回响。菲利普斯没有犹豫不决，他跟随加里森走过了他人生最不妥协的阶段，他咒骂宪法，呼吁通过解散"奴隶主的联盟"来抵抗暴民。他支持各种各样的事业：女权运动、禁酒运动、争取爱尔兰的自由、维护美洲印第安人的正义、废除死刑运动、善待精神病人。

这种鼓动民众的生活危机四伏。暴民会尾随他，曾经在波士顿最高档住宅华丽的大门前被迎接的菲利普斯，现在也学会了从教堂和演讲厅的后门溜走，穿过小巷和狭窄的胡同逃到安全的地方。他成了中间商和棉花商的下属们最喜欢攻击的目标，这些人经常在他的集会上捣乱。1860 年到 1861 年的冬天，他在一个月内被围攻了三次，要不是一群年轻健壮的体育协会保镖环绕他围成一圈警戒线，他可能已经被杀死了。有一次集会，他的守卫面无表情地站在台下，菲利普在讲台上站了一个小时，等着别人来听他演讲，这时，一群充满敌意的人在听众席上怒吼跺脚。然后，他就轻声地对坐在他正下方的记者讲话，直到起哄者们要求他提高声音，让他们听到。他把鼓动群众当作一门艺术和科学。弗吉尼亚州的一家报纸抱怨："温德尔·菲利普斯的演讲是一颗配着音乐的诡雷。"

2

废奴运动是基于对道德的狂热，而不是对经济的不满。大约 1830 年后，几乎所有的废奴主义者都定居在了美国北部。他们大部分是中产阶级，奴隶制的保留和废除对他们来说都没有重大物质利害关系，从最字面的意思上讲就是奴隶制的废除与否和他们无关。奴隶制对他们来说是一种道德上的冒犯，而不是经济上的损失，因此他们没有把奴隶制视为一种经济制度，而是把它看作对上帝旨意的违背。废奴运动在精神层面上来讲，与女权运动、禁酒运动及和平运动等改革类似，在南北战争前的三十年里对美国北部中产阶级起到了精神鼓舞作用。"我们的事业，"菲利普斯称，"是一项伟大的事业，它的成功完全依赖于民众。"他再次强调："坚信奴隶制是一种罪恶是我们事业成功的关键。"西部废奴运动中最有影响力的领导者之一，西奥多·维尔德（Theodore Weld）曾经写道：

> 在有关奴隶制的问题讨论上，我总是把它看作一个关系到国家良知的突出道德问题……我几乎没把它视为一个有关政治和国民经济的问题，也没有在这方面发表过任何评论，因为我相信废奴主义者的工作是与国家的道德息息相关，而不是与国家的钱袋子相关。

废奴主义者们对待奴隶制非世俗的道德风气因为这样一个事实而得到加强：他们无法在南方鼓动或讨论废奴问题，无法直接观察奴隶制，也无法与那些捍卫奴隶制的人接触。实际上，废奴主义者所能做的就是走进那些不是奴隶主的北方人之中，让其相信奴隶制是一件邪恶的事情，他们应当独善其身，抵制奴隶制。诚然，废奴主义者们最初的计划是让他们的运动唤醒奴隶主的良知，但是冷静地审视一下美国南部的思想，很快就会发现这一计划希望渺茫。奴隶主的思想是闭关自守的，废奴主义者们几乎没有机会接触奴隶的思想，但他们也不想煽动暴乱。因此，他们在思想上被驱使内向，对奴隶制的思考呈现出越来越多的神学特征。他们以全面的谴责和绝对的命令来处理事务，冒犯了许多原本同情他们初衷的人。詹姆斯·拉塞尔·洛厄尔（James Rusell Lowell）认为废奴派领袖们"对待思想就像无知者对待樱桃一样，他们认为应该把樱桃连肉带核全部吞下去，否则就是不健康的"。

因此，我们不难理解废奴主义者认为不应该对奴隶如何获得自由有太清晰的界定，也不应该对没有文化、没有土地、习惯上依赖他人的人如何在充满敌意的南方白人环境中成为自由和自给自足的公民有太清晰的界定。加里森一派的废奴主义者也被英国振奋人心的废奴主义运动所误导。1833年，大英帝国颁布《废除黑奴贸易法》，废除了奴隶制；法律提出的延迟解放制已被证明不如即刻解放，后者在安提瓜岛（Antigua）获得了巨大的成功。美国人从英国的先例中得到启发，认为唯一可行的策略就是要求"即刻"废除奴隶制。当然，这一启发从神学先入的观念中获得了额外的力量：奴隶制是一种罪恶，人们要做的不是慢慢洗清自己的罪恶，而是要把罪恶永远地驱逐出去。加里森说："废除奴隶制是一个权利问题，而不是权宜之计。如果奴隶有获得自由的权利，那么无论结果如何都应该给予他们自由。"

其他的废奴主义者认为迅速从奴隶身份转变为自由人是不现实的，并且意识到美国的奴隶制在法律上不是一个国家的制度，而是各州的制度，它在一个地方蓬勃发展的时候，可能在另一个地方落下帷幕。于是他们通过呼吁"逐渐完成的即刻解放"来嘲弄"即刻主义"的形而上学。简而言之，就是呼吁渐进的方法应该即刻开始。因此，詹姆斯·托梅（James Thome）从加里森一派的高地上退下来："我们不希望奴隶被解放，更不希望奴隶被原本适用于有才智公民的同一部法典所管辖。"对加里森的追随者来说，这听起来像一项让黑人处于某种从属状态的提议，像一个强迫劳动的计划——"用一种类型的奴隶代替另一种类型的奴隶"。另外，几乎所有具有自由思想的人都同意，在遥远将来的某个时候，奴隶肯定能以某种方式获得自由。林肯就是其中之一。而对于激进分子来说，与这种费边式的废奴主义（Fabian abolitionism）划清界限是相当重要的。因此，激进分子认为他们必须坚持即刻主义的信条，即便他们不能把它变成一项行动计划。他们以神学的形式解决了这种宣传和教义上的困境：奴隶制是一种罪恶，人们不需要通过制定计划停止犯罪。加里森宣称："活动是上帝组织的，但责任是我们的。……你们要做的就是解放你们的奴隶！"他的追随者喊道："没有计划，才是反对奴隶制运动真正的智慧和荣耀！"

废奴主义者甚至不太清楚黑人在获得自由后如何成为一个独立的人。南方亲奴隶制的辩护者很快抓住了废除奴隶制的弱点；他们很好地把握了解放奴隶可能会出现的难点，并积极对其加以阐述。林肯绞尽脑汁、努力想象可以对奴隶制做些什么，然而他失落地承认，即使他可以全权处理奴隶制问题，他也不知道该怎么办。废奴主义者面临着同样的问题，但他们并没有意识到他们在这个问题上的无知。结果是，当自由最终降临到黑人身上时，许多废奴主义者完全没有意识到奴隶还需要多少帮助，或者应该采取何种形式帮助他们。然而，菲利普斯已经学会了在加里森思想的基础上进一步发展。在重建时期的关键时刻，他揭开教条主义的面纱，转向现实。

长期以来，菲利普斯接受威廉·劳埃德·加里森的领导，但这也成为他废除奴隶制的最大障碍。近期的历史研究，特别是吉尔伯特·霍布斯·巴恩斯（Gillbert Hobbs Barnes）的历史研究表明，加里森并不足以称为美国废奴主义的杰出人物。废奴主义不是中央政府组织的运动。它发挥作用的最大单位在各州，还未上升至国家层面。加里森不仅不是整个运动的领导人，甚至没有成为新英格兰地区的领导人。1840年他占领并控制了美国反奴隶制协会（该协会徒有其名）。[1]有人提出了一个问题，即他是否发动了弊大于利的运动，尤其是在1840年之后的一段时间。加里森是一个严厉、好斗的狂热分子，他精力充沛，斗志昂扬，却总是用不到点上，这些从他的反萨巴塔里亚主义、妇女运动和不抵抗主义等行动上就可见一斑。他坚持以最具破坏性的方式推进废奴运动，也因此疏远了许多可能的朋友。有影响力的西方废奴主义者非常尊重菲利普斯，他们认为加里森是让人无法容忍的。詹姆斯·G.伯尼（James G. Birney）在1844年给伊丽莎白·赖特（Elizur Wright）的信中写道："我想知道，像菲利普斯这样的人到底是怎样平静地接受有这样一位不停陷他于可怜境地的同事的。"[2]

废奴主义者的思想观念（如果说有的话）来源于《独立宣言》。他们想要保证有色人种的自然权利。菲利普斯将这种思想表现得淋漓尽致。詹姆斯·奥蒂斯（James Otis）、约翰·汉考克（John Hancock）、山姆·亚当斯（Sam Adams）和沃伦上校几乎都是与他同

---

[1] 杰西·梅西（Jesse Macy）在《反奴隶制运动》（The Antislavery Crusade）中总结："甚至可能不到1%的新英格兰废奴主义者接受了加里森组织在1843年后采用的那个特别的观点。"加里森于1840年占领美国反奴隶制协会后，其年收入从47000美元下降到7000美元，直到1856年才超过12000美元。

[2] 试比较梭罗在1845年3月12日的一封信中对菲利普斯说的话："他如此坚定而孤勇，以至于当他提醒我们，他所代表的美国（反奴隶制）社会时，我们不由自主地为他打抱不平。这是一个雄辩的演讲者，同时他也是一个正义的人。"

时代的人，他自然呼吁他们参与到运动中，就像他在公开场合演讲时吸引观众一样。但自然权利这种思想，以及他的宗教背景，在逻辑上催生了更高的法律条文。19世纪40年代，加里森反对宪法，敦促废奴主义者呼吁解散工会——"没有奴隶主的工会"。菲利普斯跟随他的领导，关闭了律师事务所，因为他不能在没有宣誓效忠的情况下成为律师。1845年，他为美国反奴隶制协会写了一本小册子，题为《废奴主义者可以根据美国宪法投票或就职吗？》。当然，答案是否定的。菲利普斯总结道，每一次与邪恶的妥协都是致命的。因此任何投票支持宪法的人，其实是需要一位同他一样支持美国宪法的官员作为国家执政官员。宪法是支持奴隶制的法律文件；通过对国会代表名额的分配，它支持了南方奴隶制。联邦的共同军事力量可以被召唤来镇压奴隶起义。支持这样一种政府就意味着在道德层面上支持奴隶制。虽然菲利普斯并不建议废奴主义者支持任何形式的政府（这同加里森立场一致），但他坚持认为，他们绝不能支持"这个建立在奴隶制基础上并为奴隶制服务的政府"。每个人都有自己的道德准则，必须对自己的政治行为负责。即使是间接地支持奴隶制，每个人也都应该拒绝，这是每个人义不容辞的责任。"不讲道德的法律必然是无效的，也无须遵守。"

基于这一观念，加里森派呼吁北方各州脱离南方。这主要来源于他们的宗教信仰：虽然北方分裂会对奴隶造成多大的分歧无法确定，但通过解散联邦，废奴主义者可以洗去他们参与支持联邦的个人罪行。加里森公然撕毁甚至焚烧宪法的浮夸煽动手段对此造成了相当大的危害。但是，该行为更具破坏性的地方在于：它切断了利用政治行动进行宣传的可能性。其他废奴主义者则利用请愿权要求国会废除哥伦比亚特区的奴隶制，取得了一定成功。

1840年后，非加里森派的废奴运动变得越来越政治化，尽管它作为一支独立的政治团体并未积聚多少力量，但它对主要的政党产生了显著的影响。1844年，詹姆斯·G.伯尼竞选自由党（Libertarian Party）

候选人，从纽约州辉格党那里获得了足够的选票，使亨利·克莱不仅失去了该州的支持，还因此失去了总统职位。这带来的教训显而易见：废奴情结具有重大的战略意义。随着时间的推移，这一观点越来越明确。因此，多亏像伯尼这样的人成功说服了像林肯这样的人，让他们相信道德层面对奴隶制的反感是无法"一带而过"的。此外，废奴主义者在参与政治的过程中也吸取了很多教训，其中最重要的一点是，一个在道德层面无法统一的策略，无论多么契合逻辑，在现实中都不如一个在机会主义下制定的战略有效。此外，他们还认识到，废除奴隶制必须与其他实质性的问题挂钩，只有这样才能充分发挥其政治力量。[1] 理论上来说，废奴主义的政治性逐渐淡化，但作为对奴隶制最大的威胁，它却越来越强大。自由党在两次竞选后逐渐退出政治舞台，被自由土地党取代。1848 年，自由土地党再次在纽约州处于核心地位，决定了全国选举的结果。最终，自由土地原则成为共和党的核心问题。在加里森反政治观点的误导下，菲利普斯直到最后一刻才意识到政治摩擦对助长反奴隶制情绪的贡献。他只看到了这样一个事实，即随着时间的推移，各政党对反奴隶制的关注越来越少，其本身也越来越站不住脚。1858 年，他宣布："自由党在防守，自由土地党在防守，共和党在防守，他们中的每一个都在倒退，一退再退，直至共和党无路可退。"林肯当选后，他才开始意识到执政党对推动废除奴隶制运动的重要作用。"共和党，"他接着正确地预测道，"已经碰到了一个大麻烦，而这个问题的解决方案将促使他们站在我们的立场和位置上来。"

最终，菲利普斯和加里森因为政见不合而分道扬镳。他们产生分

---

[1] 他的一位同事西奥多·福斯特（Theodore Foster）于 1845 年 12 月 7 日在给伯尼的信中写道："通过反思，我越来越相信，单靠反奴隶制的情绪永远不会让美国大多数选民回到自由党的阵营。我们必须给人们一些其他的动力，这将对他们自身的利益有直接的吸引力。除非我们从其他方式中获得支持，否则我们作为一个政党永远不会成为多数党，我们的原则也会被通过除民主党以外的其他行动渠道来践行。"

歧的地方在于，加里森派所崇尚的不抵抗思想并不符合《独立宣言》中的天赋人权观点。天赋人权，就意味着人们拥有抵抗的权利，拥有联合起来反抗权威的权利。如果美国的开国元勋们有权起义，那么黑人也有权起义。菲利普斯认为，废奴主义者们应该使用武力来抵制《逃奴法案》，而且他会为奴隶杀害逃奴追捕人的行为辩护。针对奴隶暴动，菲利普斯发表了自己的看法：

> 我从不相信……我们能看到奴隶制被彻底废除的那天，除非国家进入了危急时刻，进入了奴隶可以利用奴隶主的生死关头来翻身当家做主的时候……那一刻一定会到来，当美国人民站在他们合众国的甲板上时，"生于日月无光之时，受制于黑暗诅咒之下"。如果我有幸在有生之年得见这一幕，我要对每一个奴隶说：就趁现在，为自由而战！……我知道无政府状态是什么模样，我知道内战是什么模样，我可以想象一群反抗的奴隶为争取权利而排除万难、奋力前进的血腥场面。这一幕令人不寒而栗。然而我不知道的是，对于一个有开明思想的人来说，目睹内战的景象是否会比想到奴隶制已经延续了一百五十年更令人作呕。确实，我承认我是个抵抗派。我之所以建议奴隶们接受和平政策的安排，是因为他们别无选择。

然而，即使在约翰·布朗（John Brown）被处决之后，菲利普斯仍然坚信奴隶制"不会在鲜血中瓦解"，"我倾向于道德劝导。依靠枪弹解决问题的时代结束了。"即使在南方企图分裂的危急时刻，他仍然寄希望于全面进步。对于这个观点，他指出了其坚实的物质基础。

> 诸位很清楚我的希望寄托在何处——成长！你知道我把对自由的希望寄托在这些基石上。第一块基石是机械工具的进步。第一个人在直立行走的过程中，用双手挖掘泥土，捡到什么就吃什

么……然后缝纫机把女人从劳苦中解放出来，蒸汽机连接起各个大洲，电报如同普照的阳光，把新闻传遍全球。每一次进步的过程中，双手的价值都在缩水，大脑的价值都在增加；这就是奴隶制的灭亡之路。我很确定，一个国家不能一半靠汽船、缝纫机运作，另一半靠奴隶过活。我所寄托的另一块基石是总统竞选活动——属于美国生活的节日庆典——这时，像苏厄德这样的奴隶……会对他们的主人极尽侮辱。接着，约翰·布朗的鬼魂就会提醒弗吉尼亚州迅速计算出奴隶制带来的利弊。除此之外，就是那些正直的人，尽管是凤毛麟角，但他们却是时代的中流砥柱……

菲利普斯欣然接受了林肯当选所带来的危机：

如果电报所言非虚，这是我国历史上第一次由奴隶们选出了美国总统。林肯先生不是一个废奴主义者，也几乎不是一个反对奴隶制的人，但他选择去代表反奴隶制一方的观点。他看似是执政者，其实只不过是代言人……林肯在其位，却是加里森谋其政。

菲利普斯并不确切地了解林肯的胜利究竟会如何推进废除奴隶制的事业，但他知道，这个国家现在有了一个强大的政党，"敢在一些地方说奴隶制是罪恶的"，这就足够了。

菲利普斯和其他废奴主义者都坚持认为，国家应该允许南方以和平方式脱离联邦。近二十年来，南方一直在主张分裂；无论是北方还是南方作为率先行动的一方，都不会产生太大的区别。联邦制度在道德层面上已经宣告失败，只有想获得金钱利益的人还在企图保留它。但事实上，北方只依靠自己就能过上更好的物质生活。我们或许有权阻止分裂，但为什么要竭力拯救一个人为的、无利可图的联邦呢？菲利普斯预见到，其他蓄奴州将跟随南卡罗来纳州一起脱离联邦，但新联邦中的墨西哥湾各州将开放奴隶贸易，让那些蓄奴州和北卡罗来纳州迎来毁灭，"从而转向投靠我们自由的北方"。北方和南方共同给养的常备军可以保护南方各州不受奴隶暴乱的影响；但南方一旦脱离联邦，就会发生动乱。最终，经济的进步会逐步瓦解奴隶制。这是菲利普斯的宣传里一个强有力的新观点：

> 现在弗吉尼亚州双方争论的观点是什么？一些人希望让奴隶学会操作机器，以便提高他们的收入；另一些人持反对意见，他们担心这种行为会对奴隶财产和白人核心优势的整体安全造成影响。无论国家在何处解体，这种争论都会持续下去。奴隶制度会因贸易条例而终结……
>
> 确实，墨西哥湾各州基本上处于封建状态，由依靠奴隶生活的贵族统治——没有中等阶级。在我们这个时代实行这样独特的社会模式，需要付出巨大的代价，因此我们需要一个能激活贸易、制造业的中等阶级。19世纪的商人没有什么服从性。这样一个阶级的引入将为墨西哥湾各州带来不可抑制的冲突，这种冲突是他们让我们暂时免于承受的——现在还只存在于边境各州，这也是他们不愿分裂的原因——一旦出现这种情况，墨西哥湾地区的贵族制度就会遭到破坏，驱使他们重归自由的我方。

菲利普斯确信，弱小的南方联盟不会因为"我们唯一能给它带来的烦恼是我们更高贵文明的视野和影响"这一理由进攻北方。但是，不到一个月后，当南方联盟对萨姆特要塞发动进攻时，他对局势有了新的看法。这是一场防御战，因此动机是正义的；奴隶解放也可能会借助这个契机实现。他在萨姆特要塞战役后的第一次演讲中坦白道，废奴主义者曾设想一切都可以通过思想和言论自由来解决。

如果我们有什么错误的话，那就是我们过分依赖大众的智慧，过分依赖政治家作为一个阶级的正直和智慧。也许我们对看到的事实还不够重视：这个国家由不同年龄的人士组成；不是同根同源的集合，而是一个由不同世纪的人形成的混合体。北方认为，这是19世纪——除工人阶级和财阀之间的斗争外没有其他的斗争。南方的梦想根源来自13和14世纪——地主和农奴，贵族和奴隶……因此，我们之间的斗争是野蛮与文明之间的斗争，只能诉诸武力解决。

对菲利普斯而言，这场战争的伟大目标不在于拯救联邦，而在于解放奴隶。林肯的拖延激怒了菲利普斯，菲利普斯的喋喋不休和长篇大论给自己的名声蒙上了一层沉重的阴影。和国会中的激进派一样，他认为发动一场保守的战争是徒劳的。南方在为挽救奴隶制而战，北方参战却是为了"不让自己受到伤害"。林肯的本意无疑是好的，但他不是个领导型人物——"他只是一个一流的二流人物……就像扫帚一样，只是一件称手的工具，等待被使用。"尽管这位鼓动者对总统态度强硬，但他对林肯策略的预估是正确的。"总统从来不曾宣称自己是一个领导者。总统是公共舆论的代理人。他想知道你允许他做什么，你要求他做什么。"林肯在等着看公众舆论是否会支持解放黑奴。很好，那么，温德尔·菲利普斯会确保公众舆论不会支持其他任何除此以外的事物。① 1861年7月，他说：

> 我相信亚伯拉罕·林肯个人的正派，相信蔡斯漫长的一生中

---

① 菲利普斯就是这样看待自己在社会中的作用的："我必须教育、唤醒和促成一种公众舆论，迫使政府采纳和支持它，以推行我能扶助的政策。我通过真诚坦率地批评其当前推行的政策来做到这一点，无论那个政策是关于民生还是军队建设的，我的批评不像那些叛徒报社的批评那样，旨在瘫痪政府，我的批评是为了激起它更多的活力和生命力。"

对反奴隶制事业的热忱；但是我不相信他们中的任何一个，或者他们所有的同仁，有胆量宣布一个解放政策，除非是在我们制造的压力下，整个国家来迫使他们这样做……

菲利普斯对战争可以在一种静态的、防御性的政治气氛中进行的想法感到不耐烦。在奴隶们正式获得自由之前，士兵们流的每一滴血都是毫无意义的。政府决定以保护奴隶制的方式来进行战争吗？发动战争的南方寡头政治，他们的社会基础怎么可能在不解放其劳动力的情况下被破坏呢？"除非被另一方取代，否则没有哪个团体会被真正消灭。"

废奴主义者看到了奴隶解放和国家外交之间的复杂关系。菲利普斯在 1861 年说道，英国和法国站在南方那边。英国想要分裂美国，"削弱北方制造业和商业的巨大优势"。英国中产阶级缺乏抵御帝国野心召唤的坚强意志。最终，欧洲各国政府和沉默的一众奴隶将积极参与战争，现在最关键的是看谁先采取行动。[①]林肯必须在欧洲介入之前赶快行动；卡梅隆（Cameron）必须让黑人武装起来；麦克莱伦（Mcclellan）必须下台。

菲利普斯急切地想推动战争采取更强硬的举措，他不再同以前一样强调罪恶的形式，而是把注意力转向了经济问题。让许多老同志感到恐慌的是，他支持林肯通过了一项切实有效的决议——以有偿方式解放忠诚奴隶主的奴隶，在他们中间废除奴隶制。他不再鄙视国家在

[①] 后来菲利普斯强调了美国小麦在代表联盟避免外国势力干预方面的作用。在 1863 年 7 月，他曾说："今天，事件的逻辑是，我们可以将国家从英国和法国的干涉中拯救出来，因为伊利诺伊州到处都是小麦，而英国的收成非常少；法国正在闹饥荒，而密西西比河谷却谷物丰收，所以它不敢干涉我们。"他曾经建议，如果拿破仑三世试图在西半球建立王国，美国应该资助像加里波第这样的欧洲共和国，以推翻欧洲的政治体系。

经济上的诉求——联邦的瓦解将"使我们在和平、贸易、国家安全方面失去共同优势"。1862年3月和4月，菲利普斯进行了为期六周的巡回演讲，他前往首都，途经纽约州、宾夕法尼亚州、俄亥俄州、伊利诺伊州和密歇根州，并在这几个城市演讲。在华盛顿州，他发表了两次演讲并访问了国会。副总统哈姆林（Hamlin）离开参议院的主持席位迎接他；他与众议院议长共进晚餐，并采访了林肯。在解放奴隶已经成为最重要的议程的时代，他已成为该国杰出的废奴主义者，国会激进分子的代理人。据《格里利论坛报》估计，1861年至1862年冬天，有5万人听了他的演讲，近500万人阅读了这些演讲。巡回演讲归来后，菲利普斯确信，在解放奴隶方面，西部地区的势力比东部地区更为强大。他说总统是诚实的，希望看到奴隶制的结束。时机合适时，他也会谈到他曾嘲笑过的总统："林肯行动很慢，但他还是做到了。感谢上帝。"

菲利普斯对林肯宣言中所提及的解放黑奴的彻底性几乎没有幻想，他对此感到非常高兴。"那个宣言，"他说，"解放了奴隶，却忽视了黑人。"宣布黑人自由是一回事，武装和雇用黑人则是另一回事。共和党人不够彻底。他们被教育成辉格党人，辉格党"不信任群众"。菲利普斯预测，当南方开始感到疲惫时，他们会释放并试图利用黑人。他提议从路易斯安那州向东派遣由1万名黑人组成的部队，然后由联邦军队接管，初衷并不是为了战斗，而是为了传递解放奴隶的思想。他们很快就会吸引一支20万人的有威胁性的部队包围他们，而南方将无法将白人留在前线。政府应该没收所占领的土地，

> 将其分割成100英亩的农场，并将这些农场出售给佛蒙特州和纽约州的青壮年小伙儿，由联邦签署一份契约，保证土地所有权，并保证如果土地所有者已经开始耕种，但却遭到驱逐的话，则由政府给予补偿……

这些北方白人大概率会雇用自由的黑人劳工。但到了 1864 年，当他开始批评林肯的重建计划时，菲利普斯开始将土地视为黑人福祉的关键，并与萨姆纳和史蒂文斯等国会激进分子一起主张将土地所有权交给自由人。他在危机开始时就有了一种寻求政治经济基础的倾向，现在这种倾向成熟了。他认为，林肯的计划将允许奴隶主返回他们的庄园，但这并不足以改变南方的政治权力结构。

这究竟意味着什么？每个人都知道政府是建立在土地所有制基础上的。如果你拥有土地，每个人都有自己的农场，那就是民主；你不必好奇地去查法规。如果少数人拥有这片土地，那就是一个寡头政治；你不需要仔细审视它的法律。……丹尼尔·韦伯斯特说，1820 年，法国革命将贵族的庄园变成了小农场；要么是王室杀了他们，要么他们会杀了王室。……现在，这些大地产仍在刚刚被击败的寡头手中，其权力并未被摧毁。但是，让我没收南方的土地，把它交到为它而战的黑人和白人手中，那么你就可以抱着你的羊皮纸（意指土地所有证）安然睡去了。

菲利普斯认为，这个国家欠黑人"真正的自由，而不仅仅是名义上的自由"。他们必须拥有土地和公民身份，能享受教育和投票权。"当一个人对政治家来说变得有价值或可怕的时候，他的权利就会得到尊重。假如给黑人以投票权，那么上至亚伯拉罕·林肯这样的政治家，下到这个城市最底层的懒汉，没有一个人会不尊重黑人。"黑人必须能自由地进行有关工资合同的谈判。对于那些认为未来将逐步实现种族平等的人，菲利普斯预言性地回答说，紧张局势很快就会缓和，会出现一种保守的反应；如果要为黑人谋求最好的福祉和权利，现在就是最好的时机。

当战争使得南方关闭了敞开的大门时，它将变得像一个花园……欢迎来自北部、东部和西部的劳工，南方在全国范围内保持着"高"工资。……让那里的劳工汗颜，让月薪本应是 100 美元的黑人为了 8 美元而辛勤劳作，而且绝对没有白人会去那里与黑人竞争抢活。北方劳工的涌入被阻止；南方的贵族阶层与工党情绪低落，名誉扫地，贵族阶层不可避免地被推上了风口浪尖。①

1865 年 6 月，加里森和菲利普斯在全国反奴隶制协会的一次会议上果断决裂。加里森建议，既然宪法第十三修正案已经实现了该协会的宗旨，就应该解散该协会。菲利普斯则坚持认为，该协会必须继续为自由人争取选举权。加里森认为，期望南方各州在黑人重新加入联邦之前给予他们选举权是不合理的；根据同样的原则，许多北方州，如伊利诺伊州，将不得不退出联邦。② 菲利普斯最终获胜，协会投票决定由他继续留任，并选举他为主席。他敏锐地意识到所做工作的局限性，继续要求实施彻底的重建政策。1865 年 10 月，他在波士顿发表了一篇题为《南方胜利号》的演讲，他在演讲中宣称，除了终身奴役的法律被废除，黑人仍然忍受着奴隶制的一切特征。"南方的伟大原则"——种族从属依然阴魂不散。1868 年，他总结了重建的进展，指出他为南方的黑人和白人群众制定的三大目标——土地、教育和选票

---

① 试比较 1865 年 9 月 7 日撒迪厄斯·史蒂文斯（Thaddeus Stevens）在兰开斯特的演讲中说的话："南方社会的整体结构都必须改变，如果失去这个机会，就永远做不到这一点了。在一个由富人和农奴，由坐拥两万英亩庄园的富丽堂皇的宫殿似的房子的地主，和被称为'低等的白色垃圾'、居住狭窄小破房子里的下层人民共同组成的混合社会中，共和制度、免费学校、免费教堂、自由社会交际将如何存在？如果南方要成为一个安全的共和国，那就让它的土地通过地主的辛勤劳动或智慧的公民们以自由劳动来耕种。即使这将迫使贵族流亡，我们也必须这样做。"

② 这是加里森式推理的典型代表。对他来说，要么伊利诺伊州牢牢地处于联邦中，南方各州坚定地退出联邦，要么伊利诺伊州有几千个黑人，南方各州有几十万黑人，都不会有任何区别。

中，黑人只有选票，这是毫无保障可言的。他争取为黑人提供投票权的宪法第十五修正案可以获得批准，但他也感觉到了一股急流勇退的政治趋势。"立即"解放已经到来，对它的审查越仔细，它似乎越"渐进"。扒开胜利的果实，在内里，他找到了被胜利裹藏的失败的苦涩。

3

在战前的几年里，废奴主义者几乎没有得到羽翼未丰的美国劳工运动的援助。那些中产阶级或富有的慈善事业人士才能接触到的劳工领袖往往回答说，他们会像同情奴隶一样同情工薪奴隶，并突然将话题转向自身的问题。① 与此相反，废奴主义者习惯于回答，自由劳动者和奴隶劳动者的处境有着天壤之别；对于奴役黑人的特殊罪过，完全有理由给予特别的关注。菲利普斯表示同意。1847 年，他在《先驱报》（*The Harbinger*）上遭到一个乌托邦社会主义者对"工资奴役"问题的挑战，他宣称：

> 这个国家的工人与奴隶有两个显著的区别：第一，劳动者作为一个阶级，既不受委屈，也不受压迫；第二，假如他们受了委屈，他们仍有足够的力量通过行使公认的权力来捍卫自己。法律对他们影响大吗？他们的投票可以改变它。资本对他们不利吗？资本将使他们成为资本家。……至于俭省、克己、节制、教育、道德和宗教品格，这个国家的劳动阶级和其他所有阶级都必须在这些方面有所提升和改善。

---

① 全国工会第一任主席伊莱·摩尔在 1839 年告诉众议院，解放黑人奴隶将使他们能够进入劳动力市场与北方的白人工人竞争。如果发生这种情况，"后者的道德和政治品格、尊严、权力和独立自主都将永远消失"。

24 年后，菲利普斯呼吁"推翻整个营利体系"。

内战结束后，大多数废奴主义者回到了他们的工作岗位上，满足于他们在形式上的成功，并陶醉于他们作为受人尊敬的公民的新角色，他们曾经是伟大的道德改革先知。但菲利普斯的职业是鼓动家，除此之外他没有其他职业。1865 年，他才 54 岁，自然要另谋高就。

共和党在 1860 年和之前几年取得的成功影响了菲利普斯的思维方式，使其在南北战争期间彻底改变。废奴运动在道义和宗教方面的大肆宣传唤醒了人们的思想，但其本身并不足以形成一个能实际解放奴隶的运动。尽管有加里森派理论的加持，但奴隶制只有在成为一次政治行动的话题或是一个主要政党的议题时，才被美国人重视，自由土地和保护性关税等问题使这一话题的重要性不言而喻。在攻打萨姆特之前，菲利普斯发表过几次演讲，他希望终结奴隶制的不是战争，而是经济的发展。他曾说"奴隶制要通过贸易法终结"，并将美国历史解释为一系列的阶级斗争。他一直追溯到 18 世纪的历史，指出美国独立战争爆发的原因是美国商人希望与西印度群岛进行直接贸易，而种植园主想"欺骗"他们的债权人。独立战争使人民获得了独立并拥有了民族性。但北方仍然很保守，被贵族阶级所"束缚"。在那时

> 弗吉尼亚州的奴隶主大力推崇理论上的民主，靠此征服了联邦政府，并解放了新英格兰地区的工人阶级。这对正直的联邦主义和埃塞克斯团体来说是一杯苦酒。时至今日，马萨诸塞州在卡罗来纳州的唇边放了同样一杯苦酒。①

很快，菲利普斯就把南北战争看作是第二次美国革命，是资产阶级文明和封建文明之间的较量。曾经，菲利普斯是一个纯粹的道德家；

---

① 这种解读是菲利普斯用他自己的话从北方历史学家理查德·希尔德雷斯（Richard Hildreth）那里引用来的，菲利普斯认可他的作品。

如今，他逐渐成长为一个通晓历史哲学的道德家。

在重建时期，菲利普斯把精力主要放在土地问题上。他意识到，如果黑人想要赢得政治自由和人身自由，就必须拥有生产资料。他不得不承认奴隶制不仅是一种需要被消除的罪恶，而且是一种必须被新的经济秩序所取代的劳动制度。没收贵族土地的呼声，使他把注意力集中在了财产及财产分配、人权以及政治民主三者之间的关系上。而曾经的奴隶作为潜在的农业雇佣工人出现，使劳动雇佣问题重新引起了他的关注。

1865年11月2日，在法尼尔厅，菲利普斯首次代表劳工发表支持八小时工作制的重要演讲，他宣布：

> 二十九年间，劳动力背后的真相代表了种族买卖。南部的制度并不完全建立在对劳动者所有权的要求上。但哈珀（Harper）法官、亚历山大·H.斯蒂芬斯、皮肯斯州长和约翰·C.卡尔霍恩断言劳动者必须为资本家或个人拥有。劳动力所有权之争已经接近尾声了。是时候展开一场新的斗争来确定资本和劳动力之间真正的关系了。

作为一名社会主义者，马克思对奴隶制的看法是：只要黑人劳工被奴役着，白人劳工就永远无法获得自由。作为一名废奴主义者，菲利普斯在接触了社会主义后宣称：只要所有劳工没有摆脱雇佣劳动制，黑人劳工就永远无法获得真正的自由。"曾经，我们保护了黑人劳工；现在，我们要保护所有的劳动者，不论是在北方还是在南方。"

长久以来，菲利普斯一直在与马萨诸塞州资本主义的价值观做斗争，如今他发现了金钱势力对共和政体的威胁。他说："我承认，共和党机构让我担心的唯一一点是，当下是否能找到合适的补救措施来应对来势凶猛的企业财富势力。"新泽西州不过是一个"火车站"，纽约州的法律是在"范德比尔特（Vanderbilt）家的账房"里制定的，汤姆·斯科特（Tom Scott）掌控着宾夕法尼亚州的立法机关，然而在他自己所在的州内，一个由铁路部门主导的立法机关不会为火车乘客的安全考虑而通过法律，亦不会为调查工人的实际状况而提供微乎其微的款项。这不是他心目中的民主。他坚信，社会中每一个独立的利益体都必须在议会中占有一席之地。男人无法代表女人投票，白人无法代表黑人投票，律师和资本家也无法代表体力劳动者投票，因为他们都无法彻底地站在对方的立场上，为对方考虑。开国元勋们秉持一个原则："除非政府合理安排，使各个阶级都拥有保护自己的手段，否则任何阶级都不安全。"这就是共和国的思想。如果企业有途径买通立法机关，那平等选举权就毫无意义，共和原则也形同虚设。团结一致的劳动者们是唯一能够对抗公司资本威胁的力量。菲利普斯说："劳工运动，在我看来……是实现民主的唯一希望。"

自此，菲利普斯坚定地投身于政治行动，与之前作为废奴主义者时的政治不作为截然不同。1865年时，他甚至把废奴主义者的成功归功于他们在选举中的影响。他相信投票是唯一能够避免暴力的阶级斗争的选择。人民挨饿时，不能只是等待和议论，这会导致暴乱发生。"我们急于参与政治，因为政治是安全阀。"他建议工人们："避免一切暴力行为，讨论和投票才是正确的方式。无论如何，你们的人数远超资本家。投票正是解决此类问题的好办法。"罢工是一种有效的策略——"永远也别说一句反对罢工的话"——但目前，劳动者的座右铭应该改为："绝不在投票时心软！"

然而，菲利普斯的才能在政治上却无处施展。他很快就对共和党失去了信心，在1878年将其描述为资产阶级的工具。他鼓励劳动者组建自己的政党，并于1869年至1871年加入马萨诸塞州工人的政治试验。1870年，他被工人党推举为州长候选人。1872年，他差一点就被全国劳动者联盟提名为总统候选人。但这些试验注定将以失败告终。在1871年的马萨诸塞州州长竞选中，菲利普斯与声名狼藉的本杰明·富兰克林·巴特勒（Benjamin Franklin Butler）联合，这使他失去了许多朋友的支持。最终，人们认为菲利普斯是自取其辱。30年来一如既往支持他的爱默生也明确表示，不希望在康科德再看到他。

帕灵顿曾对菲利普斯表示同情，他发现菲利普斯后期的哲学思想中"马克思主义成分居多"；但其实，除了他对工人阶级的依赖和他从普遍的经济角度对政治的解释，这位美国劳工改革家身上几乎没有马克思主义的影子。菲利普斯信仰的社会主义是美国本土的社会主义，是由几种美国改革意识形态交织而成的，其中最重要的就是合作运动。因此，他在1868年呼吁要"建立合作型工业"：

> 让乘客和雇员成为铁路的所有者，让技工成为工厂的所有者，让商人成为银行的持有者。让资本和社会利益完全一致。只有这样，我们才能在这个国家实现自由和自治。

他在1871年伍斯特的劳工改革大会上发表自己的决议，其中最激进、最有名的一段是：

> 我们坚信一项原则，即劳动创造财富，因此劳动者有权获得其创造的一切。
>
> 在肯定这一点之后，我们甘愿接受这个激进的原则带来的一切后果，比如推翻整个营利体系，消灭一切垄断行为，废除特权阶级，普及教育和博爱，完全的贸易自由，以及最伟大的壮举——消除群众的贫困……我们深知目标的实现不可能一蹴而就。我们考虑到了人民领袖，甚至是人民本身存在的无知、自私、偏见、腐败和堕落，但我们仍然坚持朝这个方向前进。
>
> 因此我们决定——向工资制度宣战……向现行的金融制度宣战，它剥削劳动力，吞噬资本，让富人愈富，穷人愈穷，长此以往，共和国将变成资本的贵族政治……

起草以上这些决议的人对经济理论不太了解。它的现实性没有靠其他经济演变概念加以充实，菲利普斯为解释这些经济观点所做的几次尝试也是徒劳无功。尽管目前来看他是一个城里人，但他出生时，波士顿还只是一个杂草丛生的村庄，公地也还作为牧场使用。可以说他从未真正了解城市生活和工业，也从未将他的社会主义同情心与工业革命的现实联系在一起。

> 我们需要的只是均贫富，除此以外，别无他求。我理想中的文明社会标准非常之高，但实现我这个理想的途径只需要一个拥有约两千名居民的新英格兰小镇，镇里没有贫富之分，所有人在同一个社会中生活，每个孩子都在同一所学校上学，小镇上没有贫民区，没有乞讨者，机会面前人人平等。没有人会因为过于自命清高而被疏远，也没有人会因为过度谦逊而被拒之门外。而那就是新英格兰地区五十年前的样子……

菲利普斯在他的文章《国家标准》（*National' Standard*）中对第一国际的运动进行了饱含同情的报道。当巴黎公社运动这一历史考验来临时，当时的美国社会充斥了对巴黎公社运动的声讨之声，但菲利普斯拒绝随波逐流，相反，他向巴黎公社运动欢呼致敬。他认为梯也尔（Thiers）应对法国巴黎公社运动的流血事件负责，他宣称："法国已经没有希望了，希望掌握在那些共产主义者的手中"，他还将巴黎公社成员描述为"法国最重要、最纯洁、最崇高的爱国者"。

他的这些观点都使他陷入越来越深的孤立中。作为镀金时代社会主义的代表人物，菲利普斯被剥夺了最微弱的慰藉，甚至不如废奴主义者们，因为最起码他们还有一些教士、诗人和百万富翁的陪伴，以及少数心地善良之人的拥护。然而，在1881年，他被邀请在哈佛大学斐陶斐荣誉学会发表演讲，这至少是一个机会，能够让这位日渐年老的演说家借此修复以往他和剑桥学术界的不和，四十年间，他和他的事业一直受到剑桥学术界的冷落和唾弃。但他放弃了最后一次赢得尊重的机会。他选择以"共和国中的学者"作为他的演讲主题。他的主题是对美国学术缺乏社会领导力和道德上怯懦的诘问。

他开始道,学者的职责是"帮助那些生活中的弱势群体",并教育广大人民群众。然而,关于社会的伟大真理很少是从学术探究中产生的,"而总是首先出于殉道的爱国主义者们的抗议和被剥削的饥饿劳动人民的大声呼喊"。世界在痛苦中创造历史,而学者们却用半真半假的文字书写历史,用他们自身的偏见模糊和歪曲历史。人民从动荡中深刻地学习,而胆怯的学者们只会躲避和谴责社会的动荡。"在北方接受教条式教育的阶层中,普遍长期存在一种对人民的不信任。"他们不敢甚至是顾忌去捍卫言论自由。事实上,美国学术界并没有帮助解决这个时代任何一个重大的社会问题。它谴责废奴运动,拒绝刑法改革,无视酗酒问题,嘲讽妇女权利。它从未对受到压迫和剥削的受害者们——爱尔兰人或(菲利普斯在这部分的演讲变得特别令人震惊)俄国的虚无主义者表示同情,当时,美国学术界对这些受害者们都表示了强烈的谴责。菲利普斯抓住虚无主义者作为抵抗和反叛的极端象征,开始为他们进行激烈的辩护,并猛烈抨击"那种令人作呕的虚伪,这种虚伪被三便士的茶税所刺痛,用花岗岩和雕像堆砌邦克山,一方面一直念叨着爱国主义和大砍刀,另一方面又像另一个佩克斯列夫(Pecksniff)一样,百年来目睹他们千万的男儿们被拖死或流放……他们的少女在市场上被鞭打致死,却仍然对俄国人不予抵抗,愚蠢地屈服了一个世纪"。他总结说,是时候让学术界履行它的职责了,也终于是时候让它在即将到来的正义运动中,与雇佣工人和妇女们站在一起。"不要像我们银币上的人像一样一直坐着,永远只会向后看。"

他的一位听众评价:"这是一个令人愉快的演讲,但从头到尾都是荒谬的。"美国的传统历史对待菲利普斯可没有他的同代人那么仁慈,在历史记载中,菲利普斯总是荒谬的,且是从不令人愉快的。但是,这位毫不留情的鼓动者也并不期待自己能得到什么好的评价,也许他也感觉到了，未来的学术界也会像他那个时代的学术界一样以同样的态度对待他。我们可以想象，他从剑桥回到波士顿，兴高采烈而心满意足，因为只要老镇上有任何人可以记得他，他就一直是那些狂妄自大的人的眼中钉。

第七章

分肥者：
犬儒时代

> 政党的建立靠的不是仪态举止，不是女性杂志，更不是高谈阔论。
>
> ——罗斯科·康克林（Roscoe Conkling）

> 除却荣誉，别无他损。
>
> ——吉姆·菲斯克（Jim Fisk）

1

从南北战争结束到 19 世纪末，几十年间美国民众在美洲大陆一半的土地上得以定居，建立起庞大的铁路系统，并凭借着丰富的煤炭、金属、石油和土地资源在世界舞台上壮大起来。在整个美国历史上，没有哪个时期的政治发展能如此受制于经济形势变化，也没有哪个时期的国民生活能完全受制于工业企业家。

镀金时代的工业家们崛起的环境正如人们所料想的一样，只要成果丰硕便可肆意挥霍，诱惑无数却限制无几。他们大都是暴发户，举止粗俗；但他们也是英勇无畏的开拓者——精明强干，富于进取，贪婪专横，永不满足。他们主导了国家的财富增长，紧抓机遇，治理腐败，奠定了时代的基调和色彩。

在商界和政界，工业巨头们明目张胆地谋求事业，冷漠无情、愤世嫉俗。他们剥削工人、压榨奶农、贿赂国会议员、收买立法机关、窥视竞争对手、雇佣武装警卫、炸毁资产,像恐吓、阴谋和武力等这样的手段无所不用其极,还嘲弄头脑简单的绅士们关于自由放任体制下国家发展能保有国格且有所克制的理想。他们的勋绩改变了道德氛围,使得 E.L. 戈金(E.L.Godkin)这样一位可敬的老派保守主义者评价道:

> 五十年前,我怀着崇高而美好的理想来到这里……现在,一切皆已破灭。显然,我只得另觅他处,以继续保有对人类生存发展的微弱希冀。

然而,如果你认为商业大亨们的良知已经泯灭,那可大错特错了。就他们良知所依赖的底层逻辑而言,他们之所以能够在政治和工业领域如此愉快又随心所欲地掠夺财富,是因为他们有最合理、最深切的理由说服自己正在做着终极大善之事。如果说他们能做到心安理得地收买国会议员,而毫无羞愧之心,那是因为他们运作得当,或者说他们认为自己正在促成一场意义重大的温和改革。他们认为自己的事业影响深远,必将流传千古、发扬光大,实在不必为当下日复一日的恶行而烦恼。在他们的字典里没有谦逊和愧疚,有的只是自夸自大、傲慢无礼。科利斯·P. 亨廷顿(Collis P. Huntington)在信中向一位政治代理人谈及他对南太平洋行贿之事的看法:

> 如果必须花钱才能把正义的事情办成,那花钱便是唯一公平公正的手段。如果一个人手握大权,可随意干坏事,只有受贿才会使他去干点正事,那么我认为,当攀附权贵、贿赂法官成为一个人的行事准则时,他的付出就一定有回报。一个严词讨伐他人的人,自己也必行贿赂之事。如若没有,我会毫不犹豫。

他并非道貌岸然的伪君子,他不过是将自己狂热的美国信念示于人前，他自诩有完全正当的权利达到他的目的，而那个时代的大亨们是否和他持有同样的原则，这一点仍值得商榷。设想一下，如果连这样的人都夜不能寐，那简直就是浪漫的伤感主义了。在镀金时代，连天使都为他们唱赞歌。

工业巨头们无时无刻不将自己的行为真诚化、合理化。也许最常听到的为他们自己辩解的理由便是他们正在缔造一个伟大的工业帝国；虽然浪费极大，但美国还浪费得起。他们中的一些人，比如杰伊·古尔德（Jay Gould），很明显是投机者、剥削者和破坏者，但大多数人都自诩工业巨头，不仅善于投机和兼并，更拥有史诗级的工业创造力。

此外，他们是美国神话中"平凡之辈也有机会出人头地"的杰出代表。工业巨头们出身底层或中下阶层；早年生活大多穷困潦倒，却勤奋刻苦、节俭躬行。19世纪末期，安德鲁·卡内基曾公开表明，"主导社会的百万富翁一开始都是一贫如洗的少年，在最残酷却最高效的学校经受锤炼，而这个学校的名字叫贫穷"。除了他本人，卡内基还指出，这样杰出工业家比比皆是。这一观点得到许多传记的证实。[①]当然，也有像威廉·范德比尔特（William Vanderbilt）这样的人，他的财产是他的准将父亲留给他的。还有一些人出身即富贵，如爱德华·哈里曼（Edward Harriman）和亨利·维拉德（Henry Villard）；还有一些人则与世家大族沾亲带故，比如亨利·克雷·弗里克（Henry Clay Frick），他的母亲出身著名的酿酒世家——奥弗霍尔特家族

---

① 实际上，这里少数几个杰出工业家的案例可能会引起误解。在C. 赖特·米尔斯（C. Wright Mills）的《美国商业精英：肖像集》（*The American Business Elite: a Collective Portrait*）中，他根据《美国传记词典》（*Dictionary of American Biography*）中的工商界人士资料，发现在这一代人（出生于1820年至1849年）中，43%的商业精英来自"下层"或"中下层"阶级，这比同期一流工业家的比例低。无论如何，米尔斯的研究的确表明，这一代人从下层阶级跃升的机会比美国历史上的任何一代人都要多。上一代人（出生于1790年至1819年）只有37.2%的商业精英来自"下层"或"中下层"阶级，其下一代（出生于1850年至1879年）这一比例仅占29.3%。

(Overholts)。但卡内基则是一个赤贫如洗的苏格兰织布工的儿子。菲利普·阿玛尔（Philip Armour）、古斯塔夫斯·斯威夫特（Gustavus Swift）、丹尼尔·德鲁（Daniel Drew）和杰伊·古尔德也都是贫寒的农民家庭出身。吉姆·菲斯克的父亲曾是一家小型"流动货摊"的老板，而约翰·D. 洛克菲勒（John D. Rockefeller）的父亲则是一名售卖专利药的流动推销员。杰伊·库克（Jay Cooke）和詹姆斯·J. 希尔（James J. Hill）一开始也不过是在边境当小职员。利兰·斯坦福（Leland Stanford）虽然出身于中上阶层家庭，受过良好教育，但初到加利福尼亚州时也是身无分文。科利斯·P. 亨廷顿14岁时便已自立。这些人足以信誓旦旦地向世人宣称，他们今日取得的财富和权力皆是努力工作、天赋异禀的成果，足以成为紧抓经济发展重大机遇的典范，向雄心勃勃的美国中产阶级展示自己。况且，他们只是取得了人人都渴望的成功，且免受道德谴责，这在20世纪的病态回顾中是根本无法想象的。他们足够自信，认为一切皆是囊中之物。这一观点之荒谬，以至于像希尔也不禁满腔怒火，他在北方证券的反垄断诉讼中这样说道："回首往事，的确举步维艰……我们不得不同那些无所事事，只会装腔作势，坐享薪水的政治冒险家们进行生死较量。"费城镍业垄断巨头约瑟夫·沃顿（Joseph Wharton）对暗示他的企业"依附"关税优惠的言论颇为不满：

> 我向政府提供的支持和帮助远远大于我接受到的支持和帮助。我既不是穷光蛋，也不是律师。我是创造和维护国家财产的一分子，使国家能够脱离执迷不悟、性情古怪的立法者的魔爪，得以生存。

就连所经之处寸草不生的杰伊·古尔德，也猛烈抨击了那些想调查他的参议员："是我们让国家变得富有，是我们让国家发展壮大。"约翰·D. 洛克菲勒更是直言："我的钱是仁慈的上帝给的。"卡内基说乔治·普尔曼（George Pullman）"垄断了一切"，并评价道："很好，就该这么干。能管事的人已经来了，资源也该归他所有。"

那个时代的观念由商业大亨们量身打造。经济学家、记者、教育家和作家争先恐后地向其致敬，并在达尔文生物学和斯宾塞哲学中找到了极有道理的理论，年复一年，这一理论的受欢迎程度有增无减。自 1859 年达尔文所著的《物种起源》出版以来，美国知识界便一直如饥似渴地学习这一新的生物学理论，为自己构建新的宇宙学。从达尔文及其追随者那里，他们了解到生活是一场激烈而持久的斗争，只有适者才能生存。

将进化与进步混为一谈，这对于新兴阶级和新兴国家信心十足的发言人来说，是十分自然的。他们认为，竞争性产业的激烈冲突似乎完美地映射了达尔文眼中的自然界，它正在催生缓慢但必然的文明进步。那些脱颖而出的产业显然是最适合生存和继续竞争下去的。赫伯特·斯宾塞（Herbert Spencer）在他的进化哲学中颂扬了必然进步，他全力支持这样一个论点，即必须允许自然经济过程在不受改革者阻碍的情况下继续进行。斯宾塞在美国广受崇拜，而这是此前其他哲学家从未享受过的待遇。事实上，他在 1882 年进行了一次国事访问。东方的知识分子和社会领导阶层都对他致以崇高的敬意，记者们则热切地报道了他是如何将自己的头号赞助人安德鲁·卡内基誉为他最亲密的朋友之一。

因此，石油大王洛克菲勒自然会说"大企业的成长只是适者生存罢了"，而美国这朵玫瑰的辉煌只能通过牺牲周围早熟的花蕾来实现。詹姆斯·J. 希尔断言："铁路公司的命运是由适者生存的法则决定的。"而乔治·赫斯特（George Hearst）则进入一个商业巨头云集的参议院（人们也因此普遍称为"百万富翁俱乐部"）宣布：

> 我对书知之甚少，也鲜有读过；然而我游历无数，看尽世间冷暖。所有的这些经历，都令我的信念愈发坚定——参议院成员

是遵循"适者生存"法则的。

通常,镀金时代的百万富翁们觉得没有必要立即通过大规模的慈善事业来证明自己。尽管他们在 1865 年至 1900 年所赚取的钱是许多大型慈善基金会的资金来源,但几乎所有基金会都是在 1910 年之后建成的,当时它们的创始人早已是风烛残年或与世长辞了。安德鲁·卡内基相信"积累财富是最糟糕的一种偶像崇拜"以及"很少有百万富翁能够摆脱造成社会上乞丐激增的罪名"。卡内基很早便深感内疚,这几乎是前所未有的。工业百万富翁认为他们的剥削和统治是安全、正当的,因为当时的知识分子确信他们的工作具有进步和文明的价值,除此之外,他们也因作为机会秩序的典范而备受鼓舞,并因以自己的力量使国家富强而振奋不已。

政治商业传承了工业商业的模式和风格。通过积累财富和富裕的生活,工业家们为不那么谨小慎微的政客树立了行为榜样。他们获得和享受的财富为消费和竞争设立了新的标准,这种标准泛滥到政界,在政客之间增加了发财的机会。政治成功的标准发生了变化。典型的政客追求的不仅仅是自我表达、公共服务或荣誉了——而是金钱。布莱斯(Bryce)子爵发现,美国政治中的凝聚力是"对公职的渴望和将公职作为谋利的手段"。分肥者将政治权力视为参与瓜分财富的手段,就如同工业领袖一般,以小规模的方式和较低的标准致富。其动机之强,诱惑之丰,前所未有。

2

美国后南北战争时期,党派的基础主要依赖赞助,而非原则;他们瓜分战利品,而不是分工解决问题。尽管美国政党从来没有因原则上的尖锐分歧而名声大噪,但它们在这个分肥者大时代却格外引人注目,因为人们对公职的极度渴望已经上升到了一个共同信条的高度。"美国各党派现在仍继续存在着，因为它们之前就已经存在了。"布莱斯子爵在其著作《美利坚联邦》(The American Commonwealth)中写道。直到 1908 年，一位著名的记者才对他说："两党就像两个瓶子。每个都贴有一个标签，表明它所装的酒的种类，然而两个瓶子都是空的。"1879 年，年轻的伍德罗·威尔逊用两句话表达了他对日益腐化的美国政治的厌恶："没有领袖，就没有原则；没有原则，就没有政党。"

共和党人与民主党人的主要区别在于是否成功。自战争和重建开始，当共和党积极地通过支持美国工业家的政策来加强自身的社会基础时，它就与资本主义利益处于一种极不合理且常常相互敌对的关系中了。抱着对赠予土地、关税、赏金、有利的货币政策、免受监管的立法和经济改革的憧憬，资本家们提供了竞选资金、费用，乃至采用贿赂的方法，向政客提供投资机会。西沃德曾说，"从某种意义上来讲，一个政党就是一个股份公司，在这个公司里，那些贡献最大的人指导企业的行动和管理工作"。这些利益集团在两党之中都占有重要的份额，但在他们看来是政客的过度要求下，他们偶尔会显得焦躁不安。事实上，在 19 世纪 80 年代之前，这些集团在很大程度上依赖于其官员对政党财库的贡献。在见识过他们的权力之后，企业家们才开始以更大的规模亲自参政，政党才更为充分地受到他们的支配。在企业学会以"批发"的方式购买政治家之前，它必须通过零售购买特权。此举花费了大笔资金。一位心怀不满的俄亥俄州国会议员在 1873 年宣称："众议院就像一个拍卖场，在议长的拍卖锤子下处理的价值比世界上其他任何地方都多。"例如，在 1866 年至 1872 年，美国联合太平洋铁路公司将 40 万美元用于贿赂；从 1875 年至 1885 年，中央太平洋铁路公司的贪污金额高达每年 50 万美元。难怪像沃尔特·Q. 格雷沙姆（Walter Q. Gresham）这样诚实的老派共和党人也会称他自己所在的政党存在"严重的腐败问题"。艾奥瓦州参议员格莱姆斯（Grimes），一位重要的前领导人，也曾在 1870 年说出这样的话："我相信，这是有史以来最腐败、最无底线的政党。"亨利·亚当斯总结道："人们可能会在 1870 年至 1895 年这 25 年间搜寻整个国会、司法部和行政部的名单，但却发现它们早已身败名裂。"

动产信贷公司（Crédit Mobilier）的案例是镀金时代伦理观点的典范。动产信贷公司是一家由美国联合太平洋铁路公司的董事组织建立的建筑公司。作为铁路和动产信贷公司的股东，他们允许自己的公司为建设工程支付超高的价格。由于美国联合太平洋铁路公司是近 1000 万英亩公共土地的受益者，因此潜在的危险也应运而生，即国会可能对其交易进行集中调查。为了防止这种情况发生，来自马萨诸塞州的国会议员兼美国联合太平洋铁路公司的股东奥克斯·艾姆斯（Oakes Ames），将动产信贷公司的大量股份分配给了颇具影响力的国会议员。1872 年竞选时，国会调查了此案。众议院以 182 票赞成，36 票反对的决议"绝对谴责"了艾姆斯的行为。然而，国会议员的态度才是最重要的。之后，议员们立即围住艾姆斯的办公桌并向他保证：他们采取的行动并非出于个人意愿，而且他们完全相信他的意图是好的。新闻界普遍同情艾姆斯和他的贿赂受益者，顺带一提，他们并没有受到相同的纪律处分。在不歪曲事实的情况下，艾姆斯本人拒绝承担任何罪责。他说，给国会议员分配股份"就像进入一个商业社区，给予领头的商业人士股票来提起他们的兴趣"。在给同事的信中，艾姆斯这样写道："我认为，国会议员有权拥有自己选择投资的财产。"还有一次，他发现"说服男人管好他们自己的财产简直易如反掌"。其含意是显而易见的——可以预料到，国会议员会利用政治权力来管理他们自己的投资，整个过程并没有什么不妥之处。

由于相信大部分公众舆论会支持这种政治道德观念，这样的辩护应运而生。这是同时代的人对本杰明·富兰克林·巴特勒行为的判断。在担任新奥尔良军事总督期间，他从该市的一家银行征收了 8000 美元，但他却从未说明这笔款项的用途。为此，银行后来聘请了一名律师起诉巴特勒——银行最终胜诉——律师对巴特勒提出指控，称其靠偷来的钱维持生计，连他的邻居都对他不屑一顾。巴特勒回应道："那些人会因为我没有拿走两倍的钱而觉得我是个傻瓜。"玛丽·阿比盖尔·道奇（Mary Abigail Dodge）报道称，当约翰·宾厄姆（John Bingham）因拥有动产信贷公司的免费股票而受到人们的奚落时，他却回应说，他"要是能拥有再多出十倍的股份就好了"。亨利·亚当斯总结称，公众并不关心改革："道德像宪法一样，已经过时了。"

当然，也有一些政客未蒙污名，因此受人尊敬。格兰特（Grant）很高兴他的内阁中有汉密尔顿·费什（Hamilton Fish）为其谋事，因为他为人刚正不阿，他在内阁中好比是出淤泥而不染的一股清流。卡尔·舒尔茨（Carl Schurz）的品行可谓无可挑剔，他在海斯（Hayes）总统在任期间成为内政部长。① 海斯和哈里森作为当时五位共和党总统中的两位，享有一定的声誉；但这两位总统既不卓越也不腐败，他们在美国编年史之所以出名，主要是因为他们默默无闻。鲍斯·马特·奎伊（Boss Matt Quay）对哈里森在1888年大选中险胜后讲话的反驳，清楚表明了他们与政治现实之间的关系。身为贵族的哈里森郑重其事地说："天意，我们的胜利就是上天的旨意。""看看这个人，"奎伊轻蔑地说，"他应该知道上天与此事毫无关系。"他补充道，哈里森永远也不会知道"为使他坐上总统之位，有多少人被迫徘徊在违法犯罪的边缘"。哈里森很快就明白了自己将扮演什么样的角色。他曾在西奥多·罗斯福面前悲叹道："当我上台时，我发现党内当权者把一切都归为己有。我无法任命内阁成员，他们为了偿清选举经费，把所有官职都卖光了。"

---

① 加菲尔德在文章中提到对这位声名狼藉的改革家的任命时，将其描述为一次大胆的尝试："任命舒尔茨，虽然是不恰当的、不明智的，但仍应该被认可，以便总统有机会来检验他的政策。"

剩下的三位总统不必赘述。格兰特政府因腐败而臭名昭著。[1] 海斯的继任者，伪善的加菲尔德（Garfield），虽然基本上算是一个诚实可敬的人，仍然身陷一些小丑闻的困扰。加菲尔德遇刺后，切斯特·A. 亚瑟（Chester A. Arthur）继任总统，在被提名为副总统之前，他曾是康克林声名狼藉的纽约海关机构的主要成员，一个逐利机构的分肥者。（据报道，他的一位朋友曾惊呼："我的上帝呀！切斯特·亚瑟竟然能够入主白宫！"）然而，亚瑟在其位，谋其职，兢兢业业地推动一些收效甚微的改革，但具有讽刺意味的是，正是他签署了《彭德尔顿法案》，使其正式生效。

为政府机器注入动力的不是几位总统，而是共和党的派系领导人和党魁，比如罗斯科·康克林和詹姆斯·布赖恩。尽管过去他们彼此都看对方不顺眼，但现在看来这两个人似乎又有很多共同点。其中最为相似的一点是他们都把生活视为一场有趣且有利可图的智力游戏。

康克林是个性张扬的人。他身材高大、举止优雅、引人注目——身着白色法兰绒长裤和花哨的马甲——是个骄奢淫逸的利己主义者。亨利·亚当斯评论道，这种利己主义过于荒唐滑稽，已经不只是可笑的程度。观看他在参议院表现的人可能很难判断这是一名演员在滑稽模仿一名参议员，还是一名参议员在滑稽模仿一名演员。加菲尔德称他为"一个伟大的斗士，他更多的是受到仇恨而不是爱的鼓舞"；他因与布赖恩的激烈交流以及对乔治·威廉·柯蒂斯（George William Curtis）和其他改革者的无情抨击而为人熟知，他将这些改革者称为"跑龙套的、半吊子和游手好闲的政治骑士"。《纽约时报》（The New York Times）曾十分严肃地将他描述为"一个典型的美国政治家——未

---

[1] 格兰特比任何人都更崇拜大资本家，他认为总统接受富人赠予的厚礼毫无不妥。他与卡耐基和洛克菲勒持同样的看法，即上天将尽可能多地把控制权交给他们。试问还有哪个时代的总统能在占领圣多明各时，如此大言不惭地说，如果他的政策被采纳，"这片土地很快就会落入美国资本家手中"。

来人们将根据他的政绩和品行来评判现在的政治标准"。

康克林出身于纽约一个富裕的家庭，他的父亲是美国地方法院的法官。他的早期职业经历十分典型：作为一名律师，他在父亲的法庭上审理的第一个案件并且胜诉。他与妻子的家庭条件都十分优渥，他不必贪污腐败就能随心所欲做自己喜爱的事情。他没有接受过贿赂，但生活在一个贪污受贿的环境中。他是格兰特最强有力的支持者之一，纽约海关富有的资助人，一个卓越的政治机器产物，也是公然蔑视试图挑战正统政治的改革者。政党无非是用机械方法操纵的机器，女性杂志的老板们还有什么其他的经营方法呢？

> 我们得知共和党是一台机器。是的，政府是一台机器；教堂是一台机器；军队是一台机器……纽约州的公立小学系统是一台机器；政党也是一台机器。

康克林深陷于正统政治的卑鄙行径之中，他认为改革者不过是相互竞争的经营者。他曾宣称，"他们真正的目标是升官发财"——这是他唯一能想象出的参与政治生活的合理目的。因此，"当约翰逊博士将爱国主义定义为无赖的最后避难所时，他还没有意识到改革这个词所蕴藏的潜力"。

布赖恩富有个人魅力，是他那个时代最受欢迎的共和党人。他虽然只有一次被他的政党提名为总统，是在1884年。但在1876年至1892年的所有其他大会上，他都有望获得提名。在他带有污点的财务记录变成公开的谈资并受到一部分人的关注后，很长时期内他仍广受欢迎；虽然一些小过失可能成为他竞选总统的不利因素，但他们从未将他排除在总统候选人名单之外。

以同僚们的标准来看，布赖恩的实际违规违法行为并不十分严重。身为众议院议长，他在否决一项议案中发挥了重要作用，从而排除了阿肯色州向小石城和史密斯堡铁路公司授予土地的阻碍。他是自愿这样做的，不是受人所托也并非受利益的驱使，因此严格来说，他没有接受直接贿赂的嫌疑。但他随后趁机向缅因州的朋友出售铁路债券，从而获得了非常优厚的佣金。结果他并未从这笔交易中获利，因为他的朋友们在投资上遭受了损失。布赖恩虽然公共责任感不强，但却很讲朋友义气，他补偿了朋友们的损失。然而，这起事件只是布赖恩众多铁路交易中的一个典型案例；显然，这位共和党领袖有一个庞大的家庭和几套房子，享受着富有舒适的生活，他的花销要高于自己的收入所得。

引起我们关注的不是布赖恩与铁路公司的关系，而是这些关系串插着一系列明目张胆而戏剧化的谎言。1876 年，在布赖恩有望获得总统提名的党代表大会召开前不久，他与铁路公司的种种交易受到了国会的审查。布赖恩大胆地拿走了那些私人信件，这些私信中保留着对他最为危险的证据，他从中挑选了一些无关紧要的片段在众议院宣读，并巧妙地向调查人员提出了一项虚假但貌似合理的指控，指控他们密谋隐瞒证明他无罪的证据。虽然这段表演让共和党中他的仰慕者相信了他的清白，但焦虑让这位当时野心勃勃的主角付出了不小的代价。他的朋友兼官方传记作者盖尔·汉密尔顿（Gail Hamilton）为他刻画了令人难忘的形象。他病倒在家里的沙发上，举起握紧的拳头，表现出大义凛然的样子，情绪激动地说道："当我想到，当我想到，在这片广袤的土地上竟有人质疑我的人品，我当初就该留在……"他只挥了挥手，就结束了这句话。不久之后的一个星期天早上，他恰巧在他参加活动的公理教堂门口晕倒。

于是，人们更愿意相信布赖恩的话过于夸张了。在 1884 年竞选期间，《纽约晚报》（New York Evening Post）出版了一本小册子，清楚地记录了布赖恩讲的关于他的私人金融交易的十大谎言。布赖恩甚至不惜以小石城和史密斯堡铁路公司职员沃伦·费雪（Warren Fisher）的名义写了一封信寄给自己。这封布赖恩杜撰的费雪的来信中谈道：

……你的行为像阳光一样光明磊落，起初事业失败的时候，我知道你遭受了多严重的经济损失，你是多么正直勇敢地去面对它的……你的行为是最磊落诚实的。

布赖恩代表自己本人所捏造的证词，读起来颇具教诲意味。他是共和党的"羽翼骑士"（Plumed Knight）——这是伊利诺伊州的罗伯特·G.英格索尔（Robert G.Ingersoll）上校给他的称呼——他的声誉建立在对高保护性关税的赞颂上，认为高保护性关税是美国繁荣的真正根源；建立在向被征服的南方地区挥舞血衣上；建立在为了他的爱尔兰和厌英派追随者的利益而与英国雄狮的周旋上[①]；建立在认为在南美洲推行帝国主义这一不可靠不成功的计划必须得到保护上，仿佛这是世界上最宝贵的东西，以无望的谎言为代价，拼命地宣传这一思想。

布赖恩被同时代的人和历史学家认为是一个有着不同寻常的政治才能的人。他的主要学术成果——两卷本的巨著《在国会的二十年》（Twenty Years of Congress）至今仍有一定的价值。但他的执政理念过于简单化了，认为共和国只有在共和党手中才是安全的，共和国是否安全可以从它缺少了什么来判定，也可以从它包含了什么来判定。例如，布赖恩认为对格兰特政府的腐败和丑闻只字不提并无不妥。[②] 这就是他的特点：他一生的大部分时间都花在掩盖真相上，甚至他的历史散文也充斥着谬误和借口。人们普遍认为，他是一个极具个人魅力的人，他私下待人亲切热情，公众场合更是温柔可亲，遇事能随机应

[①] 英国的代表性动物是狮子，在英国国徽的盾面上左上角和右下角为红底上三只金狮，象征英格兰；右上角为金底上半站立的红狮，象征苏格兰；盾徽两侧各由一只头戴王冠，代表英格兰的狮子和一只代表苏格兰的独角兽支扶着。——译者注

[②] 格兰特当政时期腐败肆虐，实行政党分赃制，当时的人们说，格兰特政府把美国的税务部门变成了本党竞选的"加油站"。——译者注

变，十分引人注目。然而，他并没有留下什么建设性的成就，甚至连一个建设性的建议都没有，他对美国政治的主要贡献就是降低了美国政治的基调。[①] 1884 年，当罗斯科·康克林被要求为布赖恩竞选总统助选时，他故作病态、带有敌意地说道："不，谢谢你，我从不干违法的事情。"这一次康克林的选择是正确的：作为一个普通公民，布赖恩是人畜无害的；但作为一个公众人物，他是反社会的。"羽翼骑士"布赖恩曾经对他的妻子说："当我想要一件东西的时候，我就会不择手段地得到它。"这可能是当时整整一代美国人的座右铭，他们迫切想要什么，就要把什么拿走。

3

正如康克林在他的著名抨击言论中所说，改革派的刚愎自用和保守派的愤世嫉俗和贪污腐败一样具有特色。那些党内老练的政治家将贪婪与男子气概等同，将政治上的好人视为脱离时代精神、反常且没有道德的纨绔子弟和怪胎。布赖恩在给加菲尔德的信中称他们"狂妄自大、自以为是、愚蠢至极、贪慕虚荣……吵闹但没有威慑力；伪善而不真诚，徒有野心没有才略，自命不凡又一无是处"。一向评论尖锐的堪萨斯州参议员约翰·J. 英格尔斯（John J. Ingalls）认为追求政治上的纯洁是"一个如彩虹般虚幻的梦想"。

这些对改革派的评价有一定的道理：在政治上，改革家们既刚愎自用又没有能力。知识分子痴迷于对公共服务的幻想，商人厌倦了贿赂，贵族担心政府不诚信不正直，他们不了解国民，而具备理性思维能力的国民也不了解他们。改革家们关心的是公共利益的提升，而农民和工人们关心的则是如何尽力避免个人利益的受损。持续的通货紧

[①] 这里的降低政治基调可能指与拉美国家合作。布赖恩是美国"泛美主义"的奠基人，拉拢拉美国家，为美国夺取西半球霸权。——译者注

缩对农民来说是毁灭性的打击，农民在这一时期的历史上是遭受经济悲剧的群体之一，他们与货币和垄断资本的斗争基本上是徒劳的。工业资本主义给工人阶级带来了压迫和苦难的阴霾，这种阴霾在每一部工业革命的编年史上都有所体现，而断断续续的劳工暴力斗争并没有使其得到缓解。剧烈的经济波动，19世纪70年代和90年代的经济大萧条以及80年代中期的严重危机使贫穷和动荡进一步蔓延开来。

因此，专注于《公务员法》(Civil Service Act)和关税或揭露政治家过失的改革家们无法激起民众的热情也就不足为奇了。一心一意关心公共服务中的诚信问题对中上层阶级来说是一件奢侈的事。群众并不太关心公务员的诚信正直与否，除非能给他们带来一些好处，能明显改善他们生活的困境。如果非要选择，美国国民会更愿意地选择友爱慈善，而不是诚信正直，在美国历时长久的坦慕尼协会(Tammanys Society)①证明了这一点。农民大众期望政治家能让美元贬值，不要过度通货紧缩。

分肥者组织的改革运动在共和党内部兴起，这一运动达到鼎盛时期时，共和党内部出现了两次改革运动——1872年选举霍勒斯·格里利为总统的自由派共和党运动，以及1884年帮助击败布赖恩的共和党独立派(Mugwump bolt)运动。第一次改革的主要目的是由戈德金在1870年提出的，当时他呼吁政党要"以关税改革、公共服务改革和议会少数党代表制改革为目标"。格兰特政府从1872年之后开始明目张胆地贪污腐败，而民众普遍的不满情绪直到1873年的恐慌之后才越发强烈，因此，这场运动进行的时机尚不成熟。总的来讲，这场运动对工人和农民都没有吸引力，很难获得广泛的群众基础。这场运动的总统候选人，即性格古怪的格里利，甚至连格兰特脆弱时都抵御不住；

---

① 坦慕尼协会是民主党内一个很有势力的组织，常与腐败联系在一起，于1789年成立，以友爱和慈善为宗旨，19世纪和20世纪早期成为纽约市政治生活的一支统治力量。——译者注

当这场政治大战结束时，他发现自己是历史上竞选总统的候选人中败得最惨的人，他悲伤地说："我被攻击得太惨了，我已经分不清自己是在竞选总统还是在被审判入狱。"

1884年，有一些持不同政见的共和党人在纽约州这一竞选战略要地势力强大，这里的选票与其他地方势均力敌，他们拒绝承认布赖恩的总统候选人资格，并帮助克利夫兰竞选。但无论这些共和党独立派为克利夫兰的胜利做出了怎样的贡献，他们并没有在经济上实行激进主义；事实上，对他们来说，克利夫兰最大的吸引力很大程度上在于他没有向保守派共和党的领导层屈服。

政治改革的命运与经济改革的失败是并行的。在克利夫兰的第一届总统任期内，铁路审查机构卡洛姆委员会（Cullom committee）发现民众一致认为国会应当监管州际贸易，"他们从来没有在其他公共问题上意见如此一致过"。因此，国会为民众制定了相应的《州际商务法》（Interstate Commerce Act）。但正如已经是企业贸易监管人的参议员尼尔森·W. 奥尔德里奇（Nelson W. Aldrich）所言，该法案"是一种幻想和假象……不能对大利益集团造成实质性的威胁，只是为了堵住愤怒者和无知者的嘴"；该法案的发起人卡洛姆（Cullom）参议员也说，这是假借改革的幌子通过的"保守主义法案"。铁路公司很快就轻而易举地绕过了州际贸易委员会的监管。法律通过六年后，克利夫兰政府的总检察长理查德·奥尔尼（Richard Olney）劝告芝加哥、伯灵顿和昆西铁路公司（the Chicago, Burlington, & Quincy）的总裁说，要求废除它并非明智之选：

> 如今，委员会的职能正受到法院的限制，因此对于铁路公司而言，它将会有很大的用处，或者可以加以利用。它满足了公众对政府监管铁路公司的呼声，而且，这种监管几乎完全是名义上的。此外，这样的委员会组成成员越年长，就越倾向于从商业和铁路公司的角度看待事物。因此，它可以成为铁路公司与人民之

间的一种屏障，乃至一种保护，以防止草率立法对铁路公司利益产生不利。

1890年选举年通过的第二项经济改革，即《谢尔曼反托拉斯法》（*Sherman Anti-Trust Act*），同样回应了公众反对垄断者的呼声。在谢尔曼法案辩论中，康涅狄格州共和党参议员奥维尔·普拉特（Orville Platt）提出以下指控：

> 参议院的行为……在准备禁止和惩罚托拉斯的法案时未能表现出诚意，它只是试图准备一些带有那种虚名的法案，那种我们举行大选时会带有的虚名。关于该法案是否有效，或如何运作的问题……在参议院中被看得一文不值，所有的努力都只不过是为了让一些法案获得虚名罢了：冠以"惩罚托拉斯之法案"的虚名来举行大选。

4

对于两党制来说，最好的辩护理由无疑是它在允许多数党执政的同时，也将反对派集中在一个少数群体中。这样不仅能够有效防止少数派势力在党派纷争中的消散，还能遏制任何执政党的暴虐倾向。这种论点与真正的美国生活并不相符。在美国，党派分歧不是十分严重，反倒是党派结构过于僵化，以至于少数派在退出时并没有专注于任何一个主要政党，在大多数情况下，他们不得不割裂他们的传统政党关系并且孤身淹死在政治海洋中。

南北战争后民主党的第一次胜利是在1884年（当时他们得到了共和党独立派人士难能可贵的帮助），这是关于美国的党派之间忠义故事为数不多的例外之一，但随后的民主党政府只证实了共和党和民主党原则之间的统一。然而,即便只是站在诚信和独立的立场上讲,民主党也至少有一人脱颖而出,来作为林肯和西奥多·罗斯福之间唯一一位重要的靠谱的总统继承人,此人便是格罗弗·克利夫兰。

格罗弗·克利夫兰的父亲理查德·法利·克利夫兰（Richard Falley Cleveland）是一位贫穷但勤奋好学的长老会牧师,他靠村里牧师的微薄薪水养育了有九个孩子,且从不求升职。他在四十九岁时与世长辞,彼时克利夫兰十六岁。儿子承担了父亲的道德义务,并接受了他缺乏远大志向的事实。在他看来,责任感和远大志向之间的平衡在很大程度上是有利于责任承担的。简单、多愁善感、缺乏想象力,他为安全感和舒适感而工作,并不期待更多。在格罗弗·克利夫兰四十五岁当选纽约州州长的那晚,他写信给他的兄弟:"你知道吗,如果母亲还活着,我可能会感到更安全？我一直认为她的祈祷与我的成功有很大关系。"

克利夫兰早年生活贫困,却既没有心生怨恨,也没有走向叛逆。心理学家所谓的道德受虐倾向可能使他更容易承担早期的负担,并在晚年承受公众的不满。回忆起在布法罗作为一名法律学生和低薪文员的第一年,克利夫兰说自己"面临过很多逆境……实际上很享受这些逆境"。他的工作习惯毫无规律可言——有时候有着令人难以置信的精力和自我惩罚的责任意识,有时却过着平静慵懒的单身生活。克利夫兰肥硕、粗犷但和蔼可亲,这也使他很快就融入了布法罗的主流社会。布法罗是一个繁荣的城市,拥有着大量的德国移民,艾伦·内文斯（Allan Nevins）教授恰如其分地称为"酒店大堂和酒吧间的组合",克利夫兰随后加入了此行列。

克利夫兰的崛起之迅速令人惊叹。1881年春天,他成为布法罗一位颇有声望的律师,生活舒适,曾在两个不太起眼的政治职位上尽职尽责、任劳任怨。四年之后的又一个春日,他便在华盛顿宣誓就任美国总统。一连串的偶然事件使他一举成名。1881年,一位臭名昭著的共和党腐败政客被提名为布法罗市长。此时,寻找一位积极进取且诚实可靠的政治对手迫在眉睫。民主党人想起了克利夫兰过去担任州长的经历，便给予了他提名，克利夫兰淡然地接受了。恰逢州长竞选前夕，这位新市长粗略地处置了一下当地的贪污受贿者，为他在纽约民主党之中赢得了良好的声誉。而纽约州的状况恰好是对克利夫兰有利的：在两位杰出人士的短暂僵持之后，因反对坦慕尼协会，并且抱着寻找合适候选人的念头，纽约郡代表将提名转交给了克利夫兰。巧合的是，纽约州共和党州长康奈尔（Cornell）和康克林（Conkling）拥护者的内部分裂，更是为克利夫兰的选举获胜埋下伏笔。塞缪尔·蒂尔顿（Samuel Tilden）的身体每况愈下，民主党领导阶层也窘迫不堪，这些都使克利夫兰成为1884年代表民主党的不二之选。因以前的过失、共和党独立派的叛变以及塞缪尔·伯查德（Samuel Burchard）牧师匪夷所思的"朗姆酒、浪漫主义和叛乱"的演讲，克利夫兰的竞选对手布赖恩以微弱的票差输给了他——纽约州约600张选票的变化就有可能会使选举结果截然相反。正是由于经历了一系列小概率事件，像克利夫兰这样能力的人才能够成为镀金时代的总统。

克利夫兰继承了塞缪尔·蒂尔顿的政治遗产。他的首席顾问是蒂尔顿的门生和助理，报社老板丹尼尔·曼宁（Daniel Manning），此人之后成为他的第一任财政部部长；以及百万富翁公司的律师威廉·C.惠特尼（William C. Whitney），他最近刚与标准石油公司财富结盟。这些政治伙伴从一开始就很保守，只是证实了克利夫兰的观点而已。但他们也可能使政治家免受与公众舆论接触而产生的巨大影响，这在改变西奥多·罗斯福、富兰克林·罗斯福和伍德罗·威尔逊几位总统的观点时非常显著。这些都从惠特尼在1892年写给克利夫兰总统的信中不难看出：

……人们对你的印象是，你不了解他们的痛苦和贫困……并且你的想法是基于东部的金钱势力而形成的，即通常所说的废话……正如你对我所说，要解释清楚他们有着怎样的想法，以及他们是从何处得到那些想法，是十分困难的。

然而，东部保守派将克利夫兰视为自己人，早在 1884 年，许多通常以共和党身份活动的商人就支持他，这些其实并没有错。身为州长，克利夫兰做出了一个最引人注目的举动，即否决了一项颇受市民欢迎的法案，该法案旨在降低纽约市的铁路票价，降幅从 10 美分到 5 美分不等。这些行为使安德鲁·D. 怀特（Andrew D. White）有了欣喜若狂的理由，因为克利夫兰克服了他"对劳动人民的同情"。怀特也对其大加赞誉，称为"没有丝毫蛊惑人心的迹象"。第一次选举过后，克利夫兰收到了杰伊·古尔德发来的电报："我觉得……国家的工商界若是由你来掌控，将会万无一失。"当银币的自由铸造潮流得以遏制之时，克利夫兰也因其自信而备受尊敬。1894 年，共和党参议员艾里森告诉霍勒斯·怀特，克利夫兰在 1892 年战胜哈里森是"上帝的怜悯"，因为没有共和党总统能够废除《谢尔曼白银采购法》。

多年后，克利夫兰派的民主党人伍德罗·威尔逊转而推崇进步主义，否认克利夫兰的政府是彻底的民主，他认为克利夫兰是一个"保守的共和党人"。内文斯教授曾说："想成为一个伟大的、有建设性的政治家就不能太保守。"

克利夫兰十分重视自己身为公职人员所肩负的责任。在 1885 年 6 月给一位老朋友的信中，他写道："我投身于公务，就像那些献身于神圣使命的宗教徒一样，将生活中的一切乐趣置之度外。"在担任市长和州长时，多次签发否决批文使他名声大噪，他始终认为总统的任务就是起反对作用。他是公正的执法者，他的任务是监督其他政治家，防止他们施恩或受贿。他思想的关键在于反对政府的"家长式统治"。克利夫兰认为，人民有权要求政府节俭、廉洁和公正，但仅此而已。"对各个领域都要公正无私"。工业不应指望在关税方面被特殊照顾；退伍军人及其家属不应期望过高的养老金；铁路公司应当严格说明政府赠地的用途。在关税方面，克利夫兰的逻辑殷切但无效。

卡尔·舒尔茨回忆道，克利夫兰在 1884 年当选后不久，就曾问他应该着手处理哪些问题。当舒尔茨回答说先将重点放在关税问题上时，这位新当选的总统为之动容，他坦率地回答："说来惭愧，我对关税问题其实一窍不通……您能为我指点迷津吗？"在 1887 年的国情咨文中，他花了很长的篇幅抨击高税率。一些政客们提醒他，在关税问题上咄咄逼人的态度将使他失去连任的机会，而他用他那特有的腔调回答道："如果没有明确的立场，那么当选或连任又有什么意义呢？"然而，他的改革斗争并无成效；《威尔逊-戈尔曼关税法案》(*Wilson-Gorman Tariff Act*) 与《州际商务法》以及《谢尔曼反托拉斯法》如出一辙。

克利夫兰的自由放任理论，和这个经典的理论本身一样，都取决于一个大前提，即没有政府的干预，一切才能顺利进行，否则整个制度体系就算在理论层面无懈可击，也会因其前提的弱点而垮台。在竞选败给哈里森后，克利夫兰在 1888 年 12 月向国会提交的第四份国情咨文中，不得已承认这一切都是不现实的。这份字里行间愤懑不平的咨文仿佛出自一位平民主义者笔下：

……我们发现，城市的财富和奢华中混杂着贫穷、悲惨和无报酬的艰苦劳作。与日俱增的城市人口不仅体现了农村地区的贫困化，还表明了人们已经不再安于从事农业生产……

我们发觉，制造商所拥有的财富不再仅仅来自他们的不辞劳苦和高瞻远瞩，还得益于政府的优待，并且还有很大一部分来自对人民的不正当征收。雇主和雇员之间的鸿沟不断扩大，迅速形成了判若云泥的两个阶级，一个阶级富甲一方、如日中天，而另一个阶级家徒四壁、备尝辛苦。

……我们察觉到托拉斯、企业合并和垄断的存在，人民或被远远地抛之于后，奋力挣扎；或被铁蹄践踏，性命攸关。企业本该被法律严格约束，成为人民的公仆，但现在反倒迅速地凌驾于人民之上。

尽管如此，克利夫兰仍坚持认为，政府很难阻止这种局面的出现，唯一的办法就是呼吁商人提高道德水平，提高公信度，成为公众的受托人。1887年，他在费城商业交易所问道："难道，难道我们就必须在商人们有利可图的方面去征求他们的政治意见吗？"商人应当"有更高尚的动机，而不是一味追求私利，唯利是图"。

由于缺乏更积极的社会行动观念，克利夫兰在19世纪90年代的危机中自然而然、不声不响地同利益集团达成合作。虽然他认为关税和赏金是对工商业的无端恩惠，严重侵犯了正义和公平，但他却对1894年派联邦军队去制止普尔曼罢工，工人们被铁路律师严格监管这件事视若无睹。多年后，他声称，他本人以及其他负责人在此次罢工中的所作所为都应该被"称赞"。在白银问题上，他对农民也是同样决绝。当然，不是只有富豪才坚决拥护金本位制，但由于克利夫兰同样坚决地主张自由放任主义，这就需要他承认政府没有义务提出方案解决银币自由铸造，以挽救农村面临的困境。很少有人会像克利夫兰那样直截了当地做这些事，或者说去做那些他未做的事。这要求他那不够灵活的头脑体现出一种愚蠢的公正态度，将在关税问题上的勒索谋利者与穷困潦倒的农民一同归为政府的非法请愿者。有人称赞克利夫兰足够强大，能抵御其他人无法承受的民众压力；但也可以说，他比其他总统更加冷漠，对人民的苦难置之不理。

简而言之，克利夫兰把自己的优点变成了缺点。他虽不是冷酷无情之人，却刚愎自用、愚昧迟钝。无论你相信与否，都很难想象在1895年这样一个民不聊生的年份里，一位总统竟给他的经纪人写了这样一段话："你能想象吗？像我这样富有的人近日来都需要记账了。"这听起来像是在开玩笑。他紧接着又写道："我发觉自己赚钱的欲望日益强烈。"奇怪的是，"我认为现在正是满足我这个欲望的好时机"。这让人想起卡内基的名言，"在恐慌时期仍富有的人是明智且可贵的"。

毋庸置疑，这就是忠实的资产阶级思想。克利夫兰是一个有良知且充满自助精神的人，对清廉、高效和公共事业有着坚定信念，堪称纳税人的典范，是那个时代理想的资产阶级政治家：出于信念，他给予利益集团的好处，是许多资历尚浅的政治家不会轻易给予的。他可谓是美国镀金时代的政治文化精英。

第八章

威廉·布赖恩：
提倡信仰复兴的民主党人

> 如果一个人可以重生，那么生命之泉可以立即得以净化……如果这对一个人而言是真理，那么对世人皆是。因此，如果人民的理想可以改变，一个国家就可以于一日之内诞生。
>
> ——威廉·詹宁斯·布赖恩

1

那些熟悉美国信仰复兴运动的人都对怀疑论者的故事了然于胸，怀疑论者们来到野营布道会上冷嘲热讽，却被最终留下来静候皈依。1896 年，布赖恩在民主党全国代表大会上发表了著名的《黄金十字架》演说，效果同样惊人。一位布赖恩的支持者彼时正坐在旁听席，他随即通报了附近一位支持金本位制的民主党成员的不当行为——此人一直在嘲讽每一条对白银事业有益的征询。布赖恩完成演讲后，这位"黄金民主党人情绪失控了，他狠狠地抓住了我，硬是把我从坐着的椅子上拽了起来。他冲我吼道，像极了布赖恩结束演讲时的模样：'你喊啊，你个混蛋，扯开嗓子喊啊！'"

"伟大的平民"布赖恩是政界有名的巡回布道者。因其对宗教意象、复兴主义的热忱以及听众的热烈反应，布赖恩的《黄金十字架》演说可以称得上是他职业生涯的缩影。许多人嘲笑他从政初期所传福音，但久而久之，他们也接受了其中的大部分内容。在人们尚被愤怒冲昏头脑之时，布赖恩挺身而出，打破了沉默。借此，布赖恩帮忙领导了一场大觉醒运动，它扫除了美国政界近 30 年来的大部分犬儒主义和漠然置之的态度。

在宗教和政治方面，布赖恩皆能游刃有余。他在演说《和平之君》（该演说布赖恩曾多次讲过，其涵盖范围几乎广至世界各地）中谈道：

> 我对管理学科感兴趣，但宗教往往更能吸引我的注意……我喜欢发表政治演讲……但我更愿意谈论宗教而非政治。二十岁时，我就开始在树桩上演讲了；而在六年前，我已经可以在教堂里演讲了——即使以后退出政坛，我也会待在教堂里。

不幸的是，布赖恩的政治领导能力和社会哲学与他福音派弟兄们的神学一样，只能算是马马虎虎。

查尔斯·威利斯·汤普森（Charles Willis Thompson）曾评论说："布赖恩对西部的控制在于他自己就是那个地区的普通人；他不只像普通人，他本身就是普通人。"在这一点上，布赖恩与进步时代的其他伟大领袖大有不同。西奥多·罗斯福有着有闲阶级的背景和品位，威尔逊则十分矜持，而拉福莱特常常固执己见，并对改革的技术细节有着浓厚的兴趣，他们都是非凡之人。他们善于体察民意；而布赖恩则是民意的具体体现。

布赖恩颇具代表性的选民主要是西部和南部饱受苦难的农民。他们有的穿过大草原，有的通过了重建的严酷考验，最终得以幸存下来。他们生产的小麦、棉花为城市不断增长的工业人口提供了食物和衣服，同时也出口到欧洲，积累了资助美国工业扩张的外国资本。自 1865 年以来的 30 年间，农民们一直关注着总的物价水平，看着它几乎直线下降，直到最后美元升值了两倍才停歇。对农民而言，这意味着温水煮青蛙般的痛苦——就好比农民是债务人，而其长期债务不断升值，乃至于最终无力偿还。最初在 1865 年，农民用 1000 蒲式耳①小麦即可还清债务，现在却要花 3000 蒲式耳。对一个欠了债又挣不到钱的人来说，经济困难最简单的表现就是缺少货币。"如果货币稀缺，那么最值得做的事情就是增加货币供应量。"农民们总结道。1896 年的白银运动是希望货币升值的人和希望货币贬值的人之间的斗争。

但在 1896 年，银币的自由铸造同自由恋爱一样被视为离经叛道。在农村之外，只要受过教育的有钱人聚集在一起，就会对其进行严肃的讨论。大学的经济学家反对它，传教士反对它，社论的作者也反对它。竞选结束后的近四十年里，单一的金本位制仍然是经济正统观念中的一颗恒星，如有一丝怀疑，就会被认定为有问题且不诚实。直到 1933 年富兰克林·罗斯福让美国脱离金本位制后，人们还能听到刘易斯·W.道格拉斯（Lewis W. Douglas）在抱怨："哎，这便是西方文明的终结了！"

不过，就白银通胀论者的逻辑而言，其实并不像布赖恩的同时代人普遍认为的那样冥顽不化。一些知名权威人士将单一金本位制视为一种可怕的根深蒂固的观念，②很少有人会否认 1896 年进行货币改革是迫在眉睫的。农民们确实是被利息所榨取，其中一部分原因是货币紧缩。竞选期间，布赖恩被指控为美元信用欺诈而战，对此，他回答说："当购买力渐渐稳定时，美元的诚信度便会上升。"

但主张自由铸造银币者却得出灾难性的结论——他们的苦难主要是由货币造成的，而货币改革将会使苦难走向终结。农民在各个方面受害甚多，这其中不乏关税、铁路、中间商、投机商、仓库和农业设

---

① 1 蒲式耳 =27.216 千克。——编者注

② 约翰·凯恩斯发现实行金本位制是酿成当代世界悲惨事件的一个主要原因。他在《就业、利息和货币通论》中指出："在国内实行自由放任政策，国际上实行在 19 世纪下半叶占主导地位的金本位制度的背景下，对于一国政府来说，除进行市场竞争之外，没有其他方法可以缓解国内的经济困境。"

备垄断生产商等，而这些几乎都被忘得一干二净了。然而不久前，这些事情在美国引起了轩然大波。让它们重新引起关注并非什么新鲜事，也不足为奇。1892 年，在经济萧条将民众的不满情绪推向高潮之前，詹姆斯·B. 韦弗（James B. Weaver）将军以全面的改革问题为竞选纲领，代表平民主义候选人，为总统席位获得了超过 100 万张选票。积弊自内战以来便肆意横行，如今，对其进行多方面打击的时机似乎已经成熟。相反，人们对银币自由铸造的需求日益增长，甚至完全盖过了他们头脑中的其他事情，乃至将他们自己限制在了一个充其量只能说是肤浅的问题上。亨利·德马雷斯特·劳埃德（Henry Demarest Lloyd），这位最聪明、最有原则的改革发言人之一，因这种忽视改革其他方面的行为抱怨道：

> 银币的自由铸造是改革运动的牛鹂。在其他鸟儿费尽千辛万苦把巢建好后，它会把里面的其他鸟卵推出去，砸烂在地上，然后将自己的卵产在里面，鸠占鹊巢。

为了捍卫支持银币自由铸造的政客，就必须指出他们只强调了农民反应最为激烈这个事实。约翰·D. 希克斯（John D. Hicks）在《平民主义起义》(The Populist Revolt)中写道："在 1892 年的竞选活动中，平民主义者了解到，在他们平台上的所有'木板'中，银木板最具吸引力。"不仅是对农民，对布赖恩–阿尔特吉尔德（Bryan–Altgeld）民主党人而言，这也是唯一的筹资途径。它吸引了大量西部的银矿主为这一事业慷慨解囊，因为他们渴望扩大市场。这些银矿主们分发了 12.5 万份 W. H. 哈维（W. H. Harvey）关于银币自由铸造的宣传小册子——貌似有道理的《硬币的金融学院》(Coin's Financial School)，并为布赖恩提供了哈维微薄竞选资源中的一大部分支持。

布赖恩满足于强调银币的自由铸造而忽视其他一切事物，也因此将自己对大众事业的理解冻结在了最低水平。阅读他《首场战役》（*The First Battle*）的竞选演讲时，人们无一不为他对银币自由铸造的痴迷所震撼。候选人凭借偏执的力量竞选总统，这在共和国历史上还是唯一一次。在哈特福德，布赖恩断言："把一个人挣到的面包转让给另一个没有挣到面包的人，在人们所能够想出的所有手段中，我相信金本位制是最佳选择。"在《黄金十字架》演说中，他声称："当我们恢复法币制度时，所有其他必要的改革都存在可能性；但是……在法币制度恢复之前，其他改革是无法完成的。"

布赖恩最初接受银币的自由铸造时，似乎是出于一种权宜之计。"我对银币的自由铸造一无所知，"1892 年国会选举期间，他对听众如是说，"内布拉斯加州人民为银币的自由铸造而斗争，我亦是如此。稍后，我会仔细查找一些论据。"许多其他政治家也经历过这样的脑力考验，但布赖恩的朴素可谓独一无二：他认为像这样坦白并没有什么可耻的。人民推进的事业是正义的，因此找出解决良方显得尤为重要，而他的职责只是为之查找论据，仅此而已。他开始对银币的自由铸造深信不疑，这一点几乎没有任何质疑的余地，因为他说服自己的能力是无穷的，这也可能恰恰是他唯一杰出的地方。"真是个可怜的脑瓜子！"他曾说，"它找不到合适的理由去说服自己做内心想做的事。"

奥斯瓦尔德·加里森·维拉德（Oswald Garrison Villard）写道："从事报业 31 年以来，在我近距离见过的所有人中，布赖恩先生似乎是最无知的。""平民"的心被简单的情绪所占据，而他的脑子里也堆满了同样简单的想法。如果他学会用批判的眼光看待他的支持者，他很可能会失去政治效力；但如果要他认同他们，则代价高昂，因为这只是给了他们更多的表达渠道，而非示人以领导才能。他总是在为自己的支持者发声，乃至于从未与他们真真正正地交谈过。在他毕生热情洋溢的言辞中，他只向他的支持者传达了他们早已烂熟于心的东西。

如果布赖恩未能在 1896 年为他的支持者提出一项全面的方针，那么他在劳动力方面所做的贡献仍不会有多少长进。除了在一次乏味的演讲中，他以禁令抨击政府，此举仅是为了向普尔曼罢工者致敬——他并没有刻意利用竞选年工人阶级的强烈不满。此后，他对劳工态度友好，但从未促成任何积极的劳工立法方针。他对工人阶级生存的考验究竟有没有清晰的概念，仍值得商榷。当布赖恩第一次竞选国会议员时，他告诉农民听众，他"总是听到为工厂员工的利益而制定的法律，这已经令他厌烦透顶了"。1896 年，美国劳工联盟（the American Federation of Labor）当时由大约 27 万名成员组成，处境艰难。尽管像龚帕斯（Gompers）这样的劳工领袖很清楚"我们自身的弊病远比金银问题更为严重"，但布赖恩还是赢得了其支持。根据马克·汉纳（Mark Hanna）的评价，布赖恩的吸引力实在过于有限："他总是张口闭口不离银子，这就是我们能看到的所有。"布赖恩在东部工业城市的表现比他在东部的总体表现要强，但由于他得到的劳工支持过弱，因而难以为他赢得任何人口稠密的州的支持。

布赖恩的社会哲学可以从他在 1892 年至 1896 年发表的演说中重构出来，其并没有严重背离民主党的历史意识形态。为了抗议政府偏离民意，他以最直白的方式表达了他对杰斐逊原则的坚定信念：

> 我敢断言，美国人民……有着足够的爱国主义和智慧来判断每一个已经出现或即将出现的问题，无论我们的政府已经存在多久。重大的政治问题归根结底就是重大的道德问题，在处理金钱方面，不需要有丰富的经验，就可以让一个人明辨是非。

布赖恩论证的前提是社会问题本质上是精神上的问题——换句话说，即宗教的问题。令人难以置信的是，勤劳、阅读《圣经》的公民在精神上的洞察力却比不上东部城市愤世嫉俗的金融家。因为在布赖恩看来，他们更为出众，是更好的德育家，也因此可以称得上是更好的经济学家。几年后，当他忙于支持反进化论法令，并声称是在捍卫田纳西州的民主时，他不过是将这种政治原始主义推向了合乎逻辑的地步罢了。

布赖恩社会哲学的第二条原则在他经常引用的杰克逊主义老格言中得到了总结："平等权利人皆享，特权优待靠边藏。"和 1828 年的人一样，布赖恩觉得他所代表的事业无须政府的特别援助就能够自立自强。他声称，绝大多数人在战争中团结于国旗之下，在和平中创造国家财富，他们只要求政府提供"公平公正的正义"。"政府有责任保护所有人免受不公正待遇，并且不偏袒任何人或任何阶级。"

有几位作家认为，布赖恩主义标志着美国自由放任政策终结的开始，但这个观点仅在最间接和最弱化的意义上才适用。1896 年的民主党纲领呼吁不要对私营企业进行全面限制，它的任何一个板块都不需要借助政府行动来对其经济结构进行重大修改。① 相反，它的大部分要求可以概括为："别插手！"恢复金银复本位制的呼声日益高涨，这是对取消延迟至 1873 年实施的银币限制的呼吁，而并非提出什么新颖政策。劳工委员会只要求联邦政府不要干涉劳资纠纷，只需要将其交给州政府处理，好让约翰·P. 阿尔特吉尔德（John P. Altgeld）战胜格罗弗·克利夫兰。个人所得税并不是一种大规模重新分配财富的手段，它只是迫使当政的富豪们为自己享受的服务买单。"需要一支海军队伍的，不是农民，而是伟大的商人。"布赖恩喊道，这恰恰呼应了过去的杰斐逊派，"想要一支常备军的，不是穷人，而是资本家，当他与雇员发生争执时，这些士兵可以用来补充当地政府的兵力以保护他的财产。"那就让商人和资本家在养兵方面付出各自的份额吧。重农派之精神——防御性始终是胜过侵略性的，玛丽·E. 丽丝（Mary E. Lease）说人们"陷入了困境当中"，正是对其恰如其分的表达，布赖恩的下述话语亦是如此："我们不是作为侵略者而战……我们是为保卫我们的家

---

① 平民党纲领包括关于失业救济、公共工程和国家所有制等方面的建议，其提出的要求更加积极。布赖恩说自己不赞同平民党纲领中的一些政策，不过并没有对此做很具体的说明，从而巧妙地证明他与此纲领无关。

园、我们的家人和我们的后代而战。"

在布赖恩看来,"首场战役"主要是为了维护经典的美国个人主义。在《黄金十字架》演说里最常被引用的一段话中,他试图将人民的事业同美国的企业传统同化——实际上是通过强调资产阶级的愿望来达到恢复它原本的体面的目的:

> 当您来到我们面前,告诉我们这么做会扰乱您的商业利益时,我们会回复说您的做法已经对我们的商业利益造成了严重的干扰。我们会对您说,您在实际应用中对商人的定义过于狭隘。雇用的伙计与其雇主一样都可以被称作商人。乡村银行的律师和大都市的公司律师一样,都是商人。十字路口便利店的商人和纽约的商人一样也都是商人。早上出门,整日劳作的农民,从春天开始,整个夏天都在劳作。他们干体力活,用结实的肌肉开发国家的自然资源,创造财富,他们既是商人,也是在贸易市场上押注粮食价格的人。

当布赖恩来到纽约去发表接受提名的演说时,他语出惊人,用与杰克逊的银行要旨极为相似的措辞宣布道:

> 我们的运动,不是为了重建社会。我们无法令恶人品行端正,不会为了满足挥霍者的需要而侵入勤俭者,更不建议将勤劳带来的回报归功于懒散的大腿上。财产是持之以恒的动力,是对辛劳的补偿。我们相信人人生而平等,正如《独立宣言》所宣称的那样;但这并不意味着所有人在财产、能力或功绩上都是平等的,它仅仅意味着在法律面前人人平等……

经过一百年的社会变革,杰克逊式社会哲学依旧完好地保留下来。对于那些接受这种社会哲学的人来说,这表现为坚定不移的信念;

而对于那些拒绝它的人来说，则表现为不懂变通，思想固化。

2

1896 年，布赖恩受到了所有东部体面人士的嘲笑和谴责。他被谴责为无政府主义者、社会主义者、宗教和道德的颠覆者、财富和才能拥有者用各种手段攻击的受害者……在美国著名的反叛者之中，布赖恩占有一席之地。但从心理意义上来讲，他从来都不是一个反叛者，这也暗示了他的思想迟钝。他的身上缺乏一种高冷的疏离感。他从未感受过拒人于千里之外那种智商超群的优越感所带来的兴奋。年轻人对父权的反抗，村落中不可知论者对部落信仰的反抗，艺术家对庸俗生活之刻板印象的反抗，社会主义者对整个资产阶级社会的反抗——这些都不在他的理解范围之内。在布赖恩生命即将结束之际，他自己的党派在台下耻笑他，但为时已晚，这已经不具备什么指导意义了。

不能指望政治家具有超然的知识分子那样的特质，但在人生的每个阶段，却很少有人像布赖恩那样在超然、知性方面欠缺得如此惊人。他虽然渴望在政治舞台上与他的对手们交锋，但却无法在自己的脑海中面对他们。他特有的精神状态，并不是一个经过彻底考察后就放弃了社会或阶级假设的人所拥有的，而是属于一个在乡土异端中被彻底异化的人，因而对他来说这只不过是另一种正统观念罢了。E.W.豪斯（E.W.House）上校说，布赖恩常常告诉他，"一个不相信 16∶1 的白银能够自由、无限铸币的人，要么是傻子，要么是无赖"。布赖恩扎根于这个国家的一些地区，在那里，人们大都视他的灵丹妙药为福音，就连数量庞大的西部公民，也都开始支持他。1894 年，一些人帮助布赖恩发起内布拉斯加州民主党自由铸造银币运动，相关细节在他的《首场战役》中也有所提及。当布赖恩回忆起此事件时，他自满地说道："他们都是该州地位显赫的人，其中大多数都拥有相当可观的财产。"他称东部为"敌国"。因此,他为西部农民而战时,并不是以劝说为目的而进行内讧,而是为了发动一场不可能妥协的对外国势力的战争。他没法分析他所处的那个时代的问题,就像过去南部邦联无法意识到奴隶制的过时一样。

在智力方面,布赖恩相当于一个从未长大的孩子。他的父亲塞拉斯·布赖恩(Silas Bryan)是一名南方裔民主党人,在伊利诺伊州的"埃及"地区取得了事业上的成功,成为州法院的法官,并拥有一栋大房子。当他采取诸多方式来实现自己的宗教目的时,常常会让家里人接触到陈腐的文化,也时常令他们感到不自在。1872年,布赖恩12岁时,塞拉斯·布赖恩在绿背党的支持下竞选了国会议员。父亲始终相信盎格鲁–撒克逊种族至高无上,教育走向成功意义重大,崇尚民主机会,笃信《旧约圣经》中的上帝以及相信通货膨胀。儿子也从未找出质疑这些信念的理由——在意识形态上,布赖恩家不存在任何分歧。但威廉·詹宁斯·布赖恩还是与父亲的教会决裂,加入了长老会。他放弃了成为浸信会牧师的梦想,因为他被洗礼仪式中过于震撼的浸泡仪式吓坏了。直到父亲去世之后很久,他才明白,他的背弃深深地伤害了父亲的感情。

布赖恩从父亲的家中被送到了伊利诺伊州杰克逊维尔的惠普尔学院(Whipple Academy)和伊利诺伊学院(Illinois College)。他在学校六年的学习历程并没有唤醒他的思想。伊利诺伊学院共有八名教师,除了基础入门课程以外,学院只开设了数学和古典文学两门课程。在校的几年期间,布赖恩从学校图书馆(每天只有几个小时对学生开放)借阅过十八本书,这些书主要是小说。布赖恩尤其喜欢查尔斯·狄更斯的小说。学校校长朱利安·蒙森·斯图特万特(Julian Monson Sturtevant)是一本教科书《经济学》(Economics)的作者,其在此书中拥护自由贸易和金银复本位制。"我们的大学校长,"布赖恩高兴地说,"支持自由贸易,我们的前任校长支持自由贸易,我本人也支持自由贸易。"在父亲家里听到的和从斯图特万特校长那里学到的,使布赖恩认为保护性关税和单一本位制似乎很不合理。

布赖恩从伊利诺伊学院毕业后的两年时间里，在芝加哥的联合法学院（the Union College of Law）和莱曼·特伦贝尔（Lyman Trumbull）的事务所里研习法律。之后他回到杰克逊维尔，娶了一位富有店主的女儿，并在五年的时间里心无旁骛地从事法律工作。布赖恩意识到自己作为律师平庸无奇，怀着一种失落又不甘的心情，他向西前往内布拉斯加州的林肯城，并在那里定居下来。不久后，他在民主党铁路方面的负责人 J. 斯特林·莫顿（J. Sterling Morton）的庇护下步入政坛。他喜欢说自己是由于偶然的机会从政的，但他曾坦率地承认："当然，从我十五岁时起，我的人生就只有一个志向，那就是进入国会成为一名议员。我为此勤学苦干，我所做的一切都是为了实现这个目标。"

1890年，他在奥马哈市商界和酒行的支持下，当选为国会议员。两年后，他悉心研究数月，在众议院发表了反关税的演讲，令人印象深刻，引起了全国的关注。然后，他很快意识到关税作为一个政治议题的价值正在减少，并注意到平民主义正在迅速崛起，而在他所在的州平民主义的影响力尤其强大，于是他开始研究银币自由铸造问题。内布拉斯加州的区域经过重新规划，奥马哈市不再属于他的活动范围；布赖恩这时像对待关税问题一样为银本位制"寻找论据"，与犹他州和科罗拉多州的银矿运营商协商以获得经济支持，并在一个乡村占比例较大的选区再次获得选票。1893年，他在国会进行演说，反对废除《谢尔曼白银采购法》，再次令国人惊叹，该演讲稿由银矿主分发了近一百万份。第二年，他尝试竞选参议院议员，但遭到立法机构的拒绝。之后他从白银利益集团的资助人那里得到帮助，获得了一份低薪的工作，在《奥马哈世界先驱报》（*The Omaha World Herald*）担任编辑职位。他凭着冷静的头脑和高超的技巧，着力于使该报纸成为他实现总统抱负的工具，当时，除他自己之外，所有人都觉得时机还很不成熟。

1896年后，布赖恩的整个政治生涯实际上都在孜孜不倦地找寻一个可以与自由铸造银币相提并论的政治议题，致力于让自己长期出现在公众的视野之中。1899 年，反帝国主义的兴起似乎是他得以施展本领的一个机会。反对对外扩张的民主党人和平民党人正在计划通过在参议院否决与西班牙的和平条约，以阻止吞并菲律宾的行动。在布赖恩看来，依靠少数派组织以这种方式抗争似乎并不明智，必须由人民自己决定——这个问题必须在竞选活动中得到利用。他设想在 1900 年提出反对帝国主义的竞选纲领，会像战前的古巴问题那样激发美国人民的理想主义。他成功说服了足数的民主党参议员，使条约获准通过。他提议在选举中为菲律宾独立获得授权。这是他一生中最荒谬的误判。如果条约被否决，而吞并菲律宾的问题仍然悬而未决，那么反帝主义本应是一个更加受人关注的问题。条约一经批准，人民对此感到心满意足，事情也就平息了。1900 年布赖恩参加总统竞选，他发现主张反帝主义没有产生实际效果，于是逐渐把注意力转向其他问题，如反托拉斯问题和银币自由铸造问题。但当繁荣已经恢复时，他却无法像以前那样激发选民的热情了。

布赖恩在竞选期间试图再次利用老一套的银币自由铸造的议题获得支持，但同样事与愿违。由于新的氰化物提取工艺的出现和新矿床的发现，世界黄金产量显著增加，价格水平也上升了，但当社会学家 E.A. 罗斯（E.A. Ross）等追随者向布赖恩指出，黄金供应的增加缓解了货币短缺的局面，而不利于对银币的提倡和推广时，布赖恩这个"平民"对此并不以为意。罗斯回忆道，考虑实用经济学对他来说意义不大。"他……只是建议如何反驳对手抛出的基于这些考虑的论点……我认为布赖恩先生不是一个现实主义者。"从战略角度来看，布赖恩错得离谱，因为他不切实际。由于坚持在 1900 年的竞选纲领中加入自由铸造银币政策，当时他可能会因此失去赢得东部一些州支持的全部机会，而他并不需要通过这一主张来赢得西部和南部各州的支持。"布赖恩，"托马斯·里德（Thomas Reed）打趣道，"宁可放弃当总统也固执己见。"

1902 年，布赖恩出国旅行，注意到欧洲各国实行公用事业国有化。1904 年民主党不再重用他，转而支持倾向于保守的奥尔顿·B. 帕克（Alton B. Parker），他则继续推动一项更激进的计划，包括铁路归国家所有，由国家运营。然而，西奥多·罗斯福取得压倒性胜利后，布赖恩在白宫拜访了这位"第一志愿骑兵旅"的组建者，向他表示祝贺并说："有些人认为我是一个不折不扣的激进分子，但实际上我终究没有那么危险。"他在《纽约论坛报》（New York Tribune）上撰文道："是时候叫停美国的社会主义了。这场运动走得太远了。"1906年夏天，他结束世界旅行，继续研究铁路国有化。这时他将两者联系起来看待，认为国有化将是避免社会主义的一种手段：

> 如果我理解正确的话，民主党的立场是否认私人垄断的经济和政治优势，并承诺反对任何形式的私人垄断。民主党在可以竞争的环境中就提倡竞争，并在条件不允许竞争的情况下就提倡国家垄断。

就像1900年主张自由铸造银币的结局一样，铁路国有化并没有受到选民的欢迎。1908年，布赖恩在为他第三次总统候选人提名做准备时，急忙调整策略，承诺自己不会"违背人民的意愿强行贯彻国有制"，并在给《华尔街日报》（The Wall Street Journal）的一封信中表明他"并不急于实行国有制"。他在这一次的竞选活动中，重点放在对托拉斯问题的讨论，初步提出了一个限制大企业的规范体系，这必定在数百家俱乐部中引起了恐慌。[①] 竞选活动反响平平，布赖恩这个"平民"败给了高大魁梧的塔夫脱（Taft），比1896年和1900年与麦金莱（McKinley）的角逐输得更加彻底。

然而，尽管在过去60年中，除了帕克，布赖恩是获得选票所占比

[①] 根据布赖恩的方案，一家从事州际贸易的公司如果控制了本行业25%的业务，就必须取得联邦许可证。该许可证的规定可以保证公众免受掺水股票的伤害，并防止该公司控制其产品交易的份额超过50%。

例最小的民主党候选人，但他的思想主张的影响力却超过其他人。西奥多·罗斯福在他的两届总统任期内，接二连三地在一些非重大问题上不断采用布赖恩提出的主张。在布赖恩的影响下，民主党进步派团结一致，与共和党的进步派联合起来对抗塔夫脱。最终在1912年，布赖恩帮助伍德罗·威尔逊获得民主党提名。虽然这位"平民"经历了一次又一次的失败，但他在16年间不断探索竞选运动中有争论的问题，有效地将公众注意力转向了一项又一项改革；他的许多提议都具有核心价值。玛丽·布赖恩（Mary Bryan）在1925年完成了丈夫的回忆录，她自豪地列举出布赖恩曾经推进现已立法的项目，其中有联邦所得税、民众选举美国参议员、公开竞选捐款、妇女选举权、成立劳工部，实行更为严格的铁路监管、货币政策，以及美国各州的动议权和公民投票权。

考虑到布赖恩对待竞选活动的认真，以及人们对他的谩骂声之过分，他能够如此心悦诚服地接受了多年来的失败，这确实令人意想不到。然而，我们有充分的理由怀疑一直以来他是否真心期望获胜。他一夜之间从相对默默无闻的地位跃升为一位重要的总统候选人——这是一段激动人心、令人极其满意的经历。他很感激自己能够参加总统竞选，还能够第二次、第三次参选，能够在肖托夸（Chautauquas）过上舒适悠然的生活，能够不断获得全国人民的关注，用他迷人的嗓音使数百万人感到喜悦，说一句带刺的话就能让民主党代表大会沸腾起来。塞拉斯·布赖恩的这个儿子曾经在从事法律工作时徘徊于失败的边缘，能走到这一步可以说是取得了很高的成就。随着身价上涨，他的追随者的情绪平静下来，布赖恩变得体型圆润又和蔼可亲，有时还自嘲说自己参与竞选活动是徒劳的。他想要的从来不是成功，而是观众。当观众开始嘲笑他时，他才表现出晚年时期参与对约翰·托马斯斯科普斯（John Thomas Scopes）的审判中那副愤懑而恶狠狠的样子。

3

伍德罗·威尔逊不得不任命布赖恩为国务卿，这是布赖恩在他职业生涯中唯一一次担任的领导职务，同时国务院也终于迎来了一位致力于反对帝国主义和金元外交的领导人。但那些记得布赖恩早期人生历程的人都想知道这在实践中可能意味着什么。布赖恩曾经是一个能言善辩的和平主义者；但当西班牙战争爆发时，他去实现他"服兵役"的想法：他参加了第一批内布拉斯加志愿军，随后升任上校，并与他的士兵一起住在佛罗里达州杰克逊维尔附近的一个灰岩坑里，直到战争结束。他身为和平主义者，又参加过战争，但这两者之间的矛盾似乎并没有让他感到困扰。帕克斯顿·希本（Paxton Hibben）评论说："这个平民似乎无法理解士兵的唯一职责是杀人。在布赖恩看来，士兵的职责就是被杀——他认为战争是一场需要作出牺牲来赢得胜利的游戏。"

掌权的布赖恩和不掌权的布赖恩没有什么不同：他做出同样善意的姿态，在受到压力或茫然失措时仍然愿意放弃自己曾经坚持的想法，还是不具备将事情进行到底的能力。布赖恩最独特的贡献是推动一系列国际仲裁条约的签订，他表现出来的强烈的道德感多年来在国务院也很少见到。这些条约规定，当缔约方之间发生争端时，应当有一个"冷静期"以减少各方的敌意和怒气，然后再通过仲裁解决问题。他对这些条约寄予厚望，认为这些条约能在很大程度上排除战争的隐患。他在1913年热情地宣称："我相信在我担任国务卿期间不会发生战争。我相信只要我活着，就不会发生战争。"

布赖恩很难坚守自己的原则，这一点在他于加勒比海地区推行的帝国主义政策上表现得最为明显。塞利格·艾德勒（Selig Adler）对此评论说，布赖恩"对美国在这一地区渗透的明显加快负有主要责任"。威尔逊忙于应对墨西哥问题和有关中立的问题，在有关加勒比海政策的推行上给了布赖恩很大的自由。而从前反对帝国主义的布赖恩在处理尼加拉瓜、海地和圣多明各问题时，和在他之前的共和党派国务卿一样充满了侵略性。鲁特（Root）、诺克斯（Knox）将军和海伊（Hay）在面临外敌入侵时表现出的民族主义情绪以及对美国首都特权阶层的戒备也莫过于此。1915年4月2日，布赖恩写信给威尔逊报告海地的形势：

> 只要（海地）政府受到法国或德国的影响，美国在这里的权益就会像现在这样受到歧视。……美国的股份愿意继续留在那里，以期购买控制性股权，并使那里的银行成为美国银行的一个支行……要是美国政府能采取必要措施保护他们的话就能实现这一点。……我一向不愿意支持在那里行使任何武力，但有些事情让我相信，可能必须使用必要的武力来进行强制有效的监督。

布赖恩还想要在拉丁美洲推行一项全面的金融干预政策，他在1913年交给威尔逊的两份备忘录中简要介绍了这一政策。他提议由美国政府去"救助"拉丁美洲国家来抵消欧洲债权国对这些国家的影响。美国应为这些国家的教育、卫生，以及国内发展提供必要的资金支持，让它们不必向其他国家的私营金融家寻求帮助，从而能"绝对确保我们对形势的控制"。这将极大地提升美国在拉丁美洲的影响力，因此可以避免革命的发生，促进教育的发展，推动建设稳定和公正的政府。布赖恩提议将私营企业放在一边，应由国家行使经济渗透的职能，用塞缪尔·弗拉格·比米斯（Samuel Flagg Bemis）的话来说，他期望"在当代制定新的金元外交政策"。然而，布赖恩的计划并没有引起威尔逊的重视。

第一次世界大战爆发后，布赖恩是威尔逊政府中真正持中立观点的主要人物。布赖恩来自中西部，一直以来都是国际上主张金本位制的势力的反对者，因此并没有以东部中上层阶级温和的眼光看待英国。他的宏伟目标不是要推动协约国的合作，而是希望双方保持着某种关系，以便美国能够进行仲裁。由于他一直在批评政府的政策，威尔逊的传记作者雷·斯坦纳德·贝克（Ray Stannard Baker），认为他是威尔逊的顾问中"最有才干的政治家"。1914年9月，布赖恩敦促总统进行调解，他预言般地写道：

> 任何一方都不太可能取得彻底的胜利，从而能向对方发号施令。如果一方真的大获全胜，那可能预示着另一场战争将会发生。实现和平似乎需要一个更为合理的基础。

当美国的银行家向政府施压，要求政府允许他们向协约国提供大笔贷款时，布赖恩是阻止该进程的主要人物。他指出，最不应当提供的就是资金，因为资金可以调动其他物资，这种对协约国的经济支持会违反中立精神，最终将引发战争。事实证明他是对的，然而当有人建议撤销他最初提出的贷款禁令时，他再次不出意料地改变了自己的立场，对此默默地同意了。他曾背弃了自己反对帝国主义、坚持和平主义和铁路国有化的立场，如今在贷款问题也同样做出了让步。

布赖恩不是缺少勇气和真诚，而是不够坚定和自信。眼看美国不断偏离中立的立场，他对此感到十分不满与苦恼。当威尔逊允许美国公民乘坐有可能被德国潜艇击沉的英国船只，从而引起了与德国的一系列争论时，只有布赖恩认识到了这一立场的愚蠢性。他指出，问题在于"一个美国公民是否会将个人事业置于对国家的关心之上，为了追逐私利而承担不必要的风险，从而迫使自己的国家卷入复杂的国际局势之中"。他主张接受德国的提议，通过缓和潜艇战来换取英国放松对德国的粮食封锁，但是英国方面并不认可这一建议。他问威尔逊："要是人们能够接受让一个国家的人忍受饥饿的话，又何必对淹死几个人感到愤慨？"1915年6月8日，布赖恩因不满威尔逊就"卢西塔尼亚"号（Lusitania）沉没事件向德国提出抗议，辞去国务卿一职。

接着发生的一些事情迅速让布赖恩晚节不保。第一次世界大战结束之后，人们把他与美国社会中一些最恶劣的势力联系起来，如提倡禁酒、反对进化论、房地产投机和三K党。出于对妻子健康的考虑，他搬到了佛罗里达州居住，成为当地房地产集团的广告代理人，而他无可救药的粗俗对他从事这份工作很有利——"想想看，神奇迈阿密的前景会是什么样的呢？"他一边进行房地产推销，一边开办禁酒讲座，收取高额费用，为了能够在身后留下一小笔财产。1924年，布赖恩出现在纽约市举行的民主党代表大会上，那是他最后一次在政治场合露面。当时民主党因为点名谴责三K党的著名决议而产生内部矛盾，而布赖恩所在地区的代表团的成员都是三K党的支持者。对于一个读过杰斐逊关于宽容的阐述的人来说，这是一个绝佳的机会，他可以就偏执问题发表长篇大论的演说。然而，布赖恩最担心自己的影响力会进一步削弱，因此他温和地呼吁，提出既不要分裂，也不要破坏党内团结。关于三K党的问题，他说："如果我们能承认三K党的诚实并教育他们认识到自己的错误，就能更好地消灭他们。"这时的他身材臃肿、开始秃顶，穿着起皱的衣服，炎热的环境让他饱受折磨，也没有了曾经让他出名的美妙嗓音。来自听众席的无情责问让他不知所措。他为主张和解的候选人所做的一番努力让人觉得好笑。他走下讲台，含着眼泪对参议员赫夫林（Heflin）说，他一生中从未受过这样的屈辱。

代表大会由于在艾尔·史密斯（Al Smith）和威廉·吉布斯·麦卡都（William Gibbs McAdoo）两个候选人之间举棋不定，结果提名摩根（Morgan）和标准石油公司的律师约翰·W. 戴维斯（John W. Davis）为候选人。布赖恩曾经在党的秘密会议上痛斥摩根势力，这时却提出让他的弟弟查尔斯加入戴维斯的副总统候选人名单，并在竞选活动中支持戴维斯。那一年代表布赖恩原先观念的是独立进步派候选人老罗伯特·M. 拉福莱特。虽然布赖恩的追随者们在国会斗争中通常与拉福莱特团结一心，但拉福莱特却没有得到布赖恩的支持。这位"平民"绝不会离开民主党。他支持民主党提名的每一位候选人。他在1924年的代表大会上承认说，自己一生都心系民主党；他无以报答民主党的恩情，因为民主党使他从一个默默无闻的年轻人上升到显赫的地位，并且三次提名他为总统候选人。

但是布赖恩知道自己在民主党内的影响力也在减弱。他是一位关心农民的领袖，对偏远地区的民众更具吸引力。随着国家城市化进程的推进，他逐渐淡出人们的视线。他从前的追随者们并没有忘记他，但他在1923年给一位朋友写信道："不赞同禁酒的人们都反对我，他们在北方所有大城市都设有组织，还能用报纸向公众做宣传，而我却不能。"

布赖恩的政治影响力逐渐衰弱，他很高兴自己能有新的奋斗目标，那就是带着热情回到他最初感兴趣的事情上。他在和一个人的通信中写道：

> 虽然我在政治领域的影响力有所减弱，但我认为我在宗教事务方面发挥的作用有所增强，我收到了各个教堂牧师的邀请。我做出这样判断的一个依据是，我与人们有关宗教话题的交流比有关政治话题的交流要多得多。我对宗教话题有着更加浓厚的兴趣，因为我认为那残酷的理论使许多传教士为传播宗教思想所做的努力付之东流，并且破坏了许多青年大学生的信仰。

他曾经解释说，他认为自己是带头对抗进化论的合适人选，因为他一生中取得的成就可以消除人们对他"智力"的所有怀疑。

布赖恩前往田纳西州协助审理对一位教授进化论的教师约翰·托马斯·斯科普斯的控诉案，这并没有让那些一直关注他演说的人感到惊讶。对斯科普斯的审讯向全世界展示了布赖恩幼稚的宗教观，他尚不成熟的民主观念也显得荒谬起来。他对反进化论法所做的辩护表明，多年的从政经验并没有让他了解到公众舆论的局限性。对他来说，人民的声音仍然是上帝的声音。他认为，普通人也能够解决科学和政治方面的问题，能够胜任学校管理和铁路管理的工作，能够罢免法官，以及处理有关金本位制的问题。人们起诉斯科普斯，只是想要声张自己的权利，要求"从政府那里获得他们希望的东西，包括他们所希望的那种教育"。对于学术自由的权利要"有所约束，不能像斯科普斯教授这样超越边界。一个人说了雇主不希望他说出的话，就不能再期望领到薪水……"

日渐年迈的布赖恩，这位受压迫者的游侠骑士，这样说道。他告别职业生涯时的形象和他1896年开启职业生涯时大致相同：一位听从目光狭隘的民众的迂腐守旧的政客。从全国各地，尤其是从老布赖恩的家乡纷纷发来鼓励的信函。"我亲爱的布赖恩兄弟，"阿肯色州斯马科弗的一位追随者发来电报说，"和那些进化论者们抗争到底，直到地狱也冰天雪地，然后再在冰上和他们大战一个回合！"审判结束几周之后，布赖恩由于心脏病发作离世，那些从反对金本位制到反对进化论一直忠实地追随着他的人们都深感悲痛。人们燃烧火十字来纪念他，他的一位选民称颂他是"这个时代最伟大的三K党人"。这个不太准确又有些残酷的评判，突出显示了布赖恩的致命弱点，这个于65岁逝世的人早已活过了属于自己的那个时代。

第九章

西奥多·罗斯福：
身披改革派外衣的保守派

> 唉，参议员先生，我是多么希望自己不用做一名改革者啊！但我想我不但要饰演这个角色，还要把它演好，就像装扮成黑人一样，得把全身涂得黝黑！
>
> ——西奥多·罗斯福致昌西·迪普（Chauncey Depew）

1

南北战争后的美国出现了粗俗的、追求物质享受的文化。在这种文化的影响下，接受过良好教育的中产阶级青年中诞生了一批与社会格格不入的、离开家族四处流浪的知识分子。他们基本上都生活优渥，家境显赫，许多俱乐部成员、绅士、作家都名列其中。作为自波士顿和康科德的光辉岁月以来的第一代美国本土高知贵族，这些人发现自己完全无心参与那些充斥着贪婪无序的商业活动，也无法不加批判地接受由大佬操纵的政治。聚敛财富的全是卑鄙之人，参与政治的都是无耻之流，他们中最厌恶两者的人选择在其他领域开创自己的事业。那些对公共事务不太感兴趣的人通常会设法融入美国主流社会不太关注的冷门领域中。有些人，比如亨利·詹姆斯（Henry James），选择在国外流浪；他的弟弟威廉·詹姆斯，终日沉浸在学术研究之中；小奥利弗·温德尔·霍姆斯（Oliver Wendell Holmes Jr.），则在马萨诸塞州的法院中觅见了心灵的安歇之所，并最终升职进入最高法院；另外还有亨利·亚当斯，以一种消极避世的态度在自己的领域有所建树。一些心智足够强大的人能够克服对商业行为的厌恶，进入商界试图一展身手，在意识到自己无法从中获得一定的个人成就感时，就会选择头也不回地离开。在辞去铁路公司高管这一令他不快的工作后，小查尔斯·弗朗西斯·亚当斯评价说，跟他打过交道的各行各业的大亨里，"没有一个人……我愿意在今生或来世再度相见；在我看来，也没有一个人身上具有幽默的风度、深刻的思想或高贵的教养"。

从另一方面来说，传统政治也提供了一种选择，即单纯地为商业阶级服务，或者同寄生虫一样以讹诈为生。[①] 但对于惯来谨慎的人来说，很难走出这一步；苛刻如查尔斯·亚当斯和亨利·亚当斯两兄弟，即使是世家大族的传统力量和对政治事务的密切关注也不足以抵消他们对此的厌恶。正如亨利所言，他们"按照盎格鲁－撒克逊习俗的某些法则——某种固有的思想退化来说，是与社会主流不相称的"。这个时代迫使失意的政治家转入学术领域，以书写历史的方式抒发自己的政治抱负。然而，在更加坚强和年轻的知识分子中间，出现了以阿伯特·J.贝弗里奇（Albert J. Beveridge）、约翰·海伊、亨利·卡伯特·洛奇（Henry Cabot Lodge）、西奥多·罗斯福和伍德罗·威尔逊为代表的对政治颇有见地的学者。这些人虽然算不上典型的政治家，但却"捏着鼻子"做出了必要的妥协，以自己的方式进入政界并等待时机，直到社会环境给他们机会登上权力宝座。这些人都是讲求客观实际的人，他们情绪稳定、雄心勃勃、意志坚韧、处事灵活。而其中翘楚当属西奥多·罗斯福。

在《西奥多·罗斯福自传》（*Theodore Roosevelt*）中，罗斯福讲述了当他第一次向朋友们提出自己要从政的决定时，那些人是多么惊恐。"我最了解的人，"他回忆说，"是那些社交俱乐部里的人，是那

[①] 亨利·亚当斯在自己的困境中这样描述："没有人需要他，没有人希望他的朋友参与改革；只有敲诈勒索才是政治和商业的正常现象。"

些品位高雅、生活安逸的人。"朋友们告诉他，政治是由酒馆老板和马车行商人经营的廉价事务，绅士们都唯恐避之不及。"我回答说，如果是这样的话，那仅仅意味着我认识的人都不属于统治阶级，而社会上有其他人属于统治阶级——我打算成为统治阶级中的一员。"之后，罗斯福从基层做起，加入了一个组织——纽约第21选区的杰克·赫斯（Jake Hess）共和党俱乐部。这家俱乐部的聚会地点是一个酒吧间上方设有痰盂的会议室。

罗斯福和他的同僚们从政的目的不是简单地贿赂牟利或满足野心，而是达成他们认为更崇高的目标，寻找超越群体、阶级和物质利益的理想。对此他们俯首为国民做实事，积极探索更大的舞台一展治国理政才能，并带着贵族特有的鄙视对那些——如罗斯福所说——从来没有因慷慨助人感受过狂喜心情的人不屑一顾。从某种意义上说，他们无疑是一群冒险家，厌极了"那类心肠冷硬而身体肥软的奸商"。在为《世纪报》（*The Century*）撰写的一篇文章里，年仅28岁的罗斯福表达了他对美国富有阶层的厌恶，这也成了他的一种政治人设：

> 富豪们，或者如他们自诩的"上层"阶级，明显在向资产阶级类型发展；而处于资产阶级发展阶段的个人，虽然诚实、勤劳、善良，但也往往惊人的软弱、短视且自私。商人阶级只会从"这值得吗？"的角度来衡量一切事物，许多商人从不参政的原因就是他们目光太短浅，认为只有纯粹的商业活动才能给自己带来更多的收入，他们自私到不愿意为了抽象的责任做任何麻烦事；这个阶层的年轻人过分沉溺于各种社交乐趣，不愿意牺牲时间干其他任何有意义的事情。同样不幸的是，接受过文化熏陶和高等教育的人普遍倾向于忽视甚至轻视粗粝的男性美德，以至于智力发达的人往往与某种柔弱的性格相关联。

但是，如果说罗斯福在抨击"美化了的贪财小贩或典当商"的金钱观念，他并不是站在社会民主的立场上，也不是站在为被压迫者发声的立场上。他鄙视富人，但又害怕暴民。任何民间组织力量的征兆都使他感到害怕；多年来，他对劳工运动的态度就像约翰·海伊在匿名出版的小说《养家糊口的人》(*The Breadwinners*)中所表达的那样充满敌意。最积极的中产阶级改革者也惹恼了他。在卸任总统后的几年里，罗斯福才迎来了姗姗来迟但又恰逢时机的激进主义转变，而在此之前，几乎没有一场改革运动不会遭到他的蔑视。他的作品中充斥着对"极端分子""激进的狂热者""扒粪者"和"精神失常的边缘人"的辛辣描述。"多愁善感的人道主义者，"他在评论本顿一生的时候说，"总是组成一个危害性最大的群体，其恶行的影响要远胜过一个职业罪犯集团的破坏力。"

罗斯福主张要有一种可以制衡富人极力追求的物质主义和群众潜在威胁的力量，而这股力量就是士兵们具有的进攻性、强势且好斗的气质。"商业发展得再繁荣，"他曾说，"也弥补不了英雄气概的缺失。"他希望英雄气概能再次成为美国文化生活的中心。他打从内心深处崇拜那些猎人、牛仔、拓荒者、士兵和海军英雄。赫伯特·斯宾塞的观点在罗斯福成长时期的美国思想中占据着至高无上的地位，他提出，西方社会正从以战争为主导的好战阶段过渡到以和平经济发展为主导的工业化阶段。罗斯福，这个也许会被斯宾塞称为有"返祖"行为的人，决心扭转这一进程，将美国精神恢复到他乐意称为"战斗优势"的时期。尽管他真诚地忠于民主事业，但这位美国现代军国主义和帝国主义的先驱在他的政治人设中表现出了近代独裁主义的许多特质——浪漫的民族主义、对物质追求的鄙视、对力量的崇拜和对个人领袖的狂热、对社会中层群体的吸引力、远超阶级和阶级利益的理想、一种宏大的宿命感，甚至还有一点种族主义。

人们习惯把西奥多·罗斯福强硬的个性解释为他对身体先天孱弱

的补偿。① 他的视力一直很差,甚至最后完全失去了左眼的视力。罗斯福幼年就饱受哮喘的折磨,随着心智渐长,他一直都为自己瘦小的身体感到羞耻。十四岁时的一次经历在他的记忆中留下了不可磨灭的印记。在他乘公共马车去穆斯黑德湖的路上,罗斯福遇到了两个和他年龄相仿的男孩,男孩们过分的玩笑让他忍无可忍。当他试图反击时,"我发现他们两个不但可以带着蔑视轻而易举地拿下我,而且可以让我不受到严重伤害又无法动他们分毫。"回到纽约后,罗斯福开始学习拳击,并在余生也与各种体育用品相伴——拳击手套、哑铃、单杠等。他在哈佛大学读书时期还有一张穿着拳击服的照片;他肌肉发达的双臂夸张地交叉在胸前,脸上是一副凶狠偏执的怒容。四十三岁时,他还在白宫打拳击。

  这种心理补偿可能没有所谓的峰值;但如果有的话,罗斯福应该比任何人都擅长为自尊找到慰藉之法。他曾和职业拳击手对峙;曾和牛仔们一起驰骋;他领导过一次史上著名的骑兵冲锋;他追捕过西班牙人和大型猎物;他曾经有过在西部酒吧间里打倒一个壮汉的绝妙体验;他曾吓坏了整队警察;他曾公然违抗教皇;他成为美国总统,还敢对着 J. P. 摩根的鼻子挥舞拳头。如果这一切都只是为了带来一种安全感,那么他似乎已经进入了失败的深渊。六十岁的罗斯福还在挥舞着旗帜,为兵团呐喊助威。人们只能怀疑,他是在逃避某种影响更久远的缺憾,而不是更显见的由童年遭遇引起的创伤。他拼命而迫切地逃离休息和内省,这情景有时也让人不禁同情。1886 年,在第一任

---

① "我们可以公布这样一条基本的定律:那些在器官上有缺陷的孩子在很小的时候就卷入了为生存而进行的痛苦斗争,而这种斗争往往会扼杀他们的社会感情。他们没有兴趣去迎合同伴,而是不断地关注自己,关注自己给别人留下的印象。……一旦对别人认可的追求占了上风……对个人来讲,权势的目标就变得越来越明显,他们会高强度、狂暴地追求外界的认可,于是他们的生命就变成了对重大胜利的期待。"(阿尔弗雷德·阿德勒,《理解人性》)

妻子和母亲同时去世后第二年，他用 4 个月的时间写完了托马斯·哈特·本顿的传记，在这 4 个月里，他大部分时间都被 14 或 16 个小时的农场工作占据，"整天都十分困倦"。在这一阶段，罗斯福用 5 年时间写了 7 卷历史作品和许多散文，同时还活跃于政坛和农场之间。"行动起来，做些事情；保持理智，"他曾经热情呐喊，"不要浪费你的时间；创造，行动，无论身在何处都要占据一席之地，做个大人物，行动起来。"一种深刻而又无可避免的焦虑常常困扰着他。他的朋友们惊讶地发现，罗斯福在与第一任妻子爱丽丝·李（Alice Lee）订婚期间，仍处在一种紧张不安的状态中，生怕有人和她私奔，又威胁熟人要进行决斗，甚至为了准备决斗，从海关走私来了一套法国决斗手枪。"起初，我对各种事情都感到恐慌，"他在回忆录中坦露心声，"……但在表现得我不害怕时，我就逐渐不再害怕了。"[①]"男子气概"和"强势"这两个在罗斯福行文时最常见的词，反映了他对凌驾他人之上的执念。这样的个人动机一旦应用于公共事务的处理，就很容易转化为帝国主义的征服欲。罗斯福在西班牙战争中的英勇表现能让他在义勇骑兵团名声大振，这绝不是机缘巧合。90 年代的经济大萧条让美国的中产阶级一直被不安和恐惧笼罩，他们目睹的不仅有托拉斯的垄断和不断扩张，还有劳工势力和平民主义运动在民间的步步壮大。与罗斯福一样，对中产阶级而言，一场战斗就是一场消遣；美国在世界舞台上的自信发声让他们感觉到，这个国家尚有再度崛起和变革之力。正是这样的情绪让人们选择接受这场并无必要的对西班牙发动的战争，也正是这样的情绪让他们接纳了像罗斯福这种性格的人。斯图亚特·谢尔曼（Stuart Sherman）还认为，罗斯福之所以受欢迎，在很大程度上是因为美国人在镀金时代如此汲汲于金钱和权力，以至于丧失了享受生活的

[①] 罗斯福特别写了他对于狩猎危险猎物的看法，但这句话可能更多揭示的是他自身的行为准则：很多时候，猎人狩猎的猎物只不过是自己内心的恐惧；获得战利品后之所以受人尊敬，是因为这些战利品是他们战胜危险和克服恐惧的象征。

能力；而罗斯福则以他的多样性、热情洋溢和积极上进的态度，唤回了人们对人生其他领域的关注，这些领域能让生活变得更有意义。[1] "总的来说，"这位上校在1899年向人们宣告，"我们认为，最伟大的胜利尚待取得，最伟大的事迹尚待完成，前方等待着人民和所践行事业的，将是比现在更卓著的胜利！"

罗斯福本人喜欢与粗野好斗的人为伍。《西奥多·罗斯福自传》中一些最吸引人的文字涉及他在西部荒原认识的牛仔和硬汉。他在一篇随笔中解释，每个人

> 只要能在战斗中获得真正快乐的力量，他就能让狼从心头一跃而出，获得那种快乐；他不会因为流血流汗而退缩，也不会认为流血流汗影响战斗；他以辛劳、疼痛和危险为乐，因为它们就是胜利的战利品。

战斗的乐趣可以从与原始落后民族的战争中获得。罗斯福的这种体验首先来自印第安人。以牛仔视角看待印第安人的他，在1886年承认了自己的西部思维。

罗斯福三十多岁的时候完成了一部重要历史著作《征服西部》（The Winning of the West），这是一部关于种族冲突的作品，他把"说英语的民族在世界荒原上的拓展"描述为"世界史中最引人注目的特征"。只有"一种扭曲的、悖谬的、愚蠢的道德观"才会谴责美国征服西部。"但最幸运的是，在那片蛮荒土地上从事文明开拓初级工作的勤奋、活跃、务实的人，不太会出现虚伪的、多愁善感的情绪。"

罗斯福赞扬了所有西欧国家的对外扩张活动。1899年9月，他在亚克朗市（Akron）发表了声明：

---

[1] 同样需要记住的是他的谐星天赋也不可小觑。

每一次扩张之所以能够实现，是因为这个民族是一个优秀的民族。这是一个对外扩张的国家伟大的标志和证明；而且要记住，每一次扩张，对人类发展都有数不清的好处。当伟大的国家害怕扩张，面对扩张退缩不前时，就表明他们的伟大即将落幕。我们的国家正值攀登的青年时期，刚刚踏上人类光辉岁月的征程，难道还要与行将就木的老人为伍，同软弱的懦夫一道吗？绝不！

这位义勇骑兵时刻准备着对外战争，践行坚定信念的勇气丝毫不减。正如罗斯福的极富洞察力的传记作者亨利·普林格尔（Henry Pringle）所说，他一直以来都是位志愿兵。1886年，面对美国与墨西哥争端愈演愈烈的趋势，他已经做好了准备，并向亨利·卡伯特·洛奇提议，把自己农场里的"莽汉"骑手组建成一个骑兵营。9年后，当他感觉到总统克利夫兰与英国关于委内瑞拉边界问题的争论有可能引发战争时，内心充满了沙文主义的激情。他向一名《纽约太阳报》（*New York Sun*）的记者说了些没头没脑的话：宁愿让美国的城市被轰炸、被踏平，也不会为了保住城市的安宁向任何敌人赔款，1美元也不可以。结束与英国的战争之后，美国的下一步目标就是征服并吞并加拿大——发展前景一片大好。1895年12月，他在给洛奇的信中写道："这个国家需要一场战争。"当被哈佛大学校长艾略特（Eliot）斥为沙文主义者时，他回击了"那些无用的依赖国际仲裁的多愁善感者"，认为这些人会带来"一种软弱、顺从的风气，侵蚀我们民族伟大的战斗品质"。几年后，他甚至冒着与日本开战的危险，竭力争取吞并夏威夷。1897年6月，罗斯福以海军副部长的身份在美国海军学院发表了一个经典的军国主义演讲，在演讲中他再次重申了自己偏爱的主题：军事权威高于金钱价值。他坚称，对这个国家来说，最危险的情绪将是过分爱好和平的情绪，而不是好战情绪。一个富裕的国家"对任何还保留着最珍贵的士兵气质的人来说，都是一个唾手可得的猎物"。所有"伟大的优等民族都是好战的民族"。

任何和平的奖赏都无法与战争获得的最高胜利相媲美……我们美国人这些年来的大部分时间都是在和平中度过的。我们向那些为我们创造了美好物质繁荣的奠基者们致敬……但毕竟，我们也能感受到，那些敢于参战或从事战争相关工作的人，才是国家最值得拥有的人。

在古巴危机愈演愈烈之际，他向一名海军军官保证，与西班牙开战是合理的，其原因有二。第一，从人道主义和自身利益角度出发，美国都需要代表古巴进行干预，并采取类似的举措将美国从"欧洲统治"中解放出来。第二，开战"会给我们的人民带来一些非物质的益处，尤其是陆军和海军的实战，会给我们的军事力量带来益处"。在经济恢复繁荣的时期，大企业对国家发动军事冒险行动有些犹豫不决，罗斯福对此十分蔑视。他提醒马克·汉纳："尽管逐利的商人集团十分软弱，但我们仍将为古巴的自由而战。"[1]不久之后，战争便爆发了。

罗斯福认为，对西班牙的战争应该进攻得越猛烈越好，他敦促军队应该派遣一个空军中队在夜间通过直布罗陀海峡，奇袭巴塞罗那和加的斯。这些建议并没有被采纳。但正是有了罗斯福提议在先，才有杜威（Dewey）上将未经其上级 J. D. 隆（J. D. Long）部长批准，向驻扎在菲律宾的西班牙舰队发起了攻击。罗斯福在这种情势中体现出的非凡主动性遭到了历史学家们的尖刻批判，但在当事人自己看来，这没什么可反对的。他从来都不是会为高度责任感所累的人。几年后，他向塞西尔·斯普林-赖斯（Cecil Spring-Rice）抱怨说："我们的将军们……不得不对付公众的感伤情绪，这种情绪因为失去了几千人的性命而痛苦尖叫……这就是一种荒谬而不切实际的多愁善感。"

---

[1] 他在自传中回忆道："那些大金融家们、那些容易被触动金钱神经的人，还有那些与他们经济利益稍有冲突就抛弃国家荣誉的人，都反对战争。"

战争开始后，办公室里的工作变得十分无聊。罗斯福辞去海军文职工作，组建了一个志愿骑兵团，也就是著名的美国第一志愿骑兵团。他的朋友和家人对此十分失望，甚至认为这是一场"精彩的小型战争"的约翰·海伊也因他离开海军部门而评价他为"桀骜不驯的野马"。他风风火火地训练，担心战争在陆军部把他送到前线之前就结束了。但最后，伟大的时刻来临了。骑兵团到达古巴后就参加了好几次战役，其中包括著名的圣胡安山冲锋。罗斯福的确厥功至伟。"我在马背上的时候，你们害怕站出来和我冲锋吗？"他询问几个落在队伍后的人。许多年后，他还记得"我挥了挥我的帽子，然后冲锋上到山坡"。他骄傲地向洛奇报告："……我亲手杀死了一个西班牙佬，像猎杀一只长耳大野兔那样。"这是他对另一个人描述时用到的比喻。最后，在决战胜利的时刻，他道出了对人性最大的亵渎："看看那些该死的西班牙人的尸体！"之后不到三年时间，他就当上了美国总统。①

2

罗斯福的国家元首之路十分曲折。在担任了三届纽约州改革派众

---

① 在担任总统期间，罗斯福在外交政策的执行上表现得比预期更加克制。虽然外交一直是他的主要兴趣所在，但他并没有一味地寻求战争。他做的最有影响力的三件事是 1905 年干预摩洛哥的危机、调停日俄战争以及密谋开凿巴拿马运河，这些事件在当时激起了热议，他也因此名声大噪。但从"国家利益"的角度来看，这些行为并不能带来长远的利益。他为解决摩洛哥危机所做的贡献，可能是他的冒险行动中最成功的，但对美国没有任何好处，而且有激起民怨的风险。至于他对日俄战争的调停，塞缪尔·弗拉格·比米斯教授总结道："这对美国来讲百害而无一利。"与巴拿马革命者的密谋给美国带来了按照罗斯福的要求开凿的巴拿马运河——这是罗斯福引以为豪的事情——却遭到了绝大多数研究这一问题的美国历史学家的谴责，原因是不符合国家利益和国际道德的要求。人们对他最大限度上的认可是他在运河建设上争取了几个月的时间，但却大大加深了拉丁美洲的国家和地区对美国的敌意。

议员后，他在道德方面获得了极高的声誉。1884年，在洛奇的指导下，罗斯福选择在总统竞选过程中放弃改革派阵营，转而支持布赖恩。两年后，他在一场毫无胜算的竞选中代表共和党参选，在纽约市长的竞选中输给了艾布拉姆·S. 休伊特（Abram S. Hewitt）和亨利·乔治（Henry George），位列第三。1889年，哈里森总统派遣罗斯福到公共服务局就职，在那里，他为了完善功绩原则而积极工作。这一举动赢得了总统克利夫兰的支持，上任后的他放下党派之见，让罗斯福连任。1895年，他回到纽约，担任纽约市警察局总局长。最后，由于受到了洛奇的影响，他在总统麦金莱就任期间设法当上了海军副部长。西班牙战争的英勇表现让他成为一位英雄，深受民众爱戴，并于1898年当选为纽约州州长。就任州长的罗斯福是普拉特一派公认的麻烦人物，党派里的各方势力都恨不得赶紧找机会把他的权力架空。在敌友双方的共同努力下，罗斯福在1900年的大选中被推举担任麦金莱的副总统候选人。尽管罗斯福不愿竞选一个看起来只能在背后默默奉献的职位，但他为此付出的一切都获得了回报（他以副总统之位进入白宫）。总统的宝座最终归于罗斯福。

出生在最强大的保守派所保护的世界里，罗斯福从小就被灌输了许多保守主义思想，唯有丰富的阅历才能使其逐渐转变。他的父亲，被罗斯福评价为"我见过的世界上最好的人……身强力壮，拥有一张雄狮般的面庞，他的内心充满了对求助者或弱者的温柔"。他是一位从事玻璃进口生意和银行业的商人，秉持大企业共和党人的传统观念，从不参与政治变革，却又积极投身于慈善事业当中。

罗斯福回忆说，在哈佛求学期间，J. 劳伦斯·劳夫林（J. Laurence Laughlin）所宣扬的一种极端的自由放任主义使他得以接触到有关经济的正统准则。除此之外，他好像对经济政策没有什么具体的想法；他坦率地承认，即使已经从事了20年的公共服务工作，在入主白宫时他也还只有一点经济学背景。大学期间有一份关于分析古罗马格拉古兄弟二人性格的作业，他本可以借此回顾一场古代伟大的社会变革，但用他自己的话说，他的作品展现了"一种无趣的、完全自相矛盾的思维模式"。但是，1812年战争中美英战舰里护卫舰和单桅帆船的实战表现令他着迷不已；他第一部历史著作《1812年美英海战》(The Naval War of 1812)的创作始于大学四年级，里面有着罗斯福对海战严谨而专业精准的阐释。

罗斯福立志从政，成为"统治阶级"的一员，这一志向并非来自一系列世俗成功标准的激励，而是源于一种若有似无的奉献精神的鼓舞。除了坚信内心纯洁的人要积极地参与政治、蔑视纯粹的物质追求，以及献身于民族国家，人们在罗斯福早期的思想中几乎找不到一点刻意树立的意识形态。他在1896年4月5日给姐夫，即海军上将威廉·考尔斯（William Cowles）的一封信中总结了他大部分积极向上的观点和信念：

> 虽然我对市政改革和公务员制度改革等问题颇有感触，但在我们面对外部世界的态度，与之相关的海防建设、一流海军建设，甚至明智强硬的外交政策等问题上，我的感受则更为强烈。我认为，如果我们能用长远的目光看问题，稳步改进我们的政策，直到把所有欧洲势力从西半球的殖民地上铲除出去，那就再好不过了。

显示罗斯福政治地位最有力的标志之一就是他对劳工的态度。19世纪80年代中期和90年代不时会发生很难平息的罢工活动。由于他所在的城市和州是工人运动活跃的中心，罗斯福不得不经常同对他施压的劳工组织进行沟通。

在早期纽约议会任职的时候，罗斯福曾被调入一个考察团，调查纽约市雪茄行业里一些小作坊式的血汗工厂。视察期间看到的肮脏环境令他大为震惊，于是罗斯福支持通过了一项法案。这项法案在他的朋友们看来既危险又有煽动性，旨在消除小作坊式的雪茄生产乱象——尽管他承认这项法案的实施"在某种意义上……带有社会主义倾向"。随后，他投票支持减少工厂里妇女和儿童工作时长的法案，又推动通过加强工业安全的立法。这是他能做到的最大限度。而对其他劳工法律的态度则使得他在劳工界恶名远扬。此时，罗斯福的右倾思想比艾布拉姆·S. 休伊特（Abram S. Hewitt）和马克·汉纳（Mark Hanna）这类自由资本家的思想更甚。在进入州议会一年后不久，他写道，这真是糟糕的一年，"因为要维护工人阶级的利益，议会提出了许多具有煽动性的议案"。这些"具有煽动性"的议案中，有一项被罗斯福一手阻拦而无法实施，即要求纽约、布鲁克林和水牛城等城市的雇主向工人支付每天不低于2美元或每小时不低于25美分的工资。他称这项法案是"一年一度纯属空谈的数十项荒谬法案之一"，绝不允许它给纽约市平添负担。他还反对废除合同定罪劳工的法案，反对提高纽约市警察和消防员的工资以及加快该州执行八小时工作制的法案；义愤填膺的他还反对一项规定马拉街车司机工作不得超过12小时的法案。

他与劳工进一步接触是在担任纽约市警察局局长期间。任职期间，他发起劳工运动和改革运动，整改了许多廉租房，得到了大家的认可；他经常在雅各布·里斯（Jacob Riis）的陪同下考察贫民窟，备受启发；他开始阅读有关住房的文献，并对社会工作表现出兴趣。但他多次与劳工就派遣警察解决罢工问题发生冲突。1895年，《邮政晚报》（Evening Post）援引他的话说：

> 像保护雇主的权利一样，我们也会积极热情地保护罢工者的权利。但若发生暴乱，一切就另当别论了。暴徒抓住一切机会以身犯险，我们定会不惜一切代价维持秩序。如有必要，我们就开枪射击。

19世纪90年代大萧条所引起的工业暴动一直困扰着罗斯福。当著名的布拉德利－马丁舞会（Bradley-Martin ball）计划在这座被饥饿和失业笼罩着的城市举行时，这位警察局局长深感愤怒，因为这将毫无必要地刺激穷人。他含沙射影地讽刺道："我将不得不调用大批警察来保护它，就像保护罢工一样。"

1899年，罗斯福已经认识到，他可以在众多具体细节上做出让步，来利用劳工运动（或其他民众运动）的某些政治力量。作为州长，他在处理劳工问题时展现出越来越多的灵活性。在他的努力下，立法机关通过了一项反对血汗工厂的法律。他还是第一位亲自视察血汗工厂的州长，并定期慰问劳工领袖，关心劳工利益。同时，也许是为了向大家证明他的政见有变，他在一项自己曾在议会中激烈反对的法案上签字盖章，这就是针对政府合同工人的八小时工作制法案。他尽管自诩州权利的化身、财富的捍卫者，但也认为通过社会立法推行仁政以及改善民生的举措当仁不让，势在必行。然而，群众的任何自主权力的显露，尤其是以罢工的形式，都会引发他强烈的反应。担任州长期间，他对当时问题的点评彰显了其哲学思想："如果克罗顿大坝罢工事件发生不测，我会立刻下令派驻民兵。但我也会签署雇主责任法。"正如霍华德·L.赫维茨（Howard L. Hurwitz）所描述的那样，罗斯福始终有"动用军队的念头，几乎一点就着……遇到罢工时，他的脑子里只有一根筋，就是带着军队抵达争端现场"。

每逢国家大事，罗斯福总会出现类似的急躁情绪，一并而来的还有突发暴力倾向，在他任职期间一次又一次上演。秣市广场事件发生时，他曾在自己的牧场口出狂言，称他的牛仔们希望"有机会用步枪攻击暴徒。我希望他们和我一起上阵，希望暴民人数是我们的十倍；我的人百步穿杨，无所畏惧"。19世纪90年代的不满情绪引发了新一轮的歇斯底里。普尔曼罢工期间（当时马克·汉纳在克利夫兰联盟俱乐部的愤慨绅士们面前声称："一个不愿向部下妥协的老板就是个该死的傻瓜。"），罗斯福写信给布兰德·马修斯（Brander Matthews）："我非常了解平民主义者和劳动人民，了解他们的缺点。比起谨小慎微地流血虐杀，我更愿意把暴徒交给正规军或训练有素的州自卫军处置。"他是在1896年的事件中窥见法国大革命可能重演的人之一。7月时他就曾告诉他的妹妹：

这不仅仅是关于财务标准的斗争。这是一场半社会主义性质的农业运动，自由铸造银币只是小插曲，它之所以得到支持，主要是因为有人想要借此摧毁善行和节俭的美德。布赖恩在大城市的主要支持者是"有组织的劳工"；他的言论既愚蠢又罪恶，底气来源于所有隐藏在社会外壳下蠢蠢欲动的丑恶势力。

他无法忍受约翰·P. 奥尔特吉尔德（John P. Altgeld）赦免芝加哥三名无政府主义者的行为，更无法原谅其坚决反对克利夫兰派遣联邦军队到伊利诺伊州制止普尔曼罢工。因此，他拒绝亲自会见奥尔特吉尔德，用他的话说，他们可能还得"在战场上刀剑相向"。当汉纳对他工会俱乐部的朋友们嗤之以鼻说道，"不会有什么革命，你们只是一群该死的傻瓜"时，罗斯福却在采访中说：①

> 现在只能像镇压巴黎公社运动那样压制我们很大一部分人激动的情绪，即拉出他们十几个头目……让其靠墙站立，公开枪决。我有预感，事情终会演变到那个地步。因为这些运动的领导者正在谋划一场社会革命，意图颠覆共和国。

白银危机已然过去，美西战火也消失殆尽，本国经济恢复发展，可这些都无法纾解罗斯福内心的阴郁愁绪。1899 年，他在《来自奥尔巴尼的洛奇》（*Lodge from Albany*）中写道，本州的工人和小商贩都"闷闷不乐，怨声载道"。这年夏天，布鲁克斯·亚当斯（Brooks Adams）前来探望，二人谈到工会八小时工作制运动对国家安全的威胁，以及美国可能被托拉斯"操控"的隐患。这些托拉斯组织者兴致满满，想着罗斯福可能会引导"情绪派大爆发，这至少能暂时压垮经

---

① 据《纽约民主日报》（*Democratic New York Journal*）的编辑威利斯·J. 阿博特（Willis J. Abbot）报道，罗斯福强烈否认自己说过这些话。

济型人"①。

1986年，麦金莱成功当选总统，对此罗斯福无甚欢喜。当然，只要能击败布赖恩和奥尔特吉尔德，谁人都行；但他觉得麦金莱实在软弱，面对"重重危机，无论是软货币热潮、大规模的劳工骚乱，还是云波诡谲的国际冲突"，此人都难当大任，难以托付。毕竟，1896年麦金莱的成功当选昭示着他一直以来谴责的富人的胜利。出席完共和党庆功宴后，罗斯福悲伤地写信给妹妹道，"我已亲身体会到布鲁克斯·亚当斯预判的最悲观的结局，即纸醉金迷、资本横行、高利贷肆虐的美国未来"。

因为对大公司和有组织的工农都很忌惮，罗斯福开始营造崇尚中庸之道的人设。作为州长，他发起了一项对公共服务特许经营权征税的提案，引起了企业利益相关者的警觉。博斯·普拉特（Boss Platt）尤为震惊，谴责他对劳工和托拉斯过于"利他"。罗斯福回应道，他只是想表明"我们共和党人在公平这一点上张弛有度，一方面坚决抵制不正当的企业影响，另一方面坚决反对政治煽动和暴民统治"。这便是他担任总统期间提出的构想。他独立于彼此对立的阶级之外，是一位捍卫国家利益的公正仲裁者，更是一位奉行严苛美德的坚实守护者，没有这些，美国就无法如命中注定那般在世界舞台上发挥主导作用。

3

1986年，布鲁克斯·亚当斯在敦促西奥多·罗斯福多为商业利益考虑时这样嘲讽道，"华尔街对你这样的人才求贤若渴"。一想到要沦为一个彻头彻尾的雇佣兵，这位不羁的骑士就无比厌恶，面对亚当斯的冷嘲热讽，他自是如鲠在喉。然而，于他而言，凭借才智从一众保守派中脱颖而出，将自己塑造成一位独立自主、有政治家风范的稳定大局者

---

① 这可能与布鲁克斯·亚当斯两年前在《文明与衰败定律》（*The Law of Civilization and Decay*）中对想象型、情感型、艺术型与经济型人的区分有关。1897年1月，罗斯福还就这本书在论坛上写了一篇重要的书评。

显然更具诱惑力。于是，他醉心于"拯救"冥顽不灵的资本家，这也是他自就任总统以来贯穿始终的主题。正如马修·约瑟夫森（Matthew Josephson）所言，罗斯福在第一次当选总统时就已敏锐地意识到自己是一个"受俘总统"，强行打破自己与利益者之间的重重枷锁只会是莽夫之举。汉纳提醒他慢慢来。"我只得慢慢来了。"新总统如是回应。①

罗斯福的智囊团几乎都是来自工业和金融资本界的代表，其中有摩根家族的汉纳、罗伯特·培根（Robert Bacon）和乔治·W. 珀金斯（George W. Perkins）、伊莱休·鲁特（Elihu Root），参议员尼尔森·W. 奥尔德里奇，宾夕法尼亚铁路公司的 A. J. 卡萨特（A. J. Cassatt）、菲兰德·C. 诺克斯（Philander C. Knox），以及洛克菲勒集团的詹姆斯·斯蒂尔曼（James Stillman）。姐夫道格拉斯·罗宾逊（Douglas Robinson）从华尔街写信给他，敦促他不要打击商业信心，罗斯福回信道：

> 我打算采取最保守的态度，但为了企业自身的利益，更为了国家的利益，我会谨小慎微、按部就班，走我当时公开承诺走的道路……我确信，这才是正道。

在他第一个任期结束之际，罗斯福因担心自己的某些政策触犯到利益相关者而饱受折磨，因此在 1903 年末，他使出浑身解数向他们证明自己的意图正大光明，值得信赖。② 尽管民主党提名了金牌保守派

---

① 两人之间的关系变得越来越融洽。1909 年，当菲兰德·C. 诺克斯被问到是否曾目睹过二人发生争吵，他回答说目睹过，只有一次：罗斯福一直认为 70 年代的土地改革家格兰杰一家（the Grangers）是狂热分子，汉纳则认为他们是对社会做出贡献的公民。

② 1903 年 6 月 2 日，洛奇向他保证："资本家中反对你的只有华尔街和芝加哥的那群人，但即使在华尔街，也有很多人支持你，我在道富银行（State Street Corp）没有发现任何对你合并北方证券公司存有明显敌意的人，事实恰恰相反。"康涅狄格州的参议员奥维尔·普拉特在同年晚些时候发现，强烈反对罗斯福的人来自"党内的两个极端——华尔街的有钱势力和劳工运动中的煽动者——两派中反对罗斯福的人数都差不多"。

候选人奥尔顿·B.帕克法官，但罗斯福在商界也毫不逊色。来自摩根家族、洛克菲勒集团，以及哈里曼、弗里克、昌西·迪普（Chauncey Depew）和乔治·J.古尔德（George J. Gould）的巨额捐款源源不断地涌入共和党全国委员会的宝库。帕克诬告罗斯福"勒索"这些公司，称他许诺这些公司豁免权以换取捐款。① 但造谣者最终被民意湮灭。民众已然深信罗斯福会推行改革，商人们也认为他值得信赖。

还有一点不得不提：虽然一部分商人的确忌惮、憎恶西奥多·罗斯福，然而，他们和保守派的报纸编辑的公开反对，反而在不知不觉中给了罗斯福增添许多助力，一如后来杜蓬（du Ponts）对富兰克林·罗斯福的助力那般。他们当了戏剧性的陪衬，使罗斯福能够以一个看似值得信赖的改革者登台唱戏。实际上，罗斯福在许多公共问题上的态度与精明的资本家是一致的，在劳工方面尤其如此，1902年他对那场可怕的无烟煤罢工运动的妥协就是最好的例证。乔治·F.贝尔（George F. Baer）在那场冲突中发表了老式资本家的看法，他说，"只有那些得到上帝无上智慧，在上帝授意下掌控国家财富权的人"才有资格为工人谋求福利。颇具政治家风度的商业利益代表则是摩根和汉纳，他们向矿主们施压，迫使其接受罗斯福和鲁特提出的仲裁方案。② 在整场冲突中，罗斯福总统对矿主们的冥顽不灵愤慨不已。他在给汉娜的信中写道："……稍微权衡一下公共政策或社会美德任一方，他们也应该做出一些轻微的让步。""企业家们的态度无疑会加重我们的负担，同时也会使我们置于他们和社会主义行动的对立面。"多年以后，他这

---

① 根据奥斯瓦尔德·加里森·维拉德在《战斗岁月》（Fighting Years）中的描述，亨利·克雷·弗里克曾被罗斯福营造的假象所蒙蔽——他给予罗斯福经济支持，以为作为回报，罗斯福会积极履行自己的承诺。弗里克愤怒地回忆道，"他在我们面前双膝跪地。我们收买下了他，后来他却翻脸不认账了！"

② 罗斯福致谢摩根说："要不是你出面帮忙，我真不知道这场罢工运动什么时候才能停息。"

样回忆:"我很担心,如果我不采取行动,那些大煤矿主及其所属的所有大地主阶级都将受到致命的打击。就算我不闻不问,他们也一定会为自己的愚蠢付出代价……"

任职十年,罗斯福无时无刻不在担心着激进主义的崛起。揭发丑闻的文学作品占据主流(这是"建立一种革命性"),社会主义运动日益兴起("比过去任何平民主义或类似的运动都令人感到不安"),拉福莱特等激进的地方改革者频频现身,布赖恩余威犹在——桩桩件件萦绕在他心头,纠缠不休。1906年3月,他向塔夫脱抱怨道:

> 我真是烦透了当下的社会现状。大富豪们的愚蠢行为,他们的贪婪和傲慢……以及商业和政治上的腐败,导致大众渐渐萌生一种异常兴奋、烦躁不安的病态心理。

对"大富豪们"的厌恶使得罗斯福将他们的愚蠢放大,把其曾经的援助抛之脑后,但他敏锐察觉到了大众的愤怒,要论舒缓情绪,他向来是一流的。(他的拳击教练曾教导他,面对对手的拳脚不要横冲直撞,而要从容应对,收放自如。)1900年,布赖恩大肆吹嘘托拉斯,两年后,罗斯福以一场万众瞩目的反托拉斯公诉——北方证券案——作为回应。1904年至1906年间,布赖恩鼓动政府掌控铁路所有权,而罗斯福则支持赫本法案,这将有利于州际商务委员会控制铁路费率。法案争论期间,罗斯福曾写信给洛奇,谴责铁路游说者的行为:"我认为他们非常短视,完全看不到如果反对这项法案将会给政府掌控铁路所有权平添多少隐患。"罗斯福与布赖恩政见相悖,他敦促国会通过工人补偿和童工法、铁路工时法、所得税和遗产税,以及禁止公司向政党捐款的法律;他把矛头指向联邦法院,谴责其在劳资纠纷中滥用禁令的行为;他谴责了商业上的欺诈行为,用的是白宫有史以来最夸张的言辞。他的众多提议中只有一小部分受到了国会的密切关注,在一些案例中——尤其是《赫本法案》——他在立法过程中发挥的作用更显著的是他愿意妥协，而不是一味与党内的保守派领袖们起冲突。而他强硬的言辞本身就很有价值，不仅仅是因为它将罗斯福塑造为一个好斗激进的公众形象，更在于它为鼓动改革情绪贡献了真材实料，意义重大。罗斯福对"巨富之暴徒"和"为富不仁者"的嘲讽也让他一无所有的追随者们在情感宣泄上得以满足。

然而，回首过去，实在很难想象罗斯福究竟是如何维持住他作为艰苦改革者的名声的。比起布赖恩，他对人类改革目标兴致缺缺；他也不像拉福莱特，对具体情况了如指掌。"在内政方面，"他在自传中坦承，"我不敢说担任总统之前我脑海中有任何布局周密、深思熟虑的社会改革计划。"在他看来，改革并非彻底的洗涤净化，只要修补一下政治上最明显的问题就足够。尽管流于表面，还是有许多人愿意，甚至渴望接受他的改革。也许他作为反托拉斯者的名声就是进步派易于满足最有力的证明。解释如下：

罗斯福当上总统时，对大企业问题的处理没有任何明确的看法或坚定的原则。早在1899年8月7日，他就曾写信给H.H.科尔萨特（H.H.Kohlsaat）说，公众对托拉斯的不满"基本上毫无依据，只是盲目跟风"，并坦言自己不知道应该如何应对。然而，正如我们所见，他对政治中不光彩的"资产阶级"精神充满了怀疑和鄙视。传统的中产阶级公民和罗斯福都对商业巨头们感到惧怕，只是前者是出于经济原因，而后者则是出于政治因素。他既不是害怕被挤出市场的小商户，也不是担心物价上涨的普通消费者，而是一个害怕在掌权过程中遭遇经济劲敌的大政治家。他并不指望通过恢复竞争环境来拆解商业巨头。简而言之，他没有像小人物那样对小钱小财的热衷，而正因如此，他赢得了同时代的路易·D.布兰代斯（Louis D.Brandeis）、拉福莱特以及威尔逊的支持。商业巨头的存在让他有了一种不祥的预感，因为这代表着未来美国可能会被他向来蔑视的那些物质利益所束缚，沦为一种"财富至上的庸俗暴政"。在他看来，反托拉斯措施在一定程度上是为了满足大众希望看到政府打击大企业的要求，但更重要的是威逼企业，迫使其接受监管。加强监管，而非摧毁，才是他解决托拉斯问题的策略。他由衷认为，自己代表着国家的权威，并小心翼翼地将自己迫切的"掌控欲"投射到托拉斯问题上。绝不能让托拉斯凌驾于国家之上；它必须屈服于国家至高无上的道德力量。

从一开始，罗斯福就坦率直言自己的思想，也正因如此，这位反托拉斯者才得以名声大噪。1902年12月2日，他向国会表明：

> 我们的目标不是废除企业；恰恰相反，这些大公司的聚合是现代工业主义不可避免的发展趋势。若要破坏这一趋势，除非以毁灭整个国家为代价，否则只会是徒劳无功。我们要打击的是不端行为，而非正当的财富收入。

他一遍又一遍地强调这一思想，不厌其烦。他在第二个任期开始时就宣称："这是一个联合的时代，任何阻止联合的行为不仅劳而无功，而且最终会飞短流长，危害无穷，因为不能严格实施法律定会导致人们蔑视法律。"

罗斯福在自传中以卓越的历史洞察力论证了他的解决方案，即实行监管而非拆解：

> 现在一个主要问题是，发现问题的人和试图补救的人完全背道而驰，而绝大多数人采取的措施几乎毫无益处。他们试图（通过谢尔曼法）宣扬已被证明是徒劳无益甚至危害他人的个人主义；他们还企图通过加强个人主义来弥补过于集中的问题，要知道，这一问题还是现存的个人主义导致的恶果。他们看到了大财团所行之恶，就试图通过摧毁它们，使国家经济倒退到19世纪中叶来挽救现状。这无疑是无用之举，而那些参与其中的人，尽管他们自认为是激进的进步主义代表，实则是头脑简单的保守主义代表……
>
> 另一方面，一些人认识到企业和联合公司已经成为商界中不

可或缺的一部分，试图禁止它们是愚蠢的，但完全不加控制也绝非明智之举……他们意识到政府现在必须进行干预以保护劳工，使大财团为公共福利服务，并像几个世纪前那般，在其暴力破坏物质世界之前就进行干预，约束一切狡猾和欺诈行为……

诚然，罗斯福也进行了一些精心挑选的起诉，这使他的关于改善企业道德规范的言论有了实质性内容。1902年他第一个任期开始之际，他对北方证券公司的起诉最令人津津乐道。

由詹姆斯·J. 希尔、J.P. 摩根等人创办的北方证券控股公司在西北地区建立起一个庞大的铁路垄断企业，囊括北太平洋铁路、大北方铁路以及芝加哥、伯灵顿和昆西铁路。由于希尔和哈里曼之间广为人知的激烈竞争关系，所涉及的铁路问题一直是公众关注的焦点。然而，对铁路的垄断无论在商界还是摩根家族中都无足轻重。对之进行起诉是一次绝妙的公众宣传，即使再保守的政治家也难抵诱惑。① 尽管如此，北方证券公司案的判决结果仍在大财团圈内轰动一时，摩根本人也携参议员迪普以及汉纳一起匆匆奔赴华盛顿，看总统是否有"侵害我的其他利益"的意图。他得到的回应是，此种情况只有在"他们做了我们认为是错误的事情"时才会发生。

---

① 如果麦金莱还活着，他可能会接手这起诉讼。汉纳面对整个事件，一如既往地冷静，他拒绝去调停："去年我就警告过希尔，麦金莱可能不得不采取行动抵制他那该死的公司，最后罗斯福先生这样做了。对此我为希尔感到难过，但是你们认为我还能做什么呢？"
这场诉讼虽然从技术层面上看是成功的，但并没有取得真正意义上完全的胜利。这场诉讼具有启示意义，当罗斯福听到最高法院对北方证券公司案做出的裁决时，他宣称这是"政府的伟大成就之一……在这个国家，最有权势的人在法律面前也要承担相应的责任"。霍姆斯法官对此持异议，他尖锐地指出：事实正好相反，因为依照《谢尔曼法》，理应对摩根、哈里曼、希尔和其他所有与该公司有关的人发起刑事诉讼。因为此事，罗斯福一直耿耿于怀，始终没有原谅霍姆斯。

罗斯福从来不热衷于挑托拉斯的不端之举。"事实上，"他在即将结束总统生涯时曾私下承认，"任何时候，只要我有可能找到借口，我都会睁一只眼闭一只眼。"凭借商界的大量捐款，他连任竞选成功，开始了第二个任期，期间罗斯福审理了一些悬而未决的案件，然而即使是标准石油公司和美国烟草公司这样一目了然的反垄断案涉事方也没有受到丝毫影响。正所谓"雷声大雨点小"，虚张声势。历史学家经常说，塔夫脱政府在4年内提出了90项反垄断诉讼，而罗斯福政府在7年内只提出54项。美国商业历史上，托拉斯的发展壮大在罗斯福执政时期达到巅峰。

托拉斯处理政策中随处可见的模棱两可是西奥多·罗斯福本性的自然流露。年轻时，他的本能就是战斗，无论对方是人是物都要与其斗争，与他假想的敌人斗争，比如西印度人、墨西哥人、英国海军、西班牙士兵、美国工人和平民主义者。但在成为总统之前他便深知，一个有野心的政治家必须严于律己、精打细算。因此，他对暴力的狂热嗜好只能在语言层面发泄，通过同时向四处挑衅来纾解。暧昧就像一件实用家具一样深植他的思想。他反对大企业不加节制是真的，但反对无区别地打击托拉斯也不假；他支持改革，却反感激进的改革者。他想要廉洁政府和正直企业，却将那些揭露腐败政府和无良奸商的人士贬为"掏粪者"。当然，他双手赞成揭发者的行为——但前提是他认为这些披露"完全真实"。"我们既不代表富人，也不代表穷人，"这是他一贯的老生常谈，"我们只代表正直的人，无论贫富。"这种含糊其词才是实用政治的常态，然而这些在普通政治家口中听起来软弱无力、结结巴巴的说词，在罗斯福那里竟变得坚定有力、鼓舞人心。

罗斯福的学识和修养在政治家中实属罕见。他博览群书、孜孜不倦，即使只是泛读，也能记住很多东西。他笔触犀利，对具体细节有着生动的见解，同时热情似火，不知疲倦。他邀请布克·T. 华盛顿（Booker T. Washington）入职白宫，提拔霍姆斯为最高法院法官，并给埃德温·阿灵顿·罗宾逊（Edwin Arlington Robinson）安排了一份政治闲职。文人智者都觉得他魅力四射，理由却简单到稍显牵强，如约翰·莫利（John Morley）所说，放眼整个美国，他对人的吸引力仅次于尼亚加拉大瀑布。然而，那些了解他的人，从像鲁特这样精明的政治伙伴，到像亨利·亚当斯、约翰·海伊和塞西尔·斯普林-赖斯这样的男人，都不曾真正严肃待之。这样做无可厚非，在今天，任何一位潜心研读他的文集的人都会发现，他的作品中除零星的睿智见解和哗众取宠的自我袒露之外，还带有一种缺乏教养的非利士①传统，他肌肉发达、争强好斗，具有波洛尼厄斯②式的思维。他身上有一种气质，坚决将有见地的怀疑主义、超脱精神以及任何异乎寻常的审慎态度拒之门外；也许正因如此，他给亨利·詹姆斯和亨利·亚当斯打上了"充满魅力，但对任何本性懦弱的人来说都是极不可靠的伙伴"的标签，并对"他们追捧的讽刺挖苦态度"嗤之以鼻。那些他自认为有分量、有意义，甚至有一定影响的文学观点，实际上充斥着由于他个人政治情绪而产生的不可容忍的偏见。尽管他宣称自己十分强势豪迈，实则极其保守、矫揉造作。例如，左拉"对难以言表之事的正经描述"让他感到反感；由于反对婚姻和战争，他便因此厌恶托尔斯泰，他还认为《克莱采奏鸣曲》（The Kreutzer Sonata）"肮脏且令人反感"；就因为狄更斯不喜欢美国，所以他就认为此人并非绅士；高尔基竟带着情妇像许多欧洲大陆人一样来到美国，所以此人品行不端，是"愚蠢的学术激进派"。

罗斯福臆想自己是一个道德家，他告诉林肯·斯蒂芬斯（Lincoln Steffens），美国公共生活真正需要的是"为道德而战的根本"。在离开华盛顿前不久，他向雷·斯坦纳德·贝克预言，经济问题——关税、

---

① Philistine，指非利士人，形容没有文化教养，不喜欢文化艺术的人。——译者注

② Polonius，莎士比亚悲剧中的人物。——译者注

货币、银行——将变得越来越重要，但同时强调他对这些问题不感兴趣。"我的关注点是道德问题，我一直主张朴素道德。"这一点已经明确无疑：罗斯福对进步运动的主要贡献就是说教，但把道德判断转化为社会现实已远远背离了他的初衷；理由很充分：他在政治上提倡绝对保守的民族主义目标与其避重就轻的权宜之言是完全相悖的，但若他只做言语上的巨人，这种矛盾就不那么明显。

总而言之，罗斯福的思想大多不够深刻。但他代表了很多美国人想要的东西。拉福莱特尖刻评价道："我愿称西奥多·罗斯福为特定时期肤浅的公众情绪的最好诠释者，他对这种情绪的诠释完全出自本心。"梅迪尔·麦考密克（Medill McCormick）评论说，他之所以伟大，是因为他精通"笨蛋的心理"。布赖恩只是在部分地区做到这一点，而罗斯福却精通全国各地中产阶级的心理诉求，从而赢得了那些从未犁过地、手上从未生过老茧的人的热情爱戴。罗斯福对他们唯恐避之不及的社会现实有一种特殊的直觉，他凭着离奇本能编造出令人费解的谎言，用一连串似是而非的浅薄话语将他们的恐惧娓娓道来。他当政期间美国一片繁荣，公众的不满情绪少了几分布赖恩当政时的尖锐棱角。中产阶级为进步主义的壮大做出了巨大贡献，尽管他们对政治经济生活中出现的权力集中以及长期存在的政府腐败深感不安，但比起罗斯福，大多数中产阶级是否一定更加愿意去面对试图拆解商业权力结构所带来的全部后果，及承担随之而来的颠覆稳定经营的风险，这一点令人质疑。正如罗斯福在 1905 年写给乔治·特里维廉（George Trevelyan）爵士的信中所言，当时我们一致认为，"无论如何，我们必须找到既能控制大公司，又不会完全挫伤商业活力的方法"。

这句话揭示了罗斯福政治信念背后消极倾向的本质。这种想法可以解释为：为了防止某些事情的发生，我们不得不这样做。他执着于控制铁路费率，是出于整改现有通行费不平等现象的不得已之举，还是出于对公有制的惧怕？他强迫矿主对矿工做出些许让步，是出于对矿工的同情，还是出于对"社会主义行动"的惶恐？他支持工人补偿法，是出于对受剥削工薪阶层困境的感同身受，还是出于对布赖恩可能赢得民众支持的不安？"我起初惧怕很多事，畏首畏尾。"他曾这样描述自己的童年，"但我假装不害怕，竟渐渐真的不再害怕。"但他究竟是抛却了恐惧，还是仅仅压抑住了恐惧？他是变成了一个无所畏惧的人，还是仅仅假装无所畏惧？他的传记作者亨利·普林格尔曾指出，他实际上焦虑频发。事实上，从他的焦虑和他领导进步主义运动①的典型悲观和戒备特质中，可以找到他政治观念的一部分精神来源。在他的一生中，美国经济高速发展，工业迅速扩张，加剧了社会的紧张，留给人们的只有迷茫、愤怒和恐惧，而这些最终沉淀在了 19 世纪 90 年代经济大萧条之中。他在精神上的应对策略就是让自己忙碌起来，忘却这些焦虑，并通过严厉斥责那些引发恐惧的恶魔，以消除内心的种种恐惧。在与自身的不安感进行长期斗争后，他变得更加坚强和训练有素，成为中产阶级的心理治疗大师。

4

至于他选择的总统继任者塔夫脱，罗斯福曾透露给吉尔森·加德纳（Gilson Gardner）道："他确实还没有做出过什么具有进步性意义的事，但他与政府的联系足够密切，也清楚其责任和使命所在。"然而，塔夫脱并没有获得群众的广泛支持，也不像罗斯福一样八面玲珑、左右逢源。1910 年，前任总统罗斯福结束了他的非洲之旅，回来后他发现原本从来不敢越界的共和党反叛者们，竟然变得足够大胆，挑战塔夫脱政府，企图获得对共和党的控制权。1910 年 7 月 11 日，罗斯福向尼古拉斯·朗沃斯（Nicholas Longworth）抱怨道："塔夫脱政府在维

---

① 进步主义运动是 19 世纪末 20 世纪初美国历史上很有影响的社会运动和思潮，由贪婪和腐败的盛行引发，包括政治、经济、社会公正和促进道德水准普遍提高等方面的改革。——译者注

持党的基本团结方面无疑是彻底失败的,我最担心的是,叛乱不仅发生在政党领袖当中,而且还发生在广大人民群众当中。"①

罗斯福当时年轻气盛,十分看重自己的声誉,也不想舍弃自己的政治抱负。他以他惯有的敏捷思维,看出进步党的推动力还没有达到高潮。1910年8月,从他的著名演讲《新国家主义》开始,他着手将自己塑造成一种"新型"政治人物。显然,"新国家主义"是旧罗斯福主义和一些更具挑战性的进步主义思想相结合的产物。罗斯福宣称,现在必须通过汉密尔顿主义的方式来寻求民主党的目标。应该建立起一个强有力的中央集权国家,政府加大对经济生活的干预,在政治上摆脱特殊利益集团的影响和控制——这些将成为美国发展的主线。具体来讲,罗斯福支持公民立法提案、全民公决、请愿后投票对政府官员进行罢免、普选选举参议员以及直接初选。他抨击联邦司法机构阻碍民意,令保守派大为震惊。他还主张各州法院立法无效,立法权应收归民众手中。他支持对工人的赔偿立法、限制劳动时间、实行累进所得税和遗产税、对铁路财产进行实物评估以使资本"透明化",以及政府对所有州际贸易企业的资本进行监管。

罗斯福宣称,民主不仅仅是政治上的,经济上也必须民主。那要在劳动上实行民主吗?他重复林肯的观点说:"劳动优于资本,理应优先考虑。"他还补充道:"我希望看到劳工组织强大起来。"但用老罗斯福的话来说,当他们变得强大时,就必须像大企业一样受到国家的监管。

关于这些提议,罗斯福一直以来几乎都是支持的,每一项提议人们都为之奋斗了10年以上,但是只有抛开罗斯福日常那些含糊其词,并强化他的家长式国家主义,他的新面貌才显露出来。伊莱休·鲁特

---

① 拉福莱特在他的自传中提到,共和党的进步主义运动在塔夫脱执政的头两年取得的进展比罗斯福两次就任美国总统期间还要大。他总结道:"这在很大程度上是因为塔夫脱的路线更直接,而罗斯福的路线更迂回。"

认为换了新面貌的罗斯福并不可靠："他认为他信仰自己说的话，对此我毫不怀疑。但事实并非如此。他只是脑子里突然蹦出了某些想法，就像随手拿起一根拨火棍或一把椅子来打击敌人一样。"有一次，罗斯福本人坦诚表示，他仍在按照熟悉的战略路线工作。他在 1910 年说，"我所提倡的，……不是疯狂的激进主义。而是一种最高境界、最明智的保守主义"。①

罗斯福起初的真实目标可能是 1916 年的美国大选。乔治·莫里（George Mowry）教授表示：罗斯福预料到了 1912 年共和党的失败，并希望看到塔夫脱在这次失败中首当其冲，这样到了 1916 年他就能作为复兴政党的领导者重新回到白宫，而那时他也才 58 岁。如果说这些是他起初的计划，那么随着进步主义运动进入高潮，他的计划也有所改变。

罗伯特·M.拉福莱特凭借他在威斯康星州和参议院的成就，似乎自然而然地成为 1912 年进步党大会的领袖。罗斯福本人曾在 1908 年私下写过一篇名为《拉福莱特式的愚蠢激进主义》的文章，但他在 1910 年称赞拉福莱特把自己的家乡变成了"一个维持社会和经济正义的智慧型政府行为实验室"。如果能得到罗斯福的支持，拉福莱特似乎很有可能获得总统候选人提名。他随后用谴责的语气表示他曾从罗斯福那里得到了明确的承诺。虽然没有什么证据证明他的话是否属实，但有一点是可以肯定的：罗斯福一开始确实给了这位进步党领袖非正式的鼓励，但没有公开给予正面的支持，并最终拒绝否认自己的候选人资格，从而削弱了拉福莱特领导的运动的活力。拉福莱特的朋友们对此愤慨不已。1911 年 12 月 5 日，布兰德·惠特洛克（Brand Whitlock）在给一位身在国外朋友的信中写道："如果你现在身处于这

---

① 在 1912 年进步党大会召开前，罗斯福发表了一场题为《我的信仰》的演讲，弗兰克·蒙西（Frank Munsey）对此给出了精辟的点评："它是超前进步的，同时也是谨慎合理的。"

个国家,你一定会捧腹大笑的,因为你会看到那些保守派政客是如何试图让罗斯福作为总统候选人复出,以阻止拉福莱特——一个对塔夫脱极具威胁的对手。"林肯·斯蒂芬斯几周后写道:"罗斯福上校因为他的'参选还是不参选'搅乱了整个进步主义运动。"

  罗斯福的优柔寡断与犹豫不决阻断了拉福莱特的成功之路。到 1912 年 1 月,诸如阿莫斯·平肖(Amos Pinchot)和梅迪尔·麦考密克等杰出的进步主义者都转而支持罗斯福。1912 年 2 月,体弱多病的斗士鲍勃(Bob)因疲惫不堪、心力交瘁,一时病倒了。不久之后,在 7 位进步主义领导层人员的精心"游说"下,前总统罗斯福宣布参选,拉福莱特的辉煌时代就此彻底结束。关于进步党人的心态,最有趣的评论之一是:他们中的大多数人转向支持罗斯福,不仅没有心生怨恨,反倒对其充满热情。当罗斯福退出共和党,组建第三政党时,他们怀着 1896 年以来从未有过的热忱和奉献精神追随他。威廉·艾伦·怀特(William Allen White)后来回忆说:"罗斯福咬了我一口,我因此疯狂追随他。"[1] 罗斯福激起了进步派人士的希望,并让其最得力的领导人退居于从属地位,他则继续利用运动来获取金融资本。罗斯福和拉福莱特相比有几个实质性的优势,其中之一就是他有能力获得富人的支持。而在这些支持他的富人中,最有分量的当属乔治·W. 珀金斯。珀金斯是摩根财团(House of Morgan)的前合伙人,是万国收割机公司(International Harvester)的主管,还是托拉斯的承办者。珀金斯属于塔夫脱在他更为严厉的反托拉斯政策里提到的那一派企业家,塔夫脱还特别对与美国钢铁公司(United States Steel)同等重要的摩根财团进行

---

[1] 有趣的是,直到 1911 年 10 月 27 日,罗斯福还写信给海拉姆·约翰逊(Hiram Johnson)说:"我目前还没有找到任何理由说服自己民众是真正喜欢或者信任我的。"事实证明他是错的,可能民众对他的厌恶和不信任只不过是他所想象的人们对他的看法。

了控诉。[1]因此，比起塔夫脱和拉福莱特，铂金斯和很多人一样更支持罗斯福；颇有影响力的出版商、同时也是美国钢铁公司的大股东弗兰克·蒙西也更看好罗斯福。珀金斯和蒙西作为后方支援帮助罗斯福参加竞选，根据克拉普委员会（the Clapp committee）的表露，铂金斯和蒙西为罗斯福的竞选活动提供了50多万美元，并花费了更多的金钱间接支持他竞选。当罗斯福未能赢得共和党的总统候选人提名时，他们鼓励他组建一个新的政党，蒙西对罗斯福做了一个重大的承诺："我的财富、我的杂志和我的报纸都与你同在。"珀金斯在进步党纲领上强加了一条纲领，阐明了珀金斯与罗斯福解决信任问题的方法，这让阿莫斯·平肖等进步主义人士深感失望。[2]

进步党在选举中的表现突出——罗斯福在竞选中排名第二，仅次于威尔逊，领先塔夫脱70万票——预示着未来有很大的希望获胜。但罗斯福很快就放弃了竞选。他断言，要把全党团结起来是不可能的；继续下去也不会有"面包和鱼"（指物质利益）。四年后，一群孤立无援的进步党人希望再次提名他为总统候选人，他断然拒绝，并通过建议他们提名自己的朋友亨利·卡伯特·洛奇为总统候选人，对他们进行了最后的羞辱，因为洛奇——如果他有行为准则的话——也完全是属于极端保守派的。

罗斯福试图推荐洛奇是因为他对国内进步运动已经失去兴趣了。此时欧洲战火正盛，罗斯福上校对盛行于第三党派多愁善感的拥护者中的外交政策观念并不感兴趣。正如他1917年春天给洛奇的信中写的

---

[1] 1915年，在费城经济学会发表的关于《谢尔曼法》的演讲中，珀金斯痛骂塔夫脱违背了罗斯福为其1908年竞选时敲定的有关解决托拉斯问题的温和政策，并阐述了罗斯福与珀金斯解决托拉斯问题的方法。

[2] 当平肖向罗斯福抱怨珀金斯在党内的影响时，罗斯福向他保证，托拉斯纲领的问题"完全不重要"，并将进步党的失败归咎于它"太激进"。最后，平肖在党内公开了与珀金斯的分歧，并指责罗斯福要为这场运动的失败负责。罗斯福对平肖说："要说进步党的狂热分子，我第一时间想到的是你。"

那样：典型的美国进步主义者就像英国的自由党人一样——"在处理外交事务上愚蠢至极，表现软弱无能，让人厌恶。"

虽然第一次世界大战爆发时罗斯福名义上已经退休，但他在政坛上仍然很活跃。起初，他似乎在坚定的现实主义者和战略实干家之间取舍不定，前者能够以超然的心态看待国家事务，后者则希望有机会动用国家力量，目睹几场大战。罗斯福对第一次世界大战的最初评论，虽然只是出于冷静和公正的态度，但比美国的主流观点对德国更友好。德军入侵比利时时，很多美国人感到十分气愤，他对此耐心地解释说："当巨人们在进行一场殊死搏斗时，他们来回扭打，必然会伤到挡在他们任何一方道路上的人。"如果德国没有对比利时采取如此坚决的行动，受伤害的便是德国自己了。德国已经证明了自己是一个"顽强不屈、刚健有力的民族"。美国对此事的唯一对策就是维护自身利益，"完全保持中立"。

直到1914年10月11日，罗斯福还表达了对德国人"面对这场巨大危机所展现出的勇敢不屈和高尚无私精神的钦佩之情"，并希望美国公民在必要时也能展现出类似的品质。他警示众人说，企图削弱或者摧毁德国都将"给人类带来一场灾难"。

1914年8月前，罗斯福还曾写信给斯图尔特·爱德华·怀特（Steward Edward White）表示："如果德国赢了，过不了几年，我们免不了与之一战。"他还认为"德国和日本极有可能为了牟取私利抛开过去，联合起来对抗美国和其他任何阻碍他们前进的势力"。到了1915年初，他强烈谴责威尔逊的"消极不作为"——未能及时对比利时人提供帮助，同时也公开阐述了他对美国和日本的这种观点。从那时起，他便投身于拉拢和平主义者的事业之中，斥责威尔逊的中立政策。他有一次向洛奇抱怨道，"美国人自身是冷漠的，他们在过去十年这种可恶的和平鼓吹教育下形成了一种惰性和胆怯心理"。

早在美国参战前，罗斯福就在考虑参战事宜了。1915年1月，一名军官到牡蛎湾（Oyster Bay）拜访他，看见他来回踱步，后来才知晓他反对美国的不作为,渴望战斗。塞西尔·斯普林-赖斯十年前曾写道,"记住,总统就像一个六岁孩童"。孩子对刺激的渴望,在罗斯福身上一如既往地强烈。他向美国陆军部申请组建一个师的军队,由于预料到自己会遭到拒绝,便告诉法国驻美大使朱瑟朗(Jusserand),如果法国人愿意出钱,他将率领一个师的美国军前往法国。威尔逊拒绝了他的委任申请,这激起了他对威尔逊新一轮的愤怒,他说威尔逊"纯粹是一个政治煽动家""一个教条主义者""一个永远自私和冷血无比的政治家"。

他最后给世人留下英勇事迹的机会就此被否决了。在艰苦生活的摧残下,在前线失去儿子昆腾(Quentin)的悲痛中,他一夜之间苍老了许多,疾病也使他的身体每况愈下。洛奇走到他的床边,两人策划摧毁威尔逊的国际联盟。1919年1月6日,罗斯福因冠状动脉栓塞离开了人世。

第十章

伍德罗·威尔逊：
崇尚自由主义的保守派

事实上，我们都被笼罩在一个冷酷无情的庞大经济体系之下。

——伍德罗·威尔逊

1

伍德罗·威尔逊是长老会牧师之子，他的母亲也是长老会牧师之女，因而加尔文主义之火在他们一家心中熊熊燃烧，生生不息。威尔逊也学会了生活就是为了一步步实现上帝的意旨，而在这个崇尚道德的世界，人类是其独一无二的推动力。在小威尔逊坐在教堂长椅上聆听父亲传授圣言时，他也正凝视着自己日后职业生涯的样子。他未曾渴望成为一名牧师，但他却将政治作为自己精神启蒙的传播工具，用以表达从小就被培养的新教徒对于"宗教仪式"的强烈愿望。他很小便为一种非人的野心所折磨，一心想要成为伟人，以做出伟大的贡献。

威尔逊为人真诚，十分固执，且严于律己，因而深深承受着长老会的训教之苦。他在早年写给艾伦·阿克森（Ellen Axson）的一封信中诉说道："我实在太拼命了。"在早年的职业生涯中，他曾承受着难以名状的冲动与压力，因而两度精神崩溃。由于他极易陷入强烈的内疚感，他便将自己对绝对正义的要求强加到公共事务中，而这也耗尽了他的忍耐程度。他曾在早年一篇有关埃德蒙·伯克（Edmund Burke）的文章中真心实意地评价道："当一个人自认为与国家的敌人进行生死搏斗之时，我们不应该期望他是平易近人、和蔼可亲的。"他在同时期撰写的一篇文章中宣称：

> 宽容是一种值得赞扬的天赋，但它在政治中不值一提。政治是事业间的战争，原则间的较量。而政府作为一个严肃的组织，无法接受这种毫无意义的礼让。

威尔逊过于上纲上线，因而无法成为随和的伙伴或者好相处的战友，然而他依然非常需要感情的滋润。他的感情生活深受孤立感与交流不畅的折磨与冲击。他曾写道："当我与真心喜欢的人相处时，对我来说，最难以启齿的事便是那些走心的话题。""充满激情对我来说并不是一件愉快的事情，或者说这会给我带来不便。"他吐露了自己的想法："……我有一种不舒服的感觉，感觉自己随身背负着一座火山，而唯有被爱才能拯救我……没有任何人比我更看重爱了！"威尔逊生性冷淡，他习惯将自己隐藏于那层内向的帘子之下。但正如大家所认为的那样，他并不是一个冷酷的人。他曾向自己的第一任妻子吐露过："我不得不……将自己的情绪隐藏起来，才能避免痛苦外露。"他还说道：

> 有时一想到自己在这么一大群熟人里找不出几个真朋友，我就感到很羞愧。很多人想和我交朋友，但一方面是因为我个人内向且害羞，另一方面又因为我吹毛求疵，在交友方面眼光挑剔，因而几乎每次我都拒人于千里之外；然后我茫然四顾，发现身边了解我，能够给予我同情以及发自内心支持的亲密朋友寥寥无几。也许这是因为当我想要付出我所有的真心时，我感觉没有人会全然接受，又或者不会对等地回以真心。难道是我错了吗？你认为我这种感觉对吗？像我这样苦苦觊觎友情与爱情的人，能承受得起这样的感情吗？

这种性格似乎对一个政治家来说是古怪的。然而也并非那般奇怪，因为威尔逊在与大众相处时口齿伶俐，他在公众场合经常能获得交流的满足感，这种感觉并非情感，但他私下里却念念不忘屡屡回味。他于 1884 年时写道：

> 我在与大众打交道时总感觉得心应手，而这种感觉是我在与个人打交道时体会不到的。在与前者打交道时，那份矜持与自尊往往没有在与后者打交道时那般明显地阻碍着我。有人认为没有必要为了获得大众的支持而牺牲自尊，就好像为了取悦一个人被迫而为那样。

在他从政后，公众对他的喜爱深深取悦了他。1912 年，在一个小镇上发表完演讲后，他在火车的车尾平台上告诉记者："我终于有真正进入政界的感觉了。"在记者追问下，他又解释道："因为人群中有人向我热情招手并大声呼喊着'你好，伍迪'。"就连他的密友都没有这样亲切地称呼过他。然而，就算是在与公众相处时，他也未能获得自己所渴求的那种感觉。正如某天夜里他在白宫若有所思地向塔玛尔蒂（Tumulty）坦白的那样："我希望人民能够爱戴我，但我知道这是不可能的。"有人认为他是事业的化身且具有奉献精神，因而是可以受人尊敬的。但他无法赢得爱戴，因为他与人民的关系掺杂着些许虚伪，让人感觉到一丝勉为其难；其实他本非一名民主主义者，他煞费苦心地成为一名民主主义者便是这一事实的最好铁证。他一生满腔热忱，终其一生都在提高思想境界，从不旁骛，而他也不仅仅满足于思想上的追求。他说自己只有"被爱"才能得到救赎，但他却没有想到要"爱别人"。他是多么力图逃避这种"自尊被践踏"！他致力于原则，致力于抽象的人性，而不是活生生的人——而留给自己的则是一连串支离破碎的友谊及与个人毫不相干的公众声誉。虽然在战争将他搞垮之前他已取得了非凡的成就，但他的晋升之路与美国的发展过程是平行而并非重合的。他是市侩大学圈里一名严肃的教育家，美国进步主义时期的一名英国自由主义者，一个自诩为这个被战争仇恨所激怒的世界中宣扬理智与正义的传播者，以及一位布道者，向大国中那些思想褊狭且心胸狭窄的人民宣传服务世界的责任。无论成功与否，伍德罗·威尔逊骨子里的孤僻始终如一。

威尔逊一家虽然都是北方人，却在南方的不同地方都居住过——弗吉尼亚州、佐治亚州、南卡罗来纳州和北卡罗来纳州。这个男孩儿时的记忆就停留在听说林肯先生当选了总统，而战争也要爆发了。当谢尔曼在佐治亚州胡作非为之时，他们一家正住在奥古斯塔。威尔逊若干年后说过："对我来说，这个世界、这个国家唯一一个无须多言，而我却一清二楚的地方便是南方。"作为一名年轻的律师，他在亚特兰大的关税委员会指证保护性关税时宣称："南方人民会坚持享用和平果实，决不会受压于战争重担之下。"这样的话语与卡尔霍恩和麦克达菲（McDuffie）消失已久的声音如出一辙。

出身于一个刚刚在南方落脚的家族，威尔逊能如此快地融入新环境，对他来说不足为奇，因为他本质上就是一个多愁善感的传统主义者。他的精神中最震撼人心的一部分就是将自己附于某种传统、某种文化，或某种有历史意义的制度，从而来满足自己迫切需要的归属感。作为一名知识分子，他最大的绊脚石便是无法超然世外——并非无法超然自身，因为他怀有自知之明，而是说他无法超然于自己所生活的社会之下的政治价值观。他并非激进评论家，也不是思想改革者，本质上看他不过是一个过去时期的代言人。即使是作为一名改革者，为了获得赞同，他所提出的东西与其说是创新，不如说只是为了让传统能够有机地维持下去。他顺理成章，很自然地便全心全意接受了南方激进派的传统政党，他的首要政治事业也自然而然地围绕着棉花种植者对于自由贸易这一没完没了的问题展开。

尽管威尔逊立足于美国南方政界，却拥有英式的思想传统。他偏好英国思想家们充满自我意识的传统主义。在政治家中，他所崇拜的是保守派和曼彻斯特自由主义经济学派；在思想家中，他所崇拜的是沃尔特·白芝浩（Walter Bagehot）和那个从英国移居到美国的《民族》（Nation）杂志主编戈德金（Godkin）。他以具有几分浪漫色彩的英国治国之道作为自己心目中政治行动的典范：在这个体制下，一群通过宪法选举出来的心胸开阔的伟大政治家，怀着为公众利益服务的满腔热忱，用妙语连珠式的雄辩术对重要问题展开讨论。由于对出色的个人领导作用坚信不疑，他不大喜欢美国国会制度，因为在该制度之下，韦伯斯特、海恩（Hayne）和卡尔霍恩等伟大的辩论家无法崭露头角，反而是那些耍幕后阴谋的唯利是图的小人物占得上风，许多重要事务为委员会办公室暗箱操作。他的第一本书《国会政体》（Congressional Government）批评了美国体制与内阁政府，表明了对美国制度的反对态度。

威尔逊最欣赏的是白芝浩。威尔逊坦言，这位伦敦金融界的知识分子虽有自己的缺点，"对于不屈不挠却没有话语权的人民群体"缺乏同情心，"对于组成了民主党的乌合之众的权利与能力是否匹配半信半疑，缺乏十足的信任"，但他天赋异禀，尤其表现在思维洞察力、觉察力、理解力、智力和表达能力方面。作为一名崇尚达尔文主义的保守党人，他坚定不移地相信发展的必然性，认为政治的发展过程有如有机体的成长，以自然而然、不紧不慢的速度缓慢进行着。"比起承担重建社会的重任，他更乐意放任'社会'自然发展。"在他 1889 年出版的《国家》（The State）一书中，威尔逊阐述了渐进主义者的达尔文主义社会变革观。他写道："在政治中不可轻易尝试完全新颖的东西。要想获得有价值的结果，需要通过缓慢渐进的发展，悉心的适应以及在发展过程中的适当调整，否则将无法得到任何结果。"

威尔逊最喜欢美国民主传统的地方在于其与英国传统的广泛相似性。两国的政治发展都建立在深思熟虑、有条不紊的思想之上，由习惯与实践堆积而成。由于意识到民族历史始于一场地方上的革命，美国人也不幸对自身产生了一些错误的看法。"我们自诩为民主主义者，然而我们充其量不过是进步一点的英国人罢了。"他认为美国的民主与欧洲大陆上被误认为民主的政治动荡在思想上并无共鸣。

> 法国大革命期间爆发的民众运动,与我国政府的成立几乎没有交集。我们对1789年的记忆,与欧洲人对这暗潮涌动的一年所持有的记忆大相径庭。早在一百多年前,我们就表现出了欧洲人已经失去的自我克制与泰然自若。除关起门来的瑞士之外,欧洲的民主作为一种破坏力总是以叛乱的形式出现,甚至很难说其有过任何系统发展的时期。而美国与英国殖民地的民主几乎从一开始便真正实现了有机发展。它所兴起的运动无革命性可言,更无须推翻其他政府,只需进行自我规划与组织。同时它也不必创新,只需自我发展与自治。它无须广而告之,只需有条不紊地自我运行即可。

由此可见,威尔逊的思想更接近于埃德蒙·伯克,而非托马斯·杰斐逊。他甚至对伯克所写的《法国大革命反思录》(*Reflections On The Revolution In France*)一书大加赞赏。他发现伯克"憎恶法国的革命哲学思想,认为其不适用于自由人。这种哲学事实上极其邪恶与腐败,任何国家都不能按照这种原则行事"。"法国哲学"假定政府可以任意改造,并强调按照契约对社会进行合理重组,而非按照习惯;它认为政府的目标在于为各阶级实现自由,而非带来正义。伯克是一个实实在在的英国人,而"英国的历史简直就是一篇声讨革命的檄文"。威尔逊认为杰斐逊无法理解这些东西,而这也是其尤为不足之处。作为一个天生的民主主义者,杰斐逊一心为公,然而法国的思辨哲学"犹如一个虚假生硬的音符贯穿了他的思想",削弱了他的影响力。出于这个原因,"我们可以宣称他是一名伟人,但不是一个伟大的美国人"。[①] 于弗吉尼亚大学法律专业在读期间,威尔逊甚至不愿费心

---

① 有意思的是,后来在进步时代威尔逊对汉密尔顿做出了相同的判断,尽管原因不同。

走几步山路去蒙蒂塞洛拜访一下杰斐逊的故居。直到 1906 年，他在初次注意到进步主义的苗头后，才在一个公开演讲上说了几句杰斐逊的好话。在其所在党派的主要历史人物中，威尔逊最喜欢的就是东部财政部领袖格罗弗·克利夫兰。

在他的政治与历史著作中，威尔逊经常表现出与年轻时的西奥多·罗斯福所具有的同样普遍的偏见。① 在对待美国历史上的危机事件，如谢斯起义、普尔曼大罢工和干草市场事件时，威尔逊的态度与传统的统治阶级如出一辙。虽然 1887 年他曾写信给约翰·贝茨·克拉克（John Bates Clark）称，"我非常尊重心智健全且同情劳工的人"，但他对工会劳工一般是充满敌意的。直到 1909 年，他称自己是"自由雇佣企业及一切有利于个人自由的狂热拥护者"。他反对农民激进主义，因为他厌恶平民党"粗鲁无知的思想"。

正如人们所猜想，一个曼彻斯特自由主义经济学派的推崇者认为真诚且克制地追求个人利益是在为全民谋求福祉，因而对于工商界，威尔逊的态度并未像指责平民党和工会那样吹毛求疵。正如威廉·戴蒙德（William Diamond）在对威尔逊经济思想的出色研究中所指出的那样，这位教授认为贸易仍然是思想、进步和普遍观点的载体。1902 年他在芝加哥商业俱乐部说："每一个商业伟人都有某些共性，他们身上都有一丝理想主义……崇尚正直的品格……那种微妙的与所有人的交集感……以及足以让人们准备放弃事业，献出生命来维护的美好理想。"

然而威尔逊对于托拉斯的发展极为不满。他在《美国人民史》（History of the American People）一书中断言：托拉斯让"少数人控制了国家的经济生活，从而滥用这种控制权摧毁数百万人的生活，甚至可能让社会和政府永远陷入败坏的境地"。尽管他的论述入木三分，

---

① "从我开始独立做决定的时候开始，我已经是一名联邦主义者了。"威尔逊告诉 A. B. 哈特（A. B. Hart）。

但在 1912 年前他很少继续谈及这个话题。

威尔逊在 1910 年前展现的保守主义思想与西奥多·罗斯福在 1912 年前展现的具有显著的相似性，引人注目。尽管威尔逊经历过一段长时间的穷困潦倒，但两人在社会上都有可靠的背景，且在各自政党传统的范围内都接受了自由放任政策。他们坚信自己是为了公共福利而奋斗，并非为了某一特殊利益集团服务——这对中产阶级及其政治代言人来说是很普遍的观念。他们对于劳工与平民党运动都不屑一顾；两人对于托拉斯均持怀疑态度，认为其为一种政治威胁，尽管他们对于防止企业垄断应该做些什么并没有明确的想法。后来二者都接受了进步主义的主要观点。

无论是在保守主义阶段还是进步主义阶段，他们之间的区别在于一个充满热情，另一个则歇斯底里。威尔逊早期的保守主义思想是基于政治与社会变革下深思熟虑的理性哲学基础。相比之下，罗斯福的政治思想心浮气躁，抑制着自己的暴力倾向，好似神经抽搐一般。早期威尔逊的哲学思想为变革和改革留有余地，将其视为一条根本原则，因而在后期转而接受进步主义时无须做出重大改变，只需强调其重点的改变。而尽管罗斯福经常表达出对净化政治生态的渴望，但他的哲学思想并没有根植于变革的原则之上；他转而接受进步主义与其说是观点的转变，不如说是为了满足自己的野心勃勃一时逞的口舌之快罢了。在罗斯福身上，人们没有看到真正的思想运动，因为思想从未成为其关注的焦点。而在威尔逊身上，人们能感受到一种探索新事物的真心与愉悦，以及新老事物之间的一脉相承。他们两人可能没有完全意识到的是，自己转而接受新兴的进步主义思想，部分原因是这种哲学思想有利于自己的政治生涯。尽管两个人都以自己的方式表达出了诚心诚意，但真心程度却是天差地别。威尔逊的真诚品质在其对教育虚伪的抨击中得到体现，当时他说了一句打动人心的话："我们必须相信我们教授给孩子的东西。"正是这句话表明了他与公众的关系是建立在道德强制性之上的。

2

威尔逊曾经说过："南方人似乎天生就对公共事务感兴趣。"受南方人钟爱华丽辞藻的影响，他从小便持之以恒、从容不迫地练习演讲。他还在普林斯顿大学攻读本科时，就写下了许多带有自己名字字样的卡片：伍德罗·威尔逊，来自弗吉尼亚州的参议员。而后他从普林斯顿大学转到弗吉尼亚大学法律学院，期望以法律作为自己达成目的的手段：

> 我所选择的职业是政治；但我所从事的专业是法律，因为我认为它能带领我进入我的理想职业。这曾是一条可靠确定的道路，并且有很多国会议员现在仍然是律师。

他"有时对法律学习感到索然无味"，但还是修完了所有的课程，并于1882年在亚特兰大开启自己的律师业务。由于自己并没有混得风生水起，且这份职业充满了钩心斗角与讨价还价的行径，他闷闷不乐，因而只待了一年就前往约翰斯·霍普金斯大学研究院。他告诉自己未来的妻子，他的目标就是接受进修，进而"实现自己的雄心壮志，成为政治思想界的新兴启蒙力量，在不及政治严肃的一些文学分支里成为大师"。那时他就觉得自己注定要成就一番大事业：

> ……直到我对要完成伟大事业产生了一种沉着和自信时，那些我们常讨论到的模糊的计划在我心中逐渐成形，但对于我来说，仍然不太清楚它的本质。我不知道这是我自己因过度自负所虚构出来的假象，还是与我能力相匹配的一种根深蒂固的决心。

威尔逊发现自己对约翰斯·霍普金斯大学与弗吉尼亚大学法学院在某些方面有同样的不满。当然，这所大学办得蒸蒸日上。赫伯特·巴克斯特·亚当斯（Herbert Baxter Adams）正在此举办其著名的历史研讨会，年轻的理查德·T.伊利（Richard T. Ely）刚从德国攻读完研究生，学成归来后在此任教政治经济学。弗雷德里克·杰克逊·特纳这时还在此求学。威尔逊在读时期到此访问的著名人士有埃德蒙·戈斯（Edmund Gosse）、詹姆斯·布莱斯（James Bryce）和乔西亚·罗伊斯（Josiah Royce），威尔逊称罗伊斯为"自己所遇到的最难得的灵魂之一"。然而亚当斯研讨会上培养的对于历史和宪法的兴趣并不合威尔逊胃口。约翰斯·霍普金斯大学的教授正在研究制度史，追溯乡镇会议、地方组织和土地制度的演变，这些东西令威尔逊厌倦不已，认为它们"远远比不上自己计划的研究帝国政策的宏伟之旅"。在经济学方面，他向伊利学习德国历史学派的经济学观点，但这似乎对他影响甚微，而他对自由放任政策的热衷也没有受到太大打击。

威尔逊于1886年获得了博士学位，随即开启了他的学术生涯，此后的几年便是为人熟知的年轻有为的教授的故事：微薄的工资，结婚生子，过度劳累，靠写作挣外快，日子蒸蒸日上。他从布林莫尔搬到了卫斯理安，并在三十四岁成为普林斯顿大学的法学与政治学教授。

任教期间，威尔逊的挫败感日益加深。他立志成为一名政治家，但就像在他之前的亨利·亚当斯一样，他认为自己做的工作不过是给大学生哺乳（传授知识）的保姆，反而那些才疏学浅、心术不正的人正在治理国家。在1887年至1897年威尔逊定期访问约翰斯·霍普金斯大学期间，弗雷德里克·C.霍维（Frederick C. Howe）经常来听他的讲座，并回忆起"他演讲时充满道德热情的口吻"。威尔逊会说，伟人已从国会山离去；美国的公众生活已经堕落成庸俗的利益博弈；政治斗争中的美国人令人厌恶，如同私人关系里一般全然陷入金钱的利益漩涡中；我们一定要从破坏者手中夺回民主。威尔逊曾向一位朋友吐露心声：

> 我感到非常遗憾的是未能如愿实现心中第一个——主要的——雄心壮志，就是如若可以，要积极带头参与公共生活，并在自己的能力所及范围内开创自己的政治生涯……我有很强的领

导本能和强大的演说家气场，对于事务的处理乐此不疲；要让我如文人学者那般冷静克制、安分守己，需要持续不断的严格训练才可以。我并没有闲情雅致去理会那些所谓的枯燥乏味的"学术界"，而对于阐明这个世界各种伟大的思想，我倒是饶有兴趣；如果我能激发一场声势浩大的舆论运动，用先人的经验来解读当今人民的生活，从而将这些思想传达给广大人民群众，作为取得伟大政治成就的推动力，那我的人生将得以圆满……我一直认为我的文采是我的次要技能：我的写作能力是为我的演说能力与组织行动能力而服务的。

而后威尔逊却在普林斯顿大学迅速东山再起了。他出版了六本书，四处发表讲座，会见重要人物。他的矜持不苟、沉着稳重、高尚情操，毫无疑问还有他的堂堂仪表给大学董事们留下了深刻印象。1902 年 6 月，弗朗西斯·L. 巴顿（Francis L. Patton）校长退休后，董事们一致推选威尔逊为新任校长。

威尔逊上任后制订了一系列宏伟的教学改善计划。他从校友手中费力弄到一大笔资金，并聘任五十名年轻教师，制定了十一套系统课程，全都大获成功。E. E. 斯洛森（E. E. Slosson）教授在《美国名牌大学》(Great American Universities) 一书中称普林斯顿大学为"目前最值得前往学习的大学"。威尔逊大胆提议废除神圣的普林斯顿饮食俱乐部，让学生们奉行更为民主的生活制度，最终失败了。但这场争论提升了他的公共知名度，促使他在进步主义运动兴起之时以民主党人的身份为人们所欢迎。

威尔逊在进行教育斗争时，在公开演讲和文章中宣讲政治思想，引起了有影响力的民主党人的注意。他在少数场合特别批评了银行家与投机者所囤积的财富。他同进步派一样，认为积累资本的权力掌握在"少数人手中"，这些人"近年来能够以前所未有的方式为了自身利益而控制国家"。1908 年，他表达了中产阶级的不满，宣称：

人们有时说这是一场资本与劳工之间的较量，但这一概念过于狭隘与特殊了。不如说这是一场囤积大量资本的力量与其他所有个体较为分散的渺小经济力量之间的较量。每一项新政策的提出，其最终目的都是为了限制囤积资本的力量，从而保护那些无法使用囤积资本的人的利益不受损。

但这位普林斯顿校长也一再明确表示他并没有放弃自己先前的政治著作中的保守派观点。他并不赞同平民党的民主。他私下里提议将布赖恩打得"落花流水"；在公开场合，他评价这个"乳臭未干的演说家"虽然"就性格而言是有趣可爱的"，但其"理论信念却是愚蠢且危险的"。他还批评了劳工团体，称其为"获取平等而自由机会路上的绊脚石"，和"所谓的资产阶级一样可怕"。

后来，在他竞选新泽西州州长时，他遭到了该州劳工联合会的反对。他曾多次郑重承诺，一直以来他都把劳动者当作朋友而非敌人，但这并不能平息劳动者对他的反对。

在威尔逊看来，国家应走介于富豪和平民之间的中间路线。政府必须公平公正，代表共同利益，在两个极端之间调解。但是，处理经济问题并不能完全依靠政府的干预或监管。社会主义制度透露着"一种试图逃避问题的危险，还有集权和腐败的危险"。此外，打击所有大型联合企业的做法不仅不可取，更是不可能的，因为那些依靠"自然力量"而不是关税保护或不公平竞争发展起来的大型联合企业是合法的。"现代社会的成功发展往往离不开这些企业。"想要详细规范它们的事务，需要一系列的专家委员会，而这些委员会通常不只会进行监管，甚至会对它们的业务指手画脚。在1907年，威尔逊宣称，美国已经"走在通往多种政府所有制的大道上，或者说走在通往其他管制方法的大道上，这些方法将在实践过程中逐渐变得与实际所有权一样全面"。如果有必要对企业权力进行控制，正确方式应当是制定出合理的法律，然后通过法院严格执行，而不是将广泛的自由裁量权赋予委员会，这是很危险的。他说，作为一个保守的民主党人，他坚信可靠而有效的监管，反对"现行的监管原则，即共和党提出并推行到如此激进地步的原则"。简而言之，他不会做到西奥多·罗斯福那种地步。

解决方法是什么呢？必须开展一场道德复兴运动，在人民的心中寻到它的来源，在政府中发现它的仲裁者。惩罚必须由犯下恶行的个人承担，不该让公司担责。他通俗地解释道，公司就像一辆汽车，胡作非为的公司领导人就像不负责任的司机。"惩罚车辆"只会让无辜的股东被公司罚款，这是毫无意义的。必须让"驾车者本人"承担责任，如果无法劝说他遵守道德，那么就要让他受到重击。"如果想要真正推行改革并一劳永逸，那么将一个勇于承担责任的人关进监狱，将违背公众利益的计划和交易的幕后主使关进教养所，这比一千家公司被罚款都行之有效。"拯救社会只能通过"个人的反抗……他们会说，'的确，我是这个组织的一分子，但我绝不会让我的道德观念被其摧毁'"。

对于老江湖的保守派来说，这种解决经济问题的方法似乎无伤大体，可以消除民众对措施过于严厉的不满情绪。北部和东部的民主党保守派对一个能够如此大力宣扬这种明智的政府声明的人的政治潜力萌生了兴趣。威尔逊授权的传记作者写道："他们也许对他格外感兴趣，因为他们根本不相信'个人罪责'能够真正被确立，也不相信'有钱的罪犯'会真的被关进监狱。"北方证券案证明他们的想法是对的。尽管威尔逊的主张与罗斯福的大致相同，但他似乎比那个难以捉摸的粗野骑士多了一份谨慎和清醒；毫无疑问，在民主党人心中，他比布赖恩更可靠。

当时，民主党的东部资本主义派别正从西摩—蒂尔登—克利夫兰（Seymour–Tilden–Cleveland）的传统主义中脱颖而出，威尔逊在其中初露锋芒。威尔逊最初在乔治·B. M. 哈维（George B. M. Harvey）上校手下做事，哈维上校是《哈珀周刊》（*Harper's Weekly*）的编辑，哈珀兄弟出版社的总裁，还是摩根财团的小合伙人。在哈维的帮助下，威尔逊引起了托马斯·福琼·赖恩（Thomas Fortune Ryan）、银行家奥古斯特·贝尔蒙特（August Belmont）、极端保守的《纽约太阳报》（New York Sun）的编辑威廉·拉凡（William Laffan）、《纽约时报》的老板阿道夫·奥克斯（Adolph Ochs），以及其他有影响力的东方民主党人的注意。哈维在1906年12月17日给威尔逊的信中写道："稳健的银行家们"认为"国家已经厌倦了过多的政府管理"，他们渴望提名并选举威尔逊这样的人。1907年，威尔逊接受了赖恩和拉凡的个人考核，还准备了一份信仰声明，在其中重申了他已在公开场合发表的被多数人认同的主张。

不过，威尔逊依旧保持着独立的思想。1910年1月，他去到纽约，在一次银行家会议上发表了一篇广为流传的演讲。当时J.P.摩根就坐在他的身边，他宣称：

> 当前的问题是，你们这些银行家心胸太狭窄了。你们不了解这个国家，也不知道发生了什么，而且国家也不信任你们……你们对影响国家未来的小额借款人和小型企业不感兴趣，将一切注意力都放在已经出现的大额借款人和富有的企业上……你们这些银行家……唯利是图……你们应该心胸开阔些，看看什么对国家的长远发展最有利。

当鲍斯·吉姆·史密斯（Boss Jim Smith）领导的新泽西州民主党核心人物找到他，商讨州长职位时，威尔逊感到困惑不解。在他看来，领导者们认为他是一个"绝对独立的人"，但当他问到为什么想让他参选时，他们的回答并不让人满意，"所以我必须自己想办法。我得出结论，必须让这些先生们认识到美国政治的新时代已经到来，今后他们必须按照新的方式行事"。因此威尔逊说服自己，他可以在保证正义的前提下与他们合作。但他一开始竞选，就发生了微妙的变化。在民主党的压迫下，进步党对他的候选人资格怨声载道。《霍博肯观察家报》（Hoboken Observer）抱怨道，"威尔逊博士是被进步党反对的人诱导而参与竞选的……而这些人已经决定了他拥有候选资格。"威尔逊本人也逐渐理解这种批评,他对进步党给予了足够的尊重,并做出回应。在竞选接近尾声时,他在一封信中表达了自己的担忧:"人们都认为我不同情普通民众,并把传统财产权置于人权之上,认为我似乎对事物持有一种僵硬的学术观点。"过去,为了在政治上站稳脚跟,他必须奉承资本家和老板;现在,如果他想保住这个立足之地和自尊,就必须取悦人民。威尔逊对进步党的挑战所做出的直截了当的回应,让年轻的进步党人感到不满;当威尔逊宣布,如果当选,他担任州长一职,"绝无任何形式的担保"时,他们激动地表示赞同。

就这样,在经过二十多年相对平静的学术生涯后,威尔逊赢得了他的第一个公职。他的档案里又多了一部原本应称作《政治哲学》(*The Philosophy of Politics*)的代表作品。当史密斯和他的一些追随者参观普林斯顿大学时,他们被领进了威尔逊宁静、舒适且摆满了精装书的书房。他们实在难以理解这个新伙伴的政治抱负。史密斯问道:"你能想象有人会愚蠢到,为了令人烦心的政治而放弃这般岁月静好的大学教授的日子吗?"

3

当威尔逊告诉选民他"绝无任何形式的担保"时,领导者们无疑只把这句话视作竞选的拉票言论。他们早已习惯了政界虚假的一团和气,对纯洁心灵的决绝知之甚微,但没过多久威尔逊就给他们上了一课。史密斯曾在参议院任职,并希望重返参议院。虽然人民在初选中表示更倾向于另一个人选,即托马斯·E. 马丁(Thomas E. Martine),但最终的决定权在州议会,除了州长的反对,没有什么能阻止史密斯当选。但被史密斯称为"长老会牧师"的威尔逊却拒绝合作。在竞选期间,他支持参议员民选,并且表示不会违背这一原则。他呼吁州议会选举马丁,最终马丁成功当选。威尔逊说,这些领导者是"政治上的毒瘤",人民将会铲除他们。

坦慕尼派的领导人理查德·克罗克（Richard Croker）评论道："在政治上忘恩负义是不可取的。"但威尔逊并不是真正的忘恩负义。对他来说，公共义务远高于私人情谊，遵守原则远大于人身攻击。他和史密斯的关系好坏都无关紧要，但他如果无法使自己相信自己是在为崇高的理想服务，那么他的人格就会枯萎，动力就会消逝。就像有人会通过饮酒放松一样，他习惯利用精神力量来激励自己。他曾在这一时期坦言："有时……我的生命似乎都植根于梦想之中，因此我不希望生命之源枯竭。"他在另一封信中写道："我也会犯错，但我绝不会违背自己的职责。"

威尔逊担任州长期间取得的成就远超预期。在他任期的第一届立法会议上，他达到了他的目标，甚至获得了更多——初选和选举法、反腐败法、工人补偿机制、公用事业管理条例、学校改革，以及一项授权城市采用委员会形式的法案。那些最初怀疑他的年轻进步党人士——像德夫林（Devlin）、乔治·L.瑞考德（George L.Record）、克尼（Kerney）和塔玛尔蒂这样的人——都成了他的热烈拥护者。关于总统的话题层出不穷，威尔逊以他一贯的严肃态度做出回应。1911年4月23日，他写道："严峻的时刻迫在眉睫。"

> 一想到我可能有着举足轻重的作用，我就心生胆怯。前路未卜，风雨未知。贪婪、正义和人性间的斗争一触即发，人们将全力以赴、奋不顾身。愿上帝保佑我能够应付自如，在这场力量悬殊的斗争中取得胜利！

威尔逊的演讲中逐渐产生了一种新的、更激进的主张，即强烈要求变革，并且是能够维护"既定目标和观念"的变革。从这一主张中我们可以看到新旧威尔逊思想的联系，即我们在"瞻前"时不能忘记"顾后"。在1911年春至1912年总统竞选期间的演讲中，威尔逊提出了新的信念：

> 政府控制的机构必须掌握在人民手中……这是为了恢复似乎已不复存在的东西——在民众管理自己的事务中，行使自由选择的权利……
>
> 国民政府对人民的服务范围必须更加广泛，不仅要保护人民不受垄断的危害，还要便利人民的生活……
>
> 我们无意扰乱基本的经济布局，只是打算让人们知道哪些人是政府政策的受益者，然后要求这些人在享受特殊待遇时，以国家利益为重，将个人利益置于身后……
>
> 在我们这个国家，资金垄断是最大形式的垄断。一旦存在资金垄断，过去的多样性、自由和个人发展就无从谈起。因此，若国家的发展和一切活动都由少数人掌控，这些人必然会因为自身的局限性而忽视、制约和破坏真正的经济自由。这是当前最重要的问题……
>
> 今晚我们在这里主张的是什么？我们用毕生支持的又是什么？我们主张让我们国家获得自由，让商业发展不受约束……
>
> 当前，美国真正的困难……不是大型个人联合企业的存在——虽然这对所有国家都是一颗定时炸弹——真正的危险在于这些联合企业的联手，在于同一批人控制着银行链、铁路系统、制造业、大型采矿项目，以及开发国家自然水利的大型企业。在美国，由一系列董事会人员组成的利益共同体比任何联合都可怕……
>
> 我们必须……将这个巨大的利益共同体分解……平缓但坚定，坚持不懈将他们分割开来。
>
> 我是这样看待我们在政治领域所从事的活动的：任何利益背后的人总是联合起来，结为一个组织，任何国家都会面对一种危险，即只有这些特殊利益获得者联合起来，而为共同利益努力的

人们却没有组织起来反对他们。政府的职责就是组织共同利益来对抗特殊利益。

威尔逊对进步主义信条的认可，使他与最初的支持者们决裂，导致支持他的社会基础发生了翻天覆地的变化。他的公关顾问告诉他，哈维上校对他的支持招致了西部的批评，然后威尔逊便告诉哈维这对他造成严重的损害，导致两人间的关系越来越冷淡。在与哈维决裂后，威尔逊与布赖恩的关系却日益变好。对威尔逊来说幸运的是，布赖恩格外宽宏大度，使这位州长能够对在1907年给乔琳（Joline）的信中所写做出一些弥补。在那封信中，他曾表示要把布赖恩"打得遍体鳞伤"。哈维的支持可能反倒弊大于利，而布赖恩的支持在1912年的民主党大会和全国竞选中都大有裨益。正如布赖恩年初在《平民报》（Commoner）中所说，威尔逊"现在的政治力量与（群众）对他彻底改变的信心恰好匹配"。

在1912年的竞选中，威尔逊以中间派的立场出现，一面是塔夫脱，一面是罗斯福。左翼改革派大多支持进步党，许多温和的共和党人似乎也不再支持塔夫脱，转而支持威尔逊。由于塔夫脱已显而易见不再具有威胁，威尔逊便将矛头对准了西奥多·罗斯福，并着重强调了他们观点的主要区别——托拉斯问题。威尔逊的竞选方案是他首次严肃思考托拉斯问题得出的结果，他借鉴了路易斯·D. 布兰代斯的思想，然后在律师的指导下拟定了竞选方案。威尔逊演讲的精华部分被记载于《新自由》（New Freedom）上，此举有点像是美国中产阶级的集体哀号。

威尔逊向选民们诉说道：在目前的美国，由于法律无法阻止恃强凌弱的情况发生，工业已经失去了自由。这个国家最优秀、最有天赋的人们，即崛起的劳动者和勤俭且雄心勃勃的中产阶级，正在受到压迫和束缚。"中产阶级在逐渐被我们所认为的通往繁荣的方式所排挤。"既得利益者们联手排挤新企业：他们损害新企业的信誉，在当地的市场上打压新企业，直到新企业"夭折"，排斥从他们的竞争对手那里进货的零售商，还不向小企业提供原材料。简而言之，这是谈不上任何公平的竞争。

那些批评竞争制度的人断言，自由竞争本身就可能使大企业压垮小企业。威尔逊对此并不认同，他回应道："这不是自由竞争造成的结果，这是不正当的竞争。"一个企业如果是通过智慧、效率和节俭在竞争中生存下来，那么它理应发展壮大。但参与托拉斯的企业通过一种"避免竞争的手段"，它们"用金钱的力量代替效率"。威尔逊逐渐屈服于政客们在讨论托拉斯问题时的含糊其词，他说："我支持大企业发展，但我反对托拉斯。"①

威尔逊紧接着说，排挤中产阶级的利益集团与控制政府的利益集团是同一批人。"如今的美国政府不过就是特殊利益集团的养子。"但人民会重新获得控制权，恢复过去民主竞争的原则。"美国将坚持恢复并实施一直以来的理想。"新、旧秩序将交织在一起，"我若是不坚信改革派是要维护我国体制的基本原则，那我就称不上是一个合格的改革派人士"。

"新自由论"致力于解决当今时代的根本问题。"这个国家最需要的是一套为努力奋斗的人谋利的法律，而不是总将好处给予那些已经成功的人。美国当下的发展状况靠的是那些追逐成功的人，而不是已经飞黄腾达的人……就我个人而言，我希望是那些努力向上的人来指引我。"这个国家的希望，这个国家真正的创造力，一直在那些由"无名之辈"而崛起为功成名就的工业家和政治家的人身上。

威尔逊承认，进步党的方案中有许多中肯又宽宏大量的改革建议，这引起了温厚的人的共鸣；但对于最基本的托拉斯问题，进步党却只字未提。相反，他们建议通过托拉斯企业来发展经济，并且似乎还担保托拉斯会是仁慈宽大的，"我们会让这些垄断企业仁慈一些的"。

---

① 类似于阿尔伯特·J.贝弗里奇在进步党大会上的立场："我们的意思是让小企业做大，让所有企业都能诚实守信，而不是努力把大企业变小，却让它不忠实。"

"但是,"威尔逊回答说,"我并不需要托拉斯企业的同情……不需要他们居高临下的援助。"罗斯福提出的办法就是死路一条。[①]"想要通过发动社会改革的势力来进行社会改革是行不通的。"进步党的方案"完全就是在为垄断企业服务",因此根本算不上一个"进步"计划。进步党装模作样地控制托拉斯,其实与那些"意图维护美国现行经济体系的人"提出的方案大同小异。

威尔逊巧妙地揭露了在所谓的"罗斯福计划"下,企业和政府权力的盘根错节:

> 我发现原来在他们的主张中有两个主宰者:一个是大企业,另一个便是在其之上的美国政府;那么谁来掌控美国政府呢?现在有人来控制它——即那些联合起来控制垄断企业的人。如果被垄断企业控制的政府,反过来又控制着垄断企业,这种合作关系便达成了。

威尔逊于1912年的演说中提出的构想,在他执政的最初四年里被成功且忠实地转化为法律。实际上,威尔逊第一届任期内的政府取得的立法上的成就,比亚历山大·汉密尔顿时代以来的任何一届政府都要多。林赛·罗杰斯(Lindsay Rogers)教授曾指出,威尔逊这位前教授"对国会的绝对权威胜过之前任何一位总统"。威尔逊政府是自内战以来第一个确保关税实质性下调的政府。通过《联邦储备法》,威尔逊政府整改了国家的银行和信贷体系,并将其置于政府的控制之下。为了维护农民利益,威尔逊政府通过了《联邦农业贷款法》,将提供农业信贷的工作交与政府,还通过了《仓储法》,该法案中包含了过去平民

[①] 罗斯福反过来指出,新泽西州是美国最臭名昭著的"公司州"之一。选举后,威尔逊确保了"七姐妹"法案的通过,该法案对州内的公司进行了严格限制。这些公司将其注册地转移到了邻近的得意扬扬的特拉华州,新泽西州失去了收费收入。后来,新泽西再次成为臭名昭著的"公司之家"。

党独立财政方案的几个条款。由中产阶级控制大企业的计划体现在《克莱顿法》和联邦贸易委员会的成立中，前者旨在贯彻《谢尔曼反托拉斯法》，后者旨在禁止威尔逊认为的"非法竞争"。同时，劳工也获得了许多利益，主要是《克莱顿法》使工会免受反托拉斯起诉的困扰的条款，还体现在《拉福莱特海员法》、《亚当森法》（于铁路大罢工的威胁下通过，规定从事州际贸易方面工作的铁路工人实行八小时工作制）、《童工法》（但不久后就被最高法院离奇地宣布违宪）和公务员补偿法案。[①]

在金融资本主义制度下，如果缺少与金融界的合作，哪怕是被动的合作，美国政府也将什么都实施不下去。威尔逊在第一届任期内，尽可能以一种独立的精神开展政府工作，实行这一方针是受到布赖恩一派和路易斯·D. 布兰代斯等顾问的压力，威尔逊对他们的意见还是尊重的。[②] 在 1917 年之前，政府和企业之间的关系称不上是战争，而

---

① 威尔逊的一项重要提议没有写入法律，那就是授权州际商务委员会监管铁路公司的证券发行。

② 当银行家们试图控制拟议中的美联储委员会时，发生了一场激烈的斗争。他们来到华盛顿，在威尔逊的办公桌前当面与他对质，以充足的理论知识向执行主席中的对比较金融一无所知者陈述了他们的观点。他们讲完后，威尔逊问其中的领导人："你们当中有谁能告诉我，在地球上哪个文明国家有重要的政府控制委员会，代表着私人利益？"沉默了很长时间后，他问道："你们哪位先生认为铁路公司应该选择州际商务委员会的成员？"这些未回答的问题结束了关于银行家控制美联储系统的讨论。
银行家们对威尔逊的不满情绪愈演愈烈。奥斯瓦尔德·加里森·维拉德在他的回忆录中回忆起与摩根家族的托马斯·W. 拉蒙特（Thomas W. Lamont）共进午餐时，拉蒙特告诉他，威尔逊最近断然拒绝接待该公司的任何成员。拉蒙特的评论反映了"独立"政府的离奇立场。他说，令他困惑的是，国务院为何呼吁摩根大通银行通过浮动贷款推进中美洲政策。"我们面临着两种情况，"他抱怨道，"要么是值得尊敬的商人，政府可以与我们做生意，要么我们不适合与他们交往，我们不能同时兼而有之。"
事实上，政府与金融的联系从未间断，尽管有些疏远。正如马修·约瑟夫森强调的那样，银行家们可以通过威尔逊信任的顾问 E. M. 豪斯上校间接了解威尔逊的思想，他经常见到总统，同时也帮助传达他们的一些观点给威尔逊。这一过程挽救了威尔逊的独立感和正直感，这对他至关重要。

是一种不太稳定的和平。威尔逊没有提议从根本上改变经济秩序。他仍然保护竞争、个人主义、进取心和机会——因为他认为这些都是美国传统中至关重要的东西。然而,对于监管问题,他的想法产生了变化;他拥护联邦政府的监管立法,这也意味着他摒弃了早期的自由放任主义观点。布兰代斯曾在1912年的竞选中说过,现在的问题是在监管下竞争还是在监管下垄断,除了顽固派,人们都放弃了国家不应插手经济体系的观点。威尔逊建议利用国家的力量来重建原始的美国理想,而不是另辟蹊径。("我若是不坚信改革派是要维护我国体制的基本原则,那我就称不上是一个合格的改革派人士。")

在《克莱顿法》通过和联邦贸易委员会成立之后,威尔逊认为他的纲领已经基本实现。在1914年12月8日给国会的咨文中,他宣称:

> 我们关于商业监管的立法方案现已完成。这个方案已经按照我们的意图,作为一个整体被提出,因此后续会发生什么谁也无法预料。各企业前进的方向明确且坚定……前方是一条通向成功的光明大道。

从根本上讲,新自由论是中产阶级在农民和劳工的支持下所做的一次尝试,目的在于制止对社会的剥削、财富的集中和业内人士对政治的日益掌控,还尽可能地恢复商业竞争机会。当时,信奉社会主义的沃尔特·李普曼(Walter Lippmann)将新自由论描述为"小工商业者和农民利用政府为对抗大型工业集体组织做出的努力"。他用严厉但颇有道理的语言抱怨道,新自由论并不赞成"世界将迈入大规模的集体生活"。这是"小投机商的自由,并未摆脱狭隘、贫乏的激励机制以及短浅的目光……也未摆脱混乱、纷扰和工业战争的影响"。

但是,在美国参与第一次世界大战期间,新自由论被人们抛在了脑后,而它取得的成果也因之后的反动被抵消了。威尔逊关于竞争与企业的经典思想不是在"常态"下,而是在发动战争与实现和平的过程中经受了最大的考验。

4

在威尔逊成长之时，南方正慢慢从内战的摧残中恢复；在那里，他形成了对暴力的恐惧，后来，他又得到了19世纪英国思想家的和平自由主义的熏陶。

查尔斯·卡兰·坦西尔（Charles Callan Tansill）教授对威尔逊的战时外交进行了批判性的研究，他指出，"在一长串的美国总统的名单中，没有人比1917年4月带领我们参与第一次世界大战的威尔逊总统更称得上是一名真诚的和平主义者了。然而，作为一国的总统，威尔逊感受到了将美国引向冲突的每一股强大力量的拉扯"。

威尔逊总统告诉人民，美国必须成为和平的榜样，因为和平是疗愈世界和促进世界发展的力量，但冲突却不是，他表达了一种根深蒂固且独到的偏见。在战争初始的几周，他在给查尔斯·R.柯兰（Charles R. Crane）的一封信中写道："我对大洋彼岸的冲突了解越多，对我来说，似乎就越需要公开表达谴责。"他比国会更先发声，称这是"一场与我们毫不相关的战争"。他告诉斯托克顿·阿克森（Stockton Axson）说战争无法永久地解决问题，对总统顾问豪斯上校说，他预测到这场战争会使世界倒退三到四个世纪。他对美国在其中特有角色的构想是高尚的，正如他在演讲中所概述的那样。美国是唯一没有参战的西方强国，在这场危机中，完成其他国家未曾完成的事业是责任和使命——保持绝对的自我主权。绝不插手各国的争端和冲突，也不会有任何维护自身利益的自私举动，准备好去履行自身的责任，做一名公正的调解员，尽可能早地结束这场战争，帮助世界从伤痛中恢复和重建持久和平。他在战争早期的一封书信中写道："如果我们主动被卷入冲突，从而失去了在解决争端上所有正义的影响力，这将是整个世界的灾难。"

在战争初期，威尔逊督促人们"无论在思想上还是在行动上都要保证公平公正"，但他自己和他最重要的顾问们却完全没有遵守这一原则。导致美国参战的诸多事件中的一个显著事实是，在政府圈内普遍存在着对盟友的压倒性同情，以及威尔逊和他的顾问们倾向于争取有利于协约国的结果。威尔逊对盟友的同情心和他对和平的热爱一样重要。他是一个彻头彻尾的亲英派，他从英国思想家身上学到了他一生中最重要的课程，他以英国政治家为施展抱负的榜样，认为英国宪法是他心目中的理想政体。他在任普林斯顿大学校长一职时，他的工作总体而言就是在致力于引进英式的大学理念，甚至他最喜欢的娱乐消遣就是在口袋里揣着一本《牛津英国诗集》(*Oxford Book of English Verse*)绕着莱克县的村庄骑行。他身边围绕着的都是亲近盟友的顾问，尤其是时任美国国务院参事、未来的美国国务卿罗伯特·兰辛（Robert Lansing）和豪斯上校（他被威尔逊认为是"我的第二人格和另一个独立的我"）。他的驻英大使沃尔特·海因斯·佩杰（Walter Hines Page）主动向美方自荐处理英国事务。

这些人对德国胜利的前景感到忧虑，认为这会迫使美国背离它一贯和平进步的发展道路。1914年8月22日，豪斯上校在给威尔逊总统的信中写道：

> 德国的胜利最终会成为我们棘手的麻烦。我们不得不放弃你一直以来为我们的子孙后代描绘的标准蓝图，这幅蓝图以永久和平作为目标，以新的国际道德准则作为指路明灯，还要建立一支规模庞大的人民军队。

一星期后，豪斯上校在他的日记中记录，威尔逊总统同意了这个分析，而且威尔逊总统在谴责德国在战争中所扮演的角色这件事情上"甚至比我更激进"，他的控诉中甚至涵盖了对德国人民的谴责。威尔逊告诉他，德国哲学"本质上是自私且缺少精神追求的哲学"。① 威尔逊在塔玛尔蒂面前说道："英国正在为我们打这场仗……我不会在英国为自己和世界的生存而战时采取任何让英国感到雪上加霜的行动。"他的司法部部长回忆说，当一些内阁成员在 1915 年初敦促威尔逊总统禁止对英国出口时，他的回复是：

> 阁下们，我们的盟友此时正在背水一战，除非我们公认的权利受到严重侵犯，否则我会确保我们国家在他们正饱受战争之苦之时，不会做出任何妨碍他们或者让他们感到难堪的事情。

1915 年 12 月，当布兰德·惠特洛克拜访威尔逊总统时，他曾说："我全心全意地为我们的盟友着想。"威尔逊答道："我也一样。没有任何正义人士知道情况后还会无动于衷，德国就另当别论了。"威尔逊向塞西尔－斯普林·莱斯爵士预言："如果德国人胜利了，我们将被迫采取防御措施，因为这将对我们的政体和美国理想产生致命打击。"1915 年 9 月，他向豪斯承认道："他从来都不敢确定地说我们不应该参战，如果德国及其军国主义思想胜利势头很明显的话，那么我们背负的责任比以往任何时候都要更重。"

这样的情感和这种想要让美国在必要时参战，对抗德国，扭转战局的愿望，使得现实中美方中立的立场变得难以实现；它导致威尔逊对协约国实施歧视性的法律法规，并加强美国与其的经济往来，最后，甚至使他受制于自己制定的政策。英国和德国在公海上侵犯了美国的利益，并丝毫不把威尔逊政府提出的国际法概念放在眼里。这两个国

---

① 威尔逊的"第二人格"使他清楚地记住了权力平衡的概念。1915 年 6 月 16 日，众议院写信给他："我不必告诉你，如果协约国未能获胜，那必然意味着我们整个国家的政策都将逆转。"一个月后，他们敦促威尔逊做好准备，并警告说："我觉得我们正在进行一场可怕的赌博，我们的安全几乎完全取决于协约国的成功……"

家时不时都需要面对美国的抗议,但美国对英国的抗议只是动动嘴皮子,对德国的抗议却夹带了严重的威胁意味。英国对走私禁运品的定义非常广泛,它通过传统的海上访问和搜查权获得了惊人的高度贸易自由,而美国运货商却为此付出了巨大的代价。英国违反了传统上"合法"的封锁概念,以极其妨碍和昂贵的方式在北海布设水雷,拦截了美国与其他中立国的贸易,窃取了美国极具价值的商业信息,并将被指控与德国进行贸易的美国公司列入黑名单。但是英国的外交家心里清楚他们有政府的同情(威尔逊不是对斯普林-莱斯说过"我们两国之间的纷争将是最大的灾祸"吗?),佩杰大使在伦敦努力缓解每一次美国民众抗议所带来的影响,所以指望美国为维护自身权利而对英国采取严肃的行动似乎不太可能。豪斯在1914年10月给佩杰写信道:"我们的想法跟我们的行动是一致的,我实在想不到英美两国之间会有多严重的冲突。"① 促使这种政治同理心转变成公开的盟友关系的关键因素是美国与协约国日益增长的经济联系。1914年间,一场严重的经济衰退在美国拉开序幕,这标志着1893年以来第一次重大的经济大萧条的发生。然而,截至1915年,美国开始清晰地感受到协约国的战争催生了大量的订单,这刺激了其经济的发展。直到1917年,美国向协约国出口了超过20亿美元的商品。自此之后,美国在战争和经济繁荣上的命运和协约国紧密相连。协约国对于美国物资的依赖给了威尔逊极大的谈判筹码,他可以利用这点去缓和美国受到的封锁,但正如爱德华·格雷(Edward Gray)爵士选择不和他的军火仓库起冲突一样,威尔逊也选择不和他最大的顾客起纷争。②

事实上,威尔逊已经敏锐地察觉到美国依赖于协约国在战争时

---

① 然而,有时威尔逊几乎失去了耐心。他在1916年7月23日的一封信中写道:"我必须承认,我对英国和协约国的耐心已经到了极限……我正在认真考虑要求国会授权我禁止向协约国提供贷款和限制出口……"

② 查尔斯·西摩(Charles Seymour)教授评论道:"美国无法在不严重损害其自身商业利益的情况下向协约国施加有效压力,需要付出的代价似乎太高。"

期产生的订单。协约国最初的采购用的是他们在美国的信贷余额,但这些余额很快就用完了。当面临是否要允许美国银行向协约国政府发放贷款的问题时,美国政府采取了布赖恩认为"金钱是所有违禁品中最糟糕的,因为它控制着其他一切事物"的观点,所以不支持银行这么做,而银行因为没有获得政府的批准而按兵不动。然而,协约国迫切地需要美国银行的贷款来支撑他们后续的采购,这使得国家城市银行的代表们再次向兰辛提出了这个问题。兰辛和财政部部长麦卡杜(McAdoo)让总统深刻地意识到,布赖恩禁止银行向协约国贷款的政策阻碍了美国的持续繁荣。麦卡杜于 1915 年 8 月 21 日写道:"伟大的繁荣即将来临。如果我们能合理增加对我们顾客(盟友)的贷款,我们国家的繁荣程度会极大地增加……为了维持我们的繁荣,我们必须先对其投资,否则这种繁荣便无法长久维持下去,而那对我们来说将会是一场灾难。"两周后,兰辛参事也补充了他的看法:

> 如果欧洲诸国无法付款的话……他们将不再购买我们的产品,这会使我们现阶段的出口贸易大幅缩减。这将导致生产限制、工业萧条、资本闲置、工人失业、企业倒闭、金融低迷和工人阶级的动乱和苦难……我们关于"真正中立的精神"的声明正严重威胁着我们的国家利益,这带来的惨痛代价我们是否能够承受呢?

向协约国发放贷款的禁令也相应地取消了,协约国得以继续采购物资,美国的繁荣也因此得以维持。威尔逊会如何为自己辩护并不难猜。难不成要让协约国停止向美国采购物资,让美国经济崩溃,让失业的现象和不满的情绪在这片土地上随处可见,让人民在 1916 年推翻他的政府,然后转头支持像罗斯福和洛奇这样的人在其中身居要职的政党吗?——那这之后公正且崇高的和平理想和世界领袖能够成功的机会又有多大呢?所以答案是不,最好的做法是让美国人民忙于他们平静的战时工作,也就是制造军火,并因此沉浸于它所带来的繁荣之中。

在美国的物资不断向英国和法国输送六个月后,德国政府于1915年2月4日宣称,它将试图摧毁不列颠群岛周围一个既定战区内的所有敌舰。潜艇是德国在公海上的有力武器,威尔逊对这种新型作战武器不切实际的立场引发了一连串的争议。潜艇是极其脆弱的船只,极易受到武装商船甲板炮的攻击,所以不能用于制裁性的海上访问和搜查。由于许多英国商人都携带武器装备,U型潜艇要想能够高效作战,就必须保持在水下,采取打了就跑的战术,这意味着敌舰上的人的安全岌岌可危。这是德国在反击英国对其实施的封锁——试图截断德国平民的食物来源。德国使用U型潜艇的报复行动虽然不人道,但也引起了极大的轰动。1915年春天卢西塔尼亚号沉没事件,进一步加深了美国人心目中将德国人视为怪物的印象。所以无论是美国政府还是人民,对于德国提出的一项长期提议,也就是如果英国能够解除对于德国食物运输的封锁,德国就会放松他们的潜艇作战计划,都不太感兴趣。

面对这种情况,威尔逊继续允许协约国的武装商船通过美国的港口。[①] 他不顾国会的强烈反对,进一步坚持维护美国人在战争区域乘坐协约国武装商船的权利。当他的这一立场受到参议院的质疑时,他随即在给参议员斯通(Stone)的一封信中宣称:

> 我无法同意任何对美国国民各种权利的剥夺……一旦你接受了一次权利的剥夺,更多次的羞辱就会接踵而至,最后国际法原本密不透风的网就会被我们亲手一片一片撕碎。在这件事中,让我们为之斗争的是那些使美国得以成为一个主权国家的精神实质。

---

① 做出这个决定时的确是存在一些疑虑的。威尔逊坦白:"这是一个涉及多方面的问题,我和罗伯特·兰辛都感到有些困惑。"

这是最经不起推敲的逻辑，因为威尔逊接受着英国对美国远不止"一次权利的剥夺"，却没有向其对"国际法"这张网产生的影响表示同样的关切。在与协约国打交道时，他把利益放在首位。而在与德国打交道时，他却极其激进地捍卫名义上的权利——这是一种歧视行为，而他和兰辛为此提供的借口是英国的不当行径只涉及两国财产权的问题，而德国的行为却牵扯人权和对人生命的掠夺。但众议员克劳德·基钦（Claude Kitchin）指出，如果美国人愿意像他们牺牲了平等"权利"试图迫使英国解除对"非法"的北海水雷区的封锁那样，放弃他们登上潜艇区交战船只的"权利"，那德国自然也就无法犯下掠夺美国公民性命的罪行。威尔逊的法律辩证法之所以显得尤为薄弱，是因为他迫不得已需要为那些并非基于法律，而是基于权力平衡和经济必要性的政策寻找法律依据。

在人们一系列不满和恼怒情绪的压力下，1916年春天，威尔逊似乎改变了向德国开战的主意。在上一年冬天和来年的春天，他发表了一些煽动性的演讲，呼吁人们做好战争的准备。为了回应美国关于与德国断交的最后通牒，1916年5月4日，德国政府给出了一个令人满意的承诺：从今往后，德国的潜艇作战计划将按照美国的要求执行。①九个月来潜艇的战事纷争自此平息。在美国民主党全国代表大会上，威尔逊派系的一位演说家吹嘘道，威尔逊不费一兵一卒就从"最好战的战场上赢得了敌人对美国的让步，维护了美国权利"，这赢得了全场的喝彩。但实际上，敌方的这一让步是美国通过接受了一场实际的战争威胁赢得的，威尔逊也因此将自己置于风口浪尖，如果对方收回这个承诺的话，美国就需要为此与之宣战。

1914年夏天，当威尔逊第一任妻子去世时，威尔逊觉得他的职位是他一切苦难的源头。同年秋天，威尔逊在一封信里写道："这个位置没

---

① 这项承诺附带警告，除非美国能够迫使英国放松对食品的封锁，否则德国保留恢复潜艇战的权利。威尔逊明智地忽略了保留意见。

有给我个人带来任何福气,只会给我带来无法弥补的损失和令人绝望的痛苦。"他越来越感受到与自身职位有一种格格不入的疏离感,还经常为他无法把自己当作一国总统而不仅仅只是在总统办公室短暂工作的无名之辈而陷入沉思。这暗示着,他希望通过在头脑中划清和美国总统之间的界限,以减轻伍德罗·威尔逊身上的一些沉重责任。

> 这一切都一直与我个人无关(他写道)。我正管理着一个伟大的政府……但我似乎没法对它产生认同感:它不是我,我也不是它。我只是一名执行官,掌管着它的机构,在它的办公室里工作,承担了它的职能。这种与我个人生活毫无关联的感觉很奇怪,随着它带走了我的自尊和自我意识(也许还有快乐),这也许会冷却我对它的强烈情感,但至少,这让我不会把自己想成一个傻子,甚至真的变成一个愚夫。

随着时间流逝,他开始感觉到身为总统的职责正在日渐蚕食他的自我。"我之前从来都不知道,当必要的时候,一个人完全可能丢失他的自我存在,甚至对他来说,除公务和公职以外,他完全没有个人生活。"

但是,就像他之前的每一任总统那样,威尔逊同样希望自己可以连任并为之努力着。1916 年大选的标语"他让我们幸免于战争"并不是出自他手,事实上,这还使他感到害怕。他似乎已经形成了一种相当夸张的意识,觉得自己无力实现这样的承诺。① 他对约瑟夫斯·丹尼尔斯(Josephus Daniels)抱怨道:"我无法确保国家能一直免于战争,他们谈论我的时候就好像我是神,无所不能一样。但其实任何一个德

---

① 在 1916 年 1 月 21 日的密尔沃基演讲中,威尔逊宣称:"的确在有些时候,我无法保证在维护美国的荣誉同时维护美国的和平。我也会遇到一些无法调和的事情,有些事对我来说也很难下决定。"

国小兵都可以随时通过一场预谋的暴行迫使我们参与战争。"由于共和党不再分裂,大选中候选人们的票数都非常接近,但威尔逊还是遥遥领先于其他民主党的候选人。威尔逊现在又稳坐总统职位执政四年,随着潜艇纷争暂时搁置,相对而言,美英之间的冲突就显得更惹人注目,于是威尔逊又开始逐渐转向中立的立场。他的脑海从来没有一刻像在 1916 年和 1917 年的冬天时那样如此清净,免受战事的纷扰。尽管他还没有完全排除掉国家参战的可能性,但就他的想法而言,如果他能收到其他任何与他的主要目标一致的援助,他似乎并不想参战。

就在 1916 年的圣诞节前夕,威尔逊向交战双方发送了一篇简讯,呼吁他们声明他们的和平条款,他向他们阐述了自身作为一个旁观者的客观意见:"就像交战双方的政治家对他们的人民和世界所说的那样,他们在这场战争中的目标几乎是一致的。"在 1917 年 1 月 22 日,他在参议院发表了一次讲话,分析了战争中任何一方惨败的后果,并宣称持久的和平是"没有胜利者的和平"。

> 一方的胜利意味着另一方是被迫接受了和平,胜利者的条款会强加于失败者之上。而失败者也会在莫大的屈辱、强迫和难以忍受的牺牲中接受这样的条款,这会使来之不易的和平条款是建立在痛苦、仇恨和苦涩的回忆上的,尽管这不是永恒的,但还是会使和平如立于流沙之上。只有平等的和平才能够经久不衰。

威尔逊对和平条款和对"没有胜利者的和平"的呼吁遭到了协约国的强烈不满,因为他们之前被误导,误以为美国是完全站在他们这一边的。① 豪斯上校在他的日记中抱怨道:"总统如今实在有失水准,

---

① 威尔逊的顾问们对向交战各方发出和平条款的呼吁感到压抑,兰辛部长清楚地表明了这一点:"但是,假设不可接受的答案来自交战双方,并且在维护国家利益和呼吁自由与民主原则处于支配地位的基础上来说,他们是最不可能被击败的,那又如何呢?"

任由事态漫无目的地发展，他现在愿意为了和平付出一切代价。"当他再一次提起要做好战争的准备时，威尔逊断然地回道："不会有战争发生的。"

在这个时间节点，美国从德国政府方面收到了再次发起潜艇战事的消息，这次德国在战争中变得更加肆无忌惮，他们直接打击中立国和交战国的船只。在一瞬间，威尔逊尝到了在战争前两年他采取非中立立场的恶果。对于德国来说，他们正算计着美国，逼迫其参战，因为他们正逐渐意识到，美国已经开始凭借自身发达的生产力成为他们的有力竞争者，而且他们认为如果美国的盟友们没有受到一次致命打击，美国是不会主动参战的。①

当塔玛尔蒂把刊登着德国这个决定的美联社（美国联合通讯社）公告带给威尔逊的时候，总统瞬间脸色灰白，他静静地说道："这意味着战争。我们试图阻止的事情现在看来似乎无法避免。"但威尔逊还是选择先按兵不动，仿佛是在盼望这件事会出现奇迹般的转机，以使他可以不用做进一步的决定。② 同时，协约国的困境也使他心力交瘁，交战双方都损失惨重，但事实上，他只知道协约国的情况是如此。俄

---

① 保罗·伯德索尔（Paul Birdsall）在他的文章《1914—1917年中立与经济压力》中强调，潜艇战的恢复既是一个经济事实，也是一个军事事实。德国人认为，如果美国参战，美国可以向协约国提供的主要援助是经济援助，但协约国已经获得了这种援助。正如霍尔茨恩多夫（Holtzendorff）所说，"到目前为止，美国本次的活动应该是最严重的敌对活动"。德国人押注在美国能够让其部队承担责任之前将英国饿死；这场赌博在1917年夏天近乎成功。

② 大约两年前，在卢西塔尼亚号沉没后，当他因为发表"太骄傲而不敢反抗"的演讲而遭到众人谩骂时，他曾警告塔玛尔蒂不要草率行事。他解释说，如果他去国会，他可以立即宣战。但当伤亡人数开始增加时，人们会问："为什么威尔逊在这件事上行动如此之快？……为什么他不能再等一会儿？"作为唯一一个代表和平与理智的大国，美国必须推迟到最后一刻。"当我们与德国对抗时，我们必须确保整个国家不仅与我们一起行动，而且愿意坚持走到最后。"

国刚刚经历了三月革命，俄国未来成为美国盟友的可能性还有待商榷。法国军队士气低下到令人绝望。（豪斯警告说："如果法国先向德国投降了，这将是无法想象的灾难。"）潜艇战争不用太久就会构成对英国物资运输的严峻威胁，并把英国推向食物短缺的危险边缘。除此之外，美国对协约国的信贷额度已然快被透支耗尽，他们正面临着经济的崩盘，似乎这时候除了美国参战，没有什么能拯救他们于水火之中。这个情况被佩杰在他发送给威尔逊的一份著名的电报中概括为：也许参战是我们能够维持贸易优势和避免群众恐慌的唯一方式。潜艇战争是"压死骆驼的最后一根稻草"，它给一场全球经济危机添了最后一剂催化剂。如果德国赢得了战争，美国会同时被战胜国和战败国两方怨恨，这样的话，未来美国在欧洲和世界和平事务上的影响力将跌至谷底，并且美国这些年来的成就都会在一场军备竞赛中化为乌有。最后，美国国内舆论由于齐默尔曼（Zimmermann）电报内容的泄露引起了轩然大波，这封电报提议如果德国、墨西哥和日本结盟的话，墨西哥将重新获得失去的土地，也就是现在属于美国的得克萨斯州、新墨西哥州和亚利桑那州。经过此事，美国民众也都支持美国参战。在威尔逊目睹这一系列事件后，他深知自己无法承担不参战的严重后果。

但他还是推延了，尽管德国已经开始攻击美国船只，兰辛也离开了他，因为他觉得威尔逊"正在抵抗无法抗拒的事件"。在3月末，豪斯来到华盛顿，发现他总是绝望地不停重复着："我该怎么办？我还能做些什么？"威尔逊告诉豪斯，他认为自己不能胜任在战时情况下担任总统一职。《纽约世界报》（New York World）的弗兰克·柯伯（Frank Cobb）是威尔逊在记者中的好友之一，4月1日晚，也就是威尔逊向国会宣读战争咨文的前夕，弗兰克拜访了威尔逊，后者为战事愁得夜不能寐。他又一次问："我该怎么办？我还能做些什么？"他担心，如果德国战败，和平就会被条约所约束，不会有任何的旁观者有足够大的权力来约束这些条约。"那样就没有切实可行的和平标准了。"

正如柯伯回忆道：

> 那晚伍德罗·威尔逊让人觉得古怪，似乎他的脑海里有一整幅关于开战后的全景图……
>
> 他开始谈论战争对美国的后果。他对美国可能用来打仗的计策不抱幻想。
>
> 他说当战争开始了，那也只是战争而已，战争又不分种类。它需要国内的反自由主义者也去支援前线。我们无法与德国作战，也无法维持所有富有思想的人们所共有的政府理想。他说我们可以尝试，但那对我们来说有些超出了我们的能力范围。
>
> 他说："一旦我们带领人民参战，他们就会忘记曾经有个叫作包容的美德，为了更好地战斗，你必须变得残忍无情，这会使这种残忍无情的精神渗入我们的国民生活的丝丝缕缕，影响我们的国会、法院、打击违法犯罪的警察，甚至于走在街上的每一个普通人……"
>
> 他认为，美国的宪法无法在战争中存活下来，言论自由和集会自由都会消失不见。他说一个国家不能把自己的力量投入战争中还觉得无关紧要；这种事情之前从未出现过。
>
> "如果我们还有其他别的选择，看在上帝的份上，我们就接受了吧！"他情绪激动地呼喊道。

但在威尔逊跟柯伯说这番话时，战争咨文就摆在他的桌子上，第二天他向国会宣读了这份战争咨文。他坦白道："这实在是太可怕了，将我们伟大且爱好和平的人民卷入这场战争，还是所有战争中最糟糕和不幸的……但是，正义比和平更加珍贵。"不带任何怨恨和私心，美国会为自己一直以来珍视的道德准则而战，"为了民主，为了那些被强权压制的人们能在他们的政府中有发声的权利，为了小国的权利和自由，为了各民族普遍的自主权，我们必须为全世界所有国家带去和平，最终解放全世界"。

　　伍德罗·威尔逊之前也经历过某些事情对他的改变，但接受战争这件事是他第一次背弃他最坚定的价值观。这个曾说过"和平是疗愈世界和促进世界发展的力量"的男人，现在信誓旦旦地向人民承诺会"动用武力，会最大限度地调遣军队，会毫无保留地战斗"。在他把国家命运交付给一种连他自己都不敢相信的力量之后，威尔逊比以往任何时候都更声嘶力竭地为自己辩护，而他剩下的所有公共事业都变成了对自我辩护的追求。除了民主和和平这方的最终胜利，没有任何事情可以洗刷掉他的挫败感——就在他以如此自信且正义的语气宣读他掷地有声的战争咨文的那一刻，威尔逊想的却是战败。从美国国会大厦返回白宫的途中，国会议员们和人民热烈的掌声还在他的耳边回荡，他转过头去，对塔玛尔蒂说："我今天宣读的战争咨文其实也是对我们国家的年轻人下达的死亡通知书，他们居然为此鼓掌欢呼，可真难以置信啊！"

5

　　威尔逊在中立时期充满不确定性的政策导向揭示了两种自相矛盾的战略思想。第一种是美国必须保持住高度的中立性，成为理智和和平的捍卫者，以及成为"没有胜利者的和平"的代言人。第二种是协约国绝不能输掉战争，德国这个军事大国也必须被摧毁。

　　这种思想上的矛盾一路伴随他到了和平会议上。他真正想要的并不是单纯的"没有胜利者的和平"，而是战争胜利之后的和平。他想要他的盟友和德国作为胜利者和失败者来到和平会议上，坐下来一起谈判。不久后，发生了一些事情使他深刻地意识到谈判不可能发生。他告诉了一位陪同他去巴黎的美国专家说："我们会是和平会议上唯一公正客观的人，而我们将要应对的那些人并不是真的在为他们的人民发声。"他的第二句话某些程度上是他不满的错觉，但第一句是符合事实的：美国是战胜国中唯一一个完全不带任何国家目的，不要求索取任何领土、赔偿和战利品的国家，美国除希望协约国可以为了一个正义和更加持久的和平世界而约束自己的行为之外别无所求。多亏了威尔逊在战争中克制的行动，这个结果部分是他的功劳。因此，这次会议可以说是三方的共同事务——战胜国、战败国和威尔逊。

虽然美国本可以出于贸易发展的目的向德国索赔，但美国并没有这么做，于是威尔逊有两张牌要打：一是威胁要与德国单独讲和，二是实现美国的财政霸权。1918年11月，豪斯上校只是稍微暗示了一下美国要和德国单独讲和，就让其他的协约国代表惊慌失措，他们立刻主动接受了"十四点原则"作为停战协议的基础。但美国的这个威胁并没有任何后续行动的跟进。威尔逊再一次像他未能利用本国的经济优势和英国就封锁事宜谈判那样，这一次还是没能在和平会议上利用美国的这一优势。尽管他在1917年7月21日写给豪斯上校的信中说道：

> 无论如何，英国和法国关于和平的观点都和我们不一样。当战争结束之后，我们可以迫使他们用我们的方式思考，因为到那时，他们也将毫无例外的，将经济置于我们操控的股掌之中了。

这个战略也被他忽视了。美国政府对协约国政府的贷款中有很大一部分是在双方敌对状态结束后才签订的，但这些谈判筹码并没有被好好发掘和有效利用。

威尔逊对正义和平的构想要求美国必须在其中扮演独立的领导大国的角色。但他的另一个观念，即持久和平也取决于盟国的胜利，使他与盟国在经济和道德上紧密联系在一起。如果参加和平会议只是为了冒着和盟国决裂的风险，袒护战败国德国，这简直是无法想象的。如果一个政治家希望能够实现基于国际合作的世界和平，他是不会和他认为合作最可靠的国家闹僵的。威尔逊本可能会强迫克里孟梭

（Clemenceau）和劳合·乔治（Lloyd George）接受"十四点原则"作为和平的理论基础，但一旦真的开始交谈了，多变的形势会使他落入他们两人的手中，因为正是他的希望和理想使他只能成为一名畏首畏尾的谈判官。在巴黎的时候，他意识到了他对弗兰克·柯伯说的话就如同预言般的真理：战争推翻了所有和平年代的标准和价值观，就连伍德罗·威尔逊也没有留下来坚守它们。[①] 他过去说过"平等的和平才能够经久不衰"，但战争之后的和平是主人和奴隶之间的和平，而这位美国总统发现他和其他人一样，手里都拿着主人才有的鞭子。他在1919年9月肯定道，"这是与德国非常严峻的一次和解，但德国在这次和解中什么都赚不到了"。

威尔逊带到巴黎和会的计划绘制了一幅基于民族自决、自由贸易和一个国际联盟来维持和平的世界秩序蓝图。他解释道，"我们追求的，是法律治理，它扎根于人民的认同中，通过人类的智慧和理智而得到长足发展"。人民的认同具体表现为民族自决和内政民主。自由贸易会缓和国家间的博弈，扩大民族的繁荣。国际联盟通过保证领土完整和实施共同的反侵略行动来维护整个体系的安全。

"十四点原则"中显然没有提到的要求是对国际经济关系进行实质性的改变。"十四点原则"中有八点都是关于在欧洲的一些具体地区实行民族自决。剩下的六点都是关于民族自决理论在欧洲整体的运作，其中仅有三点涉及了经济问题：确保海上航行的绝对自由，取消一切经济壁垒，公正地处理殖民地问题。

这三点其实都只是一种真诚的期冀，实际上没有任何一点得以实现。联盟的委任制度几乎没有触及殖民者所要求的层面。海运自由一开始就是站不住脚的，尤其是在英国人的一度坚持下，实际上，

[①] 和平专员兼参谋长塔克斯·布利斯（Tasker Bliss）问道："为什么要自欺欺人呢？我们在巴黎并没有制造和平。如今如何在此地去制造和平呢？"

他们也不会沉溺于假装支持海运自由。① 如果不能改变经济和社会结构、利润驱使动机和国内商业力量体系，那么消除经济壁垒就是一纸空谈，因为正是这些因素导致经济壁垒的产生；威尔逊甚至不敢向自己的国家承诺进一步消除贸易壁垒，实际上也正是美国在战后打起了国际关税战。最终，扩大国家主权并期望随后减少国际贸易壁垒的想法无疑激起了各国的怒火。

在凡尔赛签署的和平协定是一种政治层面的和平，在该协定下，对 19 世纪的欧洲经济安排是理所应当的。对于即将在巴黎召开的会议，威尔逊对美国专家委员会坦白，他"对可能会提及的经济问题并不感兴趣"。约翰·梅纳德·凯恩斯曾说过："在他们眼里，欧洲的经济问题并不是四国（英国、美国、意大利、法国）所感兴趣的内容。"托尔斯坦·凡勃伦（Thorstein Veblen）在 1919 年这样写道：

> 《国际联盟盟约》②是一种政治文件，一种现实政治工具，是根据 19 世纪帝国主义的形象制定的。它是由政治家根据政治理由为实现一定的政治目的而制定的，在一定政治机器的帮助下会产生一定的政治效果。……《国际联盟盟约》遵循政治传统，同时规定如何通过诉诸武器和商业敌对行动来实现和平，但它对于如何避免战争再次发生只字未提。

简而言之，威尔逊在经济方面的斗争中再次失败，正如他在学术生涯中也未能渗透相关的政治理论一样。在实际的政治生涯中，他学会了迎合群体和阶级利益从而维持自己的地位，并将政治冲突化解为经济问题解决。但不知为何，当他步入世界舞台时，他如同一位老教

---

① 克里孟梭对此事的评论很有启发性："我不理解海洋自由的要求。如果有海洋自由，就不会发生战争。"
② 《凡尔赛和约》的第一部分。——译者注

授一样，再次陷入了思想上的拘谨和优雅之中，他被伟大的英国政治家的无私公正所迷惑，他曾说镀金时代的美国参议院置阶级利益于不顾。他职业生涯的尾声阶段充满了矛盾，作为国会政府一员的威尔逊与在美国政党的斗争中变得更成熟、更务实的威尔逊进行斗争。据他所言，战争起因与他促成和平的方式关系不大。

在 1918 年 9 月 17 日的一次演讲中，他说道：

> 特殊联盟、经济竞争和敌对行动是导致现代世界发生战争的重要因素。这将是一种不真诚和不安全的和平，不会以明确和有约束力的条约而将战争爆发的因素排除在外。

但他依然要捍卫这样一种不确定的和平，并且在此期间，1919 年 9 月 5 日在圣路易斯他又说道：

> 我的同胞们，让我看看，到底还有谁，甚至是还有哪个孩子还不明白在现代社会，战争源自工商业的竞争。我们刚刚结束的战争发生的真正原因就是德国担心它的商业对手会超过它，而一些国家对德国开战的原因则是他们认为德国会从他们那里获得商业优势。……这场战争从一开始就是一场工商业的抗衡，绝不是一场政治斗争。

威尔逊创立的国际联盟并非是以改变竞争对手的商业和工业体系为基础的，也难怪其无法有效地阻止战争。欧洲就是因为拥有大规模的工业技术但未能实现经济统一，因此后来被分割成越来越多经济不稳定、战略上站不住脚的小国。作为欧洲大陆经济中心的德国至今还一直被英法的力量所掣肘，只因这两国感受到了德国带来的威胁。这个杂乱无章、支离破碎、相互竞争的民族主义企业的世界，本应得到联盟的保护和保障。然而联盟本身并没有产生巨大的影响力，仅仅导致组织重回往日的混乱。

无论历史学家如何戏剧化威尔逊与克里孟梭和劳合·乔治之间的斗争，这并不是新旧秩序之间的冲突，而仅是关于旧秩序应如何解决其事务的争论。在试图组织和管理一个失败的竞争力量体系的过程中，威尔逊将其在美国的领导应用至世界范围内。正如他的新自由主义——一种为广大人民争取权力和机会的理想形式，其实是在试图恢复与19世纪竞争时期相同的条件；条约和《国际联盟盟约》也是一种尝试，利用民主、和平和自我创作的措辞，保留19世纪具有竞争性的国家体系，而不消除其竞争和仇恨的公认根源。威尔逊的目标一直是通过改革保持现状；但是由于他未能从根本上改革，他最终也无法保留原状。

1919年3月，威尔逊在新泽西州时期的老朋友乔治·L.瑞考德给他写了一封引人注目的信，分析了威尔逊思想在当前时代的不足。瑞考德坦率地写道：

（威尔逊）忽视了一个变得越来越明显的重大问题，即经济民主、废除特权以及确保人们充分享受其劳动或服务成果的问题。

站在政治民主原则的立场上不足为荣，就像站在摩西十诫面前一样……

政治民主问题已经翻篇。现在面临的问题是工业或经济民主。

无论是在现在还是在历史上，国际联盟的想法都无助于你的立场，因为它与你的所有其他政策一样，并没有触及问题的根源。战争是由特权引起的。每个现代国家都由特权阶层统治，即那些拥有铁路、土地、矿山、银行和信贷来控制工业的人。因此，这些人获得了大量的非劳动资本，而这些资本在生产国没有任何用处，因为工人的贫困限制了国内市场的发展。然而那些手握这些剩余资本的人必须寻求新的国家和新的人加以利用，最终这种私利冲突导致战争。解决战争问题的良药是正义的统治，即废除每个大国的特权。我不相信你们能够建立一个机制，在拒绝为本国人民伸张正义的政府之间建立正义公平的国际关系。如果联盟能够运作，那将是在并且只在联盟成员国内部建立了正义的时候。事实上，由协约国现任政府建立的这样一个联盟，如果有任何实权（即使不大可能有），也完全有可能被用作维护国际特权的壁垒。在你忽视这些时，危险就越来越接近⋯⋯

瑞考德同时也敦促威尔逊在国内以社会民主计划来补充他的国际计划，包括要求公共事业所有权和限制巨额财富。他承认，这项计划也许不可能立即实现，但威尔逊的失败只是暂时的。后人会认识到他的智慧，并且称赞他是一个真正的伟人。

威尔逊热诚地接受了瑞考德的来信。在收到这封信差不多一年前，他也提出了一些与阿克森教授类似的看法。两人在谈论下一任总统的资历，威尔逊说，他必须是一个有哲理的人，能够用世界的眼光思考问题。而如今，"唯一真正有国际视野的人就是劳动人民"。

> 世界将发生巨变，我感到满意的是，政府将不得不做许多现在留给个人和公司做的事情。例如，我很满意政府将不得不接管所有巨大的自然资源⋯⋯所有的水利、所有的煤矿、所有的油田资源等。它们必须是政府所管理的。

但是，如果威尔逊的个人信念已经从美国进步主义演变为国际社会民主观点，那么这一事实并没有在他的国际政策中得到体现。他职业生涯的最后一部分似乎是一个梦游者的作品，他日复一日地工作，而他的思想却被隔绝在一个阴暗的空间里。如果他相信自己精彩的言论，并像他所说的那样深入浅出，那么他很可能会把自己作为一名世界政治家的职业生涯视为一连串的失败。他呼吁在思想和行动上保持中立，并确立了一项老套的针对党派关系的外交政策。他说，美国参战将是一场世界性的灾难，而后领导美国参战。他说只有平等者之间的和平才能持久，之后却参与了《凡尔赛条约》。他说，世界未来的安全取决于消除战争的经济根源，但他甚至没有试图在和平会议上讨论这些根源。他宣布他相信政府所有权的未来，并允许他的政府在激烈的反应中结束。他拼命想让美国加入联盟，却采取了一系列行动，使美国无法加入。难怪在他感到担忧的时候，他向乔治·克里尔（George Creel）坦白："我想看到的其实是——我真的希望我错了，这是一场令人失望的悲剧。"

然而，正是他的希望和承诺使他的生平看起来不如人意。面对黑暗的现实，这是站得住脚的。在十四点原则中，他奠定了一个比交战各方中任何其他人都更理智、更自由甚至更持久的和平基础。他照顾到了德国的想法，并帮助提前实现了停战。尽管条约很严厉，但如果没有他的影响，情况会更糟。在前往欧洲之时，他受制于1918年的国会选举，还被国家的主张和盟国的秘密条约所限制。他将对联盟的希冀和与之妥协的技巧巧妙联系，他对资本主义和民族主义的信仰也导致他不得不面对它们所造成的灾难性重大后果。到达巴黎后他又面临着一系列无法解决的困境，面连着接二连三的战争。用查尔斯·西摩的话来说，他一直"被各种事情玩弄"。尽管当时的状况给他的工作造成了巨大的限制，保罗·伯德索尔在《二十年后的凡尔赛》(Versailles Twenty Years After)中，发现"威尔逊在压倒性的困难下仍然坚定地为他的计划而奋斗，并且在将其计划的抽象原则具体应用到实际中时，展现出了极高的政治智慧"。

在会议上审议与法国安全无关的问题时，克里孟梭习惯性地打瞌睡。劳合·乔治不止一次承认：他对欧洲经济和地理的一些最基本事实都一无所知。他曾问一位助手："请再重申一次，我们送出的是上西里西亚（Silesia）还是下西里西亚？"威尔逊恳求他的专家们："告诉我什么是正确的，我会为之奋斗。我需要的是一切都要有根有据。"然后他在房间里仔细研究地图和图表一直到凌晨，试图掌握谈判中所涉及的错综复杂的事实。虽然他觉得自己有义务捍卫美国的和平，有时用令人难以置信的语言——"人民条约""有史以来最伟大的人道文件"——他很清楚这是多么脆弱。

他相信,有一件事可以挽救整个联盟的结构——盟约。拯救联盟的努力成了他最迫切的心理问题。① 他的计划受阻,他的希望一个接一个地破灭,最终只剩下联盟。正如他所预测的那样,新自由在战争中消失了,自由民主的和平在巴黎的谈判桌上消失了。道德救赎还是毁灭,这是联盟面临的问题,因为他所代表的一切都悬而未决。如果不能实现持久和平,他又能找到什么理由将他的国家带入战争呢?他的内疚感像乌云一样笼罩着他。在苏伦厄斯(Suresnes)的美国公墓里,他激动地喊道:"我把这些小伙子送到这里来送死。我能不能说一句与当时给他们的保证不一样的忠告?"在中风当天在普韦布洛(Pueblo)发表的长篇演讲中,他惊人地坦白道:

> 一次又一次……那些母亲们来到我身边,她们的儿子们在法国战争中失去了生命,拉着我的手,泪流满脸地说:"上帝保佑你,总统先生!"为什么……她们应该祈祷上帝保佑我?是我提议美国国会,从而一手造成了她们儿子的死亡。我下令让她们的儿子出征。我同意把她们的儿子们安置在战场上最激烈的地方,在那里死亡是必然的,就像在阿贡(Argonne)森林里难以逾越的困难一样。她们为什么要拉着我的手哭泣,呼唤上帝的祝福?因为她们相信她们的孩子们是为了一种超越了战争中任何直接和显而易见的东西而牺牲的。她们相信,而且坚定地相信,她们的儿子拯救了世界的自由。

---

① 很难相信美国或全世界也受到了同样的威胁。自由国际主义者认为如果美国加入国际联盟,历史进程将完全改变,第二次世界大战也很有可能避免。然而这种想法相对武断,不值得在这里过度讨论。但这一论点有助于说服美国人加入联合国。既然联合国作为一个和平机构的无效性开始显现,那么这个简单的论据就变得越发清晰了——即使人们不愿意接受它。

威尔逊受到良心的刺痛，受到一系列挫折的刺激，疲劳和疾病的折磨，丧失了政治判断力。在制定该公约方面，他已经做出了大量妥协，但他拒绝做出任何让步，以使该公约在美国得到接受。然而，如果美国要加入联盟，就不得不做出让步。为了批准包含《国际联盟盟约》的《凡尔赛条约》，威尔逊必须赢得参议院三分之二的投票，而反对党在参议院拥有两名多数。他拒绝接受对美国成员资格最温和的保留意见，即使是那些仅仅重申美国宪法条款的保留意见，这与波拉（Borah）等孤立主义者或洛奇等党派一样，将美国排除在联盟之外。当参议院向他提出拒绝的可能性时，他厉声说："任何在这方面反对我的人，我都将其碎尸万段！"当尤塞朗（Jusserand）大使告诉他，盟国将很高兴接受美国的成员资格，并提出一系列保留意见，以满足有影响力的共和党参议员群体，他坚定地说："大使先生，我什么都不同意。参议院必须重新考虑。"在条约之争中，威尔逊和洛奇之间的仇恨背后隐藏着一种不正当的合作，波拉承认这一点，他说，他和那些不可调和的人站在威尔逊一边，让条约遭到拒绝。他讽刺地说："美国总统和我之间的关系，就像来自马萨诸塞州的参议员（洛奇）和我之间的关系一样。"

在华盛顿失败后，威尔逊带着他的提案前往美国，这是有史以来最徒劳的巡回演说之一。由于他不能指望自己的政党获得三分之二多数票，即使他的努力能够获得每一位共和党参议员的支持，争取在1920年连任，他此行的客观原因也很难理解。但它的主观因素是明确的：威尔逊是在寻求殉道。尽管他的医生警告说，在战争年代和巴黎会议的紧张工作之后，他可能无法熬过拟议竞选的严酷考验，但他告诉医生："即使在这样的情况下，即使这可能意味着放弃生命，我也很乐意为挽救条约做出牺牲。"在斯波坎（Spokane）的演讲中，他宣称："我准备从现在开始战斗直至死亡降临，从而赢回美国的信仰和承诺。"

难道威尔逊是在庆祝一个自我净化的仪式吗？还是他有意无意地希望通过殉难获得足够的民众同情，从而在参议院挽救自己的提案？

无论他的意图是什么，一切都与他背道而驰。如果他是自寻死路，也许还会激起一波同情；然而，他中风了，导致他在很长一段时间内丧失了履行职责的能力，并引发了一些完全丧失心智的恶意言论。他希望1920年的竞选将是一场关于联盟问题的"庄严公投"，但结果却是一场无聊而无望的闹剧。他的政党试图通过提名詹姆斯·M.考克斯（James M.Cox）来避开他，考克斯从未与威尔逊政府有过任何密切联系，威尔逊本人曾说过，选择詹姆斯·M.考克斯将是"一个笑话"。当考克斯被威尔逊的英勇行为所打动，最终决定参加竞选时，民意调查的结果却使他大吃一惊，因为没有任何其他候选人被这样击败过，正如富兰克林·K.莱恩（Franklin K. Lane）所说："不是被那些不喜欢他的人击败，而是被那些不喜欢威尔逊和他的团队的人所击败。"

1921年3月4日，威尔逊出席了沃伦·G.哈丁（Warren G. Harding）的就职典礼，哈丁是他的对立面——一个完全土生土长的人，英俊、和蔼、善良、无知、自满、软弱，是一个普通人的范本。威尔逊小时候在他父亲教堂里空荡荡的长椅前练习演讲，这样他就可以学会向世界诠释伟大的思想。现在，只要看一眼坐在他旁边的人，就可以看出，他再也说不出什么了，因为哈丁获得了前所未有的大多数人的支持，当选了总统。在任期的最后一刻，这位即将卸任的总统向一位令人憎恨的国会代表传递了最后一条标志性信息，同时也是他公共事业的标签："参议员洛奇，没有其他的交接工作要完成了。"

第十一章

赫伯特·胡佛：
美国个人主义的危机

Passage 11

> 检验我们的决定是否正确，必须要看是否保持和促进了……繁荣。
>
> ——赫伯特·胡佛

1

1919年秋，约翰·梅纳德·凯恩斯出于对《凡尔赛条约》条款的憎恶及怨恨，写出了让世人震惊的《和约的经济后果》(*Economic Consequences of the Peace*)一书。凯恩斯对和约缔结者的评价是严苛的，但关于赫伯特·胡佛，他写道：

> 在经历巴黎严酷的考验后，只有胡佛先生享有了更高的声望。他个性比较复杂，常常带着一丝疲惫的巨人神情（或者，正如其他人所说的，带着疲惫的职业拳击手的神气），他的目光锁定在了解欧洲局势的真实情况和基本事实上。当他参与巴黎议会的工作时，这种求实、渊博、宽宏大量和公正无私的精神就会带入其中，如果在其他地方我们也能有这种精神的话，那将会给我们带来真正的和平。

至于胡佛领导下的美国救济委员会在当年前六个月开展的工作，凯恩斯认为：

从未有过如此不求回报的高尚、无私、真诚且技术娴熟的工作。忘恩负义的欧洲政府对富有政治家风范和洞察力的胡佛先生及他领导的美国工作团队至今表达的甚至日后承诺的感激之情，都远远配不上美国这个团队所付出的。美国救济委员会，只有他们，从真实的角度看待了欧洲在这几个月的立场，并表达了人们应有的态度。正是他们的努力、干劲，以及总统提供的美国资源，不顾欧洲的阻挠，不仅阻遏了巨大的人类苦难，而且避免了欧洲体系的全盘崩溃。

这些话出现在1919年并非言过其实；无论是在欧洲还是在美国，人们对这种赞誉习以为常。胡佛以一个伟岸高大的形象出现，伦敦的《民族》杂志称："胡佛是战争期间站在盟军一方的最伟大的人物。"他在国际上的声誉仅次于威尔逊，而且在一个既充满戏剧化转折又鲜为人知的背景下比后者的声誉还更为持久。战争爆发后，胡佛平静地生活在伦敦，任何国家的民众都不知道他是一位名气不大的国际商人和采矿工程师。四十岁时，他积蓄了一笔可观的财富；这并不引人注目，反倒是他遍及全球的职业履历值得注意。

1899年至1911年，胡佛除在本国从事一些工程项目外，在四大洲也做了一些采矿及监督等各种企业的工作，还因此获利不少。1897年至1898年他在澳大利亚，1899年的部分时间在中国度过，1901年在日本，1902年在新西兰，1903年在印度，1904年在津巴布韦和德兰士瓦，1905年在埃及，1907年在缅甸、马来亚和锡兰，1908年在意大利，1909年在俄国、韩国和德国，1910年在法国，1911年再次回到俄国。胡佛在旧金山、纽约、伦敦、墨尔本、上海设有办事处，曾在圣彼得堡和曼德勒也设有办事处。他成年后的大部分时间都在远洋客轮上度过。他与十多家企业都建立了联系。在俄国，他管理着一处约有7.5万租户和工人的庄园；在中国，他目睹了义和团运动，并监督建造路障，以保护天津免受围攻；在西伯利亚的托木斯克，他感受到了 1905 年革命的反响；在缅甸，他患过热带疟疾。他还抽出时间出版了两本书，一本是关于采矿原理的教科书，另一本是在妻子的帮助下翻译的格奥尔格·阿格里科拉（Georgius Agricola）16 世纪的冶金专著《论矿冶》（*De Re Metallica*）。

胡佛的第一份战时工作是转移战争爆发时滞留在欧洲的数千名美国游客。接着，他担任了比利时救济委员会主席的职位。4 年来，尽管受到德国和协约国的严重阻碍，胡佛仍救济了 1000 万人。这项任务以惊人的效率完成，当委员会清点账目时，发现经费仅占总支出的八分之三，为比利时和平时期的重建留下了盈余。1917 年，胡佛担任美国食品管理员一职，取得了巨大的成功，在未经授权实行定量配给的情况下，他领导实施了一项食品供应和保护计划，使他的名字家喻户晓。战争结束时，作为欧洲经济恢复的负责人，他向 3 亿人分发了 2000 万吨粮食，管理了一支船队，指挥中欧的铁路和煤矿，并恢复了瘫痪的通信。

在那个充满浩劫和仇恨的时代，胡佛这个名字代表着为饥饿的人提供食物，为病人提供药物。他的同事队伍中聚集了一群狂热的崇拜者。在几个欧洲国家，街道以他的名字命名。于是在经过了 5 年的无薪服役和无暇打理自己的私人生意之后，他的财富有所减少，但他受欢迎的程度却猛然增加。

在不到 10 年的时间里，胡佛的战时功绩几乎被遗忘。养活欧洲的人成了饥饿的象征，杰出的管理者成了灾难的象征。停战时期的胡佛·斯特拉（Hooverstrassen）已被大萧条时期的凄凉胡佛维尔（Hoovervilles）所取代。这位伟大的工程师离开白宫时，与一个多世纪前自约翰·昆西·亚当斯之后的每一任总统一样，都笼罩在被公众厌弃的阴云之中。

2

人们如此称赞胡佛的个人能力，也是毋庸置疑的。他的职业生涯彰显着这样一个事实：这位曾经的救济专员、食品管理员和内阁秘书的仰慕者们一致认为他们找到了一个精力充沛、积极主动、效率极高的人，千真万确。毁掉胡佛声誉的不是突如其来的个人能力的丧失，而是造就了他并塑造了他的哲学世界的崩溃。

胡佛相信的东西——效率、进取心、机会、个人主义、真正的自由放任政策、个人成功、物质福利——都属于占主导地位的美国传统。他所代表的思想（在1929年之后让许多人觉得可恨或可笑的思想），正是在遥远的19世纪和不久之前的"新时代"中对大多数美国人具有几乎不可抗拒的诱惑力的思想。用杰斐逊、杰克逊和林肯的话来说，这些思想是新鲜且充满活力的；用胡佛的话来说，这些思想显得陈腐且令人感到压抑。一个重要的事实是，在20世纪30年代的危机中，代表这些思想观念的人发现自己甚至无法表达自己和他所代表的立场。几乎在一夜之间，他的基本信念变得古怪而难以理解。胡佛相信资本主义在没有庞大政府支持的情况下可以生存和繁荣，他是信仰这一神圣的自由放任主义学说的最后一位总统发言人，他离开华盛顿实际上标志着一个伟大传统的衰落。

胡佛的社会哲学观最引人注目的一点是他坚持它的顽强精神，以及为此甘受谴责的意愿。1929年经济崩溃后的胡佛政府经历了慢性自杀的过程。没有一位总统，即使是格罗弗·克利夫兰，会直接无视多数人的意见，坚定自己的信念。在这一点上，胡佛做到了，他没有修改他的想法以迎合民众的普遍诉求。

胡佛对他所说的美国体制的信心很大程度上要归功于早期职业生涯给他的熏陶。他是一个古老的美国神话中靠自己努力白手起家的人，连亚伯拉罕·林肯都会欣赏他的努力。安德鲁·约翰逊（Andrew Johnson）的父亲是一名搬运工，他从一名不识字的裁缝学徒开始了自己的事业。自那时以来，没有任何一位白宫主人像胡佛这样出身卑微。胡佛的父亲是一名铁匠，副业是经营一家农机销售站；他是殖民时代长期默默无闻的拓荒者的后代。19世纪，胡佛一家从北卡罗来纳州搬到俄亥俄州，从俄亥俄州又搬到艾奥瓦州，胡佛于1874年出生在那里，父母都是教徒。

胡佛的父亲在他6岁时离开，母亲也在他还不到10岁时就去世了，他们仅仅留给3个孩子1500美元的积蓄。年少的胡佛在他的舅舅约翰·明通（John Minthorn）博士的照管下来到西边俄勒冈州的威拉米特，舅舅很快在西北部的"土地泡沫"中发了财，于是胡佛在他舅舅的公司当了一个小办事员。

在一位到访的工程师提议下，这个男孩于1891年参加了新成立的斯坦福大学的资格考试。虽然他没有准备充分，但学校为了招收新生放宽了录取标准。一位敏锐的大学主考人发觉胡佛在数学方面具有惊人的天赋，他在英语不是很符合"入学条件"的情况下依然被录取了。实际上，在他的余生中，他一直苦于文章写作，他的文章总是让人联想到一片薄雾笼罩着一片荒凉的原野。

在斯坦福大学，胡佛在著名地质学家约翰·布兰纳（John Branner）教授的指导下学习。为了能够养活自己，他不但打一些零工，而且在暑假期间还担任布兰纳教授的地质考察活动的助理，上学期间兼职布兰纳的秘书。他还投身于校园政治活动中，站在反团体联谊或"民主派"一边，把贫困生组织起来，这里的贫困生指的是住在校园周边废弃工棚里的学生们。在承担这些需要相对外向性格的工作中，胡佛在很大程度上克服了原本羞怯内向的性格，也很快赢得了大家的尊重。他的大学同学威尔·欧文（Will Irwin）回忆道："'受欢迎'一词并不能完全代表他对同伴的作用和影响，用'声名鹊起，持久不衰'可能更确切。"1893年，胡佛当选为学生组织的财务主管，这是他在1928年总统竞选之前唯一的竞选经历。在斯坦福大学，他与一位蒙特利县银行家的女儿卢·亨利（Lou Henry）结识，并于1899年与之结婚。

胡佛在斯坦福大学受益匪浅，后来他成为斯坦福大学的赞助人、理事和胡佛战争图书馆的创始人。但在他1895年取得工程学文凭时，经济萧条更加严重,他对自己的前景短期内并不看好。由于找不到工程师的职位,年轻的胡佛在内华达城附近的一个矿井里找到一份普通工人的工作。毕业后的那个夏天,他在塞拉斯的深山工作,铲矿石,用手推车装运,每天挣2.5美元。

胡佛并没有一直在矿井里工作。几个月后,他成为旧金山著名工程师路易斯·贾宁(Louis Janin)的办公室助理,又迅速升职,担任更为重要的职位。然后,一家大型英国矿业公司给贾宁打电话,要找一位美国工程师,去澳大利亚库尔加迪指导开发新发现的金矿。还不满24岁的胡佛就登上一艘开往大洋彼岸的轮船,去做一份薪水为7500美元的工作,这成了他传奇的商业生涯开端,不到40岁就成为百万富翁。

对于一个要作为巴黎和会顾问的人来说,胡佛的背景在某种程度上是合适的。他参加战争时带着贵格会教徒的血统。与主持"政治秀"的老政治家不同,他没有政治见解,也不好奇如何取悦选民。战争所激起的可怕激情对他没什么影响,他亲眼看到了盟军暴行的不真实性,也深知残忍不只是德国人独有的特质。

他代表的观点很像非交战方的观点,而且,除了考虑实际的经济问题,他对其他一切因素尽可能不去理会。正如他多年后在谈到巴黎和会时所说:"我处理的是当时徘徊在会场外面现实的贫困问题。"

但胡佛的和平计划并不局限于解决贫困问题。他与威尔逊一样认为,欧洲应该在自由资本主义原则的基础上重建。他赞成"一刀切"地从欧洲撤军,除非盟国接受"十四点原则"。他还坚定地认为美国应该在所有经济问题上秉承自由主义。在粮食救济方面,胡佛一直关注着美国农业过剩的市场,这为他批评停战协议后至1919年3月对德国的封锁提供了一个切实可行和人道主义的理由。1918年11月,当提出联合经济合作时,胡佛给他的一位巴黎代表发了电报,要求否决

> 实现和平之后,任何看起来像是盟国之间控制我国经济资源的行为。……实现和平之后,世界一半以上的粮食出口将来自美

国，对于这些粮食的购买方来说，就价格和分配向我们发号施令是完全不可想象的。这同样适用于原材料供应。

这种务实的答复提供了盟国之间经济行动的所有可能性。

总的来说，胡佛给威尔逊的信和备忘录内容都很睿智。由于他确信，如果德国在经济上遭到破坏，那么要在欧洲维持资本主义和民主将比现在困难百倍，因此他主张不带报复性达成和解，并反对最终条约中许多糟糕的方面。为了盟国的满意，"掠夺"德国或许是有必要的，但他知道这是受政治和经济条件限制的。1919年6月5日，他在威尔逊的文章中写道，德国甚至可能在一代人的时间里会被剥夺他们的生产盈余，但这样做是完全不可行的，因为这将扼杀德国民主化的机会。该条约将大大摧毁德国民主化的种子，并将阻碍世界复苏的进程。至于停战后的封锁，这是"绝对不道德的……我们把一个人打倒在地时，就不应再用脚去踢他的肚子"。

胡佛工作的一个重要部分是反布尔什维克政策，这得到了盟国最高理事会的热烈支持。美国救济的"最高目的"是为饥饿者提供食物，除此之外，他后来解释道：

> 我的工作是培育欧洲民主这个脆弱的植物，反对……无政府主义或共产主义。

1921年，他表示："在停战清算期间，美国的所有政策都是尽其所能防止欧洲转向布尔什维克或被其军队占领。"他向威尔逊提议，战后只有在苏联停止军事行动的情况下，才能在苏联分发粮食。

1919年末胡佛从欧洲归来时，他是两党都急于争取的一位重要的政治人物，但他的政治立场并不为人所知。1920年3月，他在一场公开演说中称自己是"一个独立的进步派"，他反对"共和党的反动团体，就像反对民主党的激进团体一样"。首先，他否认自己在谋求公职。然后他宣称，如果共和党"在条约和我们的经济问题上采取前瞻性、自由的和建设性的纲领"，他将接受共和党的提名（他对国际联盟持保留意见）。

胡佛在没有获得任何政党承诺的情况下宣布了自己隶属的政党，从而失去了一张王牌。共和党的专业政客确信，民主党人无法利用胡佛的高人气来做什么，他们对这位工程师没什么用处，于是可以随意提名一名正式党员。胡佛受很多人拥护，不但富有而且还有声望；他比哈丁出名得多，比洛登（Lowden）或伍德（Wood）更有号召力。但是党魁们赢了，哈丁成为总统。无论如何，胡佛不太可能获得共和党提名，但温德尔·威尔基（Wendell Willkie）在1940年的壮举表明，胡佛获得提名也是有可能的。如果胡佛在1920年成为总统，人们很容易相信，美国本不必经历哈丁政府那场可怕闹剧，而胡佛可以在两届任期后于1929年卸任，成为美国历史上最受尊敬的总统之一。但胡佛却成为哈丁"献策成员"之一，并以商务部部长的身份进入内阁。

胡佛接管商业部后，变成了一个大官僚。考虑到他日后的态度，这是很具有讽刺意味的。曾经内阁被当作是最不重要的职位，在胡佛的领导下，这个部门对于20世纪华盛顿大实业家们控制的政府来说，其重要性等同于安德鲁·梅隆（Andrew Mellon）的财政部。它的职能迅速扩大，成立了几个下属部门，其他部门是从内政部接管的，计划建造一座巨大的新大楼，行动极其迅速，令人诧异。许多年后，胡佛说道："任何一个有政府工作经验的人都会意识到，在所有的官僚机构中都有三种不可改变的精神：保住自身官职、扩展势力范围和追求更多权力。"

对官僚最常见的批评是其效率低下，但胡佛领导的商业部不适用于此，因为它取得的成就远远超过了经费和人员的增加，同时对商业趋势进行了前所未有的研究和报告。简化业务办是一个相对较小的部门，它每年为企业和公众节省的资金超过了国家对该部门预算的偿还，简化业务只是这位前工程师发起的一场声势浩大、广为宣传的反对经济浪费运动的组成部分。

商务部部长的职位对于胡佛进而实现做美国总统的伟愿具有战略意义,他发起了一系列活动,引起了媒体的关注,其声势与柯立芝(Coolidge)不相上下。在20世纪20年代愿景美好的时候,吸引公众和大企业的赏识并不困难。胡佛特别迎合了公共事业利益,他发表了几次措辞激烈的演讲,反对联邦政府对各州权力的监管,支持州政府管理,认为法院的裁决大大削弱了州政府的管理效力。这些演讲发言由公用事业公司的宣传机构——全国电灯协会以小册子形式分发,发行数量从一开始的25000册攀至最后的50万册。

胡佛还试图通过鼓励外国投资和为美国买家争取最佳市场来促进商业发展。他对美国贸易的支持使助理国务卿威廉·R.卡斯尔(William R. Castle)在一次出口商大会上夸耀"胡佛先生是你们的先遣代理人,凯洛格(Kellogg)先生是你们的律师"。然而,事实证明,外国投资的扩大导致了通货膨胀。投资海外的每一美元都需要回报。当海外投资总额变得如此巨大,以至于某一时期的年度利息支付和其他回报超过了流出的新投资时,这些无形项目的国际收支将回到美国,我们的一些国外市场最终将失去。向世界销售货物、向世界各国借贷、拒绝向世界购买货物,这些做法最终都会引起灾难。

但在共和党鼎盛时期,很少有人担心这些事情,胡佛的内阁职务使他得以保持他的声望。1927年,他在密西西比州洪水救援中的工作让选民想起了他早期推行的人道主义事业。在公众心目中,他是柯立芝合适的继任者。然而,职业政客仍然对此存有疑虑,而且很奇怪的是,华尔街的政客们都害怕他,渴望重新提名可靠的柯立芝,或提名安德鲁·梅隆。威廉·艾伦·怀特在柯立芝的传记中记录了首席大法官塔夫脱看着华尔街人士对抗胡佛时的惊讶和厌恶,因为他们知道胡佛"只不过是对市场发了几句牢骚"。

人们认为胡佛是哈丁和柯立芝内阁中"最宽容正直的人"。他没有对哈丁时代的丑闻作表态。虽然他没有做任何事情来阻止那些做错事的人，但他自己没有做错事情。① 在某些方面，人们对他表示怀疑，特别是农场主们，他们质疑他是否有任何解决农业弊病的办法，但在 1928 年，他的这些短处都不那么突出。尽管他除了童工修正案和失业保险外，没有支持其他 20 世纪 20 年代倡导自由主义的提案，但这被视为带有宽容的搁置判断。也许他的进步主义只是隐藏了起来；当他不再受到哈丁和柯立芝的政治束缚时，也许他会成为一个更自由的人。一位自由派经济学家写道，"可以公平地说，他在那种环境中的表现对得起任何一个人的期待"。这就是他获得共和党提名时人们的想法。

3

胡佛为了能当上总统而努力工作，他希望在自己的任职期间获得最辉煌的胜利。他一定梦想着他将为历史学家留下的光辉形象——一位在商业上取得成功，也在人道主义事业上获得巨大声望，在作为总统领导国家方面也赢得辉煌成就的人。就像杰斐逊象征民主，林肯象征着解放一样，工程师胡佛将是未来物质富足时代的象征。

但作为一名政治家，胡佛在与其他政治家和公众打交道时可以说是一败涂地。他不习惯竞选公职，也不习惯根据民意而做改变。他在商界的背景，令他在与商界同仁合作时极有影响力，但他不擅长与大众来往。他一生中有很大一部分时间都在向东方人和他自信地称为"低等种族"的人发号施令。② 像采矿和矿井推广这样一种有风险的职

---

① 与哈丁政府中其他受人尊敬的人一样，胡佛因未能揭露或制止内政部的腐败而受到批评，据说"他一定知道"。当阿尔伯特·B. 法尔（Albert B. Fall）在他参与茶壶圆顶事件曝光前不久辞职时，胡佛写信给他："在我的记忆中，（内政部）从来没有像你给予的那样有建设性和合法的领导权。"引自 Samuel Hopkins Adams, *The Incredible Era*, p.304.

② *Principles of Mining*, 1990.

业需要在人类价值观上做出相当大的牺牲，胡佛在这一职务上也未养成外交风度和社会交际的灵活性，以补偿职业本身所带来的缺陷。有证据表明，他在实事求是的外表下已经形成了一种傲慢。有一次，在与一家英国矿业杂志的通信中，他对公司官员挪用投资者资金的行为不屑一顾，他说，资本"往往是由"这些内部人士"投资的"，目的是使其"更有利于生产，而不是将其留在不参与生产的白痴手中"[①]。由于他习惯了获得成功和公众的尊重，习惯了卓有成效地管理人和机器，因而当面对浩瀚的世界和重重的困难时他可能从未感到过如此束手无策。胡佛是一个精明且精力充沛的商人，正是因为他在自身过往的经历中轻而易举地取得了胜利，他拒绝从外界的任何事情中再去深入学习。

从心理上来说，胡佛很不适应政治生活对他的特殊要求，他仍然很腼腆，仍然不能清楚地表达自己的思想。他绝不是一个活跃的政界人物，他厌恶政治及政界无数愚蠢的侮辱，他常常忧心忡忡，对批评也很敏感。他并不擅长使人际关系变得和谐，即使在经济繁荣时期，他也会发现自己的处境不太舒服。难怪在任期即将结束时，他会说："总统这职务简直令人痛苦至极。"

然而，胡佛最大的障碍不在于他的个人性格的局限性，而在于他的哲学观念。他虔诚地相信他成长过程中所处的相对不受监管的利润体系。他不会说这个系统是无懈可击的——当然，可能会因为错误的思想和不明智的做法而使体系混乱；他知道，它受到周期性波动的影响，他认为这种波动可以减少。但它的基本原则是"健全的"。如果允许政府适当地稍加管制，以便防止"各种滥用职权情况的发生"，它可以越来越高效地造福人类。事实上，从 1893 年大萧条结束到 1929 年的经济崩溃，历时 32 年左右，涵盖了胡佛的成熟阶段，在此期间这一体系没有遭受重大挫折。可以肯定的是，1907 年发生了一场"银行恐

---

① *Mining Magazine,* May 1912, p.371.

慌",但这种恐慌持续时间很短,正如其名称所示,很容易被归因于不适当的做法。就在第二次世界大战之前,商业出现了下滑,但这并不是决定性的因素。20世纪20年代初曾出现过短暂的萧条,但这是战时混乱的结果,不是"正常"经济形势的自然因素。很明显,他认为该系统运转得很好。

但这还不足以说明问题。胡佛从小就经历了美国工资和生活水平的显著提高。美国工艺和技术的生产力一直在稳步增长。电话、收音机、汽车、电灯、冰箱——所有这些发明都得到了广泛的普及。胡佛相信,美国的创造力和企业精神将继续高效地制造出更廉价的生活用品。物价会下降,生产力的提高和成本的降低将使工业能够为工人支付更高的工资,而更高的薪水将提供扩大的销售渠道。通过巧妙地推广国外市场,盈余可以销往国外。因此,整个经济将会永无止境的螺旋上升:会有越来越多的电话、收音机、汽车,越来越多的学校,提供给每个人的机会也越来越多,黄金时代即将来临。胡佛在1928年的获奖感言中宣布:"我们今天的美国比任何一个国家历史上的任何时候都更接近于最终战胜贫困……在上帝的帮助下,我们很快就会看到消除贫困的那一天。"他俨然已经成了一个激进的空想资本家。

胡佛一直将他的经济学观点称为"真正的自由主义",他将其与左翼批评者的"虚假自由主义"进行了对比,从某种意义上说,他的自由主义更类似于19世纪的经济学说,从这个意义上讲他是正确的。他出身于艾奥瓦州的一个农场,在政治上明显为共和党倾向,后移居至西部开放的经济环境中。他在国际上经商和在国外的长期居住的经历,除改变他典型的美国中部口音外,并没有改变他思维中的本土风格。正如杰斐逊在欧洲的旅行证实了其政治偏见一样,胡佛对欧洲经济生活的了解加深了他对中央集权主义的反对,增强了他对"美国"行事方式优越性的信心。总的来说,杰斐逊和经济个人主义者一致认为,控制最少的政府是最好的,这一信念得到了他在地方和自愿行动方面取得成功的证实。即使是作为华盛顿的一名官员,他也一直在发挥私人企业的主动精神，而不是进行家长式管制。虽然他的政府经验和对进步主义的赞成——1912年他曾是进步党中观点温和的成员——在某种程度上限制了他对抽象的自由放任主义的忠诚，但他决心将中央集权的政府活动限制在他认为合理的最低限度之内。①

此外，胡佛接受过当工程师的培训，他的社会哲学观念受到了职业偏见的影响。他认为节俭和效率本身就是目的。对他来说，重要的不仅是制定了什么目标，还包括如何完成具体工作。这种对技术工匠般的关注本身就是一件合法的事情，但在大萧条时期，却使他在政治上处于非常不利的地位，因为人们不管采取什么方法，看重的都是取得结果。

战后，胡佛作为西方资本主义的捍卫者，最坚持的主题之一是社会主义的不可行性，另一个趋向是把每一项国有化措施都看成是布尔什维主义的。他不仅拒绝承认苏联政府；他还拒绝承认苏联经济。②他在20世纪20年代宣称，与俄国进行贸易是不可能的，因为苏联在其经济体系下永远无法"恢复生产"，不会有产品出口，因而也决不能购买产品。③

即使1928年拉斯科布（Raskob）资助的民主党人的纲领，也代表

---

① 在胡佛1990年所著的《采矿原理》一书中，有一节赞同商业联合原则。他在这一节写道："雇主可以对工人横行霸道的日子正在走向消亡，这种做法所根据的'自由放任'原则也在消亡。越早认识到这一事实，就对雇主会越有利。"胡佛一向赞成把对纯粹自由放任政策的干预作为进步朝代的国家社会福利法律。但国家管制原则，最初是针对过去无限制的剥削所采取的进步措施，现在却日趋变为看似合理的对付更有效的联邦管制的一种保守的替代方法。到胡佛在全国声名鹊起时，捍卫国家福利法而不是联邦法律已成为代表商业观点的人的共同论据。

② 1919年3月28日他写信给威尔逊说："只要我们对布尔什维克稍有承认的苗头，就会在欧洲各国引起激进主义的行动，而且这也违背我们各国自己的理想。"

③ 实际上苏联并不具备生产力，但这一点并没有阻止胡佛将苏联在世界市场上的倾销列为经济萧条的重要原因之一。

着"国家社会主义",因为它在动力和农业救济方面有自由主义的立场。正如胡佛后来在《挑战自由》(*Challenge to Liberty*)中解释的那样,公有制"无论在行业的多么小的一个部分实行,都会很快继之以其他步骤"。他愤怒地否决了参议员诺里斯(Norris)提出的关于在马瑟肖尔斯(Muscle Shoals)建立政府工厂且有权出售电力和硝酸盐的提案:

> 我坚决反对政府从事以与公民竞争为主要目的的任何业务。……该行业行为中滥用权力的补救措施在于实行监管。……如果政府官员的当务之急不再是保障正义和机会平等,而是致力于市场上的易货交易,那么我很难想象我们机构、政府和国家的未来。这不是自由主义;这是堕落……
>
> 田纳西河谷资源和产业的真正发展只能由该河谷的人民自己来完成……仅仅是为了这一地区人民的利益,而不是为了实现社会理论或国家政治。任何其他方式都会剥夺他们的自由。

1922年,胡佛因世界范围内的动荡感到不安,在一本名为《美国个人主义》(*American Individualism*)的小书中阐述了他的社会哲学。他承认,个人主义如果不加以抑制,会产生许多不公正现象,但他断言,幸运的是在美国,个人主义受到了机会均等这一伟大原则的限制:

> 美国的个人主义不同于其他国家,因为它包含了这些伟大的理想:虽然我们的社会建立在个人所获得的成就之上,但我们保证使每一个人都有平等机会,以他的才智、性格、能力和野心获得一定的社会地位;我们使社会解决方案摆脱固定的阶级阶层的影响;我们将激励每个人努力取得成就;通过增强责任感和理解力,我们将帮助他实现这一目标;而反过来,他必须经受得住竞

争这块金刚石砂轮的磨炼。

胡佛继续说，美国人已经认识到，强者不一定是无所不能的，当他们受到约束时，社会运行得更平稳。但我们也知道，"人类进步的源泉之一"是个人尽其所能发挥个人能力。"人人生而平等"这一观点是法国大革命的噱头之一。"个人能从政府那里得到最多的东西是自由、正义、智慧、机会平等和激励。"这证明了美国仍然存在着实质性的机会平等，胡佛说："在由总统、副总统和内阁组成的12个人中，有9人在没有财产继承的情况下以自己的方式谋生，其中有8人是从做体力劳动开始的。"对于一个领导着世界上最伟大的统计机构之一的人来说，他的这种关于统计抽样的观点实在是太不专业了。但他选择哈丁内阁来说明凡是靠自己努力追求成功的人均能获得机会，这件事则充分显示出他的敏锐洞察力。

在反对史密斯的竞选活动中，胡佛再次指出，美国的个人主义并非放任人人自由，而是呼吁"经济公平以及政治和社会公正公平，它不是纯粹自由放任的制度"。

> 就好像我们在比赛，免费普及教育为跑步者提供训练；我们给他们一个平等的起点；我们通过政府进行公平裁决，那些最认真训练、最有能力和品格最优秀的人就是胜利者。

由于公立学校实行免费教育体制，银行家的儿子和佃农的儿子在生活中有平等的机会，而由哈丁、柯立芝和梅隆等人组成的政府只是比赛中的"公平裁判"，这一想法可能听起来有些古怪，但对胡佛来说并不怪异。他所属的整整一代商人都很难理解20世纪的思想。他们是由内战后的一代商业巨头培育长大的，并继承了其思想。前一代的成功给人留下了深刻的印象，其思想尽管有着固有的弱点，但余威仍在。在美国，个人主义曾经给人的承诺仍然会让人们燃起希望，这些思想的影响力也就相应地升高了。1891年，当胡佛进入斯坦福大学时，许多人仍然认为生活就是场竞赛，必然强者胜利，而耶鲁大学的威廉·格雷厄姆·萨姆纳等维护现状的有名的发言人仍在向学生们大肆宣扬：百万富翁是文明竞争的结晶。尽管对进步时代的激烈批评略微玷污了这些观念，但在20世纪20年代的新时代，这些观念得到了更新和完善。1929年可怕而突然的经济崩溃，使旧传统的继承人没有成熟而易懂的思想体系可供借鉴，缺乏灵活性和勇气去酝酿新的思想体系。那些在商业活动中标榜自己与时俱进、务实且顽固的人，被迫越来越徒劳地重申他们被灌输的陈腐信条，在政治上表现出了使自由联盟成为可能的那种过时、不切实际和轻浮的思想。

胡佛的观点是经济就是一场由跑得最快者赢得的比赛，如果这一观点令人难以置信，那么他会用自己的经历来回答：难道他不是从一个贫穷的孤儿出身开始奋斗的吗？他不是在矿井里工作只赚一点微薄的薪水吗？难道他不是先成为百万富翁，然后才成为美国总统的吗？有些时候，没有什么比个人经历更容易误导人的了，当他所处的整个世界开始崩塌时，他很可能会成为一个被遗弃的边缘人物。

4

1929年10月，胡佛已不再是为美国繁荣而振臂高呼的哲学家，而是转而成为把美国经济看成一个难以预测的注定会理性失败的悲剧性事物的悲观者。他对于大萧条的解释很简单，即美国制度虽然从根本上来讲是健康的，但是出于各种偶然或意外因素的影响，会陷入短暂的困境，这主要是因为来自美国以外的各种干扰。

胡佛总统在1930年12月国会的致辞中承认："大萧条在某种程度上源起于国内，是由于某个时期的投机倒把所造成的。"但是，他继续说，若过度投机是唯一原因，那么大萧条很容易被克服。这是一场世界性的大萧条，其根源在于第一次世界大战。他得出的结论在于："促成这次大萧条的各种主要力量存在于美国之外。"

在1932年竞选总统时,他进一步阐释了自己的观点。他提醒民主党的反对者们不要忘记第一次世界大战在人力和财力方面所造成的巨大损失,政府所持的巨额外债,"使人丧失信心的"政治不稳定状况,常备军人数的增长,中国、印度和苏联的革命与动荡,安的列斯群岛、古巴、巴西、厄瓜多尔、刚果、缅甸、澳大利亚及世界其他地区的主要产品所带来的产品过剩。生产过剩"撞上了不可改变的供求规律",并"带来了不可避免的价格暴跌和……一连串的破产,以及对于美国商品购买力的破坏"。深陷恐惧的国家将其持有的证券倾销到美国市场;黄金大量外流,"随之而来的恐惧席卷了我们的人民",使他们从银行中提取巨额资金。那么,认为导致美国大萧条最重要的原因存在于美国境内该是多么的荒谬!胡佛责备地总结道,"我们,并没有引发世界大战抑或是引起欧洲的恐慌"。胡佛关于大萧条的最后一条声明是,他所推行的政策最终击退了大萧条,[①] 只是因为1932年大选中存在的不确定性及罗斯福未能安抚企业使其重新振作起来,才使得大萧条又继续下去。

如果美国的制度(正如胡佛所说,"他的对手们称为资本主义")基本上是健全的,那么失去信心等心理因素可能会在阻碍经济复苏方面发挥重要影响。胡佛如此认真地相信人们保持乐观的重要性,所以他在1931年那个阴郁的秋天从华盛顿到费城,部分原因是他觉得参加一场世界大赛可以向世界公开展示他自己的处乱不惊。正是这种激发人们乐观心态的愿望,才使得在大萧条发生的几个月内,到处都充斥着胡佛以及其他人毫无根据又盲目乐观的言论。市场崩溃后不久,胡佛说了他最有名的一句话:"美国的商业之本,即商品的生产和销售,是建立在健全而繁荣的基础之上的。"随后他又发表了其他充满希望的

[①] 1932年夏天,商业活动的向好为他的这种信念增添了一些助力,尽管那种假设在胡佛的计划下经济会继续全面复苏只是一种信念而已。

声明。1930 年 3 月 8 日，他向全国保证，危机将在 60 天内结束。

由于白宫发表了一系列乐观的声明，人们普遍认为胡佛不知道情况有多严重。然而如果仔细研究一下胡佛私下的活动，会发现这种看法是不正确的。私下里，他对这场危机的性质和可能持续的时间抱着悲观的看法。联邦储备委员会的官员们一开始就警告他说："目前的情况……到处都是漏洞……可能需要几个月才能完成调整。"然而，"乐观"的经济学心理要求向公众提出坚定的保证，于是总统以他作为先知所赢得的名声赌了一把，不幸的是，他的余生都背负着这个"繁荣就在眼前"的笑柄。

事实上，真正有问题的不是胡佛对危机的最初判断，而是他随后对自己推行的补救措施的判断。1929 年 11 月 21 日，根据迈尔斯（Myers）和牛顿为他准备好的总结，他召开了一场商业大亨的盛大会议，并秘密地告诉他们：

> （他）认为这次危机远比一次股票市场崩盘严重得多；没有人可以衡量我们面前的问题或灾难的深度；大萧条将会持续一段时间；工商业活动的突然停摆，会导致多达两三百万人失业。

他继续说，必须采取措施走出阴霾并"维持社会秩序和工业上的稳定"。不能把负担直接加在劳工的身上，否则会降低购买力，引起"工业方面的冲突、怨恨、秩序混乱及恐惧心理"。相反，应该"暂时维持"工资，直到竞争加剧和需求的缩减迫使物价降低。[①] 然而，当工资降低时，其降低速度不要高过生活成本的下降速度或是超过其降低的速度。这样，各种价值就会逐渐降低而不至于造成不必要的困

---

① 这是一种虚假的设想。在垄断性的重工业部门中，价格结构弹性很小。许多经济学家把这场大萧条的严重性及恢复的困难归咎于坚持价格不降的做法。

难。① 资方和劳方都支持这一计划，资方同意维持生产和工资，而劳方则撤回已经提出的一些提高工资的要求。胡佛相信，忠实地遵守他的计划，可以使得价格降低到足以使生产成本降低，从而又可获得利润，膨胀的资本价值会降低，直到它们接近现实。随后正常的上升趋势将会恢复。正如胡佛告诉人们的那样："我们已经从以往的每一次萧条中都走了出来，此前还进入了前所未有的繁荣时期。这一次也必将如此。"

胡佛要求企业家们发誓放弃他们作为商人的本能选择。企业家的第一个冲动是减少生产和就业岗位，削减工资，并尽可能地维持商品价格。行政委员会中最务实的反应来自安德鲁·梅隆，他在1930年秋天说道："毫无疑问，减产可以在最短时期内改善目前的情况。"他正在他自己庞大的企业中以极大的热情削减产量。但根据胡佛的计划，工业家们要继续生产并支付现行工资，即使他们的商品没有市场。也许使人感到惊奇的是，他们竟然同意遵循他的计划；而且也许更令人惊奇的是，在工资问题上，他们一般也是尽力照办。只是到1931年夏季之后，制造商们才普遍降低工资标准。然而，生产则是另外一回事儿了。他们不愿意为一个根本不存在的市场生产商品，产出量和工资总额大幅缩水，大萧条进一步加剧。

如果本国基本工商业情况真的不错的话，胡佛的计划也许会奏效。② 所有证据也表明，胡佛似乎确实相信他的计划正在生效，而且不久后，在他那奇特固执的心里，就产生了一系列脱离现实的想法，这使他越来越深地陷入无限循环的境地。因为按照他的假设，他的计划应该是成功的，所以他继续说，仿佛这个计划正在带来进展，而

---

① 前面段落中的引文并非直接来自胡佛的笔记，而是来自迈尔斯和牛顿对它们的释义。11月21日召开的会议的议程在12月5日的后续会议上获得批准和通过。

② 胡佛很可能希望出现类似1921年至1922年那样短暂的萧条，当时商品价格急剧下跌，致使就业工人的工资实际上等于大幅上涨。

且他的想法越是行不通,他就越要以藐视一切的精神维护他的主张。1929年11月的会议开过半年之后,当一些制造商、银行家和主教前来敦促他采取更积极的措施应对失业时,他说:"先生们,你们来晚了6周。"在1931年那个令人痛苦的夏天,胡佛不顾就业岗位减少和企业濒临减薪而使人们陷入恐慌之中的局面,还吹嘘他的政府"不断敦促维持工资水平"。

按照合乎逻辑的解释,我们的结论是,要以通货紧缩的办法来解决这场大萧条,就需要使大量经营失败的企业破产,过去也是一直如此做的。在物价下跌的时期,这是可以清算大部分巨额债务负担并减少膨胀的资本要求最重要的方式。但是随着这场大萧条的加剧,人们越来越清楚地看到,这种办法有推翻整个社会经济结构的巨大风险。很大一部分债务存在于储蓄银行、抵押贷款和人寿保险公司手里,在这些机构中,它们收集了千百万的积蓄,而让它们倒闭的最终结果是致命的。为了用政府信贷支撑这些金融机构,胡佛最终在1931年12月要求国会重建金融公司,这样在这一问题上就等于是放弃了不干预政策。

如果胡佛根据所学的经济学知识没有要求政府采取强有力的行动,那么他确实需要比任何一位总统在面对大萧条时展现更大的主动性。历史上出现大萧条时,所采取的政策几乎完全是自由放任的政策。胡佛是历史上第一位将所有联邦领导层带入这种紧急状态的总统。但他就像一只胆小的野兽一样,甚至连他自己制订的温和计划需要强制推行时,他都不愿意以联邦的名义对各企业实行强制措施。没有合法的权力,他就无法确保商业领袖能够维持生产规模和工资水平。保证就业就更谈不上了。然而,对于一个具有像他这样的政治理论的人来说,这种强制措施是难以想象的。企业家有拒绝进行生产的权利,也有使工厂停产的权利,毕竟这些是胡佛热心捍卫的私有制中最重要的传统权利之一。破坏这项权利将会使那些法律和道德观念发生革命性的变化。

然而使胡佛退缩不前的不仅是他政治上的顾忌，还有他的经济理论。他的理论认为大萧条是由国外的原因引起的，因此他自然就不会寻找大萧条产生的国内原因，从而也不会积极地采取国内的补救措施。胡佛从被普遍公认的前提，即这是一场世界性的经济大萧条从而加剧了美国内部的萧条，推断出美国国内经济体系没有重大缺陷的结论，这是一个完全站不住脚的结论。在胡佛的演讲中，到处都是对于厄瓜多尔可可生产过剩的悲观论调，但是如果我们试图要从中找出相关词句表明他认识到这样一种事实，也就是这场大萧条的产生是否存在国内的原因，即使不出现金融市场崩溃也会以其他方式表现出来，你会发现，这样做完全是徒劳的。20世纪20年代的商业繁荣比以往任何时候更依赖于消费品的扩张，并且比其他任何时候都更依赖于持续的消费。美国的消费水平很高，但并没有与美国工业的巨大生产力成比例地增长。在20世纪20年代繁荣的表面下，掩藏着农业的长期萧条不振。工业方面，失业人口略有上升，实际工资增幅较小。1929年股票市场崩溃之前，保持繁荣的重要因素已经减弱。例如，作为繁荣重要来源之一的房屋建设投资在1925年以后开始下降，1928年至1929年则急剧下降，繁荣的最后一年，减少的不仅是民用住宅投资，工业和商业建筑投资也呈下降趋势。汽车制造和道路建设的扩张速度在大萧条发生前趋于平缓。这些情况反映在资本品投资量上，在市场崩盘前一年数量就开始下降。国内机构积压了要投资的储蓄和要出售的商品，而工业不能为迅速充斥流通市场的储蓄存款找到良好的投资出路，就使资本转向投机渠道。胡佛看到了这种不正常的投机情况并且也不赞成这种做法，但他宁愿归咎于国外而不愿从问题本身去寻求原因。

在担任商务部部长期间，胡佛曾用强制令来解决美国产能过剩的问题：强制商品向国外销售；而对于大量银行储蓄金滞存的问题，他也同样回应了：投资海外。他那套关于大萧条始于世界其他地区并蔓延到美国的理论，即使属实的话，那也是作茧自缚。没有人比他更积极地促使美国把资金投入这个岌岌可危的世界经济市场中去。但是，认为拯救美国经济的关键在于依靠海外市场和向国外投资的观念，是再次建立在对国内经济形势的严重误判之上的。

胡佛从未承认，与他们大幅提高的生产力相比，美国人民的购买力是多么微弱。在 1934 年出版的《挑战自由》一书中，他轻描淡写地否认美国存在任何形式的严重的财富分配不均，这很符合他的性格。而且他宣称：散布有关财富分配不当这种阴险的思想，是"那些急于破坏自由的人的一种手段。进行充分的研究将会发现，90% 以上的国家收入流向了年收入低于 10000 美元的人，超过 97% 的国家收入流向了年收入在 50000 美元以下的人"。用于这一说明的收入阶层如此广泛，以至于掩盖了有关收入分配和购买力的相关事实。与《挑战自由》一书同年出版的布鲁金斯学会（The Brookings Institution）研究报告《美国的消费能力》（America's Capacity to Consume）则表明，美国 63.1 万个最富有家庭的总收入远高于 1600 万个处于经济收入底层的家庭的总收入。布鲁金斯学会的经济学家得出结论，从购买力的角度来看，这 1600 万个家庭的收入已经可怜到连"基本生活必需品"都买不起的程度。在胡佛部长竭力扩展美国国外市场的那些年，美国国内潜在的市场情况就是这样。

从两项重要政策，即农业政策和救济政策，可以看出胡佛应对大萧条的僵化心理态度。对于农业问题，他陷入了一种盲目乐观的判断；而在救济制度上，他被对美国自助传统的忠诚所束缚。

胡佛总统的农业理念主要体现在 1929 年通过的《农业市场法》中，该法案成立了联邦农业委员会。在农产品供过于求的时期，联邦农业委员会将介入市场并购买"生产过剩"的农产品，以便在市场恢复正常之前维持农产品价格。人们想当然地认为——这是胡佛的典型做派——任何可能发生的过度生产都是偶然的，而不是长期形成的；总之，美国农业的基本状况是健全的。这种假设在现实中是没有根据的。自第一次世界大战以来，美国农业的产量增长已经完全超过了其国内外市场需求的总和；正如胡佛有时也明白，造成这种情况的部分原因是世界其他地方开辟了新的竞争领域，部分原因是美国从债务国转变成为债权国，这使得其他国家购买美国出口的商品变得困难，还有部分原因是消费者习惯的改变，以及胡佛政府坚持捍卫的高关税政策。① 胡佛政策导致的结果是政府背负着大量滞销且不断增长的小麦和棉花库存。政府仓库中每年大量未销售掉的过剩产品都压在第二年的市场上，② 结果就是价格的骤降，以致创造了灾难性的价格新低。最终到 1932 年，棉花公司开始要求农场主们只能每隔三排耕种一排棉花。胡佛政府极力想通过人们自愿的行为来实现这种与政府协调配合的减产，但是事实证明是徒劳的；而罗斯福政府是通过大力诱导及时不时强制的手段做到了这一点。

更为重要的是，胡佛对救济的态度塑造了他的政治人设，这种态度造成的政治人设至今仍留于人们心中。在成功向整个西方世界超过 1.5 亿人分发救济物资后，总统自然而然地认为自己是这方面的权威。在这一问题上，与其他领域一样，他固执己见。当他公开讨论救济时，通常是把它作为政治和道德理论层面的问题，而不是经济或人类需求的问题。他坚信救济是"国家志愿者机构与地方和州政府一起"开展的工作。1931 年 2 月，他清楚说明了他之所以把救济视为地方工作的理由：

> 当任何社区的责任，特别是在经济和社会问题上，从本国的

---

① 在 1928 年竞选期间，胡佛坚决否认高关税政策伤害了农场主。他承认有必要进行一些改变，并建议对农产品进口征收更高的关税。两年后，他批准签署了《斯穆特－霍利关税法》(Smoot-Hawley Tariff Act)，这实际是对世界其他地方宣布开展贸易战。

② 威尔伯（Wilbur）和海德（Hyde）对于这类经常听到的批评，他们的解释是很有趣的："部分的原因在于它（胡佛的政策）连续两年取得成功，但是大萧条的时间持续太久了，连续几年丰收的情况一直在让事情变糟。在其他情况下现状本应变得更好。"

任何地方转到了华盛顿,那么这一社区就使自己处于一个遥远的官僚机构的控制之下……从而失去了对自己命运掌控的很大一部分发言权。

无须对这一政治理论的论述正确与否进行辩论。各地方政府枯竭的财政根本不足以承担救济负担。胡佛确实做出保证,说一旦地方机构无能为力——他确信这种情况不会出现——他将"要求联邦政府提供一切资源来帮助,因为我不会像任何参议员和众议员一样看着我们的同胞挨饿",但他从来没有采取直接的联邦救济措施。总统坚决地说:"我反对任何直接或间接的政府救济。欧洲经济的崩溃及失业人口的增加,部分源于这种做法。"大量的救济拨款会使预算收支不平衡,而这种平衡预算"对于恢复人们的信心是必不可少的"。

1930年旱灾产生的政治后果凸显了胡佛对救济态度的经济神学。1930年12月胡佛批准国会拨款4500万美元来拯救受灾的阿肯色州农民的牲畜,但反对再额外拨款2500万美元救济农民及其家人,坚持说红十字会可以救济他们。最后,国会确实投票增加了2000万美元拨款来救济农民,但为了解决总统的顾忌,规定这笔钱应该作为贷款而不是无偿的赈灾款。胡佛在批准贷款时表示,如果联邦政府赠款救济,这"将会损害美国人民的志愿救助精神……我们处理的是生活中无形的资产以及人们的理想"。他补充说:"……对于我们的民族理想和精神境界而言,志愿者的救助行动会比从国库中拿出上千倍的钱还要宝贵得多。"

人们也很难理解在这个问题上胡佛到底是怎么想的。胡佛从未如此关心过商人们的"精神境界",而他们是联邦补贴和梅隆部长慷慨退税的受惠者。联邦政府提供的救济金会使救济人员士气低落,而接受他们的邻居、红十字会或地方政府提供的救济金则不会,这种想法似乎太儿戏了,令人很难对他尊重。胡佛在政治上的笨拙举动加剧了人们对他的不满。在那些黑暗又饥饿的日子里,他竟然让新闻记者们拍下了他在白宫草坪上喂狗的照片。令人玩味的是那时他在华盛顿也接待了要求抚恤金的一众退伍军人请愿者。

5

胡佛在其总统任期结束之后不再是一个乌托邦式的空想主义者，而是成为一个雄心勃勃的耶利米式的先知预言家。他利用了一切可利用的机会发出警告。在他诚挚的著作《挑战自由》以及共和党全国代表大会之前的一系列演讲中，他预言罗斯福新政中将推行的经济管理方式必会摧毁自由主义经济，而自由主义经济又是其他经济的基础。

当人们的注意力已经从国内事务转变到国外事务时，胡佛一开始是完全站到孤立主义这一边，但在第二次世界大战爆发之后却变得退却，态度不明；在珍珠港事件后成为合格的国际主义者之后，他又站在了一个更加模棱两可的立场上。[①] 1938年，这位前总统对欧洲10国

---

① 胡佛还是总统的时候，日本、意大利以及德国已经开始侵略活动了，首先是日本侵入中国。当时，胡佛在对他的内阁讲话时说："整件事情是不道德的……令人发指。"但他平息了自己的愤慨，补充说，第一，这"主要是中日之间的争论"；第二，日本无论如何也征服不了中国；第三，"日本也有一定的道理"。关于最后一点，他说中国无法遏制无政府状态，而这对日本经济至关重要。他总结说，我们应该在谈判或调解等一切努力中与国际联盟合作。"但是仅此而已，我们不参战，也不走任何走向战争的道路。"

1932年春，包括国务卿史汀生（Stimson）在内的一些国务院成员支持美国参与某种程度的制裁，但是胡佛坚决反对。他建议了另一项办法，被威尔伯和海德称为"伟大的道义制裁"，即一切国家应一致拒绝承认在违反《凯洛格公约》的情况下获得的领土。世界各大国均对此表示同意，而且——威尔伯和海德无可奈何地说——"只要各国明确谴责能起到作用，这就一定能起作用"。任何既面临国内危机又须处理国外侵略的政治家，其在历史上的名声必将受损。如果胡佛对日本的侵略采取主战的立场，批评者会很快暗示他正试图利用国外的摩擦来转移人们对国内危机的注意力。

进行访问。希特勒接见他长达 40 分钟，确属罕见，会见之后胡佛向新闻界发表了一项声明，重申了他对自由以及人民政府的信念。回到美国后，胡佛立即发起了反对美国干预欧洲的运动。他断言，无论是通过经济行动还是军事行动实现集体安全的主张"已经过时"。此外，轴心国的侵略将会转至美国以外的其他国家："德国人的目标更多的转向了东方而不是西欧，日本人也从西方转向了亚洲。"即使民主国家应该结盟反对极权国家，美国也必须远离欧洲战争；否则我们的政府也将变成"法西斯政府"。

胡佛建议："如果世界要保持和平，那么我们必须与独裁政府以及人民政府都保持和平。"他认为极权主义并不是什么新鲜事儿；它很像过去历史上的个人专制制度——"我们总是不得不与这些人共处"。民主国家的人民"必须接受这样一个事实，即这类国家将继续存在"。即使独裁专制国家的人民，也有权利在他们喜欢的任何政府形式下追求自己的命运，而不管美国人对此有多么反感。他确信法西斯主义像其他异端邪说一样，在"一定时期一定会失败"，他敦促美国人坚持他们的传统自由，并让国内的民主政治"重新焕发活力"。慕尼黑会议后不久，他再次相信，"与过去一些时候相比，今后数年内以军事力量实现和平是很有希望，切实可行的"。

不到一年的时间，欧洲陷入了战争的漩涡里。但胡佛并未气馁。他对出版商罗伊·霍华德（Roy Howard）预言说："协约国可以保卫他们的疆土，我在他们那里看不到任何失败的迹象。他们可以控制海洋，坐等敌人精疲力竭。"他在战争早期的一篇演讲中，建议美国只向协约国出售防御性武器，不包括诸如重型轰炸机之类的武器，因为让我们参与针对平民的进攻性战争会招致持久的恶意。

法国向希特勒投降三天后，胡佛在共和党全国代表大会上发表了四年一次的演讲。也许是为了制止当时流行的一种谣言，他说要与林德伯格（Lindbergh）以孤立主义为纲领参加总统竞选，他承认美国再也无法免受世界大战的影响。"没有经济上的孤立……没有道德上的孤立。"但他再次警告不要参加民主世界的"十字军东征"。他阴郁地建议道,"无论这场世界大灾难的结果如何,无论我们的国内危机如何解决,世界格局不会再一样了。独裁、极权主义经济和军国主义将在世界的大部分地区长期存在"。美国在这场危机中的正确任务是武装自己以保卫西半球。与此同时,我们可能会谨慎地帮助那些"为自由而战"的国家。

在珍珠港事件发生前不到两个月,胡佛敦促美国既不要采取彻底的孤立主义的外交政策,也不要采取干涉主义的外交政策。我们应该只专注于武器生产,向英国运送,并"等待事态发展"。在我们武器的帮助下,英国将能够抵御德国的入侵;我们不需要派兵。通过保持和平,我们可以保持我们的力量并"在希特勒因自己的过度扩张而崩溃时为重建及稳定和平提供真正的帮助"。胡佛明确表示,即使纳粹不会遭受军事失败,他也预计德国会崩溃。他在另一份声明中警告说,如果美国与英国一起参战并进入欧洲战场,光是准备工作就需要五年或更长时间。

1942年,胡佛与美国资深外交官休·吉布森(Hugh Gibson)合作,写了一本名为《持久和平的问题》(The Problems of Casting Peace)的著作,其中就如何达成持久和平提出了不少于50条意见。胡佛-吉布森计划基于极端孤立主义和美国统治世界之间的平衡立场,它接受了"美国1919年的理念,即和平应该建立在培养代议制政府的基础上"。总的来说,这些提议强烈地让人想起胡佛在第一次世界大战结束时所采取的立场。他们呼吁达成一种解决方案,以培养而不是扼杀敌国实现代议制政府的机会,要求没有掠夺和报复的和约,实现裁军,以及一个通过国际空军实现和平的国际组织。

然而,解决和平问题的关键在于经济,而胡佛和吉布森所设想的战后经济世界与胡佛过去在国内所寻求的一样是一团糟。奇怪的是,这50项意见中有几项竟来自一个批准《斯穆特-霍利关税法》的人,特别是他还同意这样一项提议,即关税不得过高,以至于妨碍"进口货物与国内产品之间的公平竞争"。胡佛和吉布森还赞成稳定国际货币体制，通过平等价格和开放市场轻松获取原材料，打破垄断和卡特尔企业联盟，以及取消贸易配额和特权。

> （他们宣布）持久和平必须包括规范经济自由以防止滥用……长远的观点应该是恢复国际贸易以实现自由企业……
>
> 如果有一定程度的国内管理型经济扼杀自由企业，国际经济自由就无法发挥作用，因为私人贸易背后将没有实质性的力量，政府必须接管。

人们不禁有一种感觉，这两位作者在为错误的战争开药方。他们岂不是在提议再次建立一个基本上套搬威尔逊式的解决方案但又免于威尔逊式错误的框架吗？胡佛一直批评威尔逊，但他们关注的是手段，而不是目的。他在1942年说，威尔逊"为美国最崇高的理想进行了一场伟大的战斗"。对威尔逊至关重要的一些事情对胡佛来说并不重要，例如小国的独立问题。[①] 但整体来看，他们之间的相似之处远远多过不同之处。（某种程度上的）海洋自由、消除国家间的贸易壁垒、建立某种联盟、公开外交、"公平"调整殖民地的主张、裁军、仁慈的和解方案、不吞并也不赔款——所有这些原则无论在1918年历史上有名的十四点原则中，还是在1942年的50条建议中都有所提及。

因此，胡佛对待世界问题的基调就像对国内事务一样——退回到过去的状况，无论这种状况是真实的还是想象的。自由贸易、自由企业、竞争、开放市场、机会均等，这就是《美国个人主义》和《挑战自由》两本书在更大程度上表现出的逻辑。未来与过去非常相似，但比过去更像过去；我们将倒退，退回到1913年那美妙的世界中去——

---

① 正是胡佛和吉布森对小国的敌对态度让丽贝卡·韦斯特（Rebecca West）说："正好是给我们提供食物的手卡住了我们的脖子。"

甚至更早的时候，因为 1913 年时，人们已经转向 19 世纪中叶去寻找治国之策。

胡佛在 1940 年对他的政党发表讲话时解释了他 1938 年的欧洲之行，他说他到国外去寻找导致独裁统治的原因。他承认，其中涉及许多复杂的因素，但他毫不费力地发现了主要来源，就是计划经济。"在每一个极权主义政府兴起之前的案例中，都有一段由计划经济主导的时期。"

这些话揭示出了胡佛完全僵化的对于无计划的世界自由贸易市场的虔诚信仰。在一代人看来，世界上所有工业化国家都在发展管理型经济。战争极大地推动了这一趋势。胡佛本人在两年前曾表示，管理型经济将"在地球的大部分地区长期持续存在"。他能发自内心去相信自由企业可能会在战后世界恢复吗？纵观整个历史，还没有人建议过如此伟大的倒拨时钟的办法。既然计划经济已经成为如此普遍的现象，人们自然会问："如果计划经济导致了专制，又是什么导致了计划经济呢？或许是胡佛领导下无计划经济的普遍衰落？"正如胡佛所坚持的那样，新政可能预示着美国的法西斯主义，这至少是一种可能性——传统的自由主义者通常拒绝承认这种可能性。但胡佛主义是新政的倒退却是历史上不争的事实。胡佛的政治生涯建立在这样一种理论前提之上，即无控制的资本主义是没有重大缺陷的经济制度，如果不放弃这种想法，胡佛无论如何也不会承认向管理型经济发展的趋势是自然而然的结果，更别说去避免这一趋势了。[1] 不，一定是基于某种新奇

---

[1] 1932 年 10 月 31 日，胡佛在麦迪逊广场花园（Madison Square Garden）说过："这 30 年中生活水平空前提升……要归功于产生于美国制度之中又活跃在美国制度里的各项正确原则。"是否应该因为寻求选票的人苦恼于机器出错了，而必须放弃或修理它？要知道，这好比某种非凡的力量被注入到了机械装置里，暂时扰乱了它的运行，没有比意识到这个简单的事实更明智的了。正如卡尔·曼海姆（Karl Mannheim）在《意识形态与乌托邦》（Ideology and Utopia）中所观察到的，"没有什么比封闭的理性系统更远离实际生活了。在某些情况下，没有什么比充分独立的知识分子的世界观包含更多非理性的倾向了"。

谬误的一系列不明智的选择,否则事情很容易发生。这只是一个奇怪的巧合,一个奇怪的普遍错误。也许如果我们迎接新的尝试,如果我们拥有足够的勇气和智慧,如果我们的想法更简单些,工作再努力些,或许我们可以跳出 20 世纪这个逐渐消亡的世界而进入胡佛心目中的那个无比繁荣的世界。

但有时,似乎连胡佛也厌倦了他自己被忽视的警告,在 1944 年的共和党全国代表大会上,他透露出一丝厌倦。回顾他在前两次大会上的演讲,他说:

> 每次我在开口之前甚至就知道,我们的人民不会相信自由所带来的危害会在我们国家发生。然而,随后的每个四年都表明,这些警告还是过于保守、过于谨慎。

一个人的预测如此惊人的准确,却一次又一次地发现实际上甚至没有一个人认真听取自己的预言,这该是多么令人沮丧啊!就在他做出了这种如此坦白直率发言的全国代表大会上,该党的政纲实质上还是赞同了罗斯福的国内计划。难道美国的伟大传统即将走到尽头的原因竟是,人们再也听不进代表过去信仰的人的意见吗?如此明明白白、触手可及的解决方法,难道真的会被盲目摒弃吗?假如事情果真如此,赫伯特·胡佛至少可以为自己开脱了。他曾试图带领这个国家走出荒野,重返过去的舒适和辉煌。他已经发出警告,但遭到了唾弃。或许,归根结底是人民的精神境界还没有达到理性的高度。

第十二章

富兰克林·罗斯福：
器宇不凡的机会主义者

> 倘若我对这个国家的国民性没有理解错的话,那么我们这个国家急需进行大胆的、坚持不懈的试验。通常的做法就是采用一种方式并进行试验。如果失败了,就坦然承认,然后再去试验另一种方法。最重要的是,要不断进行大胆的尝试。
>
> ——富兰克林·罗斯福

1

在威尔逊政府早期执政时代,有一次,埃莉诺·罗斯福(Eleanor Roosevelt)和丈夫(当时的海军部部长助理)与亨利·亚当斯正在共进午餐。罗斯福正认真地与亚当斯谈论一些有关他的政府事务,这时,这位上了年纪的主人突然气势汹汹地对他说:"年轻人,我在这所房子里住了很多年了,看着广场对面那座白宫里那些来来往往的住户。你们这些小官员或是白宫里的人,你们所做的任何事情,都不会对世界历史进程产生任何长久的影响。"

亚当斯这一夸张的讽刺并非出自偶然。尽管人们通常会夸大伟人们的影响力,但必须承认罗斯福确实对推动历史的进程起到了一定的影响。在此之前,从没有哪个伟人能够如此全面清晰地表达出美国民众的情绪。在进步时代,西奥多·罗斯福、威尔逊、布赖恩和拉福莱特分别担任国家改革的领导者。而到了新政时期,则由一人掌控国家改革的领导权,此人的离世使得美国的自由主义者们士气低落,束手无策。

新政的核心在于一种气场而非哲学。这种气场本质上就是罗斯福的自信心，其表现为即使在陌生的领域工作时，他也相信自己不会犯错误，不会犯严重的错误。依经济学家看，这种自信有时近乎疯狂。例如有一次，他仰起头，笑着对一群支持银本位的参议员们说："我用金本位做试验，结果彻底失败了。那我为什么不可以用银本位来进行试验呢？"他的做法表面上看似鲁莽冲动，其实却无不透露着一种睿智敏锐的直觉。当他上台执政时，人民已经看到经济停滞走向了危险的境地。他们想要进行试验，开展活动，反复地试验，从而寻求任何能够表现运动和新颖性的东西。罗斯福在刚刚开始竞选总统候选人时，并不像往常一样遵循礼仪，傻傻地静待数周，此次他不拘传统，乘飞机出席 1932 年的总统候选人提名大会并亲自发表了演讲。这虽然只是一件小事，但它所展现的活力与创意，给公众留下了不可磨灭的印象。我们将会看到，虽然罗斯福与胡佛所接受的社会和经济哲学大同小异，但他们随即展现出的气场却是大相径庭。当胡佛装模作样地说我们只需恢复信心时，全国人民对此苦笑连连。而当罗斯福说："我们唯一需要恐惧的就是恐惧本身"，这句话本质上与前者一样，都是看似有理、老生常谈的观点，但全国人民却对此激动不已。胡佛缺乏行动，而罗斯福缺少方向。但罗斯福争取发展，或者至少说争取改变的能力是惊人的。灵活性既是他的优势，也是他的弱点。胡佛待人冷漠，总是泛泛而谈，是一贯按固有原则行事的教条主义者，在管理高层中谨慎行事。而罗斯福则待人热诚，做事脚踏实地，但有时也行事冲动。胡佛往往谨慎对待重要的朋友。罗斯福可以用 11 种语言说"我的老朋友"，他很少关注抽象事物，但却可以敏锐察觉公众的情绪。他在很大程度上乐于听取公众的意见，因此，必要时他能对其加以引导和推动，把公众的愿望转化为政策。胡佛从来没能向群众表达清楚他正试图做什么，而罗斯福却往往能够在什么都还不存在的情况下，提出一系列清晰、有力的政策。

雷蒙德·莫利（Raymond Moley）讲述了一个具有启发性的故事，该故事是有关罗斯福在当选后到就职前的这段时间里与胡佛之间的来往。两人曾安排了一次会议，针对恼人的外债问题，讨论其政策连续性。罗斯福对情况知之甚少，为了安心，就带着莫利一起。他手里还拿着一叠小卡片，用来提醒他要向胡佛问什么问题。胡佛谈了一段时间，言语中流露出他对该问题了解十分透彻，这给莫利教授留下了深刻的印象。而二人的态度与他们之间存在的信息差形成鲜明对比。胡佛在此次会议中，面对这个在竞选中赢过他的男人，显然心神不安，有所顾虑，两眼一直盯着这间红色房子地毯上的图案。而罗斯福则显得轻松随意，热情友好。他在处理一个未知领域的问题，但这似乎并没有对他造成一丝困扰。

仰慕罗斯福的人，一直把罗斯福看作是一位睿智、仁慈、有远见的人，把他描绘成一位热情洋溢的社会改革家，有时也把他描绘成总设计师。批评罗斯福的人，则冷眼审视他的各项措施逐步实施的过程，研究发现这些措施常以极其随意的方式执行，发现其实他所获得的众多"成就"与他并无多大关系，于是得出相反的结论，认为他获得这些成就纯属偶然，就像随机朝一个地方开几枪，也命中了目标一样。罗斯福的个人形象与罗斯福的传奇故事之间存在巨大差距，的确如此，这是事实，但并非每一件随意做的事情都一定出自偶然。罗斯福担任总统期间，国家面临一个全新的局面，那些人们普遍接受的传统哲学理论无法为他提供指导。由此，这样一个时代必定会出现：人们需要进行不断摸索，学会克服各种困难。只有敢于探索的领导者才可能实行新政。

此外，罗斯福极易受公众情绪所感染。他思考事情虽然缺乏深度，却很有广度。他待人热情，慷慨大方，有教养但又不拘礼节，不愿让人们失望。他认为如果很多人都非常渴望得到某样东西，那么应该给予他们一定程度的满足感，这很重要，而且他不会用经济教条和政治先例约束自己。操办公共事业振兴署（WPA）文化项目一事展现了罗斯福极其独特的处理方法以及这些方法产生的效果。新政实施初期，他正在组织救济工作，有人向他指出，许多有才能的画家生活贫苦，处境艰难。当时，罗斯福对绘画没有兴趣，很少关注艺术家和作家这一群体，国家在文化福利方面的责任也没有现成的理论可以参考；但他当即主动决定要帮助这些艺术家们。他说："为什么不帮助这些艺术家们呢？他们也是人，也必须生活。我想他们唯一能做的就是画画，肯定有一些公共场所是需要绘画的。"因此，画家们得到了土木工程署（CWA）的资助。最终，通过公共事业振兴署这一项目，音乐家、舞蹈家、演员、作家和历史学家们，甚至还有试图自费读大学的学生们，这些人通通都得到了资助。在这一段艰难时期，一代艺术家和知识分子受到照拂，他们与新政紧密相连，全心全意追随罗斯福的自由主义。

2

富兰克林的父母，詹姆斯·罗斯福（James Roosevelt）和萨拉·德拉诺·罗斯福（Sara Delano Roosevelt），会让人想起伊迪丝·华顿（Edith Wharton）小说中的次要人物，这些次要人物通常对不幸的女主人公持有一种体面但不友好的态度。詹姆斯·罗斯福担任几家公司的副总裁。这位英俊的乡间绅士涉足民主政治，拥有一个马厩，里面养满了小跑马，他在海德公园的庄园里过着悠闲的生活。詹姆斯的第二任妻子萨拉·德拉诺也出身于在美国历史上有着深厚根基的上流家庭。她的父亲曾拥有几座铜矿、铁矿和煤矿，在纽约港占据大片土地，还有一支帆船船队。他们结婚时，萨拉26岁，詹姆斯52岁。两年后，也就是1882年1月30日这一天，詹姆斯·罗斯福在日记中写道，"一个漂亮的男婴"出生了。

富兰克林是独生子，受母亲宠爱，父亲待他就像对待小孙子一样，由此可见，富兰克林在父母的百般溺爱下长大。他有教授各种学问和技能的家庭教师,有来自相同家庭背景的玩伴,还拥有一匹小马和一支 21 英尺长的帆船。成年之前,他曾 8 次被带到欧洲进行短途旅行。14 岁那年,他进入了恩迪科特·皮博迪(Endicott Peabody)牧师开办的格罗顿学校(Groton School),这是精英人士的一个小小的希腊式民主集体,正如其校长所言,这所学校主张"一切真实、美丽、值得称道的事物"。该学校的学生里约有 90% 来自上层社会的家庭,他们生活在父亲般仁爱和关怀的氛围中,从皮博迪牧师每周的礼拜仪式中疯狂汲取灵感。

从格罗顿学校毕业后,罗斯福沿着前人走过的路,进入了哈佛大学。尽管他得到特许可以去听詹姆斯、罗伊斯、诺顿(Norton)、谢勒(Shaler)以及其他学者授课,但他丰富多彩的生活主要来自课堂之外。他参加了大量的校园活动,是多个校园俱乐部的会员,并且在哈佛校报《绯红》(the Crimson)的工作使他在学校很有名气。他所做的大部分工作都是为了推动小规模校园改革运动。跟他同龄的许多男孩大都不受束缚,追求异端邪说、蔑视权威,还顺道增长了他们的知识视野,而罗斯福正在写文章弘扬"学校精神"和足球士气。有一次,他以家长式的语气敦促"我们应该终其一生缅怀先辈,传承学校传统,并在以后如实地传给我们的后代"。他最正式的一次公益活动参与体现在曾经为布尔人举办的大学宣传活动中,这可能是他第一次对弱者表示同情。1904 年他离开了哈佛大学。他青年时代的生活用他母亲的话来总结就是"毕竟他有许多其他孩子都不具备的优势"。

既然家里人决定了富兰克林·罗斯福应该成为一名律师,他就进入了哥伦比亚法学院。第二年,他与远房表妹埃莉诺结婚,此前他们已经秘密订婚,在母亲的照管下,搬进了纽约市的一座房子。他在法学院过得并不快乐。在给皮博迪校长的信中,他哀怨地写道:"我正试图了解这份工作。"尽管他学到的知识足以通过律师考试,但法律条文的细碎烦琐让他感到厌倦,因而几门课程未及格,没有拿到学位就离开了学校。他在纽约知名企业卡特(Carter)、莱迪亚德(Ledyard)和米尔本（Milburn）担任管理人员。在海德公园，他承担起了一个职位所需的具有公益性质的角色——成了当地义务消防部门的一名消防员。他当过波基普西第一国民银行（First National Bank of Poughkeepsie）的董事，也是1910年纽约民主党代表大会的一名代表。

哈得孙河谷（Hudson Valley）县里的居民大都是富绅及其随从们，他们绝大多数是共和党人。一般来说，民主党候选人提名给有能力支付竞选花费的杰出人士。1910年，波基普西市的民主党市长对这个来自哈得孙河上游的和蔼可亲的年轻邻居青睐有加，使他赢得了该地区的州参议员党内提名，该地区自1856年以来只选举出了一名民主党党员。但1910年对共和党人而言流年不利，而罗斯福则受他妻子的叔叔——著名的美国第26届总统西奥多·罗斯福的名声影响，开着汽车，进行了一场轰轰烈烈、非比寻常的竞选活动，他的票数遥遥领先。他在民主党浪潮最高光的时刻当选。

在州议会中，罗斯福迅速成为民主党叛乱分子的领袖，这些叛乱分子阻止了提名塔曼尼厅的党魁墨菲（Murphy）所选择的候选人为美国参议员候选人。他的投票记录显示他是一个典型的进步派分子，他支持文职部门改革、自然资源保护、直接初选、参议员普选、妇女选举权和社会立法。他满怀希望地预言："从政治机器的废墟中，我们将重建一些更契合民主政府的东西。"1911年，他去特伦顿拜访了威尔逊，回来后就积极支持威尔逊。1912年，他在竞选中表现出色，被任命为海军部部长助理。这一年他刚满31岁，只有3年的从政经验。

罗斯福从孩提时代驾驶他的小帆船起，就爱上了船和大海。他收集了许多船舶模型和版画，热衷于阅读有关海军的历史，尤其是海军历史学家马汉（Mahan）的著作，并想过进入美国海军学院。在西班牙战争期间，他逃出格罗顿学校去参加海军——这次冒险行为因猩红热疫情而中断。担任海军部部长助理后，罗斯福通过在杂志上发表文章以及进行演讲，开展了一场海军扩张运动，这彰显了某种民族主义情怀和好战精神。他说美国不能失去对海洋的控制，除非美国满足于成为"一个在世界大事中无足轻重,在商业或和平文明发展中没有影响力的国家"。尽管美国人民可以期待最终会对国际军备有所限制,但目前他们必须"时刻牢记海军冲突随时可能发生"。威尔逊向国会传达战争信息时,《斯克里布纳杂志》(Scribner's Magazine)刊登了罗斯福的一篇具有警示性的文章,其题目为《为自己负责》,他呼吁把海军人数增加4倍。罗斯福认为,没有人会说我们将免于战争的危险。"我们都知道,每个在上学的孩子,无论他性格多么平和,迟早都会与某个同学发生冲突。一个拥有1亿多人口的伟大民族已经进入学校。"后来,他要求实行国家征兵制度,征兵对象包括男性和女性。他认为,在海军部队服役有助于消除宗派纠纷和阶级优越感,教导人们懂得人人平等。作为一名行政人员,罗斯福积极进取,行事高效,出于善意而忽略某些规章制度,破除繁文缛节。不顾多数海军将领们的劝告,在北海进行的一项空前的盟军地雷拦截行动中,他发挥了重要作用。

1920年,民主党需要一个名声好且效率高的竞选者,就提名罗斯福为詹姆斯·M.考克斯的竞选伙伴。罗斯福在全国进行了一场盛大的巡回演说,发表了近千次演说。对于国际联盟这一基本问题,他进行了有效辩论,但他的热情不高,与他付出的精力无法相提并论。他承认:"国际联盟或许不会结束战争,但各国应进行这种尝试。"在竞选活动期间,他犯了一个错误,该错误表明了他赞同帝国主义权力政治,而非理想国际主义。在比尤特(Butte),有人认为英联邦在国际联盟大会上的表决权票数会超过美国,关于这一点,他回答说:"恰恰相反……美国在国际联盟大会上约有12张表决票。"他继续解释说,按照预期,大会中的拉丁美洲国家会将美国视为"监护人和老大哥",美国可以掌控他们的表决票。

> 直到上周,我自己有两张(表决票),现在丹尼尔斯部长拥有这两票。你们知道,我和两个小共和国家的管理者都有关系。事实上,我撰写了海地宪法。如果让我评价,我认为这是一部很好的宪法。

共和派立马做出反击。罗斯福只是表达了某些政治现实，但他的言论中带有太过明显的讽刺意味，就像是一个不友好的邻国才会说的话。他尽力为自己辩解，说他的意思只是说拉丁美洲国家与美国有着共同利益追求，因此可能会投出相同的一票。对于一个外国官员编写了邻国共和国宪法一事的吹嘘，暂时还没有做出令人满意的解释。[①]

但在这场竞选活动中，他所犯的错误无关紧要。哈丁获胜后，38岁的罗斯福10年来第一次做一名普通公民。他继续开展少量的法律业务，担任哈佛大学的校园监督员，过上了与以往一样的生活。他的游艇同伴范利尔·布莱克（Van Lear Black）为他在马里兰州诚信储蓄公司（Fidelity and Deposit Company of Maryland）纽约办事处谋取了一个职位，年薪为25000美元。但在1921年8月，罗斯福的政治生涯和职业生涯似乎双双告终。在纽约市度过了一段高温天气后，他感到精疲力竭，随后前往坎波贝洛岛（Campobello Island）的避暑别墅去度假。不久之后，他就感受到了极度疼痛，臀部以下的肌肉无法移动。

3

变成软弱无力的病人是一段令人感到屈辱的经历。长期患病也会使自己产生自我怜惜之情。罗斯福本可以放弃他的政治抱负，隐居海德公园，这对他来说很容易做到。但他不肯放弃正常生活，这展现了他的勇气和决心，以及实现他雄心壮志的毅力。即使躺在病床上，他也坚持继续工作。到1922年春天，他拄着拐杖走路，有时还能走着去他的办公室。1924年他在暖泉发现游泳池之后，他的体能得到了很好的恢复。尽管双腿虚弱，但他锻炼出了一副强壮的躯干。

从长远来看，这场小儿麻痹症大大增加了罗斯福的政治吸引力。

[①] 这种吹嘘既不真实也不明智。罗斯福并未编写海地宪法，只是批准了国务院提交给海军部的一份草案而已。

作为特权阶层的一员,还拥有在格罗顿学校、哈佛大学这样的知名学校上学的经历,他实在是太幸运了!现在,他与最残酷的逆境进行一场英勇斗争,这比常见的白手起家、发财致富的故事更令人印象深刻。在这一时期人们厌倦了白手起家的人和他们管理公共事务的方式,而罗斯福的这种经历使他更适合做民主政治的领导者。

　　罗斯福的疾病会增加人们对他的同情,对此曾有不少猜测。弗朗西丝·帕金斯(Frances Perkins)对罗斯福的描写往往富有见地且客观。她在他生病之前就认识他,知道他是一个友好但又有点傲慢的年轻人,觉得他经历了这一次"精神蜕变"后,一改往日偶尔表现出的"略微傲慢的态度"。她发现他现在"非常热心肠",认为"他能理解那些陷入困境的人所面临的难处"。一些传奇故事的编造者进一步得出结论:他在生病期间广泛阅读,深入钻研,形成了一种坚定的社会观,这种社会观使他与弱势群体永远站在同一战线。在繁荣的20世纪20年代罗斯福的经历并不支撑这种观点。虽然他的人文关怀能力可能有所提高,但这并没有具体表现在他新的哲学理念中,也没有增加他对改革的兴趣。

　　对于任何拥有罗斯福那样的家庭背景和性格的人来说,转向进行严谨的社会研究或持有非正统的政治观点,都是极为罕见的。从孩提时代到生病之前,罗斯福一直过着一种户外运动式的生活,他将室内休闲时间花在收集邮票和船的模型、阅读海军历史等消遣活动上,而不是花时间阅读社会学的书籍。他总是从实证主义、印象主义和实用角度进行思考。在他政治生涯之初,他接受进步时代有教养的人的改革思想,也接受一种社会观念,用一个短语描述就是"位高则任重"。①他热衷于开展公共服务、个人慈善事业,会发表一些无伤大雅的言论

---

① 1920年8月,富兰克林·K.莱恩(Frankin K. Lane)给罗斯福的信中写道:"坦率、慷慨、纯朴以及向往正义的热情是人们必须保留的美德,除了罗斯福和德拉诺家,我们还能从哪里找到这些美德呢?"

来驳斥政府不诚实的行为；他为人随和，宽宏大量，真诚待人；他喜欢在政治和社会场合施展个人魅力。正如他在 20 世纪 20 年代发表的著作和演讲中所展示的，他为人慷慨，通情达理，但也有些肤浅自满。

罗斯福接受政治教育时恰逢进步派乐观主义出现，当时人们普遍认为一旦政治权利掌握在诚实的人手里，社会中出现的最突出的弊病就可以通过法律得到化解。妇女们在血汗工厂无休止地工作，工人担心失业或遭遇意外事故，老年人因没有保障而感到不安，如果出现这些情况，好心的人就会通过法律来帮助他们。作为州参议员和州长的罗斯福就试图这样做。但是，各州的社会立法，无论多么人道，多么有用，都只在州的范围内生效，处理的是问题的结果而非原因，只触及一些重大问题的表面，比如失业、住房、税收、银行和农业救济等问题。支持这些法律的一代人从这些法律中得到很多锻炼，尤其是在实际政治和福利工作方面，但他们没能提出有力的质疑来思考社会的根本弊病。

罗斯福的传记作者们只注意到了他为身体康复所做的努力、他在派系林立的民主党中担任的和事佬角色，以及他以纽约州州长的身份重返政坛这些事，然而他在 20 世纪 20 年代的生活经历却几乎完全被忽视了。不但如此，约翰·T. 弗林（John T. Flynn）还幸灾乐祸地指出了他在商业上的失败，这当然值得关注，不是因为这反映了他的道德或个人能力，而是因为这反映了他在繁荣时期的社会观。一提起罗斯福的名字，人们就常常将其与冒险联系在一起，主要是因为有人认为他的名字具有宣传价值，这些人创办的企业是高度投机的，除一家幸存外其他的都倒闭了。也许其中最具启发性的是联合自动销售公司，他和小亨利·摩根索（Henry Morgenthau, Jr.）是该公司的创始人和董事。这是一家控股公司，它的发起人受到典型的美国观念启发，即建立一个没有店员的连锁商店，通过自动售货机销售标准商品。1928 年，该公司的董事长宣布，配备这种设备的大型商店很快将在纽约开业。尽管公司承诺会给投资者们带来惊人的回报，但该公司在 3 年内损失了200多万美元，并在法庭上宣布破产。由于罗斯福在当上州长后立即放弃了他的股权，所以他与这个组织的联系其实是很短暂的，而且从商业角度来说，是无足轻重的；然而，没有店员的商店和失业的店员所造成的社会影响，似乎并没有使他感到不安，更不用说创办一个企业时那种松散和投机的方式了。

1922年，罗斯福成为美国建筑理事会主席，这是建筑业的一个行业组织。该理事会是根据商务部部长胡佛的企业自动调节理论构想出来的，并且胡佛主持了选举罗斯福的会议。在向议会发表的讲话中，罗斯福赞同胡佛的理论：

> 最近的趋势是对工业进行管制。某一部分的某一环节出了问题，这顿时激起了民众的愤怒。媒体、论坛和公众要求进行调查。这还好，是健康可行的……但政府监管却是不可行的，耗时耗力，劳民伤财。这意味着要雇用人来进行这一阶段的工作；这意味着更高的税收。公众不想这样；行业也不想这样。

七年后，罗斯福州长于7月4日在塔曼尼厅的一次演说中警告了"资本大联合"所固有的危险。但他解释道："产业结合本身并没有错，危险在于让政府参与进来。"他演讲的主题总结成一句话就是："我想宣扬一种新的思想——企业和政府完全分离。"对于这位未来"新政"的设计师来说，这是段具有讽刺意味的历史。

就连弗林先生也承认，罗斯福作为州长是"一个公正的管理者"。在社会正义和人道改革方面，他的成绩很好；但在对经济学的解读和责任方面，他有所不足。他与心怀敌意的共和党认真而有效地合作，以扩大由艾尔·史密斯发起的改革。他促成了一项关于养老金、失业保险和劳工立法的计划，在电力问题上制定了一个直截了当的自由方案,[①]并主动召集东部工业州的州长开会,讨论失业和救济问题。他所在的州在采取实际措施解决问题方面走在了前列。

然而,罗斯福和大多数其他普通美国人一样,未能预见到他担任州长时开始的大萧条。在金融危机发生的六个月前,他认为纽约的工业"处于非常健康和繁荣的状态"。从他的演讲和想法中,不难发现直到大萧条的影响变得势不可挡,他才注意到它的重要性。可见,他的明显误判是在金融政策领域。

1930年12月11日,位于纽约市的合众国银行被州银行监管机构关闭,原因是其无力支付40万储户的提款,其中大部分是小额储户。长期以来,纽约的一些商业银行一直在设立特殊的"节俭账户",这种账户与普通储蓄账户基本相同,但它不受监管储蓄银行投资的州法律的控制,让银行家在管理其他人的钱方面有更大的自由度。另一个手段是建立银行分支机构,这些分支机构被以各种复杂的方式操纵,为内部人士的利益而榨取储户和股东的利益。

在合众国银行倒闭的几个月前,城市托拉斯的倒闭致使了对本州银行部的调查。在罗斯福缺席期间,代理州长赫伯特·莱曼(Herbert Lehman)任命罗伯特·摩西(Robert Moses)为调查员。摩西的报告严厉谴责了许多银行的做法,特别是"节俭账户"和银行分行,并指责

[①] 罗斯福认为应当开发圣劳伦斯河的巨大潜力,以降低电力公司不合理的价格。他要求,像圣·劳伦斯、马瑟·肖尔斯、博尔德大坝这样的大型水力发电站应该由联邦或州政府来开发,以便把这些地方"作为衡量发电和输电费用的永久性标准"。还可以用这些标准来比较私人企业对其经营的公共事业的收费是否合理。他建议纽约建设电力生产性建筑,并通过与私人公司签订合同来销售其生产的电力。政府如果没能签订满意的合同,也可以直接向消费者销售电力。1931年,州议会通过成立纽约电力局的议案,以便将罗斯福的提议具体化。但这涉及必须与加拿大签订某些条约,这件事首先就受到了胡佛政府的阻挠,后来又因为这项条约没能获得必要的三分之二的多数票而未能通过,因此这条议案在1934年被参议院否决。

合众国银行是特别明目张胆的一个。

　　罗斯福没有理会摩西的报告，而是成立了另一个委员会来研究同样的问题，任命亨利·波拉克（Henry Pollak）为委员会成员之一，他是合众国银行的董事兼顾问。不出所料，新委员会拒绝了摩西的提议。不久之后美国大批银行倒闭时，罗斯福自信满满，既不羞愧，也不后悔。他在给州议会的信中大胆地写道："加强银行法的责任在于你们。"他坚持认为，法律的保护应该延伸到储蓄账户的存款人，并且义正辞严地说："这个国家的人民不仅期望得到保护，而且他们有权利要求得到保护。"现在是采取行动的时候了，任何进一步的拖延都是无法容许的。

　　这一事件，尤其是罗斯福突然支持一项他曾经反对的改革这件事，很大程度预示了新政这段历史。对此有一件事不可否认地说明了这一点。罗斯福上台时，全国的银行都处于瘫痪状态。在他召开的第一次新闻发布会上，有人问他是否支持实行银行存款的联邦保险制度。他说他不支持。他的理由是，这样坏银行和好银行都必须得到保险，且联邦政府必须承担损失。尽管如此，作为对坚持己见的西部参议员集团的让步，联邦存款保险公司还是很快成立了。因此，联邦存款保险公司在罗斯福新政改革的公司中占据了一席之地，为罗斯福的名字增光添彩，并可能作为一个证明他的明智计划的一个实例来被历史学家引用。

　　当罗斯福竞选总统时，他对经济方面的知识储备不够，这就让他有了短板。雷蒙德·莫利在1932年4月12日的一封家信中写道："我发现他没有读过很多经济学方面的书，而令人感到恐惧的一面是，罗斯福的接受能力很强。据我所知，他没有设法去核实我跟别人告诉他的任何事情。"有时，他会随意地处理复杂的问题，这使他的顾问们大吃一惊。有一次，他正在准备有关关税的竞选演讲，有两项互相矛盾的提案摆在他面前，罗斯福轻描淡写地建议应该"把两者合在一起"，这让莫雷一时说不出话来。然而，让莫雷感到害怕的"极强的接受能力"正是罗斯福成为政治天才的关键。他成为国家不满和补救措施的共鸣板,试图制定一个在政治上(如果不是在经济上)连贯一致的计划。

罗斯福1932年的竞选发言表明,当时新政还没有在他的脑海中形成。他明确了两个前提:他反对胡佛关于大萧条始于国外的观点,坚持认为这是由美国自身状况下引发的;他谴责胡佛花了太多的钱。他称胡佛政府是"我们历史上和平时期最大的支出政府"。他指责道,当前的赤字足以"让我们喘不过气来"。他大力主张,"让我们鼓起勇气""停止为应付持续的赤字而举债"。然而,他"不愿意以牺牲饥饿的人民为代价来发展经济"。不过,他并没有表明他打算如何救济饥饿的人们。公共工程吗?即使花费了数十亿美元,它们也只能是"权宜之计"罢了。他坚定地将经济萧条的原因归咎于国内购买力低下,并宣称政府必须"采取明智的调控措施,让购买力恢复正常"。另一方面,他不得不认同胡佛的观点,认为美国在出口市场上有很大的机会。他说(这是相当错误的说法)[①]:"即使我们的工厂只运转80%的生产力,生产出来的产品也会超过我们国家自己的消费能力。"解决方式就是"……我们必须把一些商品卖到国外去"。

罗斯福向农民做出了几项具体的承诺。他尤其不满胡佛农业政策的一个方面——农业委员会试图组织缩减生产。罗斯福称此为"一个残酷的玩笑",建议农民将20%的小麦地闲置,每3排棉花犁1次,每10头奶牛要射死1头。他自己的计划包括"有计划地使用土地",重新造林,通过双边谈判降低关税来帮助农民。但是后来他在关税问题上倒退了,承诺要"继续保护美国的农业和工业"。

罗斯福的所有承诺——恢复购买力、推动大规模就业、救济贫困人口、援助农民、提高农产品价格、平衡预算、降低关税和继续保

[①] 《美国的消费能力》一书的作者们说:"在某个经济阶段,美国的生产力可能超过全体美国人民的消费意愿,但目前还没有到达这个发展阶段。"

护——对那些希望达成一致的自由主义纲领的人来说，都是非常令人沮丧的。《新共和》(New Republic)称这场运动是双方"憎恶的景象"。

然而，罗斯福在旧金山联邦俱乐部发表了一次演讲，总体上预示了新政将采取的新方针。在这篇演讲中，罗斯福清楚地阐明了这样一个观点：美国已经到了经济发展的一个重大分水岭。他认为受人爱戴的政府和广阔且可供开发的大陆，成就了美国一段不同寻常且受人喜爱的早期历史。工业革命给所有人带来了希望，但是它的生产能力却被无情且挥霍无度的人们控制着。国家拥有免费的土地和不断增长的人口，并需要工业工厂，因此国家愿意为"雄心勃勃的人"的成就付出代价，并给他"无限的报酬，只要他能生产出国家所需的经济产物"。"随着世纪的交替，潮流也随之改变。"当美国扩疆完成时，人民希望政府积极控制经济生活，这就催化了西奥多·罗斯福的公平施政政策和伍德罗·威尔逊的新自由政策的产生。到了1932年，国家依然面临工业控制的问题。

> 看看现在的情形，它非常清楚地表明，我们所知的机会平等已不复存在。我们的工业厂房已经建成；现在的问题是，在现有条件下，是否存在过度建设的问题。我们早已达到最后的边疆，实际上已经没有自由开发的土地了。我国一半以上的人民不靠农场或土地生活，他们没法靠耕种自己的土地来谋生。西部大草原已没有安全阀门，来让那些被东部经济机器抛弃的人去那里重新开始。我们不能邀请来自欧洲的移民来分享我们的财富了。我们现在为自己的人民提供的是一种单调乏味的生活……
>
> 正如农业自由已经中止了一样，留给商业的机会也缩小了……过去30年无情的统计数据表明，独立的企业家们正在输掉这场竞赛……最近，人们对商业在美国的集中进行了仔细的研究。研究表明，我们的经济生活为大约600多个公司所控制，这些公

司控制着美国2/3的工业。1000万名小企业家控制着另外的1/3。更令人吃惊的是，如果这一进程以同样的速度继续下去，到下个世纪末，美国所有的工业将由十几个公司所控制，由大约100个人管理。简单地说，我们正在朝着经济寡头垄断的方向稳步前进，如果说我们现在还没有到这一步的话。

显然，所有这一切都需要我们对价值观进行重新评估。仅仅是建造更多的工厂的人，建造更多的铁路系统和成立更多的公司的这些人，他们既有可能起到有利作用，也有可能带来危险。那种只要伟大的发起人或金融巨人能建设或发展，我们就给予他想要的任何东西的时代已经结束了。我们现在的任务不是探索或开发自然资源，也不是生产更多的商品，而是管理现有的资源和工厂，为我们过剩的生产重新找寻国外市场，解决消费不足的问题，根据消费调整生产，或更公平地分配财富和产品，使现有的经济组织实现为人民服务的理念。开明管理的日子已经到来……

在我看来，政府在其与企业的关系中，其任务是协助经济权利宣言的发展，建立一种合乎宪法的经济秩序……

令人高兴的是，时代表明，建立这样一种秩序不仅是政府的合理政策，而且也是我们经济结构的唯一安全保障。我们现在知道，除非繁荣局面是统一的，也就是说，除非购买力在全国每个群体中都能得到合理分配，否则这些经济单位就不可能长久存在。

通俗地说，美国资本主义已发展成熟，个人主义、扩张主义和机会主义的伟大时代已不复存在。此外，"自然"经济力量的衰竭需要政府介入并指导建立一个新的经济秩序。至此，罗斯福已经把他1929年在曼尼厅演讲时的理念抛之脑后了。但在联邦俱乐部的演讲中，他暗示了两种可能不一致的政府行动路线。一种观点认为，工业工厂被"过度建设"，再建将是"一种危险"，生产必须"调整"以适应消费；另一种则是"解决消费不足问题"，实现统一"繁荣"、分配购买力并

"进行经济权利宣言"。第一种观点包括贸易限制和国家指导的垄断造成的经济倒退，第二种观点则强调社会正义和消除贫困。1931年，美国商会的延续企业与就业委员会以类似罗斯福的措辞宣布："在19世纪相对简单的经济生活中，可能被认为是正当的行动自由，于现在而言却是不能容忍的……我们已经告别了极端个人主义时期。"随之，该委员会提出了一个非常类似于《全国工业复兴法》的计划，该计划于1933年被采纳。很明显，罗斯福此论的前提，远远不是取得本质上的进步，而是要能够适应非常保守的目的。他对"成熟经济"理论的阐释，尽管穿插着自由主义和"社会计划"的华丽辞令，但很容易被同业工会和鼓吹限产量保利润的人所利用。这样的政策与统一繁荣和分配购买力的承诺之间的对立局面，预示了新政本质上的模糊性。

4

在最早的一次新闻发布会上，罗斯福把自己比作橄榄球比赛中的四分卫。四分卫知道下一场比赛的打法，但除此之外，他就不能过于死板地预测或规划，因为"之后的比赛将取决于下一场比赛如何进行"。用比赛做比喻，是为了说明在比赛中，运气起了很大的作用，这象征着他的一种思维方式。一个一心寻求单一政策、有远见有计划且深思熟虑的人是永远无法理解新政的。它是一系列的临时措施，许多是紧急采用的，甚至是相互矛盾的。新政中的一致性体现在政治战略层面上，而不是在经济层面上。

罗斯福并不认为经济学家在专业上的智慧有多了不起。他在第三次炉边谈话中说道，"碰巧，我了解到职业经济学家最多每隔五年或十年就会改变他们对经济规律的定义"。在他所认为的"合理政策"的广泛范围内——这个范围已经非常广泛了——他明白，除非能将许多不同的、相互冲突的利益"交织在一起"，否则他的管理在政治上是无法持久的。他天生具有调和或跨越对立元素的才能，这也成就了他在民主党中辉煌的事业。他注重实际,所以不会为了一些可能在五到十年内就会被抛弃的反复无常的经济信条而放弃政治协调这块坚石。弗朗西丝·帕金斯讲述了凯恩斯勋爵在 1934 年对总统的一次短暂拜访,并谈论了凯恩斯的消费理论对一些新政经济学家产生的影响。罗斯福对凯恩斯"冗长的数字"感到不解,并对他的劳工部长说:"他一定是个数学家,而非政治经济学家。"凯恩斯对此有些失望,他说他"本以为总统会更有经济方面的智慧"。这个英国人的一句错话很可能成为日后编写罗斯福传奇人物故事的模板。

雷蒙德·莫利在他的《七年之后》(After Seven Years)一书中,对罗斯福政策中的大幅转变进行了相当长但还不够详尽的列举。从更简单和更易理解的角度讲,我们只谈在联邦俱乐部演讲中所预示的两种新政。从某种意义上说,两种新政是并行的;但更为准确地说,从罗斯福就职到 1935 年春夏,第一种新政占据了主导地位,而第二种则是在这段时间出现的,并一直持续到国家改革的热情逐渐停息之时。

第一阶段新政,即 1933 年到 1934 年的新政,其实施主要是为了复苏经济,渗透了改革元素和紧急救济的人道措施。由商会、农业管理局全国农民协进会等所倡导的有组织、有补贴的"限产量保利润"的做法,在第一阶段的新政里是没那么重要的。这也体现在《全国工业复兴法》和农业调整管理局的工作中,作为第一阶段新政的核心,这些大型机构代表了其工业和农业的基本计划,体现了通过限制产量恢复经济的倒退型思想主张。

农业调整管理局就是在实践中有组织减产最有力的例证。尽管它成功地提高了农产品价格,恢复了农场收入,但罗斯福觉得该机构所做的正是胡佛的农业委员会中令人感到震惊的一种做法。在有常识的人看来,这项政策似乎已经通过消除富足解决了富足中存在饥饿的矛盾。1935 年 11 月,在亚特兰大的一次演讲中,罗斯福含蓄地承认整个新政都是针对美国经济的失败而制定的。他指出,普通美国人"以医生所说的三流饮食"生活,如果国家以一流的饮食生活,"我们将不得不投入比以往更多的土地，为美国人生产额外的食物作为供给"。他坦率地说，人们以三流的饮食生活，是因为他们买不起一流的饮食。①

第一阶段新政的主要推动力是《全国工业复兴法》，罗斯福称为"美国国会有史以来最重要、影响最深远的立法……这是为永远稳定能使国家繁荣的诸多因素而做出的最大努力"。政府批准企业制定的价格协议和生产配额，作为回报，企业接受了可以改善许多低收入工人生活状况的工资规定。②从本质上说，《全国工业复兴法》体现了许多经济界人士的想法，即通过系统垄断、高价格、低生产来谋求经济复苏，这也不是不合规矩。布鲁金斯学会的经济学家们总结说，③尽管这一法令的"计划"特征受到热情欢迎，但它阻碍了经济复苏，直到1935年5月最高法院否决了它，经济才开始强劲、持续地增长。④然而，罗斯福迟迟没有放弃《全国工业复兴法》的理念。1935年2月，他要求将此法令延长两年，他提及，放弃它的"基本宗旨和原则……将会导致工业和劳动力的混乱局面"。

第一阶段新政基于罗斯福在竞选期间所说的"真正的利益一致"这一战略，这意味着新政实施对每个人都有意义。农民有了农业调整

---

① 1938年颁布的常年谷仓计划，被公认是更令人满意的政策。虽然计划承诺了价格保持更加稳定以及其他利润，但仍然涉及大众所熟悉的营销配额计划，且丰收会使计划受到影响。计划制订人亨利·华莱士（Henry Wallace）承认，"几年的风调雨顺"和好的收成就会让政府处境"尴尬"。

② 有必要指出，《全国工业复兴法》并不是一项得到广泛支持的政策。1935年进行的一次民意调查表明，商会成员以三比一的票数赞成继续执行这一政策，而美国全国厂商协会则以三比一的票数反对。

③ 全国复兴署署长休·约翰逊（Hugh Johnson）早些时候在一次记者招待会上宣布："在经济出现螺旋上升的趋势之前，对于生产能力的提高，我们将要求实行一种类似停战的政策。我们恳切地请求……不要使用节省劳动力的或任何能够增加产量的设施设备。"

④ 停止实施《全国工业复兴法》并不是1935年夏天经济复苏的唯一因素，但毋庸置疑的是，在施行新政的条件下，经济发展最稳定的阶段出现在取下蓝鹰标志后的两年里。

管理局。企业有了《全国工业复兴法》。劳工有了工资和工时的规定以及《全国工业复兴法》第 7 条第 1 款规定的集体谈判承诺。失业者得到了各种救济。中产阶级有了房产主贷款公司、证券监管和其他改革。一些债务人也因通货膨胀受到援助。随着人们提出了新的不满，新的"权宜之计"也随之应运而生。

然而，尽管罗斯福做了种种努力，国家仍然不可避免地分成了左右两派，他也很难再保持模棱两可的立场。来自有组织的且信心满满的左派的压力越来越大。罗斯福也被顽固的保守派诱使转向左派。上流社会的攻击使他感到惊讶和受伤。都说他背叛了他的阶级。如果他的阶级指的是整个决策层和掌握权力的阶层，那么说他背叛了他的阶级也无可非议。想想他上任时的情形：国家的经济体系已经崩溃，其政治结构也开始瓦解。那些有钱人因担心失去财产而如惊弓之鸟。只要有一点办法能让他们继续保住自己的财产，他们都愿意接受。在这种紧急情况下，罗斯福实际上拥有独裁的权力。他理顺了经济生活的基调，也使政治安全地回到了正常轨道。尽管他采取了许多新颖却有点冒险的权宜之计，但他避免了对利益的重大侵犯。例如，他放弃通过国有化来解决银行危机的捷径，反而选择了一项连胡佛都不得不认可的正统政策。他的工农业基本政策是按照既得利益集团提供的模式而制定的。当然，他也采取了一些救济措施和改革措施，但那些措施任何聪明人和人道的保守派都认为有必要采取。他确实说了一些诸如"货币兑换商"和骗子之类的热词煽动大众，但他一直谨慎地认为这类人在企业中只是少数。毕竟，引起民众不满的不是罗斯福，而是大萧条时期的可怕遭遇。每一个世故的人都应该知道，在这种情形下，有必要说几句反对为富不仁的话来增强一下政治家的人设。

尽管如此，罗斯福也不该遭受一些不公的待遇，例如，不久后保守派在报纸上对其的谩骂，还有那些对他恨之入骨的人在俱乐部和餐厅里大肆宣扬的侮辱他的淫秽言论。由此看来，他所谓的那些指责他的人都是糊涂的忘恩负义者的说法也完全是合情合理的。在 1936 年的竞选活动中，他将指责他的人比作溺水获救的老人，却责怪救命恩人没有打捞自己的帽子，还将其比喻成刚出院的病人什么都不做，只知道咒骂自己的主治医师。1935年之前，罗斯福曾参与过许多政治争论，但他通常设法与对手保持友好关系。从儿时起，他就处于友好、鼓励和包容的环境中，他本可以接受那些抱着善意以玩笑形式提出的批评，或是建设性的替代方案（他可能会占为己有，当作是自己提出的），但批评者的恶意和愚蠢行为让他愤怒，因而他与"经济保皇党"的政治斗争很快就变得充满私人色彩了。莫利教授曾在1932年赞赏罗斯福说他没有"个人主导一切的自大浮夸"，但听到罗斯福在1936年的讲话后他感到很痛心。罗斯福说："这次竞选有一个问题，是关于我的，人们要么支持我，要么反对我。"在公众面前，罗斯福变得咄咄逼人。他说，他希望人们在谈到他的第二任期时会说，在这届政府中，"自私和渴望权力的力量……遇到了合适的主人"。

　　罗斯福与左翼关系的发展对罗斯福成为传奇起到了至关重要的作用。他的公共关系中只有早期的劳工政策很快就被人忘记了。罗斯福在执政初期与劳工组织只是泛泛之交，并不是朋友关系。尽管他希望通过《全国工业复兴法》来帮助低收入的工人，但他对工会的态度也谈不上很热情。《全国工业复兴法》迅速成形，有一部分原因是要拦截《布莱克-康纳利法案》（Black-Connery bill）中支持劳工的条款。《全国工业复兴法》第7条第1款保障了集体谈判权，但并未禁止个人谈判、公司工会或自由雇用企业。工人们起初满怀热情地支持《全国工业复兴法》，有数千人都加入了斗志昂扬的工会，以此响应看似合理却很虚假的呼吁："总统希望你加入。"但当第7条第1款发生争议时，休·约翰逊将军和唐纳德·里希伯格（Donald Richberg）给出了解释，用布鲁金斯学会经济学家的话来说就是，"实际上，《全国工业复兴法》在反工会雇主与工会的斗争中，站在了反工会雇主这边……所以颁布《全国工业复兴法》反对工会是为了平衡谈判权"。罗斯福对于二人的解释给予了坚定的支持。此外，他任命的最后一任实行《全国工业复兴法》的行政法官，S. 克莱·威廉姆斯（S. Clay Williams），早已臭名昭著，被劳工界视为死敌。到 1935 年初，劳工组织中几乎已经没有人再期望能得到政府的帮助了，工人们都戏称《全国工业复兴法》为"全国到处忙"。2 月 2 日，威廉·格林（William Green）威胁说，全体劳工将发起反对罗斯福的运动。①

　　与此同时，又一个政治威胁出现了。通过煽动人心的"财富共享"运动被内陆群众推举为主要领袖的休伊·朗（Huey Long）谈到了建立第三党。詹姆斯·A. 法利（James A. Farley）在其《选票背后》（*Behind the Ballots*）一书中回忆道，对 1936 年选举忧心忡忡的民主党全国委员会，进行了一次秘密的全国民意调查以试探休伊·朗的实力。调查结果令他们震惊。法利写道："不难想到，朗可能会在 1936 年的选举中与其他两党势力旗鼓相当。"民主党也私下报道称，如果朗参选了，一定会有人大力资助他。到了仲春，罗斯福说要采取措施"来抢朗的风头"，莫利教授听到后感到非常震惊。②

　　也正因如此，最高法院宣布《全国工业复兴法》违反宪法。这一做法打破了第一阶段新政的核心。原本满心期待 1936 年到来的罗斯福，现在发现自己处境艰难。法院摧毁了他整个针对劳工和工业的计划。劳工们似乎都要撤回对他的政治支持。休伊·朗人气如此高也说明了大部分选民对政府的不满。而且，经济一定会复苏的迹象至今仍未出现。结果是，罗斯福突然转向左派，第二阶段的新政开始了。

　　1935 年 6 月，罗斯福总统在"必要"立法清单上新增了两项引人注目的措施：《瓦格纳法案》和为了抢朗的风头而新制定的"财富税"。1935 年立法会议结束时，除农业调整管理局之外，第一阶段的新政中的其他政策几乎全被更改。为了取代原先的《全国工业复

---

① 1935 年 2 月 3 日《纽约时报》上发表了一篇名为《工会与新政决裂》的文章。文章说到，劳工领袖们"在面对强大的工业利益集团和毫无同情心的政府时，不再期望在使工会得到承认方面能够取得任何进展"。

② 汤森养老金运动虽然不是以政治形式开展的，但仍构成了相当大的威胁。

兴法》法规和掩盖其第 7 条第 1 款,现在成立了一个坚定支持集体谈判的劳资关系委员会。严格的控股公司法和财富税法也列入法典。罗斯福在年初时也没想过他会颁布其中任何一项法案。公共事业振兴署组织了一项新的救济计划,这次计划增加了开支,提高了工资水平,同时也通过了社会保障法。年底,首席执行官告诉莫利,罗斯福正在筹划以"辩论战"的形式向国会发表年度讲话,因为"他要让他的左派支持者感到满意"。

罗斯福并未与左派事先商定要结盟,甚至连一点苗头都没有,直接就与其结盟了。《瓦格纳法案》一事就能说明一切。《瓦格纳法案》是罗斯福与工党和解的基石,从某种意义上说,也是第二阶段新政的核心。《瓦格纳法案》从来都不是一项治理措施。一年多以来,它在议会中一直备受抨击,罗斯福对它也一点都不感兴趣。劳工部部长回忆说,罗斯福没有参与制定《瓦格纳法案》,"他几乎没有同其他人商议过这项法案",而且"当听到这项法案的详情时,他也没有表现出一点兴致"。他也完全不赞同全国劳资关系委员会后来果断实施该法案的做法。帕金斯女士回忆道,当罗斯福听说只有董事会具有裁决权,任何雇主都不能提交选举请愿书或要求董事会解决管辖权纠纷时,他感到"十分震惊"。然而,在经济复苏的刺激和全国劳资关系委员会的保护下,工会日益壮大,并在政治上施加压力,这也使第二阶段的新政充满了活力。罗斯福说:"民主是一剂良药,这让其拥有与大企业抗衡的力量。"

因为罗斯福曾受到右派的诱惑和挫败,后又被左派所接受,所以,他对大众充满了同情心,他的个人观点可以代表大众。在第二阶段新政的形成期间,他开始意识到自己的社会目标是要反对"独裁"。1936 年初,在杰克逊纪念日的晚宴上,罗斯福将自己与杰克逊进行了一次详细且直观的比较。他发现杰克逊深受普通群众的爱戴,"人民爱戴他,因为他树敌多"。即使在杰克逊所处的时代,总统与大众之间是否有过像 1936 年竞选时那样的密切交流也很难说。在记者的采访中,罗斯福回忆起了一件特别触动人心的事。当时他正乘车穿过马萨诸塞州的新贝德福德，一个年轻女孩冲破了特勤警卫队，递给他一张纸条，纸条上的内容让人怜悯。她是一名纺织工人。在《全国工业复兴法》的保障下，她每周的最低工资是 11 美元，但最近工资却被削减了一半。她最后写道："你是唯一能改变这种情形的人，请从华盛顿派人来恢复我们的最低工资吧，因为目前的收入不足以维持我们的生活。"①他们的共识是：这些造成了人们收入低微、"风光无限的经济独裁者"正是抨击总统的群体。没有提前计划，当然也并非出于偶然，罗斯福与新贝德福德的女孩结成了共同抵制联盟。

罗斯福的第二次就职演说文稿的风格就比较高尚且温和了，其中表达了对"美国道德风气"改善的满意。他说检验是否进步的合适做法是看"政府是否为那些收入低微的人提供了足够的帮助"。他呼吁人们关注"那些居住条件差、衣衫褴褛、营养不良的群体"，这些人占这个国家人口的三分之一。在他第二届任期的头两年里，除了备受争议的最高法院改革法案，他还提出了四项具有重要经济意义的新改革措施：《1937 年住房法》《公平劳动标准法》《农场安全法》，以及一项未能实现的提议——在全国范围内设立 7 个田纳西河流域管理局。但新政是为资本主义经济而制定的，正如珀金斯女士所说，罗斯福认为这是理所当然的，就像他对家人一样。为了成功实现他所说的繁荣和公平分配的目标，他依赖于恢复资本主义的生机。新政的最后阶段可以说既是政治斗争和改革立法，又是经济周期不断变化的曲线图。

1937 年初，当看到商业指数迅速上升，几乎达到了 1929 年的水平时，政府内部开始担心当下的繁荣会变得无法控制。美联储官员停止信贷业务，罗斯福呼吁国会大力支持经济，公共事业振兴署也裁掉了一半员工。罗斯福从未公开承认鼓励消费是一项长期政策。尽管他

---

① 详见《罗斯福演讲集》（*Roosevelt's Public Papers*），第五卷，第 624 页。

年年处理赤字问题，但他始终承诺，当国民收入达到满意水平时，他将恢复收支平衡的预算。但事实证明，那只是权宜之计。正如阿尔文·汉森（Alvin Hansen）所描述的那样，1935年到1937年的经济增长是政府大力斥资和刺激下所形成的"消费复苏"。政府开支削减后，经济就开始出现急剧下降的趋势，1938年初就已经降到了令人震惊的程度。就在这时，一个执行实况调查的机构——国家资源委员会将1935年到1936年消费者收入的详细调查报告送到了总统的办公桌上。该委员会估计，59%的家庭年现金收入低于1250美元，81%的家庭低于2000美元。当这份报告送达罗斯福时，罗斯福才知道经济形势再次恶化。仍有大约750万工人失业。很明显，他把一些基本的、难以捉摸的东西给弄错了。

新政使人们的痛苦得到了缓解，一定程度上实现了经济复苏，使大众的抗议得到了释放，也重现了美国的自由主义。它留下了一些具有时代意义的法案，它确立了一个原则，即在联邦政府机构的领导下，整个社区要对大众的福祉负责。新政的价值观已经深深地印在了国民的脑海中，以至于共和党不得不认可它在选举纲领方面确实很成功。但是罗斯福清楚知道，新政没有实现他所说的公平分配和稳健繁荣的目标。①

1938年4月，经济危机已经非常严重了，罗斯福在新政中采取了两项应急措施：一个是恢复大规模支出，一个是反对垄断。第一个应急措施解决了眼前的危机：国会迅速拨出了新的资金，经济形势迅速好转，那些呼喊着"罗斯福萧条"的声音也很快就消失了。此后，罗斯福就想当然地认为，没有政府资金的刺激，经济就无法运转。1940年，他的财政预算金额大到令人难忘，在预算咨文里，他最终在理论

---

① 请参照特格维尔教授在《灾难的土地》（*The Stricken Land*）书中的评论："我们的困难是经济方面的。他的进步主义、他的新政对于解决这些问题是远远不够的。……我认为……他会因为在这一（国内）事务中的失败而被记入史册。"

上承认他长期以来所做的事实：他承认政府应该为在经济衰退时削减开支的做法负责，他把支出的增加归因于经济的复苏，然后他又用凯恩斯主义的术语大体上讨论了一下联邦预算问题。[①]

第二个应急措施是呼吁打击垄断，这完全颠覆了罗斯福1933年的思想体系和《全国工业复兴法》。罗斯福向国会提交了反垄断的文件，这是白宫有史以来最引人注目的经济文件之一，后来也导致全国经济临时委员会对其进行了一次卓有成效的调查。罗斯福从宽泛的社会视角看待经济结构和政治权力。他认为，"个人权力"正变得"比一个民主国家的权利更强大"。在美国，"一种有史以来不平等的私人权力集中现象正在增长"，这"严重损害了私营企业的效率"，"私营企业不再是自由企业体制，而是汇集成为私营企业集团"。一个具有民主精神的人将不能再接受因垄断行业生产效率低下所造成的生活水平降低。"工业中的大企业集团迫使政府最终采取集团制。""少数人管理国家经济生活的权力必须分散到多数人手中，或者转交给公众和民主负责的政府。"

与威尔逊一样，罗斯福将大企业和垄断的发展视为对民主制度的威胁。但与威尔逊和其他所有涉及所谓托拉斯问题的政客一样，他对如何控制这一威胁所持的态度很暧昧。虽然他的论点近似社会主义，但他并不提倡社会主义。他也不提倡通过解散大企业来扭转整个现代经济一体化趋势。近50年的经验表明，这种做法是徒劳的。指导过他的经济学家们认为，半垄断重工业的刚性价格结构使整个经济形势往失控的局面发展。据推测，反托拉斯措施不是用来瓦解大企业的，而是用来约束其定价政策的。改革派政府如何监管企业才能既不摧毁私营企业，也不屈服于企业反对党联合在一起的力量，目前尚不清楚。罗斯福并没有从理论上解决这些问题，事实证明他也没有必要在实际中去面对这些问题。

[①] 胡佛政府曾在1932年被罗斯福指责挥霍无度，现在又因没能投入足够的资金来避免经济萧条而被批评。

罗斯福突然绝望地诉诸老旧的反托拉斯手段，再加上他在1938年秋季选举中未能清除党内的保守派，预示着新政在政治上破产。改革浪潮已经结束，民主党因最高法院的斗争和清洗而分裂，同时受到了其庞大的保守党集团的束缚。作为一个改革机构，民主党已经筋疲力尽了。罗斯福是个现实主义者，1939年1月4日，他在向国会发表年度讲话时敲响了新政的丧钟。他说，"我们现在已经度过了启动社会改革计划的内部冲突时期。为了继续深化改革，我们现在可以把全部精力都放在振兴经济复苏的进程上来"。在珍珠港事件发生前大约三年，他的政策已经走到尽头。"经济复苏进程"来了，但它是随着战争而来的。"我们的全部精力"也没有成功用于和平时期的生产。如果战争没有给富兰克林·罗斯福的领导带来新的战场，他的政治命运又将会走向何方呢？

5

当第二次世界大战将罗斯福推到一个对世界能产生重大影响的政治地位上时，那时的他既不是一贯的孤立主义者，也不是一贯的国际主义者。罗斯福是个海军至上主义者，也非常崇拜马汉，他就在这样的背景下开始了自己的国际政治家职业生涯。他认为每个国家都会像小学生一样，避免不了与同伴发生冲突，然而他在1920年捍卫国际联盟的战役中转变了立场。但即便如此，海地事件表明，他更多考虑的是强权政治，而不是华而不实的国际主义。20世纪20年代，随着孤立主义浪潮的高涨，罗斯福政党退出了联盟，他顺应了这一趋势，拒绝为一项不受欢迎且自己不受益的事业辩护。1932年，他成了第一个明确拒绝国际联盟的民主党候选人：罗斯福实际上是屈服于威廉·伦道夫·赫斯特（William Randolph Hearst）的威胁，如果他不在信中公开拒绝国际联盟，赫斯特就要利用其强大的连锁报业来对付所有国际主义者。罗斯福说，他并不后悔20世纪20年代表国际联盟所做的工作。但现在国际联盟已不再是威尔逊所想的那样。它没有为世界和平而努力，反而成为一个只讨论欧洲事务的机构。如果美国从一开始就加入，国际联盟可能会成为威尔逊所想的那样，但它没有。"我不赞成美国参与。"这一声明令国际主义者深感失望。亨利·普林格尔在《国家》(Nation)上写道："罗斯福放弃了他过去为之奋斗的方向，现在他已经失去方向了。"

尽管科德尔·赫尔（Cordell Hull）提出了互惠贸易计划，但新政下的美国经济基本上是独立封闭的。罗斯福的竞选论点是，经济复苏必须要靠国家独立来完成而不该依赖于国际，他弱化了国际货币协定的重要性，并明确美国要走自己的道路。正是因为如此，1933年的伦敦经济会议被扼杀在了摇篮里。由于忙于国内事务，他直到1937年秋天才对国际事务表现出兴趣。在此期间，他曾试图让国会加入世界法院，但没有成功。他的公开政策可能并未反映出他个人的见解（与他亲近的人说他在1935年春季有意要对希特勒"做点什么"），但他没有心情再去重塑这个被孤立主义与和平主义所主导的国家了。虽然他反对强制性禁运条款，但他仍然签署了充满孤立主义色彩的1935年《中立法案》。西班牙战争表明，他非常不愿意失去国内支持，也不愿意冒一点与外国冲突的风险去加入反法西斯侵略的阵营。因为西班牙战争是一场内战，强制性禁运战争物资并不适用于此，但美国政府试图保持对双方都采取非正式禁运的态度。当两名美国出口商坚持索要向西班牙共和国政府出售商品的合法权利时，罗斯福要求国会修改《中立法案》，要求把内战也涵盖在内，而西班牙政府最终也与美国市场脱钩了。[①] 这一举动不仅违反了美国的外交先例和国际法，也违反了1902

[①] 罗斯福在1941年编辑他的文集时坚称："争论"西班牙是否是欧洲民主国家制止侵略国家的合适地点是"毫无益处的"。对于美国，它的人民不愿冒一点风险去卷入一场完全有可能发展成欧洲全面冲突的欧洲争端中。他还说到，法西斯分子比共和国政府有着更强的航运能力，如果美国向双方出售货物，那么法西斯分子购买到的可能会更多一些。这是狡辩。美国并没有受到只能卖给双方或不能向任意一方出售的限制。更符合美国惯例、"国际法"和美国条约义务的做法本应是同法律上受到承认的政府继续保持正常的经济联系，而对于反叛者则实行禁运。

年美国与西班牙签订的《马德里条约》。佛朗哥获得内战的胜利后，罗斯福政府迅速对佛朗哥政府表示了官方认可。

1937年10月5日，罗斯福首次出现转向集体安全的态度。当时他提议"隔离"侵略国，并声称"通过保持孤立或中立"，美国"无法逃避"国际无政府状态和不稳定的状况。究竟是什么导致了他的这种转变，现在仍未可知。希特勒的势力已经非常强盛，不久前，日本也继续对中国进行侵略。尽管没有旁证，但对罗斯福怀有敌意的批评者认为，罗斯福这么做是为了转移人们对现存的经济衰退问题的注意力。可以肯定的是，"隔离的言论"并未引起舆情的急剧变化。大约一年后的1938年9月，盖洛普民意调查显示，如果英法两国与轴心国交战，只有34%的美国选民支持向两国出售武器弹药。7个月未满，希特勒就违反了《慕尼黑协定》，占领了布拉格和梅梅尔，支持比例从34%上升到68%。

在这一时期，美国公众的思想出现了巨大的分歧。其中典型的美国人担心的是，如果德国战胜了西方民主大国，那么最终美国就不得不独自应对法西斯的军事力量。但他也迫切地想要远离战争。在战争开始时，他想要帮助协约国，悄悄地成为对抗轴心国的伙伴，同时又能避免参战。罗斯福制定外交政策时一贯是充分考虑国内的舆论状况的，现在他的公开讲演翔实地反映出美国人模棱两可的意图。1939年1月，他对国会说，"我们知道，一旦推崇武力的新思想渗入其他大陆并入侵我们的大陆，会对美国造成什么样的影响"。然而在战争开始后，他却说："我希望美国能够远离战争……政府所做的一切努力都是为了这个目标。"1940年1月3日，他又提出："避免战争和假装战争和我们毫无关系是有着天壤之别的。"法国的倒台，虽然揭穿了美国"中立"的所有伪装，但公众还是普遍希望能够避免参战。1940年，罗斯福、威尔基以及他们各自代表的政党都承诺为同轴心国作战的国家提供援助，并一再保证他们不会让国家陷入战争之中。竞选结束后不久，罗斯福说："我国的政策不是为了将我们卷入战争之中，政策的唯一的目的是让我们的国家和人民远离战争。"然而就在同一个演讲中,他将美国描述为"民主国家的大军火库",并说:"任何独裁者、独裁者联盟都不能动摇美国援助英国的决心。"在 1940 年和 1941 年期间,他提出了一系列无视中立主义的措施,包括用驱逐舰交换海军基地、通过《租借法案》、占领格陵兰和冰岛、在美国和冰岛之间的水域巡逻,以及在北爱尔兰建造海军基地。1941 年 9 月,一艘德国潜艇和一艘美国驱逐舰发生碰撞。10 月,总统在一次海军日的演讲中宣布:"美国遭到袭击""双方开始交火"。美国已经卷入了未能公开的海战,但由于国民最终不愿将财力资源耗费到公开的战争中,因此政府也不能够投入大量的军事资源。正当罗斯福处境艰难,就像当年南北战争时期联邦军队围攻萨姆特堡帮了林肯的忙那样,日本偷袭珍珠港解了他的燃眉之急。

罗斯福还没有制定出确切的战后政策的实际方向就去世了。他留下了大量关于总目标的承诺和说明,但很少提及怎样把这些言论转化为实际行动。自 1935 年以来,对于号召崇尚自由主义的国内民众这件事,他已经习以为常;而关于以盛行的激进传统的人文主义方式来进行思考,他大概也变得习惯了。在 1944 年的竞选中,他提到要通过"经济权利法案"来保障民众的普遍安全和福祉,其中最重要的一条就是"获得高报酬工作的权利"。但是,为了避免民众将这项举措误解为会涉及超出新政范围外的经济生活彻底重建,他又提到:"在私营企业的民主制度下,只要能够实现充分生产和充分就业,无论何时何地,政府都会在必要时大力援助。""我相信私营企业,一直以来都相信。"他一再重申:"我坚信私营企业能够帮助我们的社会实现充分就业。"他摒弃了自己在联邦俱乐部演说中提出的"成熟经济"理论,而信心十足地说:"和平时期生产能力的扩张需要新设施、新工厂、新设备,这些能够帮我们解决数百万人的就业。"战争时期经济全速发展,这很容易让他忘记,新政并没有将经济完全恢复,并自豪地提到"我们……找到了摆脱经济危机的方法"。

对于外交关系，他同样保持着乐观的态度。1945年1月，他在国会中说道，滥用权力不再是国际事务中的决定性因素。"我们应该把权利和责任联系起来，在公共利益范围内维护正当权利并证明其合理性。"他提出在独立和自决的基础上实现"人民的和平"，并表示他希望联合国应该有"在必要时能够迅速果断采取行动、以武力维护和平的权利"。去世前不久，他从雅尔塔回国，兴高采烈地谈起自己与丘吉尔和斯大林的关系："我们达成了思想上的共识，并找到了和平相处的办法。"克里米亚会议说明"过去几个世纪尝试了多种平衡各方力量的办法，如单边行动体系、排他性联盟、势力范围，但最终都没能成功"。

很难确定罗斯福曾经是否深信联合国能够作为维系世界和平的组织。他最初的想法是建立由美国、英国、苏联、中国组成的四大强国来管辖国际事务，从而实现世界的和平、稳定，而不是通过各个国家的协作来达成这个目标。科德尔·赫尔写道，1943年春天罗斯福希望所有的国家解除武装，包括当时的法国。赫尔说："罗斯福相信通过他本人和丘吉尔、斯大林彼此之间的私人直接接触就能够带来很好的效果。他认为，首脑间建立的直接关系对未来国际事务的管理更加有效。"相对于整体性的世界组织，他更倾向于区域性组织，即让四大国来处理所有的和平与安全问题。有一次，国务卿赫尔和一些想要建立世界组织的国际主义者来访，他们问道："你至少会赞成设立一个世界秘书处吧？"他笑着回答："我会给你们五角大楼或者帝国大厦，你们可以把秘书处设在那儿。"然而，1943年夏天，他同意了建立世界组织的主张，同年秋天，他又批准了在莫斯科会议上通过的四国宣言的草案，该宣言呼吁"建立一个国际总组织……以维护世界和平与安全"。

罗斯福有一个观点是：对于利益或原则上的冲突，可以通过将对立双方的代表聚在一起来劝说他们握手言和，他常因为这个观点而受到批评。他的这种思维方式自然而然地就将未来的世界和平寄托于大国领导人之间的私人的关系与理解。从这个意义上说，他的国际关系观不论在目的上有多强的民主性,但其实际手段并非如此。他曾经有过一个奇怪的想法,他认为和苏联政权打交道可能比应付议会制民主国家更容易。罗斯·T.麦金泰尔(Ross T. McIntire)记得罗斯福曾说过:"最简单的方法就是,我只需要说服斯大林就可以了。他不必考虑国会或者议会的意见。他就是做最终决定的人。"[1] 在丘吉尔和斯大林的关系中,他的角色是一个调解人——想要"将两方联合在一起",而且他也确信在英苏之间充当"调解人"是非常必要的。他一直处在十字路口,曾经是艾尔·史密斯和农村新教民主党之间,之后是全国厂商协会和威廉·格林之间,最后是杰西·琼斯(Jesse Jones)和亨利·华莱士之间的调停者,现在他又觉得自己是苏联和英国之间的调解人。

他打算如何应对这些帝国主义国家呢?对于英国和其他西欧帝国主义国家,他的答案是明确的。罗斯福非常同情殖民地人民的处境,[2] 希望能够改善他们的状况,他觉得减轻英国、法国以及荷兰对殖民地的控制是有必要的。他认为英国和法国达成了非正式的结盟来维护双方对殖民地的控制。

此外,由于亚洲各国人民对英国帝国主义的强烈不满,美国在亚洲国家进行的战争受到了阻碍。战争期间,美国是站在殖民地各国人民这边的,并提出要让印度、缅甸、叙利亚和黎巴嫩获得完全独立。

---

[1] 阿瑟·布利斯·莱恩(Arthur Bliss Lane)在《我看到波兰被出卖》(*I Saw Poland Betrayed*)一书中提到罗斯福"过分地相信自己的魅力,他对说服外交和政治上的对手同意自己的观点非常有自信。他似乎认为这种魅力对说服斯大林尤其有用"。

[2] 他在1944年1月12日写给科德尔·赫尔的报告中谈到伊朗的困境,99%的伊朗人民为1%的人所奴役着。"他们没有自己的土地,不能拥有自己的产品,更不能把产品换成钱或财产。"他还说到,"有一个想法让我非常激动,就是我们可以以伊朗为例,来说明无私的美国政策会为他们带来什么好处……"不久之后,他又给赫尔写信说他认为印度支那应该独立而不应交还给法国。"法国占领这个3000万人口的国家已经将近100年了,而这一地区人民的生活比刚开始被占领时更糟糕。"

罗斯福曾对他的儿子埃利奥特·罗斯福（Elliott Roosevelt）说，战后讨论要涉及印度、缅甸、爪哇、印度支那、印度尼西亚、非洲殖民地、埃及和巴勒斯坦的地位。然而，根据国务卿赫尔的记载，英国、法国、荷兰从未被要求过要立即给予它们的殖民地自治权。自治，像大家期望的那样，"迟早会来的"。

罗斯福对殖民帝国的反对并不是无私的。他考虑最多的还是美国的商业利益，例如，美国的一些公司在沙特阿拉伯已经获得了大量的石油开采特权。尽管他认为"帝国主义者"——他曾将这个词作为绰号来使用——只是纯粹地从剥削这个角度来利用殖民地有些目光短浅了，并认为如果能考虑到殖民地人民的福祉，就能发掘出殖民地更大的价值，但他也意识到，在美国政府的鼓励下，殖民地地区的经济复苏能够为美国贸易的发展带来更多可能性。埃利奥特·罗斯福曾讲到，罗斯福总统在丘吉尔的面前要求摩洛哥苏丹给予美国公司特权。

罗斯福似乎相信，残暴的旧殖民帝国主义可能会被开明且仁慈的美国渗透取代，这对当地人民和美国商界来说都是一件好事。① 他认为，英国和德国的银行家们已经把世界贸易"牢牢地抓在自己手里很久了"，这对美国是不利的。他争论道，"各国人民的平等意味着最大限度地自由贸易竞争"，他呼吁丘吉尔开放市场以"实现良性竞争"，并废除大英帝国的贸易协定。②

这些所作所为看起来都独具特色——同情受压迫殖民地、解放和

---

① 19世纪，英国在拉丁美洲、南欧和东欧之间曾扮演过类似的角色，支持受压迫人民的民族主义和独立运动，并从其他帝国的解体中获得贸易利益。

② 罗斯福并非对战后的英国经济漠不关心。他对维护英国出口市场十分关心，认为这应该以德国的牺牲为代价。他的主要观点是：英国经济的命运和德国经济的命运是成反比的。尽管他私下里驳斥了魁北克会议上提出的将德国变为"农业国和牧区"的意见，但他的确认为应该对战后德国的经济进行遏制以便给英国带来利益。决不允许德国出口量不断提高、军备生产能力再次形成时，大英帝国却走向崩溃。他给赫尔的信中写道："目前形势中最关键的问题是，要确保在战争结束之前不能让英国彻底破产。"

提供福利的理想以及为了美国利益的深谋远虑。正如商会主张的《全国工业复兴法》身着自由主义社会计划者的外衣，并为工人阶级最穷苦的阶层谋求利益一样，美国征服世界市场也可以在国际劳工福利的旗帜下有序进行。

罗斯福在世时，美苏关系的严峻程度并不那么明显，因此他在这方面的认识并没有那么明确。1940 年 2 月苏芬战争期间，他提到，苏联，"就像那些勇于面对事实的人们了解的那样"，是一个专政国家。但当他在德黑兰遇到斯大林时，罗斯福发现他"令人印象极其深刻"。他对埃利奥特说："我相信我们会合得来的。"后来他又说到，他喜欢和斯大林一起工作，因为其讲话"不那么狡猾"。他似乎认为，他已经让斯大林意识到，美国和英国并没有联合起来对抗苏联。他对海军中将麦金泰尔说："如果我能让他相信我们是抱着真诚的态度想要合作的，我们希望成为朋友而不是敌人，我打赌他一定会加入的。"如果说罗斯福曾经制定过应对苏联的具体战略，那应该还未被公布于世。他去世时，冷战才刚刚拉开序幕。当然，他也没有什么和苏联相处的灵丹妙药。詹姆斯·F. 贝尔纳斯（James F. Byrnes）煞费苦心地驳斥"我们与苏联的关系是在他死后才开始恶化的传闻"，他透露说，斯大林曾指控英美联盟在 1945 年春天和德国秘密地进行了单独的和平谈判，而当他质疑罗斯福的否认是否属实时，罗斯福非常生气。罗斯福在去世那天，曾给丘吉尔发过一封电文，希望丘吉尔在下议院的演讲中尽量把"一般性的苏维埃问题"放在不起眼的位置，并补充道："然而，我们必须坚定，到目前为止我们的路线是正确的。"

罗斯福在他生命的最后一年提出了一项雄心勃勃的计划——领导美国实现全面生产和充分就业，在私人企业制度下全面施行经济权利法案，扩大美国的对外贸易，充当英国和苏联、中国和侵犯它的列强间的外交调解人，瓦解殖民主义大国，为殖民地的人民创造良好的卫生条件和正义、自由的环境。这些内容就像早期新政中的各种承诺一样，五花八门。罗斯福在世时都不太可能将其落地，在他去世后的几年里更是不可行。1942年至1945年，世界已经发生改变，将一个如此多变的政治家对未来计划的规划投入现实中是徒劳的。如果彻头彻尾地相信他的每一句话，而不是把他的言辞仅仅当作他习惯性的夸张用法，那你就大错特错了。人们没有什么理由把他的话原原本本地当作指导行动的准则，就像人们没理由指望他能实现1932年他做出的平衡预算和保障失业工人救济这两项保证一样。

与威尔逊相比，虽不及他那么有谋略，但罗斯福似乎是一个更灵活、更聪明的政治家，又不那么严肃认真、深谋远虑，也不那么负责任。就我们所知，他与斯大林和丘吉尔在国际会议上的所作所为，取得的实际效果不比威尔逊在凡尔赛会议上差，但其道德高度的体现是远远不及后者的。难以想象，为了平息斯大林和丘吉尔之间关于未来如何处理抓获的纳粹分子的争论，威尔逊会用该杀死多少纳粹分子的具体数字的玩笑来缓和气氛。也很难想象，罗斯福会像威尔逊对弗兰克·科布（Frank Cobb）所说的那样，对战争给国内人民带来的种种后果表示深刻的理解；或者罗斯福会在雅尔塔或德黑兰会议上，像威尔逊在巴黎和会上那样为了弄清楚事情的具体细节，为了思想坚定和道德责任，据理力争。

然而，罗斯福的声望仍会高于威尔逊，这很大程度是因为他去世时很多情况都对他很有利。威尔逊去世时，失败已成定局，这也必将载入史册；而罗斯福去世时，还有很多事情未成定局，因此那些崇拜他的人仍然相信，如果他活得更久，他会带领战后的世界走上正确的道路，一切都会有所不同。此外，对美国的未来缺乏信心以及没有积极的思想作为引导，这也更加坚定了公众对这位伟人会创造奇迹的信心。在美国自由主义复兴运动的神话中，罗斯福毫无争议是最重要的角色。他的著作中有大量的论断可供善意的人们参考。然而，只关心个人仁慈、个人安排，只满足于充分的良好意愿和每个月的临时安排，而不试图更全面更系统地去了解世界上正在发生的事情，这将会是致命的错误。

参考文献

以下的书目评论既不是为了详尽地陈述现有相关课题的所有文献，也不是为了展示我查阅参考过的所有资料。然而，这其中的确包含了我所引用事实的主要出处，以及直接影响我看法的著作。

第一章　开国元勋：现实主义时代

The literature on the making of the Constitution is voluminous. Max Farrand, ed.: *The Records of the Federal Convention* (4 volumes, New Haven, 1911–37) is indispensable. The records of convention proceedings have also been rearranged in topical order by Arthur T. Prescott in *The Framing of the Constitution* (Baton Rouge, 1941), an extremely useful work. Jonathan Elliot: *Debates* (5 volumes, Washington, 1836–45) is the standard collection of debates over ratification. A fund of primary material, chiefly in the form of letters, may be found in the valuable pages of Charles Warren's *The Making of the Constitution* (Boston, 1928), which suffers at points from its apologetic tone. There are innumerable editions of *The Federalist*, by Hamilton, Madison, and Jay. John Adams's *Defence of the Constitutions of Government of the United States of America* and *Discourses on Davila* are in his *Works*, ed. by Charles F. Adams (Boston, 1851), Vols. IV and VI, and the quoted letters to John Taylor of Caroline as well as other letters with illuminating matter on his social ideas are in Vol. VI. Adrienne Koch and William Peden: *The Selected Writings of John and John Quincy Adams* (New York, 1946) is a volume of well-chosen documents.

Among secondary works on the Constitution-makers first place belongs to Charles A. Beard's great study: *An Economic Interpretation of the Constitution of the United States* (New York, 1913). I have used the more recent 1935 edition with the new introductory essay by Professor Beard. His observations on the same subject in *The Republic* (New York, 1943) have a somewhat different emphasis. J. Allen Smith's *The Spirit of American Government* (New York, 1907) still stands out for its perceptive treatment of the intentions and political ideas of the Constitution-makers. Robert L. Schuyler in *The Constitution of the United States* (New York, 1923) sets forth convincingly the thesis that the points of agreement among the Convention delegates were far more important than the differences that had to be compromised.

V. L. Partington's brief account of the ideas behind the debate over the Constitution in Vol. I of *Main Currents in American Thought* (New York, 1927) is deft and informative. Merle Curti: *The Growth of American Thought* (New York, 1943) is extremely valuable in placing the intellectual issues in their social context. The conservative spirit of the Enlightenment thinkers is stressed in Charles A. and Mary R. Beard: *The American Spirit* (New York, 1943). I have been greatly stimulated by the treatment of seventeenth- and eighteenth-century political thinking in George H. Sabine's masterful *A History of Political Theory* (New York, 1937), and I have also used William S. Carpenter's *Development of American Political Thought* (Princeton, 1930). Two delightful books by Carl Becker: *The Declaration of Independence* (New York, 1922, 1942) and *The Heavenly City of the Eighteenth Century Philosophers* (New Haven, 1932) are superb guides to the eighteenth-century mind.

There are valuable essays on the intellectual background of the Constitution in Conyers Read, et.: *The Constitution Reconsidered* (New York, 1938), among which I found especially helpful the contributions of Stanly Pargellis, R. M. MacIver, Gaetano Salvemini, and Roland Bainton. Walton Hamilton and Douglass Adair stress the mercantilist economic ideas of the Fathers in *The Power to Govern* (New York, 1937). Information on foreign influences on the Fathers' political ideas may be found in Paul Spurlin: *Montesquieu in America, 1760–1801* (Baton Rouge, 1940), and Archibald Cary Coolidge's suggestive essay: *Theoretical and Foreign Elements in the Formation of the American Constitution* (Freiburg, 1892). I have profited much from several chapters in the first volume of Joseph Dorfman's *The Economic*

Mind in American Civilization (2 volumes, New York, 1946). H. F. Russell Smith: *Harrington and His Oceana* (Cambridge, 1914) is valuable. Correa M. Walsh: *The Political Science of John Adams* (New York, 1915) is a thorough study. A perceptive short account of Adams's ideas may be found in chapter xi of Charles A. Beard's *Economic Origins of Jeffersonian Democracy* (New York, 1915). Rexford Guy Tugwell and Joseph Dorfman in two articles, "Alexander Hamilton, Nation Maker," *Columbia University Quarterly*, December 1937 and March 1938, have said much in little. Harold W. Bradley: "The Political Thinking of George Washington," *Journal of Southern History*, Vol. XI (November 1945), pp. 469–86, is a good brief analysis.

Among general histories of the Confederation period, Allan Nevins: *The American States during and after the Revolution 1775–1789* (New York, 1924) stands out for fullness of information on affairs within the states. E. B. Greene: *The Revoluntionary Generation* (New York, 1943) has some background material. Merrill Jensen: *The Articles of Confederation* (Madison, 1940) is a distinguished study. My conception of the larger historical background of this period owes much to the perceptive interpretations of Curtis Nettels's outstanding history of colonial America: *The Roots of American Civilization* (New York, 1938). Louise B. Dunbar: *A Study of "Monarchical" Tendencies in the United States from 1776 to 1801* (Urbana, 1922) proved valuable.

The standard biography of Madison is Gaillard Hunt's *Life of James Madison* (New York, 1902), but Irving Brant has brought out the first two volumes of a more recent study. Gilbert Chinard's *Honest John Adams* (Boston, 1933) is useful, but the definitive biography has yet to be written. See also James Truslow Adams: *The Adams Family* (Boston, 1930). Frank Monaghan's *John Jay* (New York and Indianapolis, 1935) is the source of the maxim by Jay.

I have found the following classic writings of special help in understanding the intellectual background of the Constitution: Aristotle's *Politics*, especially Book III, chapter viii, and Book IV, chapters xi-xii; Montesquieu: *Spirit of Laws*, especially Book XI; Harrington: *Oceana;* Locke: *Of Civil Government;* and Hobbes: *Leviathan*.

第二章　托马斯·杰斐逊：美国民主之父

None of the editions of Jefferson's writings is entirely adequate. I have used the edition of Paul L. Ford (10 volumes, New York, 1892–9). Saul Padover: *The Complete Jefferson* (New York, 1943) has all of Jefferson's systematic writings in one convenient volume, but only a handful of his letters. There is a good selection of important letters in Adrienne Koch and William Peden: *The Life and Selected Writings of Thomas Jefferson* (New York, 1944). Bernard Mayo in *Jefferson Himself* (Boston, 1942) has arranged in chronological order from varied writings a full Jefferson autobiography that is of exceptional value. See also Paul Wilstach, ed.: *Correspondence of John Adams and Thomas Jefferson* (Indianapolis, 1925), and Dumas Malone, ed.: *Correspondence between Thomas Jefferson and Du Pont de Nemours* (Boston and New York, 1930).

The classic biography upon which other biographers have always relied is Henry S. Randall's *The Life of Thomas Jefferson* (3 volumes, New York, 1858). A full, well-rounded modern biography is yet to appear. Gilbert Chinard: *Thomas Jefferson, the Apostle of Americanism* (Boston, 1929), the product of years of careful and original investigation into Jefferson's intellectual life, is outstanding among modern studies. Albert Jay Nock's *Jefferson* (New York, 1926) is a superb biographical essay, beautifully written and penetrating in analysis; Mr. Nock understands Jefferson so well that one despairs of going at all beyond him, especially in a brief essay. Marie Kimball: *Jefferson, the Road to Glory* (New York, 1943), which covers Jefferson's early career, contains some remarkably loose thinking about the significance of his Virginia reforms. By far the best work on Jefferson's life to 1784 is Dumas Malone's *Jefferson the Virginian* (Boston, 1948).

The work which above all others sheds light on the Jeffersonian period in American politics is Charles A. Beard's *Economic Origins of Jeffersonian Democracy* (New York, 1915), and like everyone else who touches on the period I am under especial obligation to it. Claude Bowers: *Jefferson and*

Hamilton (Boston and New York, 1933) and *Jefferson in Power* (Boston, 1936) are partisan but useful. C.M. Wiltse: *The Jeffersonian Tradition in American Democracy* (Chapel Hill, 1935) is a stimulating discussion of intellectual currents. A competent study of Jefferson's abstract interests can be found in Adrienne Koch: *The Philosophy of Thomas Jefferson* (New York, 1943). On Jefferson and classical antiquity see Karl Lehmann: *Thomas Jefferson, American Humanist* (New York, 1947). Two institutional aspects of Jefferson's democracy are studied in Roy Honeywell: *The Educational Work of Thomas Jefferson* (Cambridge, 1931), and Frank L. Mott: *Jefferson and the Press* (Baton Rouge, 1943). Henry Steele Commager: *Majority Rule and Minority Rights* (New York, 1943) deals with Jefferson's attitude toward the judiciary and his belief in periodic constitutional revision.

On the world-historic context of Jefferson's liberalism I have benefited by reading Harold J. Laski's *Rise of European Liberalism* (London, 1936), and of course Carl Becker's *The Declaration of Independence* (New York, 1922, 1942). On Jefferson's economic views the essay by Joseph Dorfman in *The Economic Mind in American Civilization* is valuable. On Jefferson and the physiocrats see the excellent introduction by Gilbert Chinard in his edition of *The Correspondence of Jefferson and Du Pont de Nemours* (Baltimore, 1931), and Richard Hofstadter: "Parrington and the Jeffersonian Tradition," *Journal of the History of Ideas*, Vol. II (October 1941), pp. 391–400. There is a perceptive account of Jefferson in France in Charles D. Hazen: *Contemporary American Opinion of the French Revolution* (Baltimore, 1897). On John Taylor of Caroline, whose work sheds so much light on Jeffersonian democracy, see Eugene T. Mudge: *The Social Philosophy of John Taylor of Caroline* (New York, 1939), and Taylor's own writings, especially *Arator* (Georgetown, 1814) and *Inquiry into the Principles and Policy of the Government of the United States* (Fredericksburg, 1814). See also H. H. Simms: *Life of John Taylor* (Richmond, 1932). Manning J. Dauer and Hans Hammond in "John Taylor: Democrat or Aristocrat?" *Journal of Politics*, Vol. VI (November 1944), pp. 381–403, take a view of the subject that is congenial to the thesis of this chapter. A. Whitney Griswold: "The Agrarian Democracy of Thomas Jefferson," *American Political Science Review*, Vol. XL (August 1946), pp. 657–81, is successful in putting Jefferson in his historical context.

On Jefferson's local environment Charles H. Ambler: *Sectionalism in Virginia from 1776 to 1861* (Chicago, 1910) is helpful, as is H. J. Eckenrode: *The Revolution in Virginia* (Boston and New York, 1916). Clarence R. Keim: *The Influence of Primogeniture and Entail in the Development of Virginia*, unpublished doctoral dissertation, University of Chicago, 1926, helps to set the Virginia reforms in proper perspective. Henry Adams: *History of the United States of America* (9 volumes, New York, 1889–98) has many insights. There is a mass of material in Albert J. Beveridge: *Life of John Marshall* (4 volumes, Boston and New York, 1916–19), but on the interpretative side the work is a Federalist tract. Louis M. Sears: *Jefferson and the Embargo* (Durham, 1927) takes as favorable a view as possible of that ill-fated experiment. Julius W. Pratt: *Expansionists of 1812* (New York, 1925) is the classic account of the aims of Republican Party War Hawks. On the circumstances under which the Republicans chartered a second national bank, see Ralph H. C. Catterall: *The Second Bank of the United States* (Chicago, 1903), chapter i.

第三章　安德鲁·杰克逊：自由资本主义的兴起

The most important sources of Jackson are John Spencer Bassett, ed.: *Correspondence of Andrew Jackson* (6 volumes, Washington, 1926–33), and J. D. Richardson, ed.: *Message and Papers of the Presidents* (Washington, 1896), Vols. II and III. The old study by James Parton: *A life of Andrew Jackson* (3 volumes, New York, 1859–60) is based on letters and interviews with contemporaries. For biographical matter I have generally followed the more recent critical study by John Spencer Bassett: *Life of Andrew Jackson* (2 volumes, New York, 1928). See also Marquis James: *The Life of Andrew Jackson* (2 volumes, Indianapolis, 1938). The old study by William Graham Sumner: *Andrew Jackson* (Boston, 1882) is especially good on financial matters. Thomas Perkins Abernethy, in *From Frontier to Plantation in*

Tennessee (Chapel Hill, 1932) and his sketch of Jackson in the *Dictionary of American Biography*, is indispensable on Jackson in Tennessee, but takes an unduly hostile view of his subject. Professor Abernethy is bitterly critical of Jackson's pretensions to democracy. A contrary view is argued by Arda Walker in "Andrew Jackson: Frontier Democrat," East Tennessee Historical Society *Publications* No. 18 (1946), pp. 59–86; although her conclusion is questionable, her review of the evidence is of considerable value.

On the frontier, frontiersmen, and the Jackson period in general, I with all students of American history have benefited from the great work of Frederick Jackson Turner, especially *The Frontier in American History* (New York, 1921), *The Rise of the New West* (New York, 1906), and *The United States, 1830–1850* (New York, 1935). W. J. Cash's brilliant impressionistic work, *The Mind of the South* (New York, 1941), has been highly suggestive. On the early background of the Jacksonian period I have profited by reading Carl Russell Fish: *The Rise of the Common Man* (New York, 1927), John Krout and Dixon Ryan Fox: *The Completion of Independence* (New York, 1944), Wilfred E. Binkley: *American Political Parties* (New York, 1943), Kirk Porter: *A History of Suffrage in the United States* (Chicago, 1918), W. E. Stanwood: *A History of Presidential Elections* (Boston, 1884), Dixon Ryan Fox's study *The Decline of Aristocracy in the Politics of New York* (New York, 1919), and Samuel Rezneck: "The Depression of 1819–22, A Social History," *American Historical Review*, Vol. XXXIX (October 1933), pp. 28–47. Herman Hailperin: "Pro-Jackson Sentiment in Pennsylvania," *Pennsylvania Magazine of History and Biography*, Vol. L (July 1926), pp. 193–238, is a case study in the rise of Jackson support in a Jackson stronghold. M. Ostrogorski, in his classic work *Democracy and the Organization of Political Parties* (New York, 1902), Vol. II, chapters i-ii, traces with brilliant insight the revolution in political techniques and political personnel that I believe to be the essence of the origins of Jacksonian democracy. See also Carl Russell Fish: *The Civil Service and the Patronage* (New York, 1905). However, the late E. M. Eriksson's important paper "The Federal Civil Service under President Jackson," *Mississippi Valley Historical*

Review, Vol. XIII (March 1927), pp. 517–40, is a definitive refutation of the charge that Jackson was in some special sense the founder of the national spoils system; his findings lead to the contrary suggestion that, especially considering the circumstances that brought him to office, Jackson exercised commendable restraint in the removal of public officials. On the decline of the caucus in this relation see, in addition to Ostrogorski, Frederick Dallinger: *Nominations for Elective Office in the United States* (New York, 1897), and C. S. Thompson's brief essay: *The Rise and Fall of the Congressional Caucus* (New Haven, 1902). The important campaign that brought Jackson to power is treated with illumination in Florence Weston: *The Presidential Election of 1828* (Washington, 1938), and in Culver H. Smith: "Propaganda Technique in the Jackson Campaign of 1828," East Tennessee Historical Society *Publications* No. 6 (1934), pp. 44–66. For a bitter account of some of Jackson's political methods, see Richard R. Stenberg, "Jackson, Buchanan, and the 'Corrupt Bargain' Calumny," *Pennsylvania Magazine of History and Biography*, Vol. LVIII (January 1934), pp. 61–85.

Arthur M. Schlesinger, Jr.: *The Age of Jackson* (Boston, 1945), is a major work which, among its other merits, serves as a valuable corrective of the Turner emphasis on the West. See, however, the judicious criticism of Schlesinger in Bray Hammond's review, *Journal of Economic History*, Vol. VI (May 1946), pp. 79–84, which expresses a view of the significance of the period more akin to my own. William E. Dodd presents a shrewd analysis in parts of his *Expansion and Conflict* (Boston, 1915). *The Autobiography of Martin Van Buren* (Washington, 1920), edited by John C. Fitzpatrick, and Thomas Hart Benton's *Thirty Years' View* (2 volumes, New York, 1854–6) are important sources.

Ralph C. H. Catterall: *The Second Bank of the United States* (Chicago, 1903) remains the indispensable source on the bank and the bank war. Bray Hammond: "Jackson, Biddle, and the Bank of the United States," *Journal of Economic History*, Vol. VII (May 1947), pp. 1–23, is a defense of Biddle that does not ignore the banker's failings; but more important, it has, to my knowledge, the wisest and best-balanced estimate of the bank controversy, and it does justice to some of the complexities of the problem that I have had to pass by. Perhaps the best account of the controversy from the Jacksonian standpoint is in Carl Brent Swisher's excellent *Roger B. Taney* (New York, 1935). All the quotations I have taken from Nicholas Biddle are in Reginald C. McGrane's useful collection: *The Correspondence of Nicholas Biddle* (Boston, 1919). See also McGrane's *The Panic of 1837* (Chicago, 1924). For the bank issue in the campaign see S. R. Gammon, Jr.: *The Presidential Campaign of 1832* (Baltimore, 1922), and Glyndon G. Van Deusen: *The Life of Henry Clay* (Boston, 1937). The limitations of the Jacksonian position on bank notes and the source of the distinction between the function of note issue and the functions of discount and deposit are explained in Harry E. Miller's scholarly study: *Banking Theories in the United States before 1860* (Cambridge, 1927). Sister M. Grace Madeleine's *Monetary and Banking Theories of Jacksonian Democracy* (Philadelphia, 1943) views wildcat banking as a phase of the history of laissez-faire in America. On some sources of anti-bank views see also William E. Smith: *The Francis Preston Blair Family in Politics*, Vol. I (New York, 1933). St. George L. Sioussat: "Some Phases of Tennessee Politics in the Jackson Period," *American Historical Review*, Vol. XIV (October 1908), concludes that Jackson's ideas about banks were deep-seated prejudices and not the results of local experience.

Two invaluable sources on the views of hard-money Jacksonians are Theodore Sedgwick, Jr., ed.: *A Collection of the Political Writings of William Leggett* (2 volumes, New York, 1840), and William M. Gouge: *A Short History of Paper Money and Banking in the United States* (Philadelphia, 1833). See also F. Byrdsall: *The History of the Loco-Foco or Equal Rights Party* (New York, 1842). An important article on the split in the Democratic Party is William Trimble: "Diverging Tendencies in New York Democracy in the Period of the Locofocos," *American Historical Review*, Vol. XXIX (April 1919), pp. 398–421. The same author in "The Social Philosophy of the Locofoco Democracy," *American Journal of Sociology*, Vol. XXVI (May 1921), pp.

705–15, views this left wing of the Jacksonian movement, mistakenly I believe, as "nascent proletarianism." For a corrective of this viewpoint see the treatment of Jacksonian democracy in Joseph Dorfman's *Economic Mind in American Civilization*, Vol. II, and in the same author's interesting essay: "The Jackson Wage-earner Thesis." There is a concurrent view in Richard Hofstadter: "William Leggett, Spokesman of Jacksonian Democracy," *Political Science Quarterly*, Vol. XLVIII (December 1943), pp. 581–94, and much substantiating evidence in Walter Hugins: "Ely Moore, the Career of a Jacksonian Labor Leader," unpublished master's easy, Columbia University, 1947. On the continuity between Jeffersonian and Jacksonian laissez-faire ideology, see Hofstadter: "Parrington and the Jeffersonian Tradition."

The literature on economic development and social structure in the Jackson period is very inadequate. Bray Hammond's article: "Free Banks and Corporations: The New York Free Banking Act of 1838," *Journal of Political Economy*, Vol. XLIV (April 1936), is very valuable. General corporation history has been too little explored, but William Miller: "A Note on the History of Business Corporations in Pennsylvania," *Quarterly Journal of Economics*, Vol. LV (November 1940), pp. 150–60, is valuable bibliographically and otherwise. Charles Haar: "Legislative Regulation of New York Industrial Corporations, 1800–1850," *New York History*, Vol. XXII (April 1941), pp. 191–207, emphasizes the growing control of the industrial type of corporation by the legislature. Guy S. Callender: "Early Transportation and Banking Enterprises of the States in Relation to the Growth of Corporations," *Quarterly Journal of Economics*, Vol. XVII (November 1902), pp. 111–62, covers a great deal of territory. John R. Commons et al.: *History of Labour*, Vol. I, is helpful but not definitive on the state of labor development. On Taney's Court in relation to property rights and corporations, see Benjamin F. Wright: *The Contract Clause of the Constitution* (Cambridge, 1938), chapter iii, and the discriminating discussion in chapter xii.

第四章　约翰·卡尔霍恩:"主子阶级的马克思"

Calhoun's *Works* (New York, 1854) were edited in six volumes by his friend Richard K. Crallé, with brief and sometimes inaccurate commentary. His formal political writings, *A Disquisition on Government* and *A Discourse on the Constitution and Government of the United States*, both posthumously published, are in Vol. I. The indispensable *Correspondence of John C. Calhoun* (Washington, 1900), edited by J. Franklin Jameson, contains most of the Carolinian's letters and many written to him. There are more of the latter in *Correspondence Addressed to John C. Calhoun, 1837–1849* (Washington, 1930), edited by Chauncey S. Boucher and R. P. Brooks.

William M. Meigs: *The Life of John Caldwell Calhoun* (2 volumes, New York, 1917) is the most substantial biography despite its intellectual superficiality. Gaillard Hunt: *John C. Calhoun* (Philadelphia, 1907) is an interesting biographical essay. Hermann von Hoist's hostile study: *John C. Calhoun* (Boston, 1900) is outmoded at several points by modern scholarship. Charles M. Wiltse in his *John C. Calhoun: Nationalist, 1782–1828* (Indianapolis, 1944) has made the only recent biographical study of scholarly worth. I have followed Professor Wiltse on several points, including the still arguable question whether the authorized campaign biography of Calhoun published in 1843 was written by the Carolinian himself; Meigs and Hunt say yes, Wiltse no. Richard Current in his brilliant essay: "John C. Calhoun, Philosopher of Reaction," *Antioch Review* (Summer 1943), pp. 223–34, has done more than anyone else in the past generation or so to say something new about Calhoun's ideas; he emphasizes very strongly the aspects of Calhoun's thinking that I have chosen to dwell upon, and I am most intensely indebted to him. Gamaliel Bradford's sensitive essay on the Carolinian in *As God Made Them* (Boston, 1929) is one of his best psychographs. William E. Dodd's treatment in *Statesmen of the Old South* (New York, 1911) is suggestive, although not always precise.

The Carolina background is treated illuminatingly in William A. Schaper:

Sectionalism and Representation in South Carolina (Washington, 1901); C. S. Boucher: "Sectionalism, Representation, and the Electoral Question in Ante-Bellum South Carolina," Washington University *Studies*, Vol. IV (1916), which shows Calhoun as a powerful opponent of any attempt to agitate local questions and thus weaken the state in its relation to the federal government; Boucher's "The Secession and Cooperation Movements in South Carolina, 1848 to 1852," ibid., Vol. V (1918); John H. Wolfe: *Jeffersonian Democracy in South Carolina* (Chapel Hill, 1940); and Philip M. Hamer: *The Secession Movement in South Carolina, 1847–1852* (Allentown, 1918). The nullification movement has been studied almost to death. Most pertinent for my purposes was Frederic Bancroft's tart little study: *Calhoun and the South Carolina Nullification Movement* (Baltimore, 1928). See also David F. Houston: *A Critical Study of Nullification in South Carolina* (Cambridge, 1896), and C. S. Boucher: *The Nullification Controversy in South Carolina* (Chicago, 1916). The economic difficulties of the state and the South are recorded soberly in John G. Van Deusen: *Economic Bases of Disunion in South Carolina* (New York, 1928) and Robert R. Russel: *Economic Aspects of Southern Sectionalism* (Urbana, 1924). See also Van Deusen's *The Ante-Bellum Southern Commercial Conventions* (Durham, 1926). Herman V. Ames: "John C. Calhoun and the Secession Movement of 1850," American Antiquarian Society *Proceedings*, N.S., Vol. XXVIII (April 1918), pp. 19–50, is an excellent study of Calhoun's return to extreme militancy in the late forties.

Biographies of other Carolinians are very helpful in setting Calhoun in perspective. Laura A. White: *Robert Barnwell Rhett* (New York, 1931) is a scholarly study of a militant who often wanted to go farther than Calhoun. Lillian A. Kibler: *Benjamin F. Perry* (Durham, 1946) is a thorough study of a Unionist who opposed Calhoun bitterly. A Charleston intellectual who stood at the opposite pole from Calhoun and finally snubbed him roundly is portrayed in Linda Rhea's *Hugh Swinton Legaré* (Chapel Hill, 1934). Theodore D. Jervey: *Robert Y. Hayne and His Times* (New York, 1909) is a full study of one of the Carolinians who on occasion took up arms with Calhoun but were often annoyed with him; it sheds special light on the transportation problems of the state and their relation to politics. Elizabeth Merritt's *James H. Hammond* (Baltimore, 1923) is a disappointing work on an interesting figure. Dumas Malone's excellent biography: *The Public Life of Thomas Cooper* (New Haven, 1926) traces the work of a militant Southern thinker who had some influence on Calhoun.

William S. Jenkins's sober and unimaginative *Pro-Slavery Thought in the Old South* (Chapel Hill, 1935) is the best study of its subject. Jesse T. Carpenter: *The South as a Conscious Minority* (New York, 1930) traces the effect of the South's minority position upon its political theory; it is full of the most suggestive material. Clement Eaton's *Freedom of Thought in the Old South* (Durham, 1940) has an interesting chapter on Calhoun's influence. Charles E. Merriam contributed a good essay on "The Political Philosophy of John C. Calhoun" to *Studies in Southern History and Politics* (New York, 1914). C. M. Wiltse in "Calhoun and the Modern State," *Virginia Quarterly Review, Vol.* XIII (Summer 1937), pp. 396–408, argues that representation by economic interest groups exercising mutual checks, as proposed by Calhoun, is necessary to modern democracy. William E. Dodd's "The Social Philosophy of the Old South," *American Journal of Sociology*, Vol. XXIII (May 1918), pp. 735–46, is incisive. Wilfred Carsel's "The Slaveholder's Indictment of Northern Wage Slavery," *Journal of Southern History*, Vol. VI (November 1940), pp. 504–20, shows that Calhoun's critique of Northern industrialism became common intellectual currency in the South.

Arthur M. Schlesinger, Jr.: *The Age of Jackson* has good material on the attitude of radical Northern Democrats toward Calhoun. James H. Hammond: *Speeches and Letters* (New York, 1866) contains Hammond's famous "mudsill" speech and an interesting eulogy of Calhoun. C. S. Boucher: "*In re* That Aggressive Slavocracy," *Mississippi Valley Historical Review*, Vol. VIII (June-September 1921), pp. 13–79, argues very plausibly that the South was essentially on the defensive from 1835, especially on the question of Texas and the territories. See E. D. Adams: *British Interests and Activities in Texas*

(Baltimore, 1910) on the source of Calhoun's worries over the Texas question. See also J. D. P. Fuller: *The Movement for the Acquisition of All Mexico* (Baltimore, 1936).

第五章　亚伯拉罕·林肯：自立自强的神话

The standard collection of Lincoln's writings is the *Complete Works of Abraham Lincoln* (2 volumes, New York, 1894), edited by John G. Nicolay and John Hay; I have used the early edition. The two volumes must be supplemented by four others: Paul Angle: *New Letters and Papers of Lincoln* (Boston and New York, 1930); Ida M. Tarbell: *The Life of Abraham Lincoln* (New York, 1900), VOl. II, Appendix; and Gilbert A. Tracy: *Uncollected Letters of Abraham Lincoln* (Boston and New York, 1917)—all three of which contain material of significance upon which I have drawn—and *Lincoln Letters Hitherto Unpublished in the Library of Brown University and Other Providence Libraries* (Providence, 1927), which consists mostly of routine communications. There are countless selections from Lincoln's works; I have used with profit T. Harry Williams's *Selected Writings and Speeches of Abraham Lincoln* (Chicago, 1943), which has a good introductory essay and a useful enumeration of the chief sources.

Among the biographies, I have consulted Nicolay and Hay's monumental *Abraham Lincoln: a History* (10 volumes, New York, 1890), which is firmly in the hero-worshipping tradition. I am heavily indebted to the classic two-volume study by Albert J. Beveridge: *Abraham Lincoln* (Boston and New York, 1928), which carries Lincoln's life to 1858 and places him in his historical setting as does no other work. There are passages in Claude Bowers: *Beveridge and the Progressive Era* (Cambridge, 1932) relating Beveridge's struggles in interpreting Lincoln's early career which should be read by every student of Lincoln. James G. Randall's *Lincoln the President: Springfield to Gettysburg* (2 volumes, New York, 1945) is a work of outstanding scholarship. The same author's *Lincoln and the South* (Baton Rouge, 1946) is excellent, and his *Lincoln the Liberal Statesman* (New York, 1947) has some enlightening essays.

I have enjoyed, but not used for this essay, Carl Sandburg's *Abraham Lincoln: the Prairie Years* (2 volumes, New York, 1926), and have used, without similar pleasure, the four fat volumes of *The War Years* (New York, 1939), a monumental bodying-forth of the Lincoln legend. Not knowing what criteria Mr. Sandburg used to separate the authentic stories from the inevitable mass of legend, I have accordingly used his volumes with great care. L. Pierce Clark's study: *Lincoln, a Psychobiography* (New York, 1933), which has a few insights, is sometimes credulous and on the whole disappointing. Lord Charnwood's *Abraham Lincoln* (New York, 1917) is the most readable, and as a character study the most penetrating of the shorter biographies. Nathaniel Wright Stephenson: *Lincoln* (Indianapolis, 1922) has a far more adequate coverage of the war years than other short biographies. Edgar Lee Masters: *Lincoln the Man* (New York, 1931) is one of the most fascinating of all Lincoln books; a fierce and malicious diatribe, without friendship or pity, it combines some remarkable insights with atrocious judgment.

Primary material indispensable for any estimation of Lincoln is presented in William H. Herndon and Jesse Weik: *Herndon's Lincoln*, which should be read in the one-volume edition by Paul M. Angle (New York, 1930). The biography is supplemented by the even more revealing Herndon letters edited by Emanuel Hertz in *The Hidden Lincoln* (New York, 1938), a work of great fascination. Herndon's facts are not always reliable. He is responsible, among other things, for a sentimental exaggeration of the story of Ann Rutledge and a not-so-sentimental exaggeration of some of the circumstances surrounding Lincoln's marriage; his judgements of Lincoln during the Springfield years are, however, invariably pertinent and honest. Herndon played an important part in providing Lincoln with abolition and proslavery literature, as well as other intellectual fodder. Illuminating in this connection is Joseph Fort Newton: *Lincoln and Herndon* (Cedar Rapids, 1910), which has many of the letters exchanged by Herndon and Theodore Parker; it was from Parker that Lincoln took his great phrase: "of the people, by the people, for the people." For the role of Fitzhugh in Lincoln's ideological strategy, see Harvey Wish: *George

Fitzhugh (New Orleans, 1944). Some of the difficulties facing serious Lincoln biographers are set forth by James G. Randall in his interesting essay: "Has the *Lincoln* Theme been Exhausted?" *American Historical Review*, Vol. XLI (January 1936), pp. 270–94.

Among special works, William E. Baringer: *Lincoln's Rise to Power* (Boston, 1937) sheds much light on the intra-party maneuverings that brought Lincoln the presidential nomination, but neglects economic and social forces. See also Baringer's *A House Dividing* (Springfield, 1945). Arthur C. Cole's pamphlet: *Lincoln's "House Divided" Speech: Does It Reflect a Doctrine of Class Struggle?* (Chicago, 1923) throws light on Lincoln as a dialectician. Rufus Rockwell Wilson: *What Lincoln Read* (Washington, 1932) is short and useful. Reinhard Luthin: *The First Lincoln Campaign* (Cambridge, 1944) is a first-rate study of the election of 1860. Charles W. Ramsdell set forth his thesis on the Fort Sumter incident in "Lincoln and Fort Sumter," *Journal of Southern History*, Vol. III (August 1937), pp. 259–88. The same general point of view is expressed at much greater length and with much less detachment by John Shipley Tilley in *Lincoln Takes Command* (Chapel Hill, 1941). See also James G. Randall's temperate answer to Ramsdell: "When War Came in 1861," *Abraham Lincoln Quarterly*, Vol. I (March 1940), pp. 3–42. "To say," observes Randall, "that Lincoln meant that the first shot would be fired by the other side *if a first shot was fired*, is by no means the equivalent of saying that he deliberately maneuvred to have the shot fired." The most careful and illuminating review of the Sumter crisis is Kenneth M. Stampp's "Lincoln and the Strategy of Defense in the Crisis of 1861," *Journal of Southern History*, Vol. XI (August 1945), pp. 297–323. David M. Potter: *Lincoln and His Party in the Secession Crisis* (New Haven, 1942) believes Lincoln was pressing a peace policy, but charges him with ineptitude. On Lincoln's shrewd use of party patronage as a cement for the Union cause, see Harry J. Carman and Reinhard Luthin: *Lincoln and the Patronage* (New York, 1943). James G. Randall: *Constitutional Problems under Lincoln* (New York, 1926) covers more than the title suggests. T. Harry Williams: *Lincoln and the Radicals* (Madison, 1942) is an important study, which, however, suffers from an excessive emphasis on the military aspects at the cost of the political. Harry E. Pratt: *The Personal Finances of Abraham Lincoln* (Springfield, 1943) tends to substantiate Herndon's estimate that Lincoln "had no avarice of the *get* but had the avarice of the *keep*."

Among general works on Lincoln's period I have made much use of James G. Randall's compendious history: *The Civil War and Reconstruction* (New York, 1937), especially of its chapters on Civil War politics and the emancipation question. Carl Russell Fish: *The American Civil War* (London and New York, 1937) is a keen and readable interpretation. Wood Gray: *The Hidden Civil War* (New York, 1942) gives a valuable account of the economic and social roots of the Copperhead opposition and of its activities. George Fort Milton's life of Douglas: *The Eve of Conflict: Stephen A. Douglas and the Needless War* (Boston, 1934) is an important and scholarly contribution that helps to place Lincoln in perspective. A. C. Cole: *The Era of the Civil War 1848–1870* (Chicago, 1922), the third volume of the *Centennial History of Illinois*, is a solid study of Lincoln's state which illuminates politics and social attitudes. Roy Basler: *The Lincoln Legend* (Boston, 1935) is valuable.

第六章　温德尔·菲利普斯：出身名门的鼓动家

The only collection of Phillips's writings, *Speeches, Lectures, and Letters* (2 volumes, Boston, 1894), is inadequate for an understanding of his career, particularly for its later phases. I have supplemented this by reading the reports of his speeches in Garrison's paper, the *Liberator*, from 1860 to 1875, and in papers associated with Phillips, the *National Anti-Slavery Standard*, 1865 to 1870, and the *Standard*, 1870 to 1871. Among his more extended writings, see *Can Abolitionists Vote or Take Office under the United States Constitution?* (New York, 1845), *Review of Lysander Spooner's Essay on the Unconstitutionality of Slavery* (Boston, 1847), and *The Constitution: a Pro-Slavery Compact* (New York, 1856). Three important later speeches, *Remarks of Wendell Phillips at the Mass-meeting of Workingmen in Faneuil Hall,*

November 2, 1865 (Boston, 1865), *The People Coming to Power!* (Boston, 1871), and *Who Shall Rule Us, Money or the People?* (Boston, 1878) are available in pamphlet form.

The standard biography by Carlos Martyn: *Wendell Phillips* (New York, 1890) is a valuable source; Martyn was a friend of the subject, and much of the personal material is unique. The best biography, Oscar Sherwin's *Prophet of Liberty*, is an unpublished doctoral dissertation, New York University, 1940, which is rich with original quotations from Phillips. See also G. L. Austin: *The Life and Times of Wendell Phillips* (Boston, 1893), Lorenzo Sears: *Wendell Phillips* (New York, 1909), and Charles Edward Russell: *The Story of Wendell Phillips* (New York, 1914). All of these take a favorable view of the subject, as does V. L. Parrington in his brief essay in *Main Currents in American Thought*, Vol. III (New York, 1930). For a hostile view of Phillips see almost any standard recent history of the slavery controversy, the Civil War, or Reconstruction.

The work of Gilbert Hobbs Barnes: *The Antislavery Impulse* (New York, 1933) is of especial importance in estimating the place of William Lloyd Garrison and his immediate followers, as it is in tracing the outlines of doctrinal controversies among the abolitionists. For a similar thesis, see William Birney: *James G. Birney and His Times* (New York, 1890). Jesse Macy: *The Abolitionist Crusade* (New Haven, 1919) and Albert Bushnell Hart: *Slavery and Abolition* (New York, 1900) are helpful works. Dwight L. Dumond: *Antislavery Origins of the Civil War in the United States* (Ann Arbor, 1938) is a sympathetic revaluation of the work of the abolitionists, which has given me several important suggestions. The massive four-volume biography by Garrison's sons: *William Lloyd Garrison* (New York, 1885–9) is valuable. Arthur Young Lloyd: *The Slavery Controversy, 1831–1860* (Chapel Hill, 1939) is partisan to the South. *Letters of Theodore Dwight Weld, Angelina Grimke Weld, and Sarah Grimke* (New York, 1934), edited by G. H. Barnes and Dwight L. Dumond, and *Letters of James G. Birney* (New York, 1938), edited by Dwight L. Dumond, are good sources on the spirit of abolitionism.

Journals, memoirs, and biographies of such friends and contemporaries of Phillips as Emerson, Thoreau, Theodore Parker, Samuel J. May, and others have interesting sidelights. The quotation from Phillips in the first paragraph of section III is from John R. Commons et al., eds.: *A Documentary History of American Industrial Society*, Vol. VII (Cleveland, 1910–11), pp. 219–21. There is important material on the background of Phillips's career as a labor reformer in Commons, ed.: *History of Labour in the United States*, Vol. II (New York, 1918).

第七章 分肥者：犬儒时代

I have found the following general accounts useful on the political and industrial developments of the post-Civil War era: Louis M. Hacker and Benjamin B. Kendrick: *The United States since 1865* (New York, 1939), Charles A. and Mary R. Beard: *The Rise of American Civilization* (2 volumes, New York, 1933), Samuel Eliot Morison and Henry Steele Commager: *The Growth of the American Republic*, Vol. II (New York, 1942), Harold U. Faulkner: *American Political and Social History* (New York, 1945), and Thomas C. Cochran and William Miller: *The Age of Enterprise* (New York, 1942). There is an evocative portrait of the Gilded Age in V. L. Parrington: *Main Currents in American Thought*, Vol. III. Three volumes in the History of American Life Series are valuable: Ida M. Tarbell: *The Nationalizing of Business, 1878–1898* (New York, 1936), Arthur M. Schlesinger: *The Rise of the City, 1878–1898* (New York, 1938), and Allan Nevins: *The Emergence of Modern America, 1865–1878* (New York, 1927). On conditions among the farmers see Solon J. Buck: *The Granger Movement* (Cambridge, 1913), and *The Agrarian Crusade* (New Haven, 1928), and John D. Hicks: *The Populist Revolt* (Minneapolis, 1931). The first chapter of Henry David: *The Haymarket Affair* (New York, 1936) is excellent on the condition of the workers; see also Norman J. Ware: *The Labor Movement in the United States, 1860–1895* (New York and London 1929), and John R. Commons et al.: *History of Labour in the United States* (New York, 1918), Vol. II. For a brief perspective of the men of this generation the *Dictionary of American Biography* (21 volumes, New York, 1928–44) is indispensable.

On the businessmen I have been enlightened by Matthew Josephson: *The Robber Barons* (New York, 1934) and parts of Gustavus Myers: *A History of the Great American Fortunes* (3 volumes, Chicago, 1910). Burton J. Hendrick: *The Life of Andrew Carnegie* (2 volumes, New York, 1932) and Allan Nevins: *John D. Rockefeller* (2 volumes, New York, 1940) are outstanding among biographies of industrialists. C. Wright Mills: "The American Business Elite: a Collective Portrait," Supplement V to the *Journal of Economic History* (December 1945), is an invaluable statistical study. The philosophy of this business civilization is brilliantly outlined in chapter vi of Cochran and Miller: *The Age of Enterprise;* see also the opening chapters of Richard Hofstadter: *Social Darwinism in American Thought, 1860–1915* (Philadelphia, 1944), chapter xxv of Merle Curti: *The Growth of American Thought* (New York, 1943), and chapter xiii of Ralph Gabriel: *The Course of American Democratic Thought* (New York, 1940).

By far the most illuminating book on the politics of the entire period is Matthew Josephson's superb study: *The Politicos* (New York, 1938). Lord Bryce's *American Commonwealth* (3 volumes, London and New York, 1888) is a great commentary, and there are fine insights in *The Education of Henry Adams* (Boston and New York, 1918) and Henry Adams's novel of Washington, *Democracy* (New York, 1880). On the major parties Wilfred Binkley: *American Political Parties* (New York, 1943) is useful. Howard Beale: *The Critical Year* (New York, 1930) is indispensable on the early strategy of Republican Party leaders, and Earle D. Ross: *The Liberal Republican Movement* (New York, 1919) is a significant study of the bolt of 1872. The best biography of Grant is William B. Hesseltine: *Ulysses S. Grant* (New York, 1935), but Allan Nevins: *Hamilton Fish* (New York, 1936) is invaluable on the Grant administration. Significant personal material can be found in Vol. III of Charles R. Williams, ed.: *Diary and Letters of Rutherford B. Hayes* (Columbus, 1924). Theodore Clarke Smith: *James A. Garfield, Life and Letters* (2 volumes, New Haven,

1925) is rich in detail. Stewart Mitchell: *Horatio Seymour of New York* (Cambridge, 1938) and Alexander C. Flick: *Samuel Jones Tilden* (New York, 1939) are substantial biographies of Democratic leaders.

There is no satisfactory biography of Roscoe Conkling, but Donald Barr Chidsey: *The Gentleman from New York* (New Haven, 1935) is helpful, and the older eulogistic work by Alfred R. Conkling: *The Life and Times of Roscoe Conkling* (New York, 1889) has significant material. David Saville Muzzey's sympathetic *James G. Blaine* (New York, 1934) is the best study of the Plumed Knight; Charles Edward Russell's *Blaine of Maine* (New York, 1931) is more critical. Two pamphlets published by the New York *Evening Post* are important: *Mr. Blaine and the Little Rock and Fort Smith Railroad* (New York, 1884) and *Mr. Blaine's Railroad Transactions ... Including All the Mulligan Letters* (New York, 1884). Blaine's *Political Discussions* (New York, 1887) is a collection of major speeches, and *Twenty Years of Congress* (2 volumes, Norwich, 1886) is a work of substance. See also Harriet S. Blaine Beale, ed.: *Letters of Mrs. fames G. Blaine* (2 volumes, New York, 1908).

The complete presidential papers of Grover Cleveland are in Volumes VIII and IX of J. D. Richardson, ed.: *Messages and Papers of the Presidents* (11 volumes, Washington, 1898), but there is an extremely useful compilation of presidential and other papers and speeches up to 1892 in George F. Parker: *The Writings and Speeches of Grover Cleveland* (New York, 1892). Allan Nevins, ed.: *Letters of Grover Cleveland* (Boston and New York, 1933) is an invaluable personal source; the introduction is the source of the characterization of Cleveland by Professor Nevins near the close of the chapter. Cleveland's *Presidential Problems* (New York, 1904) has important essays evaluating phases of his presidential acts. Cleveland's essay *The Self-Made Man in American Life* (New York, 1897) is a major source on his social values. The best biography is Allan Nevins's sympathetic portrait: *Grover Cleveland, a Study in Courage* (New York, 1932); see also Robert McElroy: *Grover Cleveland* (2 volumes, New York, 1923).

第八章　威廉·布赖恩：提倡复兴信仰的民主党人

Dependent for a large part of his income on his publications, Bryan wrote a good deal. His *Memoirs* (Philadelphia, 1925), finished after his death by his wife, is a revealing source, but must be used with care. *The First Battle* (Chicago, 1896) is essentially a handbook of the campaign, valuable because it contains all Bryan's major speeches. *The Second Battle* (Chicago, 1900) does the same for the campaign of 1900. Bryan's *Speeches* (2 volumes, New York and London, 1909) has the most significant addresses from the beginning of his public career to the campaign of 1908. *A Tale of Two Conventions* (New York, 1912) is a compilation of Bryan's syndicated newspaper reports of the 1912 conventions. *Heart to Heart Appeals* (New York, 1917) is a collection of religious and political speeches. *The Old World and Its Ways* (St. Louis, 1907) is an account of Bryan's 1905–6 trip around the world; it has a brief sequence on his interview with Tolstoy which is of special interest. American (Christian) and Chinese (Confucian) civilizations are contrasted, to no surprising end, in *Letters to a Chinese Official* (New York, 1906). Such of Bryan's religious opera as *Famous Figures of the Old Testament* (New York, 1923), *Seven Questions in Dispute* (New York, 1924), and *Christ and His Companions* (New York, 1925) are dismal reading, but cannot be ignored by those who want to see Bryan's mind in action. In the most important of these, *In His Image* (New York, 1922), Bryan goes to bat against all forms of infidelity, including Darwinism. The files of Bryan's periodical, the *Commoner* (1901–23), which contain many speeches and addresses not found elsewhere, are the best source for Bryan's occasional political views.

Paxton Hibben: *The Peerless Leader* (New York, 1929), which was finished by C. Hartley Grattan after Mr. Hibben's untimely death, is by far the best of the Bryan biographies; I have followed its interpretations again and again. M. R. Werner's *Bryan* (New York, 1929) is less thorough, but valuable. Wayne C. Williams: *William Jennings Bryan* (New York, 1936) is apologetic throughout, but contains information not to be found elsewhere. See also Merle

Curti: *Bryan and World Peace* (Northampton, 1931).

Biographies and autobiographies of such contemporaries as Hanna, Altgeld, Cleveland, Champ Clark, David Houston, Wilson, Taft, Theodore Roosevelt, Robert M. La Follette, McAdoo, and others have gleanings on Bryan's career, but offer little specifically on Bryan that has not been culled by his biographers. There are interesting discussions with good personal material in Charles Willis Thompson: *Presidents I Have Known and Two Near Presidents* (Indianapolis, 1929), Oswald Garrison Villard: *Prophets, True and False* (New York, 1928), and Dixon Wecter: *The Hero in America* (New York, 1941). *Bryan and Darrow at Dayton* (New York, 1925), edited and compiled by Leslie H. Allen, presents the most significant parts of the Scopes proceedings bearing on Bryan's homespun metaphysics.

Among articles on particular phases of Bryan's career, George R. Poage: "The College Career of William Jennings Bryan," *Mississippi Valley Historical Review*, Vol. XV (September 1928), pp. 165–82, is especially helpful. Thomas A. Bailey asks: "Was the Presidential Election of 1900 a Mandate on Imperialism?" ibid., Vol. XXIV (June 1937), pp. 43–52, and emerges with a negative answer; Professor Bailey is critical of Bryan for including the free-silver plank in the platform of 1900. Estal E. Sparlin: "Bryan and the 1912 Democratic Convention," ibid., Vol. XXII (March 1936), pp. *537–46*, sheds light on Bryan's relations with Champ Clark. Selig Adler: "Bryan and Wilsonian Caribbean Penetration," *Hispanic American Historical Review*, Vol. XX (May 1940), pp. 198–226, is an excellent reinterpretation. Malcolm M. Willey and Stuart A. Rice in "William Jennings Bryan as a Social Force," *Social Forces*, Vol. II (March 1924), pp. 338–44, measure the influence of Bryan's anti-evolutionist broadsides on Dartmouth undergraduates and conclude that they had some effect. A. Vandenbosch summarizes "Bryan's Political Theories" in *American Review*, Vol. IV (May 1926), pp. 297–305.

For the campaign of 1896 see Harvey Wish: "John P. Altgeld and the Background of the Campaign of 1896," *Mississippi Valley Historical Review*, Vol. XXIV (March 1938), pp. 503–18; Irving Bernstein: "Samuel Gompers and Free Silver, 1896," ibid., Vol. XXIX (December 1942), pp. 394–400; and William Diamond: "Urban and Rural Voting in 1896," *American Historical Review*, Vol. XLVI (January 1941), pp. 281–305. James A. Barnes: "Myths of the Bryan Campaign," *Mississippi Valley Historical Review*, Vol. XXXIV (December 1947), pp. 367–404, is a significant article. For the situation of farmers see Fred A. Shannon: *The Farmer's Last Frontier* (New York, 1945).

For the background of Bryan's political activities, John D. Hicks: *The Populist Revolt* (Minneapolis, 1931) is invaluable. I have also drawn upon Matthew Josephson: *The Politicos* (New York, 1938), and *The President Makers* (New York, 1940), Allan Nevins: *Grover Cleveland* (New York, 1932), and Harry Barnard: *Eagle Forgotten: A Life of John P. Altgeld* (Indianapolis, 1938). Samuel Flagg Bemis in his *Latin American Policy of the United States* (New York, 1943) concurs with Selig Adler's interpretation of Bryan's imperialism. On World War neutrality I have used Charles Callan Tansill: *America Goes to War* (Boston, 1938), and the unsigned sketch of Bryan by Joseph V. Fuller in S. F. Bemis, ed.: *American Secretaries of State and Their Diplomacy* (New York, 1929).

第九章　西奥多·罗斯福：身披改革派外衣的保守派

I have used the National Edition of Roosevelt's *Works*, published under the auspices of the Roosevelt Memorial Association in twenty volumes (New York, 1926), edited by Hermann Hagedorn. *Selections from the Correspondence of Theodore Roosevelt and Henry Cabot Lodge, 1884–1918*, edited by Henry Cabot Lodge (2 volumes, New York, 1925), is extremely valuable. There are a few important items in *Letters from Theodore Roosevelt to Anna Roosevelt Cowles, 1870–1918* (New York, 1924). Roosevelt's opinions on a great variety of subjects can be found in the useful *Roosevelt Cyclopedia* (New York, 1941).

The authorized biography by Joseph Bucklin Bishop: *Theodore Roosevelt and His Time* (2 volumes, New York, 1920) has been dubbed "The Concealment of Theodore Roosevelt" by the late Professor N. W. Stephenson: however, it contains many selections from correspondence. The best biography, Henry F.

Pringle's *Theodore Roosevelt* (New York, 1931), is a critical and objective work of unusual discernment. W. F. McCaleb: *Theodore Roosevelt* (New York, 1931) is less satisfactory but of some value. *My Brother, Theodore Roosevelt* (New York, 1921), by Corinne Roosevelt Robinson, is very revealing at points. An extremely penetrating interpretation, to which I am heavily indebted, is that of Matthew Josephson in *The President Makers* (New York, 1940). See also Lewis Einstein: *Roosevelt, His Mind in Action* (Boston, 1930).

Among the many specialized studies I have been much influenced by Howard Hurwitz's firstrate survey of *Theodore Roosevelt and Labor in New York State* (New York, 1943). Charles W. Stein: *The Third Term Tradition* (New York, 1943) is good on the campaign of 1912 and in general on Roosevelt and the question of the third term. Harold F. Gosnell: *Boss Platt and His New York Machine* (Chicago, 1924) is informative on Roosevelt in New York State politics. Howard C. Hill: *Roosevelt and the Caribbean* (Chicago, 1927) for the most part looks indulgently on Roosevelt's policies. Dwight C. Miner: *The Fight for the Panama Route* (New York, 1940) is a thorough, scholarly, and devastating review of the Panama question. See also Tyler Dennett: *Theodore Roosevelt and the Russo-Japanese War* (New York, 1925). Stuart Sherman has a penetrating essay on the Rough Rider in *Americans* (New York, 1922). J. C. Malin: "Theodore Roosevelt and the Elections of 1884 and 1888," *Mississippi Valley Historical Review*, Vol. XIV (June 1927), pp. 23–38, surveys Roosevelt's first lessons in political opportunism and concludes sadly that he cared less at this early date for high standards of public morality than for "narrow and exaggerated nationalism which he felt could not be realized except under a Republican administration." George Mowry: "Theodore Roosevelt and the Election of 1910," *Mississippi Valley Historical Review*, Vol. XXV (March 1939), pp. 523–34, argues with a good show of evidence the La Follette thesis that Roosevelt in that year had no ambitions for 1912 but was looking forward to 1916, a position that is sustained by Roosevelt's friend Charles G. Washburn in "Roosevelt and the 1912 Campaign," *Proceedings* of the Massachusetts Historical Society, Vol. LIX (May 1926), who believes that Roosevelt did not plan his candidacy long in advance, but made a sudden *volte-face*. The best review of Roosevelt's political course from 1910 to his death, which has the most plausible conjectures on his motives and impulses, George Mowry's *Theodore Roosevelt and the Progressive Movement* (Madison, 1946), which abounds in suggestive material. The political strategist is treated with shrewd realism by N. W. Stephenson in "Roosevelt and the Stratification of Society," *Scripps College Papers*, no. 3 (1930). Earle D. Ross offers a few sidelights on Roosevelt's more general views in "Theodore Roosevelt and Agriculture," *Mississippi Valley Historical Review*, Vol. XIV (December 1927), pp. 287–310. Roosevelt's attitude toward the World War is carefully surveyed in Russell Buchanan: "Theodore Roosevelt and American Neutrality," *American Historical Review*, Vol. XXII (April 1923), pp. 97–114. There are two rather critical evaluations of Roosevelt's historical work, one by John H. Thornton in *The Marcus W. Jernegan Essays in American Historiography* (Chicago, 1937), and the other by Raymond C. Miller in *Medieval and Historiographical Essays in Honor of James Westfall Thompson* (Chicago, 1938). The background of the "new" Roosevelt of 1910–12 is illuminated by two books that influenced his thinking at that time: Herbert Croly's *The Promise of American Life* (New York, 1909), and Charles R. Van Hise's *Concentration and Control* (New York, 1912). The convergence of Roosevelt's and Perkins's views of the trust question become crystal-clear in George W. Perkins's pamphlet: *The Sherman Law*. Harold L. Ickes: "Who Killed the Progressive Party?" *American Historical Review*, Vol. XLVI (January 1941), pp. *306–37*, throws the blame on Perkins and glides innocently over Roosevelt's part, but concedes that Perkins's undue private influence in the Progressive Party can be traced to the fact that the party "was the personal political vehicle of Theodore Roosevelt."

 Biographies of contemporaries throw much light on Roosevelt. N. W. Stephenson: *Nelson W. Aldrich* (New York, 1930) is excellent on Roosevelt's close relations with the conservatives in the Senate. Thomas Beer's *Hanna* (New York, 1929) is the source of some priceless anecdotes. See also Herbert Croly: *Marcus A. Hanna* (New York, 1912). Claude Bowers: *Beveridge and the Progressive Era* (Cambridge, 1932) is especially good on the fate of the Progressive Party. Roosevelt is seen critically in Henry F. Pringle: *The Life and Times of William Howard Taft* (2 volumes, New York, 1939), Tyler Dennett: *John Hay* (New York, 1933), and Henry Adams: *Education of Henry Adams*, and with bitterness in Robert M. La Follette: *La Follette's Autobiography* (Madison, 1913). For the muckraker's retrospect see the pertinent comments by Ray Stannard Baker: *American Chronicle* (New York, 1945), Lincoln Steffens: *Autobiography* (2 volumes, New York, 1931) and *The Correspondence of Lincoln Steffens* (2 volumes, New York, 1938), edited by Ella Winter and Granville Hicks. See also Phillip C. Jessup: *Elihu Root* (2 volumes, New York, 1938) for the view of a conservative friend who understood Roosevelt well. There are sidelights in Karl Schriftgiesser: *The Gentleman from Massachusetts* (New York, 1945), a biography of Lodge.

On Roosevelt's times I have consulted with special advantage Walter Millis: *The Martial Spirit* (Boston, 1931), John Chamberlain: *Farewell to Reform* (New York, 1932), Louis Filler: *Crusaders for American Liberalism* (New York, 1940), and Harold Underwood Faulkner: *The Quest for Social Justice* (New York, 1931).

第十章　伍德罗·威尔逊：崇尚自由主义的保守派

Woodrow Wilson's public writings are collected in *The Public Papers of Woodrow Wilson* (6 volumes, New York, 1925–7), edited by Ray Stannard Baker and William E. Dodd. *The New Freedom* (New York, 1913), culled from 1912 campaign speeches, is readable and important. Among Wilson's other writings, *Congressional Government* (Boston, 1885) is of considerable importance; *The State* (Boston, 1889) is a rather dull survey. *Constitutional Government in the United States* (New York, 1908) represents his matured opinions on American politics. See also *Division and Reunion* (New York, 1893), *An Old Master* (New York, 1893), *Mere Literature and Other Essays* (New York, 1896), and *A History of the American People* (6 volumes, New York, 1902).

The most inclusive biography, Ray Stannard Baker's *Woodrow Wilson, Life and Letters* (8 volumes, New York, 1927–39), which has a liberal selection from Wilson's letters, is far more critical and detached than most authorized biographies. See also Baker's *American Chronicle* (New York, 1945). Arthur S. Link: *Wilson, the Road to the White House* (Princeton, 1947), the first volume of a new scholarly biography, is a shrewd and discriminating work that contains a balanced estimate of Wilson's public career to 1912. H. C. F. Bell's *Woodrow Wilson and the People* (New York, 1945) is a brief and sympathetic personal study. *Woodrow Wilson as I Know Him* (New York, 1921), by Joseph Patrick Tumulty, Wilson's secretary, is an illuminating source, but not always reliable. A perceptive study by a New Jersey acquaintance, James Kerney's *The Political Education of Woodrow Wilson* (New York, 1926), remains one of the best books on the man; it is the source of the letter from George Record quoted in section V. For the New Jersey Progressives, see Ransom E. Noble's excellent study: *New Jersey Progressivism before Wilson* (Princeton, 1946). There is priceless material in *The Intimate Papers of Colonel House* (4 volumes, Boston and New York, 1926), edited by Charles Seymour. The photographs in *Woodrow Wilson as the Camera Saw Him* (New York, 1944), edited by Gerald W. Johnson, are evocative.

Among special studies of Wilson, William Diamond: *The Economic Thought of Woodrow Wilson* (Baltimore, 1943) stands out for the thoroughness of research and excellence of interpretation; I am much indebted to it. Walter Lippmann's *Drift and Mastery* (New York, 1914) is a sharp critique of the New Freedom from the standpoint of a liberal socialist. On the philosopher of the New Freedom see Alpheus T. Mason: *Brandeis* (New York, 1946). There is interesting material on the period in Oswald Garrison Villard's autobiography: *Fighting Years* (New York, 1939). Harley Notter: *The Origins of the Foreign Policy of Woodrow Wilson* (Baltimore, 1937) contains a fund of valuable material, badly organized. For the neutrality period and its problems I have relied most heavily on Charles Callan Tansill's *America Goes to War* (Boston, 1938), which is critical of the Wilson policies. Charles A. Beard: *The Devil*

Theory of War (New York, 1936) is stimulating. Charles Seymour: *American Diplomacy during the World War* (Baltimore, 1934) is of unusual value for its use of material from the House Collection at Yale and for its sympathetic understanding of Wilson's problems, intentions, and plans. Paul Birdsall: "Neutrality and Economic Pressures, 1914–17," *Science and Society*, Vol. III (Spring 1939), pp. 217–28, argues an important thesis about the economic background of America's entrance into the war. J. L. Heaton: *Cobb of "The World"* (New York, 1924) is the source of Wilson's agonized words to Frank Cobb. For the Peace Conference I have drawn heavily upon Paul Birdsall: *Versailles Twenty Years After* (New York, 1941), and Thomas A. Bailey: *Woodrow Wilson and the Lost Peace* (New York, 1944). Ray Stannard Baker's *Woodrow Wilson and World Settlement* (3 volumes, New York, 1922), although outmoded on many points of interpretation, remains valuable. A classic but harsh view of Wilson is to be found in John Maynard Keynes: *The Economic Consequences of the Peace* (New York, 1920). On the basic conceptions underlying the peace I have been much influenced by Edward H. Carr's brilliant work: *Conditions of Peace* (New York, 1942). James T. Shotwell's thoughtful little book: *What Germany Forgot* (New York, 1940), excellent on the economic consequences of the war, serves as an antidote to the classic liberal view of Versailles. Thomas A. Bailey's *Woodrow Wilson and the Great Betrayal* (New York, 1945) is a masterly survey of the fight over the League in the United States, which, despite its sympathy with Wilsonian internationalism, leaves no doubt of the ineptness of Wilson's political strategy.

第十一章 赫伯特·胡佛：美国个人主义的危机

The standard source on Hoover's presidential writings and speeches is *The State Papers and Other Public Writings of Herbert Hoover* (2 volumes, New York, 1934), edited by William Starr Myers. I found far more useful, however, *The Hoover Policies* (New York, 1937), edited by Ray Lyman Wilbur and Arthur M. Hyde, which, in addition to providing an excellent selection of Hoover's speeches and writings in topical arrangement, draws upon his entire public career from 1920 to 1934; it contains an apologetic commentary. Among Hoover's writings, *Principles of Mining* (New York and London, 1909) is significant to this study chiefly for brief passages on labor relations. *American Individualism* (New York, 1922) outlines the major premises of his social philosophy. *The New Day* (Stanford, 1928) is a collection of 1928 campaign speeches. *The Challenge to Liberty* (New York, 1934) and *The Problems of Lasting Peace* (New York, 1942) are discussed in the text. *America's First Crusade* (New York, 1942) has revealing matter on Hoover's international ideas and his role at Paris. *Addresses upon the American Road, 1933–1938* (New York, 1938) and *Further Addresses upon the American Road* (New York, 1940) are collections of speeches on the New Deal and foreign policy. A pamphlet by Hoover, *Since the Armistice* (n.p., 1919), reprinted from *The Nation's Business*, illustrates excellently his reaction to State economic policy as a result of his wartime experiences; another, *Why the Public Interest Requires State Rather than Federal Regulation of Electric Public Utilities* (Washington, 1925), is a clear statement of his philosophy of regulatory legislation. The *Annual Reports* of the Secretary of Commerce from 1921 to 1927 have material on Hoover's career as a bureaucrat. Hoover's article: "Economics of a Boom," *Mining Magazine*, May 1912, pp. 370–2, is the source of the quotation in the second paragraph of section III.

There is no biography of Hoover at all comparable to William Allen White's superb study of Coolidge. The biographical literature consists of a spate of superficial books turned out during the presidential campaign years from 1920 to 1932, which are either eulogies or bitter and often irrelevant tirades. Herbert Corey: *The Truth about Hoover* (Boston and New York, 1932) is a tiresome refutation of the latter. The most substantial of the hostile works, Walter W. Liggett's *The Rise of Herbert Hoover* (New York, 1932), is based upon some research and investigation. Vernon Kellogg: *Herbert Hoover, the Man and His Work* (New York, 1920) has some first-hand reporting on Hoover's career in European relief and reflects accurately the public view of him in 1920. Probably the best biography is the work of a personal friend, Will

Irwin's *Herbert Hoover, a Reminiscent Biography* (New York, 1928). I found William Hard: *Who's Hoover* (New York, 1928) suggestive at several points. Edwin Emerson: *Hoover and His Times* (Garden City, 1932), an inchoate compilation, has some useful material. The brief sketch of Hoover in *Current Biography* for 1943 was helpful as a guide to Hoover's more recent career. Many gaps were filled by consulting the files of the *New York Times*, 1920–44; Hoover's statements on foreign policy summarized in the early paragraphs of section V are from addresses and press statements reported in the *Times* on these dates: April 1, October 27, 1938; October 11, 1939; June 26, 1940; September 17, 1941.

Hoover's relief work is surveyed in Part I of *American Food in the World War and Reconstruction Period* (Stanford, 1931), edited by Frank M. Surface and Raymond L. Bland, a mine of information. Other original material, including some important letters from Hoover to Wilson, is in *Organization of American Relief in Europe* (Stanford, 1943), edited by Suda Lorena Bane and Ralph H. Lutz. For the relation between relief and anti-Bolshevik politics see Louis Fischer: *The Soviets in World Affairs* (2 volumes, London, 1930), and a series of frank articles by T. T. C. Gregory, one of Hoover's subordinates in the ARA: "Stemming the Red Tide," *World's Work*, Vol. XLI (1921), pp. 608–13; Vol. XLII, pp. 95–100, 153–64. See also William Starr Myers: *The Foreign Policies of Herbert Hoover* (New York, 1940).

A few biographies of contemporaries were of value. William Allen White's study of Coolidge: *A Puritan in Babylon* (New York, 1938) is a remarkable book. Samuel Hopkins Adams: *Incredible Era: the Life and Times of Warren Gamaliel Harding* (Boston, 1939) has a few sidelights on Hoover; and Alfred Lief; *Democracy's Norris* (New York, 1939) sees him through the hostile eyes of the Progressive Senator. Harvey O'Connor: *Mellon's Millions* (New York, 1933) is an excellent study. Hoover's courtship of the utilities is the subject of two excellent, well-documented articles by Amos Pinchot: "Hoover and Power," the *Nation*, Vol. CXXXIII (August 5, August 12, 1931), pp. 125–8, 141–53. For Hoover's relations with his successor see Raymond Moley: *After*

Seven Years (New York, 1939).

For the depression and its background I have drawn on many volumes, but am particularly indebted to the brilliant survey of the period in Louis Hacker's *American Problems of Today* (New York, 1938). Also suggestive are Gilbert Seldes: *The Years of the Locust* (Boston, 1933), Henry Bamford Parkes: *Recent America* (New York, 1941), Charles and Mary Beard: *America in Midpassage* (New York, 1939), and Frederick Lewis Allen: *The Lords of Creation* (New York, 1935).

The general style of social thinking represented by Hoover is analyzed in Thurman Arnold's clever book: *The Folklore of Capitalism* (New Haven, 1937), which does not deal specifically with Hoover himself. William Starr Myers and Walter H. Newton: *The Hoover Administration: a Documented Narrative* (New York, 1936) is an informative chronological survey of Hoover's words and deeds as President and also presents a stubborn defense of his record. There is a brief critique of Hoover's economic policy in George Soule: *The Coming American Revolution* (New York, 1934). On economic conditions see the hearings of the Temporary National Economic Committee, *Investigation of Concentration of Economic Power*, Part 9, "Savings and Investment." See also Alvin Hansen: *Business Cycles and Fiscal Policy* (New York, 1941); *America's Capacity to Consume* (Washington, 1934), by Maurice Leven, Harold G. Moulton, and Clark Warburton. Joseph M. Jones, Jr.: *Tariff Retaliation* (Philadelphia, 1934) is a good study of repercussions of the Smoot-Hawley tariff.

第十二章　富兰克林·罗斯福：器宇不凡的机会主义者

The standard source of Franklin D. Roosevelt's presidential writings and of selected gubernatorial writings is *The Public Papers of Franklin D. Roosevelt* (9 volumes, New York, 1938 and 1941), edited by Samuel Rosenman. In addition to his speeches and messages there are useful commentaries by Mr. Roosevelt and extended selections from press conferences. Roosevelt's statements on foreign affairs can be more easily traced in the useful compilation: *Roosevelt's Foreign Policy, 1933–1941* (New York, 1942). The material in *Looking Forward* (New York, 1933) and *On Our Way* (New York, 1934) consists chiefly of speeches and writings that can be better consulted in the *Public Papers*. *The Happy Warrior, Alfred E. Smith* (Boston and New York, 1928) contains Roosevelt's 1928 nominating speech and a brief tribute. *F. D. R., Columnist* (Chicago, 1947), edited by Donald Scott Carmichael, is a collection of brief newspaper columns written by Roosevelt in 1925 and 1928; although of little intrinsic interest, the columns illustrate the qualities of Roosevelt's mind for the period in which they were written. *Government—Not Politics* (New York, 1932) is a collection of magazine articles from 1931 and 1932, most of them as empty as the title. Roosevelt's early navalism is expressed in four articles: "The Problem of Our Navy," *Scientific American*, Vol. CX (February 28, 1914), pp. 177–8; "The Naval Plattsburg," *Outlook*, Vol. CXIII (June 28, 1916), pp. 495–501; "On Your Own Heads," *Scribner's*, Vol. LXI (April 1917), pp. 413–16; "What the Navy Can Do for Your Boy," *Ladies' Home Journal*, Vol. XXXIV (June 1917), p. 25. A more pacific viewpoint is expressed in Roosevelt's article: "Our Foreign Policy," *Foreign Affairs*, Vol. VI (July 1928), pp. 573–87, and also in "Shall We Trust Japan?" *Asia*, Vol. XXIII (July 1923), pp. 476–8. Roosevelt's attitude on power was set forth in "The Real Meaning of the Power Problem," *Forum*, Vol. LXXXII (December 1929), pp. 327–32.

Primary material on Roosevelt's early days is contained in Sara Delano Roosevelt's *My Boy Franklin* (New York, 1933), an extremely revealing work, and in *F. D. R.: His Personal Letters, Early Years* (New York, 1947), edited by Elliott Roosevelt. See also Rita Halle Kleeman's *Gracious Lady* (New York, 1935), a biography of Sara Delano Roosevelt. Frank D. Ashburn: *Peabody of Groton* (New York, 1944) is amply informative about Roosevelt's prep school and has a good chapter on Roosevelt's relations with Peabody. Eleanor Roosevelt: *This Is My Story* (New York, 1937), although candid about its author, says little about her husband; but it has interesting sidelights on early domestic life and is the source of the priceless story about Henry Adams. Elliott Roosevelt: *As He Saw It* (New York, 1946) is an account of several conversations between the author and his father at the time of some of the great international conferences. On the quality of Roosevelt's relationship with Churchill, see Louis Adamic's *Dinner at the White House* (New York, 1946).

Among the "inside" books on Roosevelt and the New Deal thus far published, I am much impressed with Frances Perkins's *The Roosevelt I Knew* (New York, 1946), which, although friendly and sympathetic, is also detached, critical, intelligent, and rich in important factual detail. Of like value, although unfriendly, is Raymond Moley's *After Seven Years* (New York, 1939), to which I am very heavily indebted; it is an absolutely indispensable book on the development of the New Deal, and one with which the late President's ardent admirers must reckon. Although my outlook does not coincide with Professor Moley's, I have relied upon him again and again for factual matter. James A. Farley: *Behind The Ballots* (New York, 1938) is useful only at a few points, and hardly comparable in frankness, much less in insight. Charles Michelson: *The Ghost Talks* (New York, 1944), the report of a Democratic publicity agent, is interesting, and so is Merriman Smith's *Thank You, Mr. President* (New York, 1946), the record of the United Press White House correspondent. Rexford Guy Tugwell: *The Stricken Land* (New York, 1947), which is mostly about Puerto Rico, contains some interesting reflections on Roosevelt. James M. Cox: *Journey through My Years* (New York, 1946) is pertinent on the campaign of 1920 and other aspects of Roosevelt's career. See also the affectionate record in the volumes of Josephus Daniel's autobiography. There is much of value in Hugh Johnson's *The Blue Eagle from Egg to Earth* (New York, 1935). Useful for its account of the 1937–8 spending crisis is Joseph Alsop and Robert Kintner: *Men around the President* (New York, 1939), although I have not relied upon it for specific detail. See also Vice Admiral Ross T. McIntire: *White House Physician* (New York, 1946).

There are already a good many journalistic biographies of Roosevelt, which I find valuable as media through which to study the emergence of a Roosevelt hero-image. Among them I might mention works by Alden Hatch, Gerald W. Johnson, Compton Mackenzie, and Emil Ludwig. The biography that I found most useful and most respectable is, curiously enough, the first, Ernest K. Lindley's *Franklin D. Roosevelt, a Career in Progressive Democracy* (Indianapolis, 1931), which has the decisive advantage of being written at an early period and *not* seeing the subject from the presidential perspective; Lindley was a personal witness of many events of Roosevelt's governorship. Mauritz Hallgren: *The Gay Reformer* (New York, 1935), although good on the early New Deal, was written too early for a fair appraisal of Roosevelt as President. John T. Flynn in his *Country Squire in the White House* (New York, 1940) is one of the few people who have shown any interest in Roosevelt's extrapolitical career during the 1920's; although his little book contains many suggestive criticisms, it is vitiated by its bitterness and by the extravagant thesis that everything that happened in the Roosevelt era was the result of Roosevelt's personal peculiarities and deficiencies. Noel Busch: *What Manner of Man?* (New York, 1944), a superficial attempt at psychoanalysis, has a few insights that suggest the hidden hand of a professional psychoanalyst. A more serious effort to classify Roosevelt psychologically is Sebastian de Grazia's "The Character of Franklin Delano Roosevelt: A Typological Analysis," an unpublished article the proofs of which the author was kind enough to show me. Dan Wharton, ed.: *The Roosevelt Omnibus* (New York, 1934) has excellent material, including an informative article on the Roosevelt family income from *Fortune*, October 1932. For biographical and historical detail I have turned again and again to the files of the *New York Times*.

On the Bank of United States affair, which deserves a book of its own, see Norman Thomas: "The Banks of New York," the *Nation*, Vol. CXXXII (February 11, 1931), pp. 147–9; Thomas was a representative of an organization of Bank of United States depositors. On power see Samuel I. Rosenman: "Governor Roosevelt's Power Program," the *Nation*, Vol. CXXIX (September 18, 1919), pp. 302–3.

Basil Rauch is his *History of the New Deal, 1933–1938* (New York, 1944) has undertaken a difficult task and performed it extremely well. On the New Deal see also Louis Hacker's excellent *American Problems of Today* (New

York, 1938), Charles and Mary Beard: *America in Midpassage* (New York, 1939), and Charles Beard and George E. Smith: *The Old Deal and the New* (New York, 1940). In evaluating the NRA I have relied on the study by the Brookings Institution economists, Leverett Lyon et al.: *The National Recovery Administration* (Washington, 1935). *Labor and the Government* (New York and London, 1935), prepared under the auspices of the Twentieth Century Fund, and Edward Levinson: *Labor on the March* (New York, 1938) have been useful. Wesley C. Clark: *Economic Aspects of a President's Popularity* (Philadelphia, 1943) correlates Roosevelt's popularity, as measured in public-opinion polls, with trends in the business cycle. The economics of government spending and of the 1937 recession in particular is discussed in Alvin Hansen's *Industrial Stagnation or Full Recovery* (New York, 1938). The theory behind the anti-monopoly phase of the New Deal is exponded in Thurman Arnold's *The Bottlenecks of Business* (New York, 1940). On fluctuations in foreign policy to 1940 see Charles A. Beard: *American Foreign Policy in the Making* (New Haven, 1946).

Among the most recent writings, the Morgenthau diaries confirm the view of Roosevelt as a facile improviser. See also the interesting material in Edward J. Flynn: *You're the Boss* (New York, 1947), James F. Byrnes: *Speaking Frankly* (New York, 1947), James A. Farley: *Jim Farley's Story* (New York, 1948), and *The Memoirs of Cordell Hull* (2 volumes, New York, 1948); I am indebted to the Macmillan Company for granting me access to the text of the last-named work prior to its publication.